Servicio Andaluz de Salud
(SAS)

*Temario común
y Test*

Fisioterapeutas

Rodio
ediciones

Autores

Ramón Vidal Ramírez
Licenciado en Derecho
Técnico de Función Administrativa del SAS

Noelia Díez Herrero
Licenciada en Derecho

Doctor Diego Japón Ruiz
Doctor en Pedagogía
Diplomado en Enfermería
Profesor asociado de la Universidad de Sevilla

Odette Ochoa Guerra
Licenciada en Psicología

Francisco Martínez Pocaterra
Licenciado en Derecho

©Ediciones Rodio, S. Coop. And.
©Los autores
Primera edición, julio 2014 (452 páginas)
Diseño de portada: Ediciones Rodio, S. Coop. And.
Edita: Ediciones Rodio, S. Coop. And.
Alameda de Hércules, 32-33. 1.ª planta. 41002-Sevilla
Teléfono: 955 28 74 84. Fax: 955 09 38 48
www.edicionesrodio.com
email: info@edicionesrodio.com
ISBN: 978-84-16232-29-1

Índice

Temario

Test

Presentación

El equipo editorial de Ediciones Rodio, con más de 20 años de experiencia en el sector del libro de preparación de oposiciones, pone a tu disposición este eficaz manual para la preparación de las pruebas de acceso a la categoría de Fisioterapeutas del Servicio Andaluz de Salud, de acorde al nuevo Temario aprobado para las Ofertas Públicas de Empleo de 2013 y 2014.

Tienes en tus manos el llamado Temario Común, manual convenientemente desarrollado y actualizado, que comprende los nueve temas de índole jurídica y normativa propuestos, junto a sus cuestionarios tipo test, para una correcta comprensión y memorización de los contenidos desarrollados.

Ediciones Rodio presenta el programa completo de Temas para Fisioterapeutas del SAS, dividido en tres volúmenes:

El presente Temario Común y test (temas y test 1 al 9).

Temario específico (temas del 10 al 78, repartido en cuatro volúmenes).

Test del Temario específico (test de los temas del 10 al 78).

Las actualizaciones que se realicen desde este momento hasta la fecha de publicación de la Convocatoria en el Boletín Oficial de la Junta de Andalucía (BOJA) podrán consultarse en nuestra página web www.edicionesrodio.com, junto a otros materiales complementarios.

Sólo nos queda desearte el mayor de los éxitos.

Tu triunfo será nuestro triunfo.

Fisioterapeutas Servicio Andaluz de Salud (SAS)

Temario común

Servicio Andaluz de Salud
(SAS)

Temario

Rodio
ediciones

Temario común

Fisioterapeutas *Servicio Andaluz de Salud (SAS)*

Tema **1**

La Constitución Española

Valores superiores y principios inspiradores;
Derechos y deberes fundamentales;
El Derecho a la protección de la salud

Francisco Martínez Pocaterra
Licenciado en Derecho

Odette Ochoa Guerra
Licenciada en Psicología

Índice esquemático

1. LA CONSTITUCIÓN ESPAÑOLA: VALORES SUPERIORES Y PRINCIPIOS INSPIRADORES

1.1. Generalidades

La Constitución española es la norma suprema del ordenamiento jurídico del Reino de España, a la que están sujetos los poderes públicos y los ciudadanos de España.

La actual Constitución española de 1978 no ha sido la primera norma suprema del Estado español. El primer texto puede ser considerado el Estatuto de Bayona de 1808, de escasa relevancia en la historia española. Es la Constitución de 1812 la considerada, por la generalidad de los historiadores, como la primera constitución española, en el sentido pleno de la palabra, con marcado carácter popular y liberal. Ésta es la respuesta del pueblo español a la invasión napoleónica, y viene adornada por un texto extenso y rígido, que reconoce la soberanía nacional y plantea una división de poderes en la que el legislativo recae sobre un parlamento unicameral.

A este texto le sigue el llamado "Estatuto Real de 1834" y posteriormente la Constitución de 1837, que supone una revisión de la Constitución de 1812.

Será Isabel II la que procederá a su reforma proclamando la Constitución de 1845, de marcado carácter conservador.

La siguiente puede ser considerada la Constitución de 1869, todo un hito democrático, ya que instaura el modelo de monarquía parlamentaria, hoy en vigor.

Con la abdicación del rey Amadeo I y la proclamación de la Primera República española, se inicia un nuevo proyecto constitucional frustrado por el General Pavía con su golpe de Estado en 1874.

La vuelta de la Monarquía en España propicia la promulgación de la Constitución de 1876, rechazada nuevamente por la Dictadura del General Primo de Rivera.

Con la Segunda República española se instaura la Constitución de 1931, cuya completa tabla de derechos constitucionales asemeja a nuestra actual constitución de 1978.

El régimen franquista de 1939, anula la Constitución y proclama una dictadura personalista y centralista.

Dos días después de la muerte del dictador Francisco Franco, acaecida el 20 de noviembre de 1975, se produce la proclamación como rey de España de Juan Carlos I; designado por aquél, en virtud de lo estipulado en la Ley de Sucesión en la Jefatura del Estado de 1947. El 14 mayo de 1977, Juan Carlos I se convierte en heredero legítimo de los derechos dinásticos de Alfonso XIII, traspasados por la renuncia de su padre Juan. Reconocimiento que es constatado en la constitución, al reconocer a Juan Carlos I como depositario de la «dinastía histórica», que ha continuado, a día de hoy, su hijo Felipe VI.

Después de un largo proceso, se celebran las elecciones generales y libres de 1977. Las Cortes emergidas de dichas elecciones redactan la actual Constitución de 1978, fruto del consenso entre los diferentes grupos políticos con representación parlamentaria.

Por ello, es ésta una Constitución auténtica y legítima, sin que con ello se quiera dar a entender que estamos ante la Constitución perfecta e ideal, sino que es la que más se aproxima a los deseos de los partidos políticos (el 31 de octubre de 1978 fue aprobada por las Cortes Generales) y de los ciudadanos españoles (el pueblo español la ratificó en referéndum celebrado el 6 de diciembre de 1978), además, sancionada por el Rey Don Juan Carlos el 27 de diciembre de 1978.

La Constitución de 1978 establece:

- Una nueva estructura de las Cortes, formada por dos Cámaras: el Congreso de los Diputados y el Senado.
- Un nuevo procedimiento de reforma constitucional, en el que el pueblo tiene la última palabra a través de referéndum.
- El establecimiento de los principios básicos de la Ley electoral, que permite conocer el respaldo del pueblo, a través de su voto, a los partidos políticos.

Las fechas claves de la Constitución hasta su publicación en el Boletín Oficial del Estado fueron las siguientes:

- 31 de octubre de 1978: aprobación del Texto Constitucional por las Cortes Generales.
- 6 diciembre de 1978: ratificado el Texto Constitucional por el pueblo español en referéndum.
- 27 de diciembre de 1978: sancionada la Constitución por el Rey.
- 29 de diciembre de 1978: publicación de la Constitución y su entrada en vigor.

1.2. Influencias recibidas

En la redacción de la Constitución española de 1978 han influido otras constituciones de países europeos, tales como:

- La Ley Fundamental de Bonn de 1949, de la cual tomó la fórmula del Estado social y democrático de Derecho, el sometimiento de los poderes públicos a la Constitución, la especial separación existente entre las Cortes y el Gobierno, y la moción de censura constructiva.
- La Constitución italiana de 1947, de la que tomó la iniciativa popular, el concepto de Estado regional (aunque su origen se encuentra en la Constitución española de 1931) la diferencia entre Estatutos especiales y ordinarios, la figura del Delegado del Gobierno en las Comunidades Autónomas y el régimen financiero de las regiones.
- La Constitución portuguesa de 1976 en lo concerniente a los derechos y libertades fundamentales, sobre todo en aquellos derechos que derivan de necesi-

dades actuales de la vida moderna y que por tal razón no fueron regulados en otras Constituciones más antiguas. Por ejemplo: el derecho al medio ambiente, la vivienda, la especial protección a los jóvenes, tercera edad, minusválidos, etc.

–   Las Constituciones nórdicas influyen especialmente en la regulación de la figura del Rey y en la del Ombudsman, que nuestro Texto contempla bajo la denominación de Defensor del Pueblo.

También influyeron en la Constitución española, la Declaración Universal de Derechos Humanos de 1948, los Pactos de las Naciones Unidas de 1966, la Convención Europea de Derechos Humanos y sus Protocolos Adicionales.

1.3. Características

–   Es una constitución escrita y encuadrada dentro de la tradición del Derecho continental, en contraposición con el sistema inglés.

–   Es una constitución rígida, ya que es complicada su reforma.

–   Es una constitución pactada, pues nace del consenso de los diferentes grupos políticos con representación parlamentaria.

–   Es una constitución derivada, porque no incluye innovaciones radicales, sino que refleja el continuismo histórico español y de las constituciones europeas.

–   Es una constitución extensa, con 169 artículos.

1.4. Estructura

La Constitución española de 1978 está compuesta por un Preámbulo, once Títulos (uno Preliminar) cuatro Disposiciones Adicionales, nueve Disposiciones Transitorias, una Disposición Derogatoria y una Disposición Final. Contiene un total de 169 artículos.

En el Preámbulo se enuncian los principios y valores que después se desarrollan en el Texto.

Desde su naturaleza utópica, el Preámbulo hace especial mención a los valores democráticos, al respeto de los derechos humanos y a la consagración del Estado de Derecho.

1.4.1. Parte dogmática

Está constituida por los Principios constitucionales y esencia que determinan la configuración política y territorial del Estado español y sus señas de identidad (Título preliminar); así como por la enumeración y regulación de los Derechos Fundamentales y sus garantías, los valores superiores que la Constitución salvaguarda y los principios rectores de la política social y económica (Título I).

–   Título preliminar, (artículos 1 a 9)

- Título I, «*De los Derechos y Deberes Fundamentales*» (artículos 10 a 55)
  - ▷ Capítulo I, «*De los españoles y los extranjeros*» (artículos 11 a 13)
  - ▷ Capítulo II, «*Derechos y libertades*» (artículos 14 a 38)
    - ° Sección I «*De los derechos Fundamentales y de las Libertades Públicas*» (artículos 15 a 29)
    - ° Sección II «*De los Derechos y Deberes de los ciudadanos*» (artículos 30 a 38)
  - ▷ Capítulo III, «*Principios Rectores de la política social y económica*» (artículos 39 a 52)
  - ▷ Capítulo IV, «*Garantías de las Libertades y Derechos Fundamentales*» (artículos 53 y 54)
  - ▷ Capítulo V, «*De la suspensión de los Derechos y Libertades*» (artículo 55)

1.4.2. Parte orgánica

En la que se expone la estructura del Estado, regulando los Órganos que ejercen los poderes que éste les confiere.

- Título II. De la Corona (artículos 56 al 65).
- Título III. De las Cortes Generales (artículos 66 al 96).
- Título IV. Del Gobierno y de la Administración (artículos 97 al 107).
- Título V. De las Relaciones entre el Gobierno y las Cortes Generales (artículos 108 al 116).
- Título VI. Del Poder Judicial (artículos 117 al 127).
- Título VII. Economía y Hacienda (artículos 128 al 136).
- Título VIII. De la Organización Territorial del Estado (artículos 137 al 158).
- Título IX. Del Tribunal Constitucional (artículos 159 al 165).
- Título X. De la Reforma Constitucional (artículos 166 al 169).
- Disposiciones:
  - ▷ Cuatro Disposiciones Adicionales
  - ▷ Nueve Transitorias que, en su mayor parte, se refieren a problemas de la ordenación territorial. Tan sólo las Disposiciones Transitorias Octava y Novena tienen en cuenta verdaderamente la transición del régimen establecido por la Ley de la Reforma Política al nuevo régimen establecido por la Constitución.
  - ▷ Una Disposición Derogatoria, por la que se deroga expresamente la Ley para la Reforma Política y las llamadas Leyes Fundamentales del antiguo régimen político. Igualmente deroga cuantas disposiciones se opongan a lo establecido en la Constitución.
  - ▷ Una Disposición Final, la cual determina la entrada en vigor de la Constitución el mismo día de su publicación en el Boletín Oficial del Estado y además ordena la publicación en las demás lenguas de España.

1.5. Principios constitucionales

Constituyen la base fundamental de la Constitución, siendo el sustrato ideológico-político sobre el que se asienta.

Tales principios vienen contemplados en el Título Preliminar de la Constitución.

La Constitución hace mención expresa a los principios de legalidad, de jerarquía normativa, de publicidad de las normas, de irretroactividad de las disposiciones sancionatorias no favorables o restrictivas de derechos individuales, de seguridad jurídica, de responsabilidad, y finalmente, el principio de interdicción de la arbitrariedad de los poderes públicos.

La doctrina constitucional común señala como principios constitucionales los recogidos en los dos primeros artículos de la Constitución española, que son:

Artículo 1.

1.1: «España se constituye en un Estado social y democrático de Derecho, que propugna como valores superiores de su ordenamiento jurídico la libertad, la justicia, la igualdad y el pluralismo político».

Son dos los principios enumerados en este artículo:

a) Define qué tipo de Estado se instaura a raíz de la nueva Constitución: Estado social y democrático de Derecho.

b) Establece aquellos valores que han de ser la base de su ordenamiento jurídico: la libertad, la justicia, la igualdad y el pluralismo político.

1.2: «La soberanía nacional reside en el pueblo español, del que emanan los poderes del Estado».

Artículo éste fundamental, donde se expone quien es el titular de la soberanía nacional: el Pueblo español.

1.3: «La forma política del Estado español es la Monarquía Parlamentaria».

Por ello, el Rey es el Jefe del Estado, pero no controla el Gobierno (Poder Ejecutivo) sino que está sometido al control del Parlamento.

La Constitución dedica su Título II la figura de la Corona, incluyendo la regulación de sus funciones, la sucesión al Trono, la Regencia, la tutela del Rey menor y la figura del refrendo. Se articula, de este modo, una monarquía con un poder mayoritariamente simbólico, que no concede al Rey una capacidad efectiva de decisión.

Artículo 2: «La Constitución se fundamenta en la indisoluble unidad de la Nación española, patria común e indivisible de todos los españoles, y reconoce y garantiza el derecho a la autonomía de las nacionalidades y regiones que la integran y la solidaridad entre todas ellas».

Este artículo, de enorme importancia, supone el reconocimiento del llamado "estado de las autonomías" y establece los principios por los que después se va a regir la organización territorial del Estado, recogida en el Título VIII. Estos principios son: unidad, autonomía, solidaridad e igualdad.

1.6. Otros artículos del Título Preliminar

Artículo 3:

1. El castellano es la lengua española oficial del Estado. Todos los españoles tienen el deber de conocerla y el derecho a usarla.

2. Las demás lenguas españolas serán también oficiales en las respectivas Comunidades Autónomas de acuerdo con sus Estatutos.

3. La riqueza de las distintas modalidades lingüísticas de España es un patrimonio cultural que será objeto de especial respeto y protección».

Artículo 4:

1. La bandera de España está formada por tres franjas horizontales, roja, amarilla y roja, siendo la amarilla de doble anchura que cada una de las rojas.

2. Los Estatutos podrán reconocer bandera y enseñas propias de las Comunidades Autónomas. Estas se utilizarán junto a la bandera de España en sus edificios públicos y en sus actos oficiales».

En los artículos 3 y 4 se busca armonizar las diferentes lenguas y banderas de España, buscando el respeto e igualdad entre todas ellas y otorgando primacía al castellano, como lengua general, y a la bandera española.

Artículo 5: «la capital del Estado es la villa de Madrid.

Artículo 6: «los partidos políticos expresan el pluralismo político, concurren a la formación y manifestación de la voluntad popular y son instrumento fundamental para la participación política. Su creación y el ejercicio de su actividad son libres dentro del respeto a la Constitución y a la ley. Su estructura interna y funcionamiento deberán ser democráticos".

Artículo 7: «los sindicatos de trabajadores y las asociaciones empresariales contribuyen a la defensa y promoción de los intereses económicos y sociales que les son propios. Su creación y el ejercicio de su actividad son libres dentro del respeto a la Constitución y a la ley. Su estructura interna y su funcionamiento deberán ser democráticos.

Los artículos 6 y 7 pregonan, desde distintos aspectos, el valor superior del ordenamiento jurídico, que es el pluralismo político.

Asimismo, supone el reconocimiento de la libertad política y sindical, bajo las premisas de respeto a la ley y al funcionamiento democrático.

Artículo 8:

1. "Las Fuerzas Armadas, constituidas por el Ejército de Tierra, la Armada y el Ejército del Aire, tienen como misión garantizar la soberanía e independencia de España, defender su integridad territorial y el ordenamiento constitucional.

2. Una ley orgánica regulará las bases de la organización militar conforme a los principios de la presente Constitución».

Artículo 9:

1. Los ciudadanos y los poderes públicos están sujetos a la Constitución y al resto del ordenamiento jurídico.

2. Corresponde a los poderes públicos promover las condiciones para que la libertad y la igualdad del individuo y de los grupos en que se integra sean reales y efectivas; remover los obstáculos que impidan o dificulten su plenitud y facilitar la participación de todos los ciudadanos en la vida política, económica, cultural y social.

3. La Constitución garantiza el principio de legalidad, la jerarquía normativa, la publicidad de las normas, la irretroactividad de las disposiciones sancionadoras no favorables o restrictivas de derechos individuales, la seguridad jurídica, la responsabilidad y la interdicción de la arbitrariedad de los poderes públicos.

Este artículo 9 retrata el llamado Estado de Derecho y los principios generales del ordenamiento jurídico. Es uno de los artículos fundamentales del Texto constitucional que impregnará todo el texto constitucional.

2. DERECHOS Y DEBERES FUNDAMENTALES

2.1. Concepto e interpretación

La Constitución, en el Título I ("De los derechos y deberes fundamentales") posee cinco capítulos dedicados a determinar la titularidad de tales Derechos (Capítulo I), a enumerarlos (Capítulo II), y a garantizarlos (Capítulos IV y V). También contiene una tabla de principios rectores de la política social y económica (Capítulo III).

Capítulo I. De los españoles y extranjeros.

Capítulo II. Derechos y libertades. Consta de dos Secciones:

Sección 1ª. De los Derechos fundamentales y de las libertades públicas.

Sección 2ª. De los derechos y deberes de los ciudadanos.

Capítulo III. De los principios rectores de la política social y económica.

Capítulo IV. De las garantías de las libertades y derechos fundamentales.

Capítulo V. De la suspensión de los derechos y libertades.

Los Derechos fundamentales influyen sobre el resto del ordenamiento jurídico, inyectándole sus ideas básicas y estableciendo una vinculación directa entre los individuos y el Estado.

Este doble valor de los Derechos fundamentales viene expresado en la sentencia de 14 de julio de 1981 del Tribunal Constitucional cuando dice que: «en primer lugar los Derechos fundamentales son derechos subjetivos, derechos de los individuos, no sólo en cuanto derechos de los ciudadanos en sentido estricto, sino en cuanto garantizan un status jurídico o la libertad de un ámbito de la existencia. Pero, al propio tiempo, son elementos esenciales del ordenamiento jurídico objetivo de la comunidad nacional, en cuanto ésta se configura como marco de una convivencia humana, justa y pacífica, plasmada históricamente en un Estado de Derecho y, más tarde, en un Estado social y democrático de Derecho».

Los Derechos fundamentales recogidos en el capítulo segundo, son de inmediata operatividad, y ello se deduce de diversos preceptos constitucionales. El artículo 9.1 establece la sujeción de los ciudadanos y poderes públicos a la Constitución y al resto del ordenamiento jurídico, y el artículo 53.1 prescribe que los derechos del capítulo segundo vinculan a todos los poderes públicos.

Con respecto al concepto, se establece en el artículo 10.1 de la Constitución que los Derechos fundamentales son el fundamento del orden político y la paz social. Efectivamente, dice este artículo que la dignidad de la persona, los derechos inviolables que le son inherentes, el libre desarrollo de la personalidad, el respeto a la ley y a los derechos de los demás son fundamentos del orden político y de la paz social.

En cuanto a la interpretación, establece el artículo 10.2 que las normas relativas a los derechos fundamentales y a las libertades que la Constitución reconoce se interpretarán de conformidad con la Declaración Universal de Derechos Humanos y los Tratados y Acuerdos Internacionales sobre las mismas materias ratificadas por España.

El Texto Constitucional no parece haber seguido ningún criterio sistemático para la enumeración y ordenación de los derechos y libertades, por lo que cada autor los divide o agrupa de forma distinta.

2.2. Españoles y Extranjeros (Capítulo I)

a) Españoles

La nacionalidad española se adquiere, conserva y pierde de acuerdo con lo establecido en la Ley. Ahora bien, ningún español de origen podrá ser privado de su nacionalidad.

El Estado podrá concertar tratados de doble nacionalidad con los países iberoamericanos o con los que hayan tenido o tengan una particular vinculación con España. En estos mismos países podrán naturalizarse los españoles sin perder su nacionalidad de origen (artículo 11).

Los españoles son mayores de edad a los dieciocho años.

b) Extranjeros

Los extranjeros gozan, en el territorio español, de las libertades públicas que garantiza la Constitución, en los términos que establezcan los tratados y la Ley. Sólo los españoles tendrán derecho a participar en los asuntos públicos y acceder a funciones y cargos públicos, salvo los que, atendiendo a criterios de reciprocidad, puedan establecerse por tratados o Ley para el derecho de sufragio activo y pasivo en las elecciones municipales.

La extradición sólo se concederá en cumplimiento de un tratado o de la Ley, atendiendo al principio de reciprocidad. Se excluye de la extradición los delitos políticos, ya que no se consideran como tales a los actos de terrorismo. Los extranjeros podrán gozar del derecho de asilo en los términos que establezca la Ley.

2.3. Derechos y libertades (Capítulo II)

Se abre este Capítulo con el principio de igualdad de todos los españoles ante la Ley.

Según el artículo 14: «Los españoles son iguales ante la Ley, sin que pueda prevalecer discriminación alguna por razón de nacimiento, raza, sexo, religión, opinión o cualquier otra condición o circunstancia personal o social».

2.3.1. Derechos fundamentales y libertades públicas (Sección 1ª)

– Derecho a la vida y a la integridad física y moral. Queda abolida la pena de muerte y se prohíbe la tortura y las penas y tratos inhumanos o degradantes (artículo 15).

– Se garantiza la libertad ideológica, religiosa y de culto de los individuos y las comunidades, sin más limitación en sus manifestaciones que la necesaria para el mantenimiento del orden público protegido por la Ley. Nadie podrá ser obligado a declarar sobre su ideología, religión o creencias. El Estado es aconfesional (artículo 16).

– Derecho a la libertad y seguridad. La detención preventiva no podrá durar más del tiempo estrictamente necesario para el esclarecimiento de los hechos, y, en todo caso, en el plazo máximo de 72 horas, el detenido deberá ser puesto en libertad o a disposición de la autoridad judicial (regulación del hábeas corpus).

Toda persona detenida debe ser informada de forma inmediata, y de modo que le sea comprensible, de sus derechos y de las razones de su detención, no pudiendo ser obligada a declarar. Se garantiza la asistencia de abogado al detenido en las diligencias policiales y judiciales, en los términos que la Ley establezca (artículo 17).

– Derecho al honor, a la propia imagen, y a la intimidad personal y familiar. Inviolabilidad del domicilio, salvo consentimiento del titular, resolución judicial o flagrante delito. Inviolabilidad de las comunicaciones (artículo 18).

– Derecho a elegir la residencia y a circular por el territorio nacional. Asimismo, tienen derecho a entrar y salir libremente de España en los términos que la Ley establezca. Este derecho no podrá ser limitado por motivos políticos o ideológicos (artículo 19).

– Derecho a expresar y difundir libremente los pensamientos, ideas y opiniones mediante la palabra, el escrito o cualquier método de reproducción; a la producción y creación literaria, artística, científica y técnica; a la libertad de cátedra; a comunicar o recibir libremente información veraz por cualquier medio de difusión.

Sólo podrá acordarse el secuestro de publicaciones, grabaciones, y otros medios de información en virtud de resolución judicial (artículo 20).

– Derecho de reunión pacífica y sin armas. En los casos de reuniones en lugares de tránsito público y manifestaciones se dará comunicación previa a la autoridad, que sólo podrá prohibirlas cuando existan razones fundadas de alteración del orden público o con peligro para personas o bienes (artículo 21).

– Derecho de asociación. Las asociaciones que persiguen fines o utilicen medios tipificados como delitos son ilegales. Las asociaciones sólo podrán ser disueltas o suspendidas en sus actividades en virtud de resolución motivada. Se prohíben las asociaciones secretas y las de carácter paramilitar (artículo 22).

– Derecho a participar en los asuntos públicos, directamente o por medio de representantes libremente elegidos en elecciones periódicas de sufragio universal; derecho a acceder en condiciones de igualdad a las funciones y cargos públicos con los requisitos que señalen las Leyes (artículo 23).

- Derecho de todos a obtener la Tutela judicial efectiva, prohibición de la indefensión, derecho al juez predeterminado por la Ley, a la presunción de inocencia, derecho a la asistencia letrada, derecho a la prueba, derecho a no declarar contra sí mismos ni a declararse culpable, derecho al proceso público sin dilaciones indebidas y con todas las garantías. (artículo 24).

- Nadie puede ser condenado o sancionado por acciones u omisiones que en momentos de producirse no constituyan delito, falta o infracción administrativa, según la legislación vigente en aquel momento.

Las penas privativas de libertad y las medidas de seguridad estarán orientadas hacia la reeducación y reinserción social y no podrán consistir en trabajos forzados. En todo caso, tendrán derecho a un trabajo remunerado y a los beneficios correspondientes de la Seguridad Social, así como al acceso a la cultura y al desarrollo integral de su personalidad. La Administración civil no podrá imponer sanciones que, directa o subsidiariamente impliquen privación de libertad (artículo 25).

- Se prohíben los Tribunales de Honor en el ámbito de la Administración civil y de las organizaciones profesionales (artículo 26).

- Derecho a la educación. Se reconoce la libertad de enseñanza. La educación tendrá por objeto el pleno desarrollo de la personalidad humana en el respeto a los principios democráticos de convivencia y a los derechos y libertades fundamentales.

La enseñanza básica es obligatoria y gratuita. Los poderes públicos garantizan el derecho de todos a la educación, mediante una programación general de la enseñanza y la creación de centros docentes. Los profesores, los padres y, en su caso, los alumnos intervendrán en el control y gestión de todos los centros sostenidos por la Administración con fondos públicos en los términos que la Ley establezca.

Se reconoce la autonomía de las Universidades, en los términos que la Ley establezca (artículo 27).

- Derecho a sindicación. La Ley podrá limitar o exceptuar el ejercicio de este derecho a las Fuerzas o Institutos armados o a los demás Cuerpos sometidos a disciplina militar y regulará las peculiaridades de su ejercicio para los funcionarios públicos. La libertad sindical comprende el derecho a fundar sindicatos y a afiliarse al de su elección, así como el derecho de los sindicatos a formar confederaciones y a fundar organizaciones sindicales internacionales o afiliarse a las mismas. Nadie podrá ser obligado a afiliarse a un sindicato.

Se reconoce el derecho a la huelga de los trabajadores para la defensa de sus intereses. La Ley que regula el ejercicio de este derecho establecerá las garantías precisas para asegurar el mantenimiento de los servicios esenciales de la Comunidad (artículo 28).

- Derecho de petición individual y colectiva por escrito, en la forma y con los efectos que determina la Ley. Los miembros de las Fuerzas o Institutos armados o de los Cuerpos sometidos a disciplina militar podrán ejercer ese derecho sólo individualmente y con arreglo a lo dispuesto en su legislación específica (artículo 29).

2.3.2. Derechos y deberes de los ciudadanos (Sección 2ª)

En la Sección 2ª del Capítulo II se reconocen los derechos y deberes de todos los españoles.

2.3.2.1. Derechos

- Derecho a defender a España (artículo 30).
- Derecho a contraer matrimonio con plena igualdad jurídica de hombre y mujer (artículo 32).
- Derecho a la propiedad privada y a la herencia. Nadie podrá ser privado de sus bienes y derechos sino por causa justificada de utilidad pública o interés social, mediante la correspondiente indemnización y de conformidad con lo dispuesto por las leyes (artículo 33).
- Derecho de fundación para fines de interés general. Las fundaciones que persigan fines o utilicen medios tipificados como delitos son ilegales. Las fundaciones sólo podrán ser disueltas o suspendidas en sus actividades en virtud de resolución judicial motivada (artículo 34).
- Derecho al trabajo y a la libre profesión u oficio, a la promoción a través del trabajo y a una remuneración suficiente para satisfacer sus necesidades y las de su familia, sin que en ningún caso pueda hacerse discriminación por razón de sexo (artículo 35).
- Por Ley se regularán las peculiaridades propias del régimen jurídico de los Colegios Profesionales y el ejercicio de las profesiones tituladas. La estructura interna y el funcionamiento de los Colegios deberán ser democráticos (artículo 36).
- Derecho a la negociación colectiva entre los representantes de los trabajadores y empresarios; se reconoce el derecho de los trabajadores y empresarios a adoptar medidas de conflicto colectivo (artículo 37).
- Se reconoce la libertad de empresa en el marco de la economía de mercado. Los poderes públicos garantizan y protegen su ejercicio y la defensa de la productividad de acuerdo con las exigencias de la economía general y, en su caso, de la planificación (artículo 38).

2.3.2.2. Deberes

- Deber de defender a España. Se regulará, con las debidas garantías, la objeción de conciencia, así como de las demás causas de exención del servicio militar obligatorio, pudiendo imponerse en su caso, una prestación social sustitutoria. Podrá establecerse un servicio civil para el cumplimiento de fines de interés general.
- Por Ley se podrán regular los deberes de los ciudadanos en los casos de graves riesgos, catástrofes o calamidad pública (artículo 30).

– Deber de contribuir al sostenimiento de los gastos públicos de acuerdo con la capacidad económica de cada uno mediante un sistema tributario justo inspirado en los principios de igualdad y progresividad que, en ningún caso, tendrá alcance confiscatorio. Principios tributarios (artículo 31).

– Deber de trabajar, que es al mismo tiempo un derecho (artículo 35).

Art.	Derecho - libertad	Protección judicial			Protección normativa		
		Procedimiento basado en principios de preferencia y sumariedad (art. 53.2 CE)	Recurso de amparo (art. 53.2 y 161.1.b)	Directa aplicabilidad sin necesidad de desarrollo normativo	Desarrollo Normativo	Regulación mediante Decreto-Ley	Modificación de la Regulación Constitucional
Art. 14	Igualdad ante la Ley	Sí	Sí	Sí	Por Ley (art. 53.1 CE)	Prohibido (art. 86.1 CE)	-
Título I - Capítulo II - Sección 1ª De los derechos fundamentales y las libertades públicas		Procedimiento basado en principios de preferencia y sumariedad (art. 53.2 CE)	Recurso de amparo (art. 53.2 y 161.1.b)	Directa aplicabilidad sin necesidad de desarrollo normativo	Desarrollo Normativo	Regulación mediante Decreto-Ley	Modificación de la Regulación Constitucional
Art. 15	- Derecho a la vida y a la integridad física y moral. - Prohibición de la tortura, penas y tratos inhumanos o degradantes.	Sí	Sí	Sí	Por Ley Orgánica (art. 81.1 CE)	Prohibido (art. 86.1 CE)	Reforma Gravada (art. 168 CE)
Art. 16	Libertad ideológica y religiosa.	Sí	Sí	Sí	Por Ley Orgánica (art. 81.1 CE)	Prohibido (art. 86.1 CE)	Reforma Gravada (art. 168 CE)
Art. 17	Derecho a la libertad y a la seguridad.	Sí	Sí	Sí	Por Ley Orgánica (art. 81.1 CE)	Prohibido (art. 86.1 CE)	Reforma Gravada (art. 168 CE)
Art. 18	- Derecho al honor, a la intimidad personal y familiar y a la propia imagen. - Inviolabilidad del domicilio. - Secreto de las comunicaciones.	Sí	Sí	Sí	Por Ley Orgánica (art. 81.1 CE)	Prohibido (art. 86.1 CE)	Reforma Gravada (art. 168 CE)
Art. 19	Libertad de residencia y circulación	Sí	Sí	Sí	Por Ley Orgánica (art. 81.1 CE)	Prohibido (art. 86.1 CE)	Reforma Gravada (art. 168 CE)
Art. 20	Libertad de expresión	Sí	Sí	Sí	Por Ley Orgánica (art. 81.1	Prohibido (art. 86.1 CE)	Reforma Gravada (art. 168 CE)

CE)

Art.							
Art. 21	Derecho de reunión	Sí	Sí	Sí	Por Ley Orgánica (art. 81.1 CE)	Prohibido (art. 86.1 CE)	Reforma Gravada (art. 168 CE)
Art. 22	Derecho de asociación	Sí	Sí	Sí	Por Ley Orgánica (art. 81.1 CE)	Prohibido (art. 86.1 CE)	Reforma Gravada (art. 168 CE)
Art. 23	- Derecho de participación en los asuntos públicos. - Derecho de acceso en condiciones de igualdad a las funciones y cargos públicos, con los requisitos que señalen las leyes.	Sí	Sí	Sí	Por Ley Orgánica (art. 81.1 CE)	Prohibido (art. 86.1 CE)	Reforma Gravada (art. 168 CE)
Art. 24	- Derecho a la tutela judicial efectiva. - Derecho a la defensa. - Derechos procesales	Sí	Sí	Sí	Por Ley Orgánica (art. 81.1 CE)	Prohibido (art. 86.1 CE)	Reforma Gravada (art. 168 CE)
Art. 25	- Principio de legalidad penal - Derecho de los condenados a penas de prisión	Sí	Sí	Sí	Por Ley Orgánica (art. 81.1 CE)	Prohibido (art. 86.1 CE)	Reforma Gravada (art. 168 CE)
Art. 26	Prohibición de los Tribunales de honor	Sí	Sí	Sí	Por Ley Orgánica (art. 81.1 CE)	Prohibido (art. 86.1 CE)	Reforma Gravada (art. 168 CE)
Art. 27	- Derecho a la educación - Libertad de educación	Sí	Sí	Sí	Por Ley Orgánica (art. 81.1 CE)	Prohibido (art. 86.1 CE)	Reforma Gravada (art. 168 CE)
Art. 28	- Derecho de sindicación. - Derecho a la huelga.	Sí	Sí	Sí	Por Ley Orgánica (art. 81.1 CE)	Prohibido (art. 86.1 CE)	Reforma Gravada (art. 168 CE)
Art. 29	Derecho de petición	Sí	Sí	Sí	Por Ley Orgánica (art. 81.1 CE)	Prohibido (art. 86.1 CE)	Reforma Gravada (art. 168 CE)

Título I - Capítulo II - Sección 2ª De los derechos y deberes de los ciudadanos	Procedimiento basado en principios de preferencia y sumariedad (art. 53.2 CE)	Recurso de amparo (art. 53.2 y 161.1.b)	Directa aplicabilidad sin necesidad de desarrollo normativo	Desarrollo Normativo	Regulación mediante Decreto-Ley	Modificación de la Regulación Constitucional
Art. 30	- Objeción de conciencia - Servicio militar	-	Sí	Sí	Por Ley (art. 53.1 CE)	Prohibido (art. 86.1 CE)	-

Art.		Procedimiento basado en principios de preferencia y sumariedad (art. 53.2 CE)	Recurso de amparo (art. 53.2 y 161.1.b)	Directa aplicabilidad sin necesidad de desarrollo normativo	Desarrollo Normativo	Regulación mediante Decreto-Ley	Modificación de la Regulación Constitucional
Art. 31	- Sistema tributario justo inspirado en los principios de igualdad y progresividad. - Sólo podrán establecerse prestaciones personales o patrimoniales de carácter público con arreglo a la ley	-	-	Sí	Por Ley (art. 53.1 CE)	Prohibido (art. 86.1 CE)	-
Art. 32	Derecho a contraer matrimonio con plena igualdad jurídica entre hombres y mujeres	-	-	Sí	Por Ley (art. 53.1 CE)	Prohibido (art. 86.1 CE)	-
Art. 33	Derecho a la propiedad privada y a la herencia	-	-	Sí	Por Ley (art. 53.1 CE)	Prohibido (art. 86.1 CE)	-
Art. 34	Derecho de fundación para fines de interés general	-	-	Sí	Por Ley (art. 53.1 CE)	Prohibido (art. 86.1 CE)	-
Art. 35	- Derecho al trabajo, - Derecho a la libre elección de profesión u oficio. - Derecho a la promoción a través del trabajo. - Derecho a una remuneración suficiente para satisfacer sus necesidades y las de su familia.	-	-	Sí	Por Ley (art. 53.1 CE)	Prohibido (art. 86.1 CE)	-
Art. 36	Colegios Profesionales	-	-	Sí	Por Ley (art. 53.1 CE)	Prohibido (art. 86.1 CE)	-
Art. 37	- Derecho a la negociación colectiva laboral. - Derecho de los trabajadores y empresarios a adoptar medidas de conflicto colectivo.	-	-	Sí	Por Ley (art. 53.1 CE)	Prohibido (art. 86.1 CE)	-
Art. 38	Libertad de empresa en el marco de la economía de mercado	-	-	Sí	Por Ley (art. 53.1 CE)	Prohibido (art. 86.1 CE)	-
Título I - Capítulo III De los principios rectores de la política social y económica		Procedimiento basado en principios de preferencia y sumariedad (art. 53.2 CE)	Recurso de amparo (art. 53.2 y 161.1.b)	Directa aplicabilidad sin necesidad de desarrollo normativo	Desarrollo Normativo	Regulación mediante Decreto-Ley	Modificación de la Regulación Constitucional
Art. 39	Protección de la familia y de la infancia	-	-	-	-	Prohibido (art. 86.1	-

CE)

Art. 40	- Promoción del progreso económico y social - Promoción de la justa distribución de la renta personal y regional. - Política orientada al pleno empleo. - Fomento de políticas que garanticen la formación y readaptación profesionales. - Seguridad e higiene en el trabajo. - Garantía del descanso necesario mediante la limitación de la jornada laboral, las vacaciones periódicas retribuidas y la promoción de centros adecuados.	-	-	-	-	Prohibido (art. 86.1 CE)	-
Art. 41	- Seguridad Social para todos los ciudadanos que garantice la asistencia y prestaciones sociales suficientes ante situaciones de necesidad, especialmente, en caso de desempleo	-	-	-	-	Prohibido (art. 86.1 CE)	-
Art. 42	- Salvaguardia de los derechos económicos y sociales de los trabajadores españoles en el extranjero	-	-	-	-	Prohibido (art. 86.1 CE)	-
Art. 43	Derecho a la protección de la salud	-	-	-	-	Prohibido (art. 86.1 CE)	-
Art. 44	- Acceso a la cultura. - Promoción de la ciencia y la investigación científica y técnica en beneficio del interés general	-	-	-	-	Prohibido (art. 86.1 CE)	-
Art. 45	Derecho a disfrutar de un medioambiente adecuado para el desarrollo de la persona.	-	-	-	-	Prohibido (art. 86.1 CE)	-
Art. 46	Conservación del patrimonio histórico,	-	-	-	-	Prohibido (art. 86.1	-

	cultural y artístico					CE)
Art. 47	Derecho a disfrutar de una vivienda digna y adecuada	-	-	-	-	Prohibido (art. 86.1 CE)
Art. 48	Participación libre y eficaz de la juventud en el desarrollo político, social, económico y cultural.	-	-	-	-	Prohibido (art. 86.1 CE)
Art. 49	Atención a los disminuidos físicos, sensoriales y psíquicos	-	-	-	-	Prohibido (art. 86.1 CE)
Art. 50	- Suficiencia económica durante la Tercera Edad. - Promoción del bienestar de la Tercera Edad	-	-	-	-	Prohibido (art. 86.1 CE)
Art. 51	Defensa de los consumidores y usuarios	-	-	-	-	Prohibido (art. 86.1 CE)
Art. 52	Organizaciones profesionales (funcionamiento democrático)	-	-	-	-	Prohibido (art. 86.1 CE)

Javier García Espinar en http://www.derechoshumanos.net

2.4. Principios Rectores de la Política Social y Económica (Capítulo III)

– Los poderes públicos aseguran la protección social, económica y jurídica de la familia, la protección integral de los hijos, iguales éstos ante la Ley con independencia de su filiación, y de las madres cualquiera que sea su estado civil. La Ley posibilitará la investigación de la paternidad. Los padres deben prestar asistencia de todo orden a los hijos habidos dentro o fuera del matrimonio, durante su minoría de edad y en los demás casos en que legalmente proceda (art. 39).

–   Los poderes públicos promoverán las condiciones favorables para el progreso social y económico y para una distribución de la renta regional y personal más equitativa; realizarán una política orientada al pleno empleo. Asimismo, fomentarán una política que garantice la formación y readaptación profesionales; velarán por la seguridad e higiene en el trabajo y garantizarán el descanso necesario, las vacaciones periódicas retribuidas y la promoción de centros adecuados (art. 40).

–   Los poderes públicos mantendrán un régimen público de Seguridad Social para todos los ciudadanos que garantice la asistencia y prestaciones sociales suficientes ante situaciones de necesidad, especialmente en caso de desempleo (art. 41).

–   El Estado velará por la salvaguardia de los derechos económicos y sociales de los trabajadores españoles en el extranjero (art. 42).

–   Derecho a la protección de la salud. Compete a los poderes públicos organizar y tutelar la salud pública a través de medidas preventivas y de las prestaciones y servicios necesarios, fomentando la educación sanitaria, la educación física y el deporte (art. 43).

–   Los poderes públicos promoverán y tutelarán el acceso a la cultura, la ciencia y la investigación científica y técnica en beneficio del interés general (art. 44).

–   Derecho a disfrutar de un medio ambiente adecuado para el desarrollo de la persona (art. 45).

–   Los poderes públicos garantizarán la conservación y promoverán el enriquecimiento del patrimonio histórico, cultural y artístico de los pueblos de España y de los bienes que lo integran (art. 46).

–   Derecho a disfrutar de una vivienda digna y adecuada. Los poderes públicos promoverán las condiciones necesarias y establecerán las normas pertinentes para hacer efectivo este derecho (art. 47).

–   Los poderes públicos promoverán las condiciones para la participación libre y eficaz de la juventud en el desarrollo político, social, económico y cultural (art. 48).

–   Los poderes públicos realizarán una política de previsión, tratamiento, rehabilitación e integración de los disminuidos físicos, sensoriales y psíquicos, y garantizarán, mediante pensiones adecuadas y periódicamente actualizadas, la suficiencia económica a los ciudadanos durante la tercera edad, promoverán su bienestar mediante un sistema de servicios sociales que atenderán sus problemas específicos de salud, vivienda, cultura y ocio (arts. 49 y 50).

–   Los poderes públicos garantizarán la defensa de los consumidores y usuarios, promoverán la información y la educación de los consumidores y usuarios, fomentarán sus organizaciones y oirán a éstas en las cuestiones que puedan afectar a aquéllos (art. 51).

–   La Ley regulará las organizaciones profesionales que contribuyan a la defensa de los intereses económicos que les sean propios. Su estructura interna y funcionamiento deberán ser democráticos (art. 52).

2.5. Garantía (Capítulo IV) y suspensión (Capítulo V) de los Derechos y Libertades fundamentales

2.5.1. Garantía

Como garantía a los derechos y libertades reconocidos, cualquier ciudadano podrá recabar la tutela de los mismos ante los Tribunales ordinarios por un procedimiento basado en los principios de preferencia y sumariedad y, en su caso, a través del recurso de amparo ante el Tribunal Constitucional. Este último recurso será aplicable a la objeción de conciencia reconocida en el artículo 30.

Los derechos y libertades reconocidos en el Capítulo Segundo del Título I de la Constitución vinculan a todos los poderes públicos y sólo por ley, que en todo caso deberá respetar su contenido esencial, podrá regularse el ejercicio de tales derechos y libertades. La forma de tutelar los mismos será a través del recurso de inconstitucionalidad.

El reconocimiento, el respeto y la protección de los principios reconocidos en el Capítulo Tercero informarán la legislación positiva, la práctica judicial y la actuación de los poderes públicos. Sólo podrán ser alegados ante la Jurisdicción ordinaria de acuerdo con lo que dispongan las leyes que los desarrollen.

El Defensor del Pueblo es una Institución contemplada en nuestra Constitución que tiene como misión la defensa de los derechos comprendidos en su Título I, pudiendo para ello supervisar la actividad de la Administración, dando cuenta a las Cortes Generales.

2.5.2. Suspensión

Podrán ser suspendidos, en el caso de que se acuerde la declaración del estado de excepción o de sitio en los términos previstos en la Constitución, los siguientes derechos fundamentales:

- Derecho a la libertad y a la seguridad, suspendiéndose igualmente las garantías sobre detención recogidas en el artículo 17 de la Constitución, esto es: plazo máximo de 72 horas (que se amplía sin que pueda exceder de 10 días), obligación de información y asistencia de abogado, y régimen de «habeas corpus» y plazo máximo de duración de la prisión provisional.
- Derechos de la inviolabilidad del domicilio y de las comunicaciones (art. 18.2 y 3).
- Derechos a la libertad de residencia y a la circulación interior y exterior (art. 19).
- Libertad de expresión y derecho a comunicar y recibir información veraz, quedando asimismo en suspenso las cláusulas de conciencia y secreto profesional (art. 20.1, a y d), y la prohibición de secuestro de publicaciones y grabaciones por otra autoridad que no sea la judicial (art. 20.5).
- Derecho de reunión (art. 21).

– Derecho de huelga (art. 28.2).

– Derecho a declarar conflicto colectivo por trabajadores y empresarios (art. 37.2).

– Quedan exceptuados de tal suspensión los derechos de información y de asistencia de abogado al detenido, en el caso de declaración de estado de excepción.

– La suspensión individual afecta a personas determinadas, en relación con las investigaciones correspondientes a bandas armadas o elementos terroristas.

– Viene regulada, en el ámbito constitucional, en el artículo 55.2 de nuestro Texto fundamental, que establece: «Una ley orgánica podrá determinar la forma y los casos en que, de forma individual y con la necesaria intervención judicial y el adecuado control parlamentario, los derechos reconocidos en los artículos 17.2 y 18.2 y 3 pueden ser suspendidos para personas determinadas, en relación con las investigaciones correspondientes a la actuación de bandas armadas o elementos terroristas».

3. EL DERECHO A LA PROTECCIÓN DE LA SALUD

Según el artículo 43 de la Constitución española compete a los poderes públicos organizar y tutelar la salud pública a través de medidas preventivas y de las prestaciones y servicios necesarios, fomentando la educación sanitaria, la educación física y el deporte.

Corresponden a l Estado y a las Comunidades Autónomas la gestión de la Seguridad Social.

La Constitución española no se limita a concebir la protección de la salud en el sentido tradicional de afrontar la enfermedad, sino que indica también una línea de prevención que se ve reforzada en otros artículos del Título Primero como por ejemplo el 50, que se refiere al establecimiento de un sistema de servicios sociales para que los ciudadanos de la tercera edad puedan ser atendidos en problemas específicos de salud, vivienda, cultura y ocio, y como el 51.1, que garantiza la defensa de los consumidores, protegiendo la seguridad y la salud.

Además de ello, la Constitución, entendiendo la salud en un sentido amplio, trata en su artículo 49 de la obligación, por parte de los poderes públicos, de realizar una política de previsión, tratamiento, rehabilitación e integración de los disminuidos físicos, sensoriales y psíquicos, y garantizarán, mediante pensiones adecuadas y periódicamente actualizadas, la suficiencia económica a los ciudadanos durante la tercera edad, promoviendo su bienestar mediante un sistema de servicios sociales que atenderán sus problemas específicos de salud, vivienda, cultura y ocio.

Estas preocupaciones por los problemas de las personas que tienen algún tipo de limitación para desarrollar sus actividades cotidianas y por las personas de la tercera edad, etapa de la vida en la que se precipitan dichas limitaciones, consiguen que nuestro texto constitucional pueda calificarse de avanzado puesto que, según la reciente concepción de la Organización Mundial de la Salud, se entiende ésta como el "estado completo de bienestar físico y mental", interpretando que existe un componente social en la enfermedad que condiciona su evolución y que, aunque "la asistencia sanitaria está dirigida a resolver la fase aguda de la enfermedad, cada vez más personas necesitan de manera prolongada ayudas y atenciones sociales que van a ser decisivas en la evolución de la enfermedad".

Temario común

Fisioterapeutas *Servicio Andaluz de Salud (SAS)*

Tema **2**

El Estatuto de Autonomía para Andalucía

Valores superiores y objetivos básicos; Derechos sociales, deberes y políticas públicas; Competencias en materia de salud; Organización institucional de la Comunidad Autónoma; Elaboración de las normas

Francisco Martínez Pocaterra
Licenciado en Derecho

Odette Ochoa Guerra
Licenciada en Psicología

Índice esquemático

1. EL ESTATUTO DE AUTONOMÍA PARA ANDALUCÍA

1.1. Antecedentes

Son dos las vías de acceso, que reconoce la Constitución española, para que las Comunidades Autónomas adquieran sus competencias:

- La **vía del artículo 143**, que dota a la Comunidad Autónoma de algunas competencias iniciales y que, posteriormente, una vez transcurridos 5 años, alcanzan el máximo de competencias.

- La **vía del artículo 151**, que otorga a la Comunidad Autónoma el máximo de competencias desde el inicio.

El proceso que requiere un Estatuto de Autonomía para adquirir su autonomía por la vía del artículo 151 es el siguiente:

- Los Diputados y Senadores del territorio autonómico, convocados por el Gobierno, se constituyen en Asamblea para elaborar un proyecto de Estatuto. Deben acordarlo por mayoría absoluta de sus miembros.

- Viene analizado por una Comisión Constitucional del Congreso, hasta alcanzar una propuesta definitiva.

- Dicha propuesta se somete a referéndum de los electores de las provincias comprendidas en el ámbito territorial de la Comunidad Autónoma.

- Si resultase aprobado, se eleva a las dos Cámaras de las Cortes Generales, quienes lo ratifican.

- Una vez aprobado, el Rey lo sanciona y promulga como Ley.

- Si las Cámaras no llegasen a un acuerdo sobre la redacción del Estatuto, el Estatuto se gestionará como proyecto de Ley.

El que se elija una u otra vía repercute también en los órganos autonómicos que se crearán.

Andalucía se constituyó, mediante el referéndum de ratificación de la iniciativa autonómica, celebrado el 28 de febrero de 1980, en una Comunidad Autónoma de carácter «pleno», al amparo del artículo 151, siendo aprobado su Estatuto de Autonomía por la Ley Orgánica 6/1981, de 30 de diciembre.

El Estatuto de Autonomía de Andalucía fue aprobado por la Ley Orgánica 6/81, de 30 de diciembre y reformado el 18 de febrero de 2007.

El procedimiento de reforma lo comentamos a continuación:

- La iniciativa de la reforma corresponde al Consejo de Gobierno o al Parlamento Andaluz, a propuesta de una tercera parte de sus miembros o a las Cortes Generales.

- La propuesta de reforma requiere, en todo caso, la aprobación del Parlamento Andaluz por mayoría de dos tercios, la aprobación de las Cortes Generales mediante Ley Orgánica (ver artículo 81.2 de la Constitución española) y, finalmente, el referéndum positivo de los electores andaluces.

- Si la propuesta de reforma no es aprobada por el Parlamento o por las Cortes Generales, o no es confirmada mediante referéndum del Cuerpo electoral, no se puede someter nuevamente a debate y votación del Parlamento hasta que haya transcurrido un año.

- La Junta de Andalucía someterá a referéndum la reforma en el plazo máximo de seis meses, una vez sea ratificada mediante ley orgánica por las Cortes Generales que llevará implícita la autorización de la consulta.

El Senado aprobó el 20 de diciembre de 2006, con el apoyo más amplio recibido hasta ahora por un texto de esta índole, la Reforma del Estatuto de Autonomía para Andalucía.

Con él, la Comunidad Autónoma pretendía alcanzar el máximo techo competencial y ampliar los derechos sociales de sus ciudadanos.

El domingo día 18 de febrero de 2007 se celebró el referéndum.

Finalmente, y dado el resultado obtenido, se aprobó en las Cortes Generales mediante la LO 2/2007, de 19 de marzo, siendo publicado en el BOE n.º 68, de 20 de marzo de 2007, y entrando en vigor el mismo día de su publicación.

1.2. Estructura

El Estatuto de Autonomía de Andalucía consta de 250 artículos estructurados en los siguientes once Títulos:

- TÍTULO PRELIMINAR (artículos 1 al 11).
- TÍTULO I. DERECHOS SOCIALES, DEBERES Y POLÍTICAS PÚBLICAS (artículos 12 al 41):
  - ▷ Capítulo I. Disposiciones generales
  - ▷ Capítulo II. Derechos y deberes.
  - ▷ Capítulo III. Principios rectores de las Políticas Públicas.
  - ▷ Capítulo IV. Garantías.
- TÍTULO II. COMPETENCIAS DE LA COMUNIDAD AUTÓNOMA (artículos 42 al 88):
  - ▷ Capítulo I. Clasificación y principios.
  - ▷ Capítulo II. Competencias.
- TÍTULO III. ORGANIZACIÓN TERRITORIAL DE LA COMUNIDAD AUTÓNOMA (artículos 89 al 98).
- TÍTULO IV. ORGANIZACIÓN INSTITUCIONAL DE LA COMUNIDAD AUTÓNOMA (artículos 99 al 139):
  - ▷ Capítulo I. El Parlamento de Andalucía.
  - ▷ Capítulo II. Elaboración de las normas.

- ▷ Capítulo III. El Presidente de la Junta.
- ▷ Capítulo IV. El Consejo de Gobierno.
- ▷ Capítulo V. De las Relaciones entre el Parlamento y el Consejo de Gobierno
- ▷ Capítulo VI. Otras instituciones de autogobierno.
- ▷ Capítulo VII. La Administración de la Junta de Andalucía.
- TÍTULO V. EL PODER JUDICIAL EN ANDALUCÍA (artículos 140 al 155):
  - ▷ Capítulo I. El Tribunal Superior de Justicia de Andalucía.
  - ▷ Capítulo II. El Consejo de Justicia de Andalucía.
  - ▷ Capítulo III. Competencias de la Junta de Andalucía en materia de Administración de Justicia.
- TÍTULO VI. ECONOMÍA, EMPLEO Y HACIENDA (artículos 156 al 194):
  - ▷ Capítulo I. Economía.
  - ▷ Capítulo II. Empleo y Relaciones Laborales.
  - ▷ Capítulo III. Hacienda de la Comunidad Autónoma:
    - ° Sección Primera: Recursos.
    - ° Sección Segunda: Gasto Público y Presupuesto.
    - ° Sección Tercera: Haciendas Locales.
    - ° Sección Cuarta: Fiscalización Externa del Sector Público Andaluz
- TÍTULO VII. MEDIO AMBIENTE (artículos 195 al 206).
- TÍTULO VIII. MEDIOS DE COMUNICACIÓN SOCIAL (artículos 207 al 217).
- TÍTULO IX. RELACIONES INSTITUCIONALES DE LA COMUNIDAD AUTÓNOMA (artículos 218 al 247):
  - ▷ Capítulo I. Relaciones con el Estado.
  - ▷ Capítulo II. Relaciones con ostras Comunidades Autónomas.
  - ▷ Capítulo III. Relaciones con las Instituciones de la Comunidad Europea.
  - ▷ Capítulo IV. Relaciones con el exterior.
  - ▷ Capítulo V. Cooperación al Desarrollo.
- TÍTULO X. REFORMA DEL ESTATUTO (artículos 248 al 250).
- Tiene además 5 Disposiciones Adicionales, 2 Transitorias, 1 Derogatoria y 3 Finales.

2. VALORES SUPERIORES Y OBJETIVOS BÁSICOS; DERECHOS SOCIALES, DEBERES Y POLÍTICAS PÚBLICAS

El Título Preliminar (artículos 1 al 11) comienza a exponer algunos de los derechos y deberes.

El **artículo 9** señala que todas las personas en Andalucía gozan como mínimo de los derechos reconocidos en la Declaración Universal de Derechos Humanos y demás instrumentos europeos e internacionales de protección de los mismos ratificados por España, en particular en los Pactos Internacionales de Derechos Civiles y Políticos y de Derechos Económicos, Sociales y Culturales; en el Convenio Europeo para la Protección de los Derechos Humanos y de las Libertades Fundamentales y en la Carta Social Europea.

La Comunidad Autónoma garantiza el pleno respeto a las minorías que residan en su territorio.

Junto a esta previsión, no hay que olvidar la regulación de los derechos y libertades de los españoles en general recogida en nuestra Constitución de 27 de diciembre de 1978.

Los poderes de la Comunidad Autónoma de Andalucía, según su Estatuto de Autonomía, emanan de la Constitución y el pueblo andaluz.

Los objetivos básicos de la Comunidad Autónoma de Andalucía se recogen en el **artículo 10**, a cuyo tenor:

1. La Comunidad Autónoma de Andalucía promoverá las condiciones para que la libertad y la igualdad del individuo y de los grupos en que se integra sean reales y efectivas; removerá los obstáculos que impidan o dificulten su plenitud y fomentará la calidad de la democracia facilitando la participación de todos los andaluces en la vida política, económica, cultural y social. A tales efectos, adoptará todas las medidas de acción positiva que resulten necesarias.

2. La Comunidad Autónoma propiciará la efectiva igualdad del hombre y de la mujer andaluces, promoviendo la democracia paritaria y la plena incorporación de aquélla en la vida social, superando cualquier discriminación laboral, cultural, económica, política o social.

3. Para todo ello, la Comunidad Autónoma, en defensa del interés general, ejercerá sus poderes con los siguientes objetivos básicos:

   1.º La consecución del pleno empleo estable y de calidad en todos los sectores de la producción, con singular incidencia en la salvaguarda de la seguridad y salud laboral, la conciliación de la vida familiar y laboral y la especial garantía de puestos de trabajo para las mujeres y las jóvenes generaciones de andaluces.

   2.º El acceso de todos los andaluces a una educación permanente y de calidad que les permita su realización personal y social.

   3.º El afianzamiento de la conciencia de identidad y de la cultura andaluza a través del conocimiento, investigación y difusión del patrimonio histórico, antropológico y lingüístico.

   4.º La defensa, promoción, estudio y prestigio de la modalidad lingüística andaluza en todas sus variedades.

   5.º El aprovechamiento y la potenciación de los recursos naturales y económicos de Andalucía bajo el principio de sostenibilidad, el impulso del conocimiento y del capital humano, la promoción de la inversión pública y privada, así como la justa redistribución de la riqueza y la renta.

6.º La creación de las condiciones indispensables para hacer posible el retorno de los andaluces en el exterior que lo deseen y para que contribuyan con su trabajo al bienestar colectivo del pueblo andaluz.

7.º La mejora de la calidad de vida de los andaluces y andaluzas, mediante la protección de la naturaleza y del medio ambiente, la adecuada gestión del agua y la solidaridad interterritorial en su uso y distribución, junto con el desarrollo de los equipamientos sociales, educativos, culturales y sanitarios, así como la dotación de infraestructuras modernas.

8.º La consecución de la cohesión territorial, la solidaridad y la convergencia entre los diversos territorios de Andalucía, como forma de superación de los desequilibrios económicos, sociales y culturales y de equiparación de la riqueza y el bienestar entre todos los ciudadanos, especialmente los que habitan en el medio rural.

9.º La convergencia con el resto del Estado y de la Unión Europea, promoviendo y manteniendo las necesarias relaciones de colaboración con el Estado y las demás Comunidades y Ciudades Autónomas, y propiciando la defensa de los intereses andaluces ante la Unión Europea.

10.º La realización de un eficaz sistema de comunicaciones que potencie los intercambios humanos, culturales y económicos, en especial mediante un sistema de vías de alta capacidad y a través de una red ferroviaria de alta velocidad.

11.º El desarrollo industrial y tecnológico basado en la innovación, la investigación científica, las iniciativas emprendedoras públicas y privadas, la suficiencia energética y la evaluación de la calidad, como fundamento del crecimiento armónico de Andalucía.

12.º La incorporación del pueblo andaluz a la sociedad del conocimiento.

13.º La modernización, la planificación y el desarrollo integral del medio rural en el marco de una política de reforma agraria, favorecedora del crecimiento, el pleno empleo, el desarrollo de las estructuras agrarias y la corrección de los desequilibrios territoriales, en el marco de la política agraria comunitaria y que impulse la competitividad de nuestra agricultura en el ámbito europeo e internacional.

14.º La cohesión social, mediante un eficaz sistema de bienestar público, con especial atención a los colectivos y zonas más desfavorecidos social y económicamente, para facilitar su integración plena en la sociedad andaluza, propiciando así la superación de la exclusión social.

15.º La especial atención a las personas en situación de dependencia.

16.º La integración social, económica y laboral de las personas con discapacidad.

17.º La integración social, económica, laboral y cultural de los inmigrantes en Andalucía.

18.º La expresión del pluralismo político, social y cultural de Andalucía a través de todos los medios de comunicación.

19.º La participación ciudadana en la elaboración, prestación y evaluación de las políticas públicas, así como la participación individual y asociada en los ámbitos cívico, social, cultural, económico y político, en aras de una democracia social avanzada y participativa.

20.º El diálogo y la concertación social, reconociendo la función relevante que para ello cumplen las organizaciones sindicales y empresariales más representativas de Andalucía.

21.º La promoción de las condiciones necesarias para la plena integración de las minorías y, en especial, de la comunidad gitana para su plena incorporación social.

22.º El fomento de la cultura de la paz y el diálogo entre los pueblos.

23.º La cooperación internacional con el objetivo de contribuir al desarrollo solidario de los pueblos.

24.º Los poderes públicos velarán por la salvaguarda, conocimiento y difusión de la historia de la lucha del pueblo andaluz por sus derechos y libertades.

4. Los poderes públicos de la Comunidad Autónoma de Andalucía adoptarán las medidas adecuadas para alcanzar los objetivos señalados, especialmente mediante el impulso de la legislación pertinente, la garantía de una financiación suficiente y la eficacia y eficiencia de las actuaciones administrativas.

El **artículo 11** prescribe que los poderes públicos de Andalucía promoverán el desarrollo de una conciencia ciudadana y democrática plena, fundamentada en los valores constitucionales y en los principios y objetivos establecidos en su Estatuto como señas de identidad propias de la Comunidad Autónoma.

Para ello, se adoptarán las medidas precisas para la enseñanza y el conocimiento de la Constitución y el Estatuto de Autonomía.

Los derechos sociales, deberes y políticas públicas se tratan específicamente en el Título I del Estatuto, que lleva dicha denominación y comprende los artículos 12 al 41.

Dicho Título aporta:

- El establecimiento de una renta básica.
- El derecho de las personas con discapacidad a ayudas y prestaciones sociales.
- La educación permanente y compensatoria, así como la obligación de admisión de los centros privados.
- El establecimiento de una red pública de servicios sociales con acceso general para todas las personas que residan en Andalucía.
- El derecho a la formación de los trabajadores.
- El derecho a una muerte digna y a cuidados paliativos.
- La gratuidad de los libros de texto.
- El derecho a la vivienda.
- La vinculación jurídica de estos derechos, de forma que sean exigibles jurídicamente.

2.1. Derechos y deberes

2.1.1. Derechos

Evidentemente, la mayoría de los derechos contemplados en el Estatuto ya lo están por la Constitución, bajo la forma de derechos fundamentales o principios rectores.

En los apartados siguientes, estos derechos se clasificarán de este modo:

– En primer lugar, los concernientes al derecho constitucional a la igualdad.

– En segundo lugar, los derechos que añaden un contenido propio a determinados derechos constitucionales.

– En tercer lugar, derechos estatutarios que añaden sentido a los principios rectores constitucionales.

– Y, en cuarto lugar, los «nuevos» derechos que aparecen en el Estatuto, pero que no están contemplados por la Constitución.

2.1.1.1. Los concernientes al derecho constitucional a la igualdad

Se puede incluir en este grupo **el derecho**:

– a la «igualdad de oportunidades entre hombres y mujeres» (art. 15 del Estatuto): el derecho a la igualdad de oportunidades entre hombres y mujeres ha quedado desarrollado a través de la Ley 12/2007, de 26 de noviembre, para la promoción de la igualdad de género en Andalucía (BOJA n.º 247, de 18 de diciembre).

– de acceso «en condiciones de igualdad» a las prestaciones del sistema público de servicios sociales (art. 23.1 del Estatuto): Se garantiza el derecho de todos a acceder en condiciones de igualdad a las prestaciones de un sistema público de servicios sociales. Se promueve el derecho a una renta básica que garantice unas condiciones de vida digna y a recibirla, en caso de necesidad, de los poderes públicos con arreglo a lo dispuesto en la Ley.

– a las viviendas de promoción pública y a las ayudas para las mismas (art. 25 del Estatuto).

– al empleo público (art. 26 del Estatuto).

– al disfrute de los recursos naturales, del entorno y del paisaje (art. 28 del Estatuto).

– a la cultura y al disfrute de los bienes patrimoniales, artísticos y paisajísticos (art. 33 del Estatuto): todas las personas tienen derecho, en condiciones de igualdad, al acceso a la cultura, al disfrute de los bienes patrimoniales, artísticos y paisajísticos de Andalucía, al desarrollo de sus capacidades creativas individuales y colectivas, así como el deber de respetar y preservar el patrimonio cultural andaluz.

Pero el Estatuto no contiene tan sólo las concreciones del derecho constitucional a la igualdad que se acaban de mencionar, incluye igualmente, como también hace el art. 14 Constitución española, su propia cláusula antidiscriminatoria. Esta se establece en el art. 14 del Estatuto, según el cual «Se prohíbe toda discriminación en el ejercicio de los derechos, el cumplimiento de los deberes y la prestación de los servicios contemplados en este Título, particularmente la ejercida por razón de sexo, orígenes étnicos o sociales, lengua, cultura, religión, ideología, características genéticas, nacimiento, patrimonio, discapacidad, edad, orientación sexual o cualquier otra condición o circunstancia personal o social. La prohibición de discriminación no impedirá acciones positivas en beneficio de sectores, grupos o personas desfavorecidas»

2.1.1.2. Normas que añaden un contenido estatutario a derechos constitucionales

En virtud de los títulos competenciales respectivos, podríamos decir que el Estatuto habilita al legislador autonómico para regular, con carácter general, el ejercicio en la Comunidad Autónoma de Andalucía de una serie de derechos fundamentales que analizamos a continuación, pero en todos esos casos deberá respetar también el correspondiente derecho estatutario.

A) **El derecho estatutario de participación política**: Conforme al artículo 5, los andaluces y andaluzas tienen el derecho a participar en condiciones de igualdad en los asuntos públicos de Andalucía, directamente o por medio de representantes, en los términos que establezcan la Constitución, el Estatuto y las Leyes. Este derecho comprende:

   a) El derecho a elegir a los miembros de los órganos representativos de la Comunidad Autónoma y a concurrir como candidato a los mismos.

   b) El derecho a promover y presentar iniciativas legislativas ante el Parlamento de Andalucía y a participar en la elaboración de las Leyes, directamente o por medio de entidades asociativas, en los términos que establezca el Reglamento del Parlamento.

   c) El derecho a promover la convocatoria de consultas populares por la Junta de Andalucía o por los Ayuntamientos, en los términos que establezcan las Leyes.

   d) El derecho de petición individual y colectiva, por escrito, en la forma y con los efectos que determine la Ley.

   e) El derecho a participar activamente en la vida pública andaluza para lo cual se establecerán los mecanismos necesarios de información, comunicación y recepción de propuestas.

   La Junta de Andalucía establecerá los mecanismos adecuados para hacer extensivo a los ciudadanos de la Unión Europea y a los extranjeros residentes en Andalucía los derechos contemplados en el apartado anterior, en el marco constitucional y sin perjuicio de los derechos de participación que les garantiza el ordenamiento de la Unión Europea.

B) **Las garantías estatutarias de la libertad de expresión.**

C) **El derecho estatutario a la protección de datos personales** se garantiza el derecho de todas las personas al acceso, corrección y cancelación de sus datos personales en poder de las Administraciones públicas andaluzas.

D) **El derecho estatutario a la declaración de voluntad vital anticipada y a la dignidad en el proceso de muerte.** Se reconoce el derecho a declarar la voluntad vital anticipada que deberá respetarse, en los términos que establezca la Ley. Todas las personas tienen derecho a recibir un adecuado tratamiento del dolor y cuidados paliativos integrales y a la plena dignidad en el proceso de su muerte.

E) **El derecho estatutario a la educación.**

Se garantiza, mediante un sistema educativo público, el derecho constitucional de todos a una educación permanente y de carácter compensatorio.

Los poderes públicos de la Comunidad Autónoma de Andalucía garantizan el derecho que asiste a los padres para que sus hijos reciban la formación religiosa y moral que esté de acuerdo con sus propias convicciones. La enseñanza pública, conforme al carácter aconfesional del Estado, será laica.

Los poderes públicos de la Comunidad tendrán en cuenta las creencias religiosas de la confesión católica y de las restantes confesiones existentes en la sociedad andaluza.

Todos tienen derecho a acceder en condiciones de igualdad a los centros educativos sostenidos con fondos públicos. A tal fin, se establecerán los correspondientes criterios de admisión, al objeto de garantizarla en condiciones de igualdad y no discriminación.

Se garantiza la gratuidad de la enseñanza en los niveles obligatorios y, en los términos que establezca la Ley, en la educación infantil. Todos tienen el derecho a acceder, en condiciones de igualdad, al sistema público de ayudas y becas al estudio en los niveles no gratuitos.

Se garantiza la gratuidad de los libros de texto en la enseñanza obligatoria en los centros sostenidos con fondos públicos. La Ley podrá hacer extensivo este derecho a otros niveles educativos.

Todos tienen derecho a acceder a la formación profesional y a la educación permanente en los términos que establezca la Ley.

Las universidades públicas de Andalucía garantizarán, en los términos que establezca la Ley, el acceso de todos a las mismas en condiciones de igualdad.

Los planes educativos de Andalucía incorporarán los valores de la igualdad entre hombres y mujeres y la diversidad cultural en todos los ámbitos de la vida política y social. El sistema educativo andaluz fomentará la capacidad emprendedora de los alumnos, el multilingüismo y el uso de las nuevas tecnologías.

Se complementará el sistema educativo general con enseñanzas específicas propias de Andalucía.

Las personas con necesidades educativas especiales tendrán derecho a su efectiva integración en el sistema educativo general de acuerdo con lo que dispongan las Leyes.

F) **Derechos estatutarios relacionados con la Administración de Justicia.**

G) **El derecho estatutario al trabajo.** En el ejercicio del derecho constitucional al trabajo, se garantiza a todas las personas:

a) El acceso gratuito a los servicios públicos de empleo.

b) El acceso al empleo público en condiciones de igualdad y según los principios constitucionales de mérito y capacidad.

c) El acceso a la formación profesional.

d) El derecho al descanso y al ocio.

Se garantiza a los sindicatos y a las organizaciones empresariales el establecimiento de las condiciones necesarias para el desempeño de las funciones que la Constitución les reconoce. La Ley regulará la participación institucional en el ámbito de la Junta de Andalucía de las organizaciones sindicales y empresariales más representativas en la Comunidad Autónoma.

2.1.1.3. Derechos estatutarios que dotan de contenido a los principios rectores constitucionales

Un número considerable de las disposiciones que consagran derechos en el Estatuto de Autonomía de Andalucía se refieren a políticas públicas ya existentes en la Constitución como Principios rectores de la política social y económica en el Capítulo III del Título I Constitución Española.

Es el caso de los **artículos**:

– **17 del Estatuto**, *Protección de la familia*: se garantiza la protección social, jurídica y económica de la familia. La Ley regulará el acceso a las ayudas públicas para atender a las situaciones de las diversas modalidades de familia existentes según la legislación civil. Todas las parejas no casadas tienen el derecho a inscribir en un registro público sus opciones de convivencia. En el ámbito de competencias de la Comunidad Autónoma, las parejas no casadas inscritas en el registro gozarán de los mismos derechos que las parejas casadas.

– **18 del Estatuto** (*Menores*): las personas menores de edad tienen derecho a recibir de los poderes públicos de Andalucía la protección y la atención integral necesarias para el desarrollo de su personalidad y para su bienestar en el ámbito familiar, escolar y social, así como a percibir las prestaciones sociales que establezcan las Leyes. El beneficio de las personas menores de edad primará en la interpretación y aplicación de la legislación dirigida a estos.

– **19 del Estatuto** (*Mayores*): las personas mayores tienen derecho a recibir de los poderes públicos de Andalucía una protección y una atención integral para la promoción de su autonomía personal y del envejecimiento activo, que les permita una vida digna e independiente y su bienestar social e individual, así como a acceder a una atención gerontológica adecuada, en el ámbito sanitario, social y asistencial, y a percibir prestaciones en los términos que establezcan las Leyes.

– **22 del Estatuto** (*Salud*): Se garantiza el derecho constitucional previsto en el artículo 43 de la Constitución Española a la protección de la salud mediante un sistema sanitario público de carácter universal. Los pacientes y usuarios del sistema andaluz de salud tendrán derecho a:

a) Acceder a todas las prestaciones del sistema.

b) La libre elección de médico y de centro sanitario.

c) La información sobre los servicios y prestaciones del sistema, así como de los derechos que les asisten.

d) Ser adecuadamente informados sobre sus procesos de enfermedad y antes de emitir el consentimiento para ser sometidos a tratamiento médico.

e) El respeto a su personalidad, dignidad humana e intimidad.

f) El consejo genético y la medicina predictiva.

g) La garantía de un tiempo máximo para el acceso a los servicios y tratamientos.

h) Disponer de una segunda opinión facultativa sobre sus procesos.

i) El acceso a cuidados paliativos.

j) La confidencialidad de los datos relativos a su salud y sus características genéticas, así como el acceso a su historial clínico.

k) Recibir asistencia geriátrica especializada.

l) Las personas con enfermedad mental, las que padezcan enfermedades crónicas e invalidantes y las que pertenezcan a grupos específicos reconocidos sanitariamente como de riesgo, tendrán derecho a actuaciones y programas sanitarios especiales y preferentes.

– **24 del Estatuto** (*discapacidad o dependencia*): las personas con discapacidad y las que estén en situación de dependencia tienen derecho a acceder, en los términos que establezca la Ley, a las ayudas, prestaciones y servicios de calidad con garantía pública necesarios para su desarrollo personal y social.

– **25 del Estatuto** (*vivienda*): para favorecer el ejercicio del derecho constitucional a una vivienda digna y adecuada, los poderes públicos están obligados a la promoción pública de la vivienda. La Ley regulará el acceso a la misma en condiciones de igualdad, así como las ayudas que lo faciliten.

– **27 del Estatuto** (*consumidores*): se garantiza a los consumidores y usuarios de los bienes y servicios el derecho a asociarse, así como a la información, formación y protección en los términos que establezca la Ley. Asimismo, la Ley regulará los mecanismos de participación y el catálogo de derechos del consumidor.

– **28 del Estatuto** (*medio ambiente*): Todas las personas tienen derecho a vivir en un medio ambiente equilibrado, sostenible y saludable, así como a disfrutar de los recursos naturales, del entorno y el paisaje en condiciones de igualdad, debiendo hacer un uso responsable del mismo para evitar su deterioro y conservarlo para las generaciones futuras, de acuerdo con lo que determinen las Leyes. Se garantiza este derecho mediante una adecuada protección de la diversidad biológica y los procesos ecológicos, el patrimonio natural, el paisaje, el agua, el aire y los recursos naturales. Todas las personas tienen derecho a acceder a la información medioambiental de que disponen los poderes públicos, en los términos que establezcan las Leyes.

2.1.1.4. Nuevos derechos

Para terminar, el Estatuto contempla, dentro de su tabla de derechos, algunos que no se encuentran presentes en la Constitución, ni bajo la forma de derechos constitucionales ni como principios rectores de la política social y económica y que, en este sentido, podemos calificar de «nuevos».

El catálogo de los mismos es bastante amplio, y **cubriría**, al menos, **siete derechos estatutarios**:

– **de las mujeres a la protección integral contra la violencia de género** (*art. 16 del Estatuto*) que incluye medidas preventivas, medidas asistenciales y ayudas públicas,

– **de los menores a la protección y atención integral** (*art. 18 del Estatuto*)

– **a la renta básica** (*art. 23.2 del Estatuto*),

– **a la buena administración** (*art. 31 del Estatuto*): se garantiza el derecho a una buena administración, en los términos que establezca la Ley, que comprende el derecho de todos ante las Administraciones Públicas, cuya actuación será proporcionada a sus fines, a participar plenamente en las decisiones que les afecten, obteniendo de ellas una información veraz, y a que sus asuntos se traten de manera objetiva e imparcial y sean resueltos en un plazo razonable, así como a acceder a los archivos y registros de las instituciones, corporaciones, órganos y organismos públicos de Andalucía, cualquiera que sea su soporte, con las excepciones que la Ley establezca.

– **al acceso a las tecnologías de la información** (*art. 34 del Estatuto*).

– **al respeto a la orientación sexual y a la identidad de género** (*art. 35 del Estatuto*): toda persona tiene derecho a que se respete su orientación sexual y su identidad de género. Los poderes públicos promoverán políticas para garantizar el ejercicio de este derecho.

– **a la promoción de las consultas populares que no suponen ejercicio del art. 23 Constitución española** (incluido dentro del *art. 30 del Estatuto*).

2.1.2. Deberes

En el ámbito de sus competencias, sin perjuicio de los deberes constitucionalmente establecidos, el Estatuto establece y la Ley desarrollará la obligación de todas las personas de:

a) Contribuir al sostenimiento del gasto público en función de sus ingresos.

b) Conservar el medio ambiente.

c) Colaborar en las situaciones de emergencia.

d) Cumplir las obligaciones derivadas de la participación de los ciudadanos en la Administración electoral, respetando lo establecido en el régimen electoral general.

e) Hacer un uso responsable y solidario de las prestaciones y servicios públicos y colaborar en su buen funcionamiento, manteniendo el debido respeto a las normas establecidas en cada caso, así como a los demás usuarios y al personal encargado de prestarlos.

f) Cuidar y proteger el patrimonio público, especialmente el de carácter histórico-artístico y natural.

g) Contribuir a la educación de los hijos, especialmente en la enseñanza obligatoria.

Las empresas que desarrollen su actividad en Andalucía se ajustarán a los principios de respeto y conservación del medio ambiente establecidos en el Título VII. La Administración andaluza establecerá los correspondientes mecanismos de inspección y sanción.

2.2. Principios rectores de las políticas públicas

Los poderes de la Comunidad Autónoma orientarán sus políticas públicas a garantizar y asegurar el ejercicio de los derechos reconocidos en el Capítulo anterior y alcanzar los objetivos básicos establecidos en el artículo 10 del Estatuto, mediante la aplicación efectiva de los siguientes **principios rectores**:

1. La prestación de unos servicios públicos de calidad.

2. La lucha contra el sexismo, la xenofobia, la homofobia y el belicismo, especialmente mediante la educación en valores que fomente la igualdad, la tolerancia, la libertad y la solidaridad.

3. El acceso de las personas mayores a unas condiciones de vida digna e independiente, asegurando su protección social e incentivando el envejecimiento activo y su participación en la vida social, educativa y cultural de la comunidad.

4. La especial protección de las personas en situación de dependencia que les permita disfrutar de una digna calidad de vida.

5. La autonomía y la integración social y profesional de las personas con discapacidad, de acuerdo con los principios de no discriminación, accesibilidad universal e igualdad de oportunidades, incluyendo la utilización de los lenguajes que les permitan la comunicación y la plena eliminación de las barreras.

6. El uso de la lengua de signos española y las condiciones que permitan alcanzar la igualdad de las personas sordas que opten por esta lengua, que será objeto de enseñanza, protección y respeto.

7. La atención social a personas que sufran marginación, pobreza o exclusión y discriminación social.

8. La integración de los jóvenes en la vida social y laboral, favoreciendo su autonomía personal.

9. La integración laboral, económica, social y cultural de los inmigrantes.

10. El empleo de calidad, la prevención de los riesgos laborales y la promoción en el trabajo.

11. La plena equiparación laboral entre hombres y mujeres y así como la conciliación de la vida laboral y familiar.

12. El impulso de la concertación con los agentes económicos y sociales.

13. El fomento de la capacidad emprendedora, la investigación y la innovación. Se reconoce en estos ámbitos la necesidad de impulsar la labor de las universidades andaluzas.

14. El fomento de los sectores turístico y agroalimentario, como elementos económicos estratégicos de Andalucía.

15. El acceso a la sociedad del conocimiento con el impulso de la formación y el fomento de la utilización de infraestructuras tecnológicas.

16. El fortalecimiento de la sociedad civil y el fomento del asociacionismo.

17. El libre acceso de todas las personas a la cultura y el respeto a la diversidad cultural.

18. La conservación y puesta en valor del patrimonio cultural, histórico y artístico de Andalucía, especialmente del flamenco.

19. El consumo responsable, solidario, sostenible y de calidad, particularmente en el ámbito alimentario.

20. El respeto del medio ambiente, incluyendo el paisaje y los recursos naturales y garantizando la calidad del agua y del aire.

21. El impulso y desarrollo de las energías renovables, el ahorro y eficiencia energética.

22 El uso racional del suelo, adoptando cuantas medidas sean necesarias para evitar la especulación y promoviendo el acceso de los colectivos necesitados a viviendas protegidas.

23. La convivencia social, cultural y religiosa de todas las personas en Andalucía y el respeto a la diversidad cultural, de creencias y convicciones, fomentando las relaciones interculturales con pleno respeto a los valores y principios constitucionales.

24. La atención de las víctimas de delitos, especialmente los derivados de actos terroristas.

25. La atención y protección civil ante situaciones de emergencia, catástrofe o calamidad pública.

Los anteriores principios se orientarán además a superar las situaciones de desigualdad y discriminación de las personas y grupos que puedan derivarse de sus circunstancias personales o sociales o de cualquier otra forma de marginación o exclusión.

Para ello, su desarrollo facilitará el acceso a los servicios y prestaciones correspondientes para los mismos, y establecerá los supuestos de gratuidad ante las situaciones económicamente más desfavorables.

3. COMPETENCIAS EN MATERIA DE SALUD

3.1. Derechos sanitarios

En el **artículo 22 del Capítulo II** se garantiza el derecho constitucional previsto en el artículo 43 de la Constitución Española a la protección de la salud mediante un sistema sanitario público de carácter universal, y en concreto, los pacientes y usuarios del sistema andaluz de salud tendrán derecho a:

a) Acceder a todas las prestaciones del sistema.

b) La libre elección de médico y de centro sanitario.

c) La información sobre los servicios y prestaciones del sistema, así como de los derechos que les asisten.

d) Ser adecuadamente informados sobre sus procesos de enfermedad y antes de emitir el consentimiento para ser sometidos a tratamiento médico.

e) El respeto a su personalidad, dignidad humana e intimidad.

f) El consejo genético y la medicina predictiva.

g) La garantía de un tiempo máximo para el acceso a los servicios y tratamientos.

h) Disponer de una segunda opinión facultativa sobre sus procesos.

i) El acceso a cuidados paliativos.

j) La confidencialidad de los datos relativos a su salud y sus características genéticas, así como el acceso a su historial clínico.

k) Recibir asistencia geriátrica especializada.

Asimismo, **tendrán derecho a actuaciones y programas sanitarios especiales y preferentes**:

– Las personas con enfermedad mental,

– las que padezcan enfermedades crónicas e invalidantes

– y las que pertenezcan a grupos específicos reconocidos sanitariamente como de riesgo.

3.2. Competencias en materia de salud

Las competencias en materia de salud viene recogidas en el artículo 55 del Estatuto de Autonomía, denominado: Salud, sanidad y farmacia.

Corresponde a la Comunidad Autónoma la competencia exclusiva sobre los centros sanitarios, y la investigación con fines terapéuticos, sin perjuicio de la coordinación general del Estado sobre esta materia.

Corresponde a la Comunidad Autónoma de Andalucía la competencia comparti-da en materia de:

- Sanidad interior.
- La ordenación y la ejecución de las medidas destinadas a preservar, proteger y promover la salud pública en todos los ámbitos, incluyendo la salud laboral, la sanidad animal con efecto sobre la salud humana, la sanidad alimentaria, la sanidad ambiental y la vigilancia epidemiológica.
- El régimen estatutario y la formación del personal que presta servicios en el sistema sanitario público, así como la formación sanitaria especializada y la investigación científica en materia sanitaria.

Corresponde a Andalucía la ejecución de la legislación estatal en materia de pro-ductos farmacéuticos.

4. ORGANIZACIÓN INSTITUCIONAL DE LA COMUNIDAD AUTÓNOMA

Viene recogido en el **Título IV** del Estatuto de Autonomía.

La Junta de Andalucía es la institución en que se organiza políticamente el auto-gobierno de la Comunidad Autónoma. La Junta de Andalucía está integrada por el Parlamento de Andalucía, la Presidencia de la Junta y el Consejo de Gobierno.

Forman parte también de la organización de la Junta de Andalucía siguientes ins-tituciones y órganos:

- El Parlamento de Andalucía.
- La Presidencia de la Junta.
- El Consejo de Gobierno.

Otros órganos esenciales son:

- El Defensor del Pueblo Andaluz.
- El Consejo Consultivo de Andalucía.
- La Cámara de Cuentas de Andalucía.
- El Consejo Audiovisual de Andalucía.
- El Consejo Económico y Social.

4.1. El Parlamento de Andalucía

4.1.1. Composición, elección y mandato

El Parlamento está compuesto por un mínimo de 109 Diputados y Diputadas, ele-gidos por sufragio universal, igual, libre, directo y secreto.

El Parlamento es elegido por cuatro años. El mandato de los Diputados termina cuatro años después de su elección o el día de disolución de la Cámara.

Durante su mandato no podrán ser detenidos por los actos delictivos cometidos en el territorio de Andalucía, sino en caso de flagrante delito, correspondiendo decidir, en todo caso, sobre su inculpación, prisión, procesamiento y juicio al Tribunal Superior de Justicia de Andalucía, con sede en Granada. Fuera de dicho territorio, la responsabilidad penal será exigible, en los mismos términos, ante la Sala de lo Penal del Tribunal Supremo.

4.1.2. Organización y funcionamiento

El Parlamento funcionará en Pleno y Comisiones.

El Pleno podrá delegar en las Comisiones legislativas la aprobación de proyectos y proposiciones de ley, estableciendo en su caso los criterios pertinentes.

El Parlamento se reunirá en sesiones ordinarias y extraordinarias.

El Reglamento del Parlamento determinará el procedimiento de elección de su Presidente y de la Mesa; la composición y funciones de la Diputación Permanente; las relaciones entre Parlamento y Consejo de Gobierno; el número mínimo de Diputados para la formación de los grupos parlamentarios; el procedimiento legislativo; las funciones de la Junta de Portavoces y el procedimiento, en su caso, de elección de los Senadores representantes de la Comunidad Autónoma. Los grupos parlamentarios participarán en la Diputación Permanente y en todas las Comisiones en proporción a sus miembros.

4.1.3. Funciones

Corresponde al Parlamento de Andalucía:

1.º El ejercicio de la potestad legislativa propia de la Comunidad Autónoma, así como la que le corresponda de acuerdo con el artículo 150.1 y 2 de la Constitución.

2.º La orientación y el impulso de la acción del Consejo de Gobierno.

3.º El control sobre la acción del Consejo de Gobierno y sobre la acción de la Administración situada bajo su autoridad. Con esta finalidad se podrán crear, en su caso, comisiones de investigación, o atribuir esta facultad a las comisiones permanentes.

4.º El examen, la enmienda y la aprobación de los presupuestos.

5.º La potestad de establecer y exigir tributos, así como la autorización de emisión de deuda pública y del recurso al crédito, en los términos que establezca la Ley Orgánica a que se refiere el artículo 157.3 de la Constitución Española.

6.º La elección del Presidente de la Junta.

7.º La exigencia de responsabilidad política al Consejo de Gobierno.

8.º La apreciación, en su caso, de la incapacidad del Presidente de la Junta.

9.º La presentación de proposiciones de ley al Congreso de los Diputados en los términos del artículo 87.2 de la Constitución.

10.º La autorización al Consejo de Gobierno para obligarse en los convenios y acuerdos de colaboración con otras Comunidades Autónomas, de acuerdo con la Constitución y el presente Estatuto.

11.º La aprobación de los planes económicos.

12.º El examen y aprobación de la Cuenta General de la Comunidad Autónoma, sin perjuicio del control atribuido a la Cámara de Cuentas.

13.º La ordenación básica de los órganos y servicios de la Comunidad Autónoma.

14.º El control de las empresas públicas andaluzas.

15.º El control de los medios de comunicación social dependientes de la Comunidad Autónoma.

16.º La interposición de recursos de inconstitucionalidad y la personación en los procesos constitucionales de acuerdo con lo que establezca la Ley Orgánica del Tribunal Constitucional.

17.º La designación, en su caso, de los Senadores y Senadoras que correspondan a la Comunidad Autónoma, de acuerdo con lo establecido en la Constitución. La designación podrá recaer en cualquier ciudadano que ostente la condición política de andaluz.

18.º La solicitud al Estado de la atribución, transferencia o delegación de facultades en el marco de lo dispuesto en el artículo 150. 1 y 2 de la Constitución.

19.º Las demás atribuciones que se deriven de la Constitución, de este Estatuto y del resto del ordenamiento jurídico.

4.2. El Presidente de la Junta

Recogido en los **artículos 117 y 118**:

- **Dirige y coordina** la actividad del Consejo de Gobierno, coordina la Administración de la Comunidad Autónoma, designa y separa a los Consejeros y ostenta la suprema representación de la Comunidad Autónoma y la ordinaria del Estado en Andalucía.

- **Es responsable políticamente** ante el Parlamento.

- **Podrá proponer** por iniciativa propia o a solicitud de los ciudadanos, de conformidad con lo establecido en el artículo 78 y en la legislación del Estado, la celebración de consultas populares en el ámbito de la Comunidad Autónoma, sobre cuestiones de interés general en materias autonómicas o locales.

4.3. El Consejo de Gobierno

El Consejo de Gobierno está integrado por el Presidente, los Vicepresidentes en su caso, y los Consejeros.

El Consejo de Gobierno de Andalucía es el órgano colegiado que, en el marco de sus competencias, ejerce la dirección política de la Comunidad Autónoma, dirige la Administración y desarrolla las funciones ejecutivas y administrativas de la Junta de Andalucía.

4.4. Otras instituciones de autogobierno

4.4.1. Defensor del Pueblo Andaluz

El Defensor del Pueblo Andaluz es el comisionado del Parlamento, designado por éste para la defensa de los derechos y libertades comprendidos en el Título I de la Constitución y en el Título I del presente Estatuto, a cuyo efecto podrá supervisar la actividad de las Administraciones públicas de Andalucía, dando cuenta al Parlamento.

Será elegido por el Parlamento por mayoría cualificada. Su organización, funciones y duración del mandato se regularán mediante ley.

4.4.2. Consejo Consultivo

El Consejo Consultivo de Andalucía es el superior órgano consultivo del Consejo de Gobierno y de la Administración de la Junta de Andalucía, incluidos sus organismos y entes sujetos a derecho público. Asimismo, es el supremo órgano de asesoramiento de las entidades locales y de los organismos y entes de derecho público de ellas dependientes, así como de las universidades públicas andaluzas. También lo es de las demás entidades y corporaciones de derecho público no integradas en la Administración de la Junta de Andalucía, cuando las leyes sectoriales así lo prescriban.

El Consejo Consultivo ejercerá sus funciones con autonomía orgánica y funcional. La ley del 4/2005, de 8 de abril, regula su composición, competencia y funcionamiento.

4.4.3. Cámara de Cuentas

La Cámara de Cuentas (art. 130 y 194) es el órgano de control externo de la actividad económica y presupuestaria de la Junta de Andalucía, de los entes locales y del resto del sector público de Andalucía.

Por Ley 1/1988, de 17 de marzo, se crea la Cámara de Cuentas de Andalucía, como un órgano técnico dependiente del Parlamento de Andalucía y al que corresponde la fiscalización externa de la gestión económica, financiera y contable de los fondos públicos del sector público de la Comunidad Autónoma, sin perjuicio de las funciones encomendadas al Tribunal de Cuentas.

5. ELABORACIÓN DE LAS NORMAS

La Comunidad Autónoma podrá dictar normas legislativas, respetando la legislación estatal, en aquellas materias en las que tenga competencia y bajo el control del Tribunal Constitucional.

Las Leyes de Andalucía serán promulgadas, en nombre del Rey, por el Presidente de la Junta, el cual ordenará su publicación en el Boletín Oficial de la Junta de Andalucía (BOJA) en el plazo de quince días desde su aprobación.

a) Leyes

El Parlamento ejerce la potestad legislativa mediante la elaboración y aprobación de las Leyes.

b) Decretos legislativos

El Parlamento podrá delegar en el Consejo de Gobierno la potestad de dictar normas con rango de ley.

Están excluidas de la delegación legislativa las siguientes materias:

a) Las leyes de reforma del Estatuto de Autonomía.

b) Las leyes del presupuesto de la Comunidad Autónoma.

c) Las leyes que requieran cualquier mayoría cualificada del Parlamento.

d) Las leyes relativas al desarrollo de los derechos y deberes regulados en el Estatuto.

c) Decretos-leyes

En caso de extraordinaria y urgente necesidad el Consejo de Gobierno podrá dictar medidas legislativas provisionales en forma de decretos-leyes, que no podrán afectar a los derechos establecidos en el Estatuto, al régimen electoral, ni a las instituciones de la Junta de Andalucía.

No podrán aprobarse por decreto-ley los presupuestos de Andalucía.

Los decretos-leyes quedarán derogados si en el plazo improrrogable de treinta días subsiguientes a su promulgación no son convalidados expresamente por el Parlamento tras un debate y votación de totalidad. Durante este plazo, el Parlamento podrá acordar la tramitación de los decretos-leyes como proyectos de ley por el procedimiento de urgencia.

d) Iniciativa legislativa

La iniciativa legislativa corresponde a los Diputados, en los términos previstos en el Reglamento del Parlamento, y al Consejo de Gobierno.

e) Potestad reglamentaria

Corresponde al Consejo de Gobierno de Andalucía la elaboración de reglamentos generales de las leyes de la Comunidad Autónoma.

f) Participación ciudadana en el procedimiento legislativo

Los ciudadanos, a través de las organizaciones y asociaciones en que se integran, así como las instituciones, participarán en el procedimiento legislativo en los términos que establezca el Reglamento del Parlamento.

Tema **3**

Organización Sanitaria (I)

Ley 14/1986, de 25 de abril, General de Sanidad: Principios Generales; Competencias de las Administraciones Públicas; Organización general del Sistema Sanitario Público. Ley 2/1998, de 15 de junio, de Salud de Andalucía: Objeto, principios y alcance; Derechos y deberes de los ciudadanos respecto de los servicios sanitarios en Andalucía; Efectividad de los derechos y deberes. Plan Andaluz de Salud: compromisos

Ramón Vidal Ramírez
Licenciado en Derecho

—————— **Índice esquemático** ——————

1. **Ley 14/1986, de 25 de abril, General de Sanidad: Principios Generales; Competencias de las Administraciones Públicas; Organización general del Sistema Sanitario Público**

    1.1.   Principios generales

    1.2.   Competencias de las Administraciones Públicas

    1.3.   Organización General del Sistema Sanitario Público

2. **Ley 2/1998, de 15 de junio, de Salud de Andalucía: objeto, principios y alcance; derechos y deberes de los ciudadanos respecto de los servicios sanitarios en andalucía; efectividad de los derechos y deberes**

    2.1.   Objeto, principios y alcance

    2.2.   Derechos y deberes de los ciudadanos respecto de los servicios sanitarios en Andalucía

    2.3.   Efectividad de los derechos y deberes

3. **Plan Andaluz de Salud: compromisos**

    3.1.   Los Planes de Salud en Andalucía

    3.2.   Compromisos, Metas y Objetivos

1. LEY 14/1986, DE 25 DE ABRIL, GENERAL DE SANIDAD: PRINCIPIOS GENERALES; COMPETENCIAS DE LAS ADMINISTRACIONES PÚBLICAS; ORGANIZACIÓN GENERAL DEL SISTEMA SANITARIO PÚBLICO

1.1. Principios generales

1.1.1. El derecho a la protección de la salud

La Ley General de Sanidad tiene por objeto la regulación general de todas las acciones que permitan hacer efectivo el derecho a la protección de la salud reconocido en el artículo 43 y concordantes de la Constitución.

Son titulares del derecho a la protección de la salud y a la atención sanitaria todos los españoles y los ciudadanos extranjeros que tengan establecida su residencia en el territorio nacional.

Los extranjeros no residentes en España, así como los españoles fuera del territorio nacional, tendrán garantizado tal derecho en la forma que las leyes y convenios internacionales establezcan.

Para el ejercicio de los derechos que la Ley General de Sanidad establece están legitimadas, tanto en la vía administrativa como jurisdiccional, todos los españoles y los ciudadanos extranjeros que tengan establecida su residencia en el territorio nacional.

La Ley General de Sanidad tendrá la condición de norma básica en el sentido previsto en el artículo 149.1.16 de la Constitución y será de aplicación a todo el territorio del Estado, excepto el artículo 31, apartado 1, letras b) y c), referentes al personal de las administraciones públicas que realice funciones de inspección, y los artículos 57 a 69, relativos a las Áreas de Salud, que constituirán derecho supletorio en aquellas Comunidades Autónomas que hayan dictado normas aplicables a la materia que en dichos preceptos se regula.

Las Comunidades Autónomas podrán dictar normas de desarrollo y complementarias de la Ley General de Sanidad en el ejercicio de las competencias que les atribuyen los correspondientes Estatutos de Autonomía.

1.1.2. Principios generales

Los medios y actuaciones del sistema sanitario estarán orientados prioritariamente a la promoción de la salud y a la prevención de las enfermedades.

La asistencia sanitaria pública se extenderá a toda la población española. El acceso y las prestaciones sanitarias se realizarán en condiciones de igualdad efectiva.

La política de salud estará orientada a la superación de los desequilibrios territoriales y sociales.

Las políticas, estrategias y programas de salud integrarán activamente en sus objetivos y actuaciones el principio de igualdad entre mujeres y hombres, evitando que, por sus diferencias físicas o por los estereotipos sociales asociados, se produzcan discriminaciones entre ellos en los objetivos y actuaciones sanitarias.

Tanto el Estado como las Comunidades Autónomas y las demás Administraciones públicas competentes, organizarán y desarrollarán todas las acciones sanitarias referidas al sistema de salud dentro de una concepción integral del sistema sanitario.

Las Comunidades Autónomas crearán sus Servicios de Salud dentro del marco de la Ley General de Sanidad y de sus respectivos Estatutos de Autonomía.

Los Servicios Públicos de Salud se organizarán de manera que sea posible articular la participación comunitaria a través de las Corporaciones territoriales correspondientes en la formulación de la política sanitaria y en el control de su ejecución.

A los efectos de dicha participación se entenderán comprendidas las organizaciones empresariales y sindicales. La representación de cada una de estas organizaciones se fijará atendiendo a criterios de proporcionalidad, según lo dispuesto en el título III de la Ley Orgánica de Libertad Sindical.

Las actuaciones de las Administraciones Públicas Sanitarias estarán orientadas:

1. A la promoción de la salud.
2. A promover el interés individual, familiar y social por la salud mediante la adecuada educación sanitaria de la población.
3. A garantizar que cuantas acciones sanitarias se desarrollen estén dirigidas a la prevención de las enfermedades y no sólo a la curación de las mismas.
4. A garantizar la asistencia sanitaria en todos los casos de pérdida de la salud.
5. A promover las acciones necesarias para la rehabilitación funcional y reinserción social del paciente.

En la ejecución de lo previsto en el párrafo anterior, las Administraciones públicas sanitarias asegurarán la integración del principio de igualdad entre mujeres y hombres, garantizando su igual derecho a la salud.

Los servicios sanitarios, así como los administrativos, económicos y cualesquiera otros que sean precisos para el funcionamiento del Sistema de Salud, adecuarán su organización y funcionamiento a los principios de eficacia, celeridad, economía y flexibilidad.

Se considera como actividad fundamental del sistema sanitario la realización de los estudios epidemiológicos necesarios para orientar con mayor eficacia la prevención de los riesgos para la salud, así como la planificación y evaluación sanitaria, debiendo tener como base un sistema organizado de información sanitaria, vigilancia y acción epidemiológica.

Asimismo, se considera actividad básica del sistema sanitario la que pueda incidir sobre el ámbito propio de la Veterinaria de Salud Pública en relación con el control de higiene, la tecnología y la investigación alimentarias, así como la prevención y lucha contra la zoonosis y las técnicas necesarias para la evitación de riesgos en el hombre debidos a la vida animal o a sus enfermedades.

Los poderes públicos deberán informar a los usuarios de los servicios del sistema sanitario público, o vinculados a él, de sus derechos y deberes.

Todos tienen los siguientes derechos con respecto a las distintas administraciones públicas sanitarias:

1. Al respeto a su personalidad, dignidad humana e intimidad, sin que pueda ser discriminado por su origen racial o étnico, por razón de género y orientación sexual, de discapacidad o de cualquier otra circunstancia personal o social.

2. A la información sobre los servicios sanitarios a que puede acceder y sobre los requisitos necesarios para su uso. La información deberá efectuarse en formatos adecuados, siguiendo las reglas marcadas por el principio de diseño para todos, de manera que resulten accesibles y comprensibles a las personas con discapacidad.

3. A la confidencialidad de toda la información relacionada con su proceso y con su estancia en instituciones sanitarias públicas y privadas que colaboren con el sistema público.

4. A ser advertido de si los procedimientos de pronóstico, diagnóstico y terapéuticos que se le apliquen pueden ser utilizados en función de un proyecto docente o de investigación, que, en ningún caso, podrá comportar peligro adicional para su salud. En todo caso será imprescindible la previa autorización y por escrito del paciente y la aceptación por parte del médico y de la Dirección del correspondiente Centro Sanitario.

5. …

6. …

7. A que se le asigne un médico, cuyo nombre se le dará a conocer, que será interlocutor principal con el equipo asistencial. En caso de ausencia, otro facultativo del equipo asumirá tal responsabilidad.

8. ….

9. ….

10. A participar, a través de las instituciones comunitarias, en las actividades sanitarias, en los términos establecidos en esta Ley y en las disposiciones que la desarrollen.

11. …

12. A utilizar las vías de reclamación y de propuesta de sugerencias en los plazos previstos. En uno u otro caso deberá recibir respuesta por escrito en los plazos que reglamentariamente se establezcan.

13. A elegir el médico y los demás sanitarios titulados de acuerdo con las condiciones contempladas en esta Ley, en las disposiciones que se dicten para su desarrollo y en las que regulen el trabajo sanitario en los Centros de Salud.

14. A obtener los medicamentos y productos sanitarios que se consideren necesarios para promover, conservar o restablecer su salud, en los términos que reglamentariamente se establezcan por la Administración del Estado.

15. Respetando el particular régimen económico de cada servicio sanitario, los derechos contemplados en los apartados 1, 3, 4, y 7 serán ejercidos también con respecto a los servicios sanitarios privados.

Respetamos el número de orden establecido en el artículo 10 de la Ley General de Sanidad, significando que los apartados 5, 6, 8, 9 y 11 aparecen sin contenido porque han sido derogados por distintas leyes

Serán obligaciones de los ciudadanos con las instituciones y organismos del sistema sanitario:

1. Cumplir las prescripciones generales de naturaleza sanitaria comunes a toda la población, así como las específicas determinadas por los Servicios Sanitarios.

2. Cuidar las instalaciones y colaborar en el mantenimiento de la habitabilidad de las Instituciones Sanitarias.

3. Responsabilizarse del uso adecuado de las prestaciones ofrecidas por el sistema sanitario, fundamentalmente en lo que se refiere a la utilización de servicios, procedimientos de baja laboral o incapacidad permanente y prestaciones terapéuticas y sociales.

4. ....

Apartado 4 del artículo 11 de la Ley General de Sanidad, que regula las obligaciones de los ciudadanos, derogado por la disposición derogatoria única de la Ley 41/2002, de 14 de noviembre, básica reguladora de la autonomía del paciente y de derechos y obligaciones en materia de información y documentación clínica.

Los poderes públicos orientarán sus políticas de gasto sanitario en orden a corregir desigualdades sanitarias y garantizar la igualdad de acceso a los Servicios Sanitarios Públicos en todo el territorio español, según lo dispuesto en los artículos 9.2 y 158.1 de la Constitución.

El Gobierno aprobará las normas precisas para evitar el intrusismo profesional y la mala práctica.

Los poderes públicos procederán, mediante el correspondiente desarrollo normativo, a la aplicación de la facultad de elección de médico en la atención primaria del Área de Salud. En los núcleos de población de más de 250.000 habitantes se podrá elegir en el conjunto de la ciudad.

Una vez superadas las posibilidades de diagnóstico y tratamiento de la atención primaria, los usuarios del Sistema Nacional de Salud tienen derecho, en el marco de su Área de Salud, a ser atendidos en los servicios especializados hospitalarios.

El Ministerio de Sanidad y Consumo acreditará servicios de referencia, a los que podrán acceder todos los usuarios del sistema Nacional de Salud una vez superadas las posibilidades de diagnóstico y tratamiento de los servicios especializados de la Comunidad Autónoma donde residan.

Las normas de utilización de los servicios sanitarios serán iguales para todos, independientemente de la condición en que se acceda a los mismos. En consecuencia, los usuarios sin derecho a la asistencia de los Servicios de Salud, así como los que no tengan recursos económicos podrán acceder a los servicios sanitarios con la consideración de pacientes privados, de acuerdo con los siguientes criterios:

1. Por lo que se refiere a la atención primaria, se les aplicarán las mismas normas sobre asignación de equipos y libre elección que al resto de los usuarios.

2. El ingreso en centros hospitalarios se efectuará a través de la unidad de admisión del hospital, por medio de una lista de espera única, por lo que no existirá un sistema de acceso y hospitalización diferenciado según la condición del paciente.

3. La facturación por atención de estos pacientes será efectuada por las respectivas administraciones de los Centros, tomando como base los costes efectivos. Estos ingresos tendrán la condición de propios de los Servicios de Salud. En ningún caso estos ingresos podrán revertir directamente en aquellos que intervienen en la atención de estos pacientes.

Las Administraciones Públicas obligadas a atender sanitariamente a los ciudadanos no abonarán a éstos los gastos que puedan ocasionarse por la utilización de servicios sanitarios distintos de aquellos que les correspondan en virtud de lo dispuesto en esta Ley, en las disposiciones que se dicten para su desarrollo y en las normas que aprueben las Comunidades Autónomas en el ejercicio de sus competencias.

1.2. Competencias de las Administraciones Públicas

1.2.1. Competencias del Estado

Son competencia exclusiva del Estado la sanidad exterior y las relaciones y acuerdos sanitarios internacionales.

Son actividades de sanidad exterior todas aquellas que se realicen en materia de vigilancia y control de los posibles riesgos para la salud derivados de la importación, exportación o tránsito de mercancías y del tráfico internacional de viajeros.

El Ministerio de Sanidad y Consumo colaborará con otros departamentos para facilitar el que las actividades de inspección y control de sanidad exterior sean coordinadas con aquellas otras que pudieran estar relacionadas, al objeto de simplificar y agilizar el tráfico, y siempre de acuerdo con los convenios internacionales.

Las actividades y funciones de sanidad exterior se regularán por Real Decreto, a propuesta de los Departamentos competentes.

Mediante las relaciones y acuerdos sanitarios internacionales, España colaborará con otros países y Organismos internacionales: En el control epidemiológico; en la lucha contra las enfermedades transmisibles; en la conservación de un medio ambiente saludable; en la elaboración, perfeccionamiento y puesta en práctica de normativas internacionales; en la investigación biomédica y en todas aquellas acciones que se acuerden por estimarse beneficiosas para las partes en el campo de la salud. Prestará especial atención a la cooperación con las naciones con las que tiene mayores lazos por razones históricas, culturales, geográficas y de relaciones en otras áreas, así como a las acciones de cooperación sanitaria que tengan como finalidad el desarrollo de los pueblos. En el ejercicio de estas funciones, las autoridades sanitarias actuarán en colaboración con el Ministerio de Asuntos Exteriores.

La Administración del Estado, sin menoscabo de las competencias de las Comunidades Autónomas, desarrollará las siguientes actuaciones:

1. La determinación, con carácter general, de los métodos de análisis y medición y de los requisitos técnicos y condiciones mínimas en materia de control sanitario del medio ambiente.

2. La determinación de los requisitos sanitarios de las reglamentaciones técnico-sanitarias de los alimentos, servicios o productos directa o indirectamente relacionados con el uso y consumo humanos.

3. El registro general sanitario de alimentos y de las industrias, establecimientos o instalaciones que los producen, elaboran o importan, que recogerá las autorizaciones y comunicaciones de las Comunidades Autónomas de acuerdo con sus competencias.

4. La autorización mediante reglamentaciones y listas positivas de aditivos, desnaturalizadores, material macromolecular para la fabricación de envases y embalajes, componentes alimentarios para regímenes especiales, detergentes y desinfectantes empleados en la industria alimentaria.

5. La reglamentación, autorización y registro u homologación, según proceda, de los medicamentos de uso humano y veterinario y de los demás productos y artículos sanitarios y de aquellos que, al afectar al ser humano, puedan suponer un riesgo para la salud de las personas. Cuando se trate de medicamentos, productos o artículos destinados al comercio exterior o cuya utilización o consumo pueda afectar a la seguridad pública, la Administración del Estado ejercerá las competencias de inspección y control de calidad.

6. La reglamentación y autorización de las actividades de las personas físicas o jurídicas dedicadas a la preparación, elaboración y fabricación de los productos mencionados en el número anterior, así como la determinación de los requisitos mínimos a observar por las personas y los almacenes dedicados a su distribución mayorista y la autorización de los que ejerzan sus actividades en más de una Comunidad Autónoma. Cuando las actividades enunciadas en este apartado hagan referencia a los medicamentos, productos o artículos destinados al comercio exterior o cuya utilización o consumo pueda afectar a la seguridad pública, la Administración del Estado ejercerá las competencias de inspección y control de calidad.

7. La determinación con carácter general de las condiciones y requisitos técnicos mínimos para la aprobación y homologación de las instalaciones y equipos de los centros y servicios.

8. La reglamentación sobre acreditación, homologación, autorización y registro de centros o servicios, de acuerdo con lo establecido en la legislación sobre extracción y trasplante de órganos.

9. El Catálogo y Registro General de centros, servicios y establecimientos sanitarios que recogerán las decisiones, comunicaciones y autorizaciones de las Comunidades Autónomas, de acuerdo con sus competencias.

10. La homologación de programas de formación posgraduada, perfeccionamiento y especialización del personal sanitario, a efectos de regulación de las condiciones de obtención de títulos académicos.

11. La homologación general de los puestos de trabajo de los servicios sanitarios, a fin de garantizar la igualdad de oportunidades y la libre circulación de los profesionales y trabajadores sanitarios.

12. Los servicios de vigilancia y análisis epidemiológicos y de las zoonosis, así como la coordinación de los servicios competentes de las distintas Administraciones Públicas Sanitarias, en los procesos o situaciones que supongan un riesgo para la salud de incidencia e interés nacional o internacional.

13. El establecimiento de sistemas de información sanitaria y la realización de estadísticas de interés general supracomunitario.

14. La coordinación de las actuaciones dirigidas a impedir o perseguir todas las formas de fraude, abuso, corrupción o desviación de las prestaciones o servicios sanitarios con cargo al sector público cuando razones de interés general así lo aconsejen.

15. La elaboración de informes generales sobre la salud pública y la asistencia sanitaria.

16. El establecimiento de medios y de sistemas de relación que garanticen la información y comunicación recíprocas entre la Administración Sanitaria del Estado y la de las Comunidades Autónomas en las materias objeto de la Ley General de Sanidad.

1.2.2. Competencias de las Comunidades Autónomas

Las Comunidades Autónomas ejercerán las competencias asumidas en sus Estatutos y las que el Estado les transfiera o, en su caso, les delegue.

Las decisiones y actuaciones públicas previstas en la Ley General de Sanidad que no se hayan reservado expresamente al Estado se entenderán atribuidas a las Comunidades Autónomas.

1.2.3. Competencias de las Corporaciones Locales

Las normas de las Comunidades Autónomas, al disponer sobre la organización de sus respectivos servicios de salud, deberán tener en cuenta las responsabilidades y competencias de las provincias, municipios y demás Administraciones Territoriales intracomunitarias, de acuerdo con lo establecido en los Estatutos de Autonomía, la Ley de Régimen Local y la presente Ley.

Las Corporaciones Locales participarán en los órganos de dirección de las Áreas de Salud.

No obstante, los Ayuntamientos, sin perjuicio de las competencias de las demás Administraciones Públicas, tendrán las siguientes responsabilidades mínimas en relación al obligado cumplimiento de las normas y planes sanitarios:

a) Control sanitario del medio ambiente: contaminación atmosférica, abastecimiento de aguas, saneamiento de aguas residuales, residuos urbanos e industriales.

b) Control sanitario de industrias, actividades y servicios, transportes, ruidos y vibraciones.

c) Control sanitario de edificios y lugares de vivienda y convivencia humana, especialmente de los centros de alimentación, peluquerías, saunas y centros de higiene personal, hoteles y centros residenciales, escuelas, campamentos turísticos y áreas de actividad físico- deportivas y de recreo.

d) Control sanitario de la distribución y suministro de alimentos, bebidas y demás productos, directa o indirectamente relacionados con el uso o consumo humanos, así como los medios de su transporte.

e) Control sanitario de los cementerios y policía sanitaria mortuoria.

Para el desarrollo de las funciones relacionadas en el párrafo anterior, los Ayuntamientos deberán recabar el apoyo técnico del personal y medios de las Áreas de Salud en cuya demarcación estén comprendidos. El personal sanitario de los Servicios de Salud de las Comunidades Autónomas que preste apoyo a los Ayuntamientos en los asuntos relacionados en el párrafo anterior tendrá la consideración, a estos solos efectos, de personal al servicio de los mismos, con sus obligadas consecuencias en cuanto a régimen de recursos y responsabilidades personales y patrimoniales.

1.3. Organización General del Sistema Sanitario Público

Todas las estructuras y servicios públicos al servicio de la salud integrarán el sistema Nacional de Salud.

El Sistema Nacional de Salud es el conjunto de los Servicios de Salud de la Administración del Estado y de los Servicios de Salud de las Comunidades Autónomas en los términos establecidos en la Ley General de Sanidad.

El Sistema Nacional de Salud integra todas las funciones y prestaciones sanitarias que son responsabilidad de los poderes públicos para el debido cumplimiento del derecho a la protección de la salud.

Son características fundamentales del Sistema Nacional de Salud:

a) La extensión de sus servicios a toda la población.

b) La organización adecuada para prestar una atención integral a la salud, comprensiva tanto de la promoción de la salud y prevención de la enfermedad como de la curación y rehabilitación.

c) La coordinación y, en su caso, la integración de todos los recursos sanitarios públicos en un dispositivo único.

d) La financiación de las obligaciones derivadas de la Ley General de Sanidad se realizará mediante recursos de las Administraciones Públicas, cotizaciones y tasas por la prestación de determinados servicios. La prestación de una atención integral de la salud procurando altos niveles de calidad debidamente evaluados y controlados.

El Estado y las Comunidades Autónomas podrán constituir comisiones y comités técnicos, celebrar convenios y elaborar los programas en común que se requieran para la mayor eficacia y rentabilidad de los Servicios Sanitarios.

1.3.1. Los Servicios de Salud de las Comunidades Autónomas

Las Comunidades Autónomas deberán organizar sus Servicios de Salud de acuerdo con los principios básicos de la Ley General de Sanidad.

En cada Comunidad Autónoma se constituirá un Servicio de Salud integrado por todos los centros, servicios y establecimientos de la propia Comunidad, Diputaciones, Ayuntamientos y cualesquiera otras Administraciones territoriales intracomunitarias, que estará gestionado, como se establece en los párrafos siguientes, bajo la responsabilidad de la respectiva Comunidad Autónoma.

No obstante el carácter integrado del Servicio, cada Administración Territorial podrá mantener la titularidad de los centros y establecimientos dependientes de la misma, a la entrada en vigor de la Ley General de Sanidad, aunque, en todo caso, con adscripción funcional al Servicio de Salud de cada Comunidad Autónoma.

Los Servicios de Salud que se creen en las Comunidades Autónomas se planificarán con criterios de racionalización de los recursos, de acuerdo con las necesidades sanitarias de cada territorio. La base de la planificación será la división de todo el territorio en demarcaciones geográficas, al objeto de poner en práctica los principios generales y las atenciones básicas a la salud que se enuncian en la Ley General de Sanidad.

La ordenación territorial de los Servicios será competencia de las Comunidades autónomas y se basará en la aplicación de un concepto integrado de atención a la salud.

Las Administraciones territoriales intracomunitarias no podrán crear o establecer nuevos centros o servicios sanitarios, sino de acuerdo con los planes de salud de cada Comunidad Autónoma y previa autorización de la misma.

Las Comunidades Autónomas, en ejercicio de las competencias asumidas en sus Estatutos, dispondrán acerca de los órganos de gestión y control de sus respectivos Servicios de Salud, sin perjuicio de lo que se establece en la Ley General de Sanidad.

Las Comunidades Autónomas ajustarán el ejercicio de sus competencias en materia sanitaria a criterios de participación democrática de todos los interesados, así como de los representantes sindicales y de las organizaciones empresariales.

Con el fin de articular la participación en el ámbito de las Comunidades Autónomas, se creará el Consejo de Salud de la Comunidad Autónoma. En cada Área, la Comunidad Autónoma deberá constituir, asimismo, órganos de participación en los servicios sanitarios.

En ámbitos territoriales diferentes de los referidos en el párrafo anterior, la Comunidad Autónoma deberá garantizar una efectiva participación.

Cada Comunidad Autónoma elaborará un Plan de Salud que comprenderá todas las acciones sanitarias necesarias para cumplir los objetivos de sus Servicios de Salud.

El Plan de Salud de cada Comunidad Autónoma, que se ajustará a los criterios generales de coordinación aprobados por el Gobierno, deberá englobar el conjunto de planes de las diferentes Áreas de Salud.

Dentro de su ámbito de competencias, las correspondientes Comunidades Autónomas regularán la organización, funciones, asignación de medios personales y materiales de cada uno de los Servicios de Salud.

Las Corporaciones Locales que a la entrada en vigor de la Ley General de Sanidad vinieran desarrollando servicios hospitalarios, participarán en la gestión de los mismos, elevando propuesta de definición de objetivos y fines, así como de presupuestos anuales. Asimismo elevarán a la Comunidad Autónoma propuesta en terna para el nombramiento del Director del Centro Hospitalario.

1.3.2. Las Áreas de Salud

Las Comunidades Autónomas delimitarán y constituirán en su territorio demarcaciones denominadas Áreas de Salud, debiendo tener en cuenta a tal efecto los principios básicos que se establecen en la Ley General de Sanidad, para organizar un sistema sanitario coordinado e integral.

Las Áreas de Salud son las estructuras fundamentales del sistema sanitario, responsabilizadas de la gestión unitaria de los centros y establecimientos del Servicio de Salud de la Comunidad Autónoma en su demarcación territorial y de las prestaciones sanitarias y programas sanitarios a desarrollar por ellos.

En todo caso, las Áreas de Salud deberán desarrollar las siguientes actividades:

a) En el ámbito de la atención primaria de salud, mediante fórmulas de trabajo en equipo, se atenderá al individuo, la familia y la comunidad; desarrollándose, mediante programas, funciones de promoción de la salud, prevención, curación y rehabilitación, a través tanto de sus medios básicos como de los equipos de apoyo a la atención primaria.

b) En el nivel de atención especializada, a realizar en los hospitales y centros de especialidades dependientes funcionalmente de aquéllos, se prestará la atención de mayor complejidad a los problemas de salud y se desarrollarán las demás funciones propias de los hospitales.

Las Áreas de Salud serán dirigidas por un órgano propio, donde deberán participar las Corporaciones Locales en ellas situadas con una representación no inferior al 40 por 100, dentro de las directrices y programas generales sanitarios establecidos por la Comunidad Autónoma.

Las Áreas de Salud se delimitarán teniendo en cuenta factores geográficos, socioeconómicos, demográficos, laborales, epidemiológicos, culturales, climatológicos y de dotación de vías y medios de comunicación, así como las instalaciones sanitarias del Área. Aunque puedan variar la extensión territorial y el contingente de población comprendida en las mismas, deberán quedar delimitadas de manera que puedan cumplirse desde ellas los objetivos que se señalan en la Ley General de Sanidad.

Como regla general, y sin perjuicio de las excepciones a que hubiera lugar, atendidos los factores expresados en el párrafo anterior, el Área de Salud extenderá su acción a una población no inferior a 200.000 habitantes ni superior a 250.000. Se exceptúan de la regla anterior las Comunidades Autónomas de Baleares y Canarias y las ciudades de Ceuta y Melilla, que podrán acomodarse a sus específicas peculiaridades. En todo caso, cada provincia tendrá, como mínimo, un Área.

Las Áreas de Salud contarán, como mínimo, con los siguientes órganos:

1. De participación: El Consejo de Salud de Área.

2. De dirección: El Consejo de Dirección de Área.

3. De Gestión: El Gerente de Área.

Los Consejos de Salud de Área son órganos colegiados de participación comunitaria para la consulta y el seguimiento de la gestión.

Los Consejos de Salud de Área están constituidos por:

a) La representación de los ciudadanos a través de las Corporaciones Locales comprendidas en su demarcación, que supondrá el 50 por 100 de sus miembros.

b) Las organizaciones sindicales más representativas, en una proporción no inferior al 25 por 100, a través de los profesionales sanitarios titulados.

c) La Administración Sanitaria del Área de Salud.

Serán funciones del Consejo de Salud:

a) Verificar la adecuación de las actuaciones en el Área de Salud a las normas y directrices de la política sanitaria y económica.

b) Orientar las directrices sanitarias del Área, a cuyo efecto podrán elevar mociones e informes a los órganos de dirección.

c) Proponer medidas a desarrollar en el Área de Salud para estudiar los problemas sanitarios específicos de la misma, así como sus prioridades.

d) Promover la participación comunitaria en el seno del Área de Salud.

e) Conocer e informar el anteproyecto del Plan de Salud del Área y de sus adaptaciones anuales.

f) Conocer e informar la Memoria anual del Área de Salud.

Para dar cumplimiento a lo previsto en los párrafos anteriores, los Consejos de Salud del Área podrán crear órganos de participación de carácter sectorial.

Al Consejo de dirección del Área de Salud corresponde formular las directrices en política de salud y controlar la gestión del Área, dentro de las normas y programas generales establecidos por la Administración autonómica.

El Consejo de Dirección estará formado por la representación de la Comunidad Autónoma, que supondrá el 60 por 100 de los miembros de aquél, y los representantes de las Corporaciones Locales elegidos por quienes ostenten tal condición en el Consejo de Salud.

Serán funciones del Consejo de Dirección:

a) La propuesta de nombramiento y cese del gerente del Área de Salud.

b) La aprobación del proyecto del Plan de Salud del Área, dentro de las normas, directrices y programas generales establecidos por la Comunidad Autónoma.

c) La aprobación de la Memoria anual del Área de Salud.

d) El establecimiento de los criterios generales de coordinación en el Área de Salud.

e) La aprobación de las prioridades específicas del Área de Salud.

f) La aprobación del anteproyecto y de los ajustes anuales del Plan de Salud del Área.

g) La elaboración del Reglamento del Consejo de Dirección y del Consejo de Salud del Área, dentro de las directrices generales que establezca la Comunidad Autónoma.

El Gerente del Área de Salud será nombrado y cesado por la Dirección del Servicio de Salud de la Comunidad Autónoma, a propuesta del Consejo de Dirección del Área.

El Gerente del Área de Salud es el órgano de gestión de la misma. Podrá, previa convocatoria, asistir con voz, pero sin voto, a las reuniones del Consejo de Dirección.

El Gerente del Área de Salud será el encargado de la ejecución de las directrices establecidas por el Consejo de Dirección, de las propias del Plan de Salud del Área y de las normas correspondientes a la Administración autonómica y del Estado. Asimismo presentará los anteproyectos del Plan de Salud y de sus adaptaciones anuales y el proyecto de Memoria Anual del Área de Salud.

1.3.3. Las Zonas Básicas de Salud

Para conseguir la máxima operatividad y eficacia en el funcionamiento de los servicios a nivel primario, las Áreas de Salud se dividirán en zonas básicas de salud.

En la delimitación de las zonas básicas deberán tenerse en cuenta:

a) Las distancias máximas de las agrupaciones de población más alejadas de los servicios y el tiempo normal a invertir en su recorrido usando los medios ordinarios.

b) El grado de concentración o dispersión de la población.

c) Las características epidemiológicas de la zona.

d) Las instalaciones y recursos sanitarios de la zona.

1.3.4. Los Centros de Salud

La zona básica de salud es el marco territorial de la atención primaria de salud donde desarrollan las actividades sanitarias los Centros de Salud, centros integrales de atención primaria.

Los Centros de Salud desarrollarán de forma integrada y mediante el trabajo en equipo todas las actividades encaminadas a la promoción, prevención, curación y rehabilitación de la salud, tanto individual como colectiva, de los habitantes de la zona básica; a cuyo efecto, serán dotados de los medios personales y materiales que sean precisos para el cumplimiento de dicha función.

Como medio de apoyo técnico para desarrollar la actividad preventiva, existirá un Laboratorio de Salud encargado de realizar las determinaciones de los análisis higiénico-sanitarios del medio ambiente, higiene alimentaria y zoonosis.

El Centro de Salud tendrá las siguientes funciones:

a) Albergar la estructura física de consultas y servicios asistenciales personales correspondientes a la población en que se ubica.

b) Albergar los recursos materiales precisos para la realización de las exploraciones complementarias de que se pueda disponer en la zona.

c) Servir como centro de reunión entre la comunidad y los profesionales sanitarios.

d) Facilitar el trabajo en equipo de los profesionales sanitarios de la zona.

e) Mejorar la organización administrativa de la atención de salud en su zona de influencia.

Cada Área de Salud estará vinculada o dispondrá, al menos, de un hospital general, con los servicios que aconseje la población a asistir, la estructura de ésta y los problemas de salud.

El hospital es el establecimiento encargado tanto del internamiento clínico como de la asistencia especializada y complementaria que requiera su zona de influencia.

En todo caso, se establecerán medidas adecuadas para garantizar la interrelación entre los diferentes niveles asistenciales.

Formará parte de la política sanitaria de todas las Administraciones Públicas la creación de una red integrada de hospitales del sector público. Los hospitales generales del sector privado que lo soliciten serán vinculados al Sistema Nacional de Salud, de acuerdo con un protocolo definido, siempre que por sus características técnicas sean homologables, cuando las necesidades asistenciales lo justifiquen y si las disponibilidades económicas del sector público lo permiten.

Los protocolos serán objeto de revisión periódica.

El sector privado vinculado mantendrá la titularidad de centros y establecimientos dependientes del mismo, así como la titularidad de las relaciones laborales del personal que en ellos preste sus servicios.

La vinculación a la red pública de los hospitales a que se refiere el párrafo anterior se realizará mediante convenios singulares.

El Convenio establecerá los derechos y obligaciones recíprocas en cuanto a duración, prórroga, suspensión temporal, extinción definitiva del mismo, régimen económico, número de camas hospitalarias y demás condiciones de prestación de la asistencia sanitaria, de acuerdo con las disposiciones que se dicten para el desarrollo de la Ley General de Sanidad.

El régimen de jornada de los hospitales a que se refiere este apartado será el mismo que el de los hospitales públicos de análoga naturaleza en el correspondiente ámbito territorial.

En cada Convenio que se establezca de acuerdo con los párrafos anteriores, quedará asegurado que la atención sanitaria por hospitales privados a los usuarios del Sistema Sanitario, se imparte en condiciones de gratuidad, por lo que las actividades sanitarias de dicho hospital no podrán tener carácter lucrativo.

El cobro de cualquier cantidad a los enfermos en concepto de atenciones no sanitarias, cualquiera que sea la naturaleza de éstas, podrá ser establecido si previamente son autorizados por la Administración Sanitaria correspondiente el concepto y la cuantía que por él se pretende cobrar.

Serán causas de denuncia del Convenio por parte de la Administración Sanitaria competente las siguientes:

a) Prestar atención sanitaria objeto de Convenio contraviniendo el principio de gratuidad.

b) Establecer sin autorización servicios complementarios no sanitarios o percibir por ellos cantidades no autorizadas.

c) Infringir las normas relativas a la jornada y al horario del personal del hospital establecidas anteriormente.

d) Infringir con carácter grave la legislación laboral de la Seguridad Social o fiscal.

e) Lesionar los derechos establecidos en los artículos 16, 18, 20 y 22 de la Constitución cuando así se determine por Sentencia.

f) Cualesquiera otras que se deriven de las obligaciones establecidas en la presente Ley.

Los hospitales privados vinculados con el Sistema Nacional de Salud estarán sometidos a las mismas inspecciones y controles sanitarios, administrativos y económicos que los hospitales públicos, aplicando criterios homogéneos y previamente reglados.

Los centros hospitalarios desarrollarán, además de las tareas estrictamente asistenciales, funciones de promoción de salud, prevención de las enfermedades e investigación y docencia, de acuerdo con los programas de cada Área de Salud, con objeto de complementar sus actividades con las desarrolladas por la red de atención primaria.

En los Servicios Sanitarios públicos se tenderá hacia la autonomía y control democrático de su gestión, implantando una dirección participativa por objetivos.

La evaluación de la calidad de asistencia prestada deberá ser un proceso continuado que informará todas las actividades del personal de salud y de los servicios sanitarios del Sistema Nacional de Salud.

La Administración sanitaria establecerá sistemas de evaluación de calidad asistencial, oídas las Sociedades científicas sanitarias.

Los Médicos y demás profesionales titulados del centro deberán participar en los órganos encargados de la evaluación de la calidad asistencial del mismo.

Todos los Hospitales deberán posibilitar o facilitar a las unidades de control de calidad externo el cumplimiento de sus cometidos. Asimismo, establecerán los mecanismos adecuados para ofrecer un alto nivel de calidad asistencial.

1.3.5. La coordinación general sanitaria

El Estado y las Comunidades Autónomas aprobarán planes de salud en el ámbito de sus respectivas competencias, en los que se preverán las inversiones y acciones sanitarias a desarrollar, anual o plurianualmente.

La Coordinación General Sanitaria incluirá:

a) El establecimiento con carácter general de índices o criterios mínimos básicos y comunes para evaluar las necesidades de personal, centros o servicios sanitarios, el inventario definitivo de recursos institucionales y de personal sanitario y los mapas sanitarios nacionales.

b) La determinación de fines u objetivos mínimos comunes en materia de prevención, protección, promoción y asistencia sanitaria.

c) El marco de actuaciones y prioridades para alcanzar un sistema sanitario coherente, armónico y solidario.

d) El establecimiento con carácter general de criterios mínimos básicos y comunes de evaluación de la eficacia y rendimiento de los programas, centros o servicios sanitarios.

El Gobierno elaborará los criterios generales de coordinación sanitaria de acuerdo con las previsiones que le sean suministradas por las Comunidades Autónomas y el asesoramiento y colaboración de los sindicatos y organizaciones empresariales.

Los criterios generales de coordinación aprobados por el Estado se remitirán a las Comunidades Autónomas para que sean tenidos en cuenta por éstas en la formulación de sus planes de salud y de sus presupuestos anuales. El Estado comunicará asimismo a las Comunidades Autónomas los avances y previsiones de su nuevo presupuesto que puedan utilizarse para la financiación de los planes de salud de aquéllas.

El Estado y las Comunidades Autónomas podrán establecer planes de salud conjuntos.

Cuando estos planes conjuntos impliquen a todas las Comunidades Autónomas, se formularán en el seno del Consejo Interterritorial del Sistema Nacional de Salud.

Los planes conjuntos, una vez formulados, se tramitarán por el Departamento de Sanidad de la Administración del Estado y por el órgano competente de las Comunidades Autónomas, a los efectos de obtener su aprobación por los órganos legislativos correspondientes, de acuerdo con lo establecido en el artículo 18 de la Ley Orgánica para la Financiación de las Comunidades Autónomas.

Las Comunidades Autónomas podrán establecer planes en materia de su competencia en los que se proponga una contribución financiera del Estado para su ejecución, de acuerdo con lo dispuesto en el artículo 158.1 de la Constitución.

La coordinación general sanitaria se ejercerá por el Estado, fijando medios y sistemas de relación para facilitar la información recíproca, la homogeneidad técnica en determinados aspectos y la acción conjunta de las Administraciones Públicas sanitarias en el ejercicio de sus respectivas competencias, de tal modo que se logre la integración de actos parciales en la globalidad del Sistema Nacional de Salud.

Como desarrollo de lo establecido en los planes o en el ejercicio de sus competencias ordinarias, el Estado y las Comunidades Autónomas podrán elaborar programas sanitarios y proyectar acciones sobre los diferentes sectores o problemas de interés para la salud.

1.3.6. El Plan integrado de salud

El Plan Integrado de Salud, que deberá tener en cuenta los criterios de coordinación general sanitaria elaborados por el Gobierno recogerá en un documento único los planes estatales, los planes de las Comunidades Autónomas y los planes conjuntos. Asimismo relacionará las asignaciones a realizar por las diferentes Administraciones Públicas y las fuentes de su financiación.

El Plan Integrado de Salud tendrá el plazo de vigencia que en el mismo se determine.

A efectos de la confección del Plan Integrado de Salud, las Comunidades Autónomas remitirán los proyectos de planes aprobados por los Organismos competentes de las mismas, de acuerdo con lo establecido en los artículos anteriores.

Una vez comprobada la adecuación de los Planes de Salud de las Comunidades Autónomas a los criterios generales de coordinación, el Departamento de Sanidad de la Administración del Estado confeccionará el Plan Integrado de Salud, que recogerá en un documento único los planes estatales, los planes de las Comunidades Autónomas y los planes conjuntos.

El Plan Integrado de Salud se entenderá definitivamente formulado una vez que tenga conocimiento del mismo el Consejo Interterritorial del sistema Nacional de

Salud, que podrá hacer las observaciones y recomendaciones que estime pertinentes. Corresponderá al Gobierno la aprobación definitiva de dicho Plan.

La incorporación de los diferentes planes de salud estatales y autonómicos al Plan Integrado de Salud implica la obligación correlativa de incluir en los presupuestos de los años sucesivos las previsiones necesarias para su financiación, sin perjuicio de las adaptaciones que requiera la coyuntura presupuestaria.

El Estado y las Comunidades Autónomas podrán hacer los ajustes y adaptaciones que vengan exigidos por la valoración de circunstancias o por las disfunciones observadas en la ejecución de sus respectivos planes.

Las modificaciones referidas serán notificadas al Departamento de Sanidad de la Administración del Estado para su remisión al Consejo Interterritorial del Sistema Nacional de Salud.

Anualmente, las Comunidades Autónomas informarán al Departamento de Sanidad de la Administración del Estado del grado de ejecución de sus respectivos planes. Dicho Departamento remitirá la citada información, junto con la referente al grado de ejecución de los planes estatales, al Consejo Interterritorial del Sistema Nacional de Salud.

1.3.7. La financiación

Los Presupuestos del Estado, Comunidades Autónomas, Corporaciones Locales y Seguridad Social consignarán las partidas precisas para atender las necesidades sanitarias de todos los Organismos e Instituciones dependientes de las Administraciones Públicas y para el desarrollo de sus competencias.

La financiación de la asistencia prestada se realizará con cargo a:

a) Cotizaciones sociales.

b) Transferencias del Estado, que abarcarán:

- La participación en la contribución de aquél al sostenimiento de la Seguridad social.

- La compensación por la extensión de la asistencia sanitaria de la Seguridad Social a aquellas personas sin recursos económicos.

- La compensación por la integración, en su caso, de los hospitales de las Corporaciones Locales en el Sistema Nacional de Salud.

c) Tasas por la prestación de determinados servicios.

d) Por aportaciones de las Comunidades Autónomas y de las Corporaciones Locales.

e) Tributos estatales cedidos.

La participación en la financiación de los servicios de las Corporaciones Locales que deban ser asumidos por las Comunidades Autónomas se llevará a efecto, por un lado, por las propias Corporaciones Locales y, por otro, con cargo al Fondo Nacional de Cooperación con las Corporaciones Locales.

Las Corporaciones Locales deberán establecer, además, en sus presupuestos las consignaciones precisas para atender a las responsabilidades sanitarias que la Ley les atribuye.

El Gobierno regulará el sistema de financiación de la cobertura de la asistencia sanitaria del Sistema de la Seguridad Social para las personas no incluidas en la misma que, de tratarse de personas sin recursos económicos, será en todo caso con cargo a transferencias estatales.

La generalización del derecho a la protección de la salud y a la atención sanitaria que implica la homologación de las atenciones y prestaciones del sistema sanitario público se efectuará mediante una asignación de recursos financieros que tengan en cuenta tanto la población a atender en cada Comunidad Autónoma como las inversiones sanitarias a realizar para corregir las desigualdades territoriales sanitarias.

La financiación de los servicios de asistencia sanitaria de la Seguridad Social transferidos a las Comunidades Autónomas se efectuará según el Sistema de financiación autonómica vigente en cada momento.

Las Comunidades Autónomas que tengan asumida la gestión de los servicios de asistencia sanitaria de la Seguridad Social, elaborarán anualmente el presupuesto de gastos para dicha función, que deberá contener como mínimo la financiación establecida en el Sistema de Financiación Autonómica.

A efectos de conocer el importe de la financiación total que se destina a la asistencia sanitaria, las comunidades autónomas remitirán puntualmente al Ministerio de Sanidad y Consumo sus Presupuestos, una vez aprobados, y les informarán de la ejecución de los mismos, así como de su liquidación final.

Los ingresos procedentes de la asistencia sanitaria en los supuestos de seguros obligatorios especiales y en todos aquellos supuestos, asegurados o no, en que aparezca un tercero obligado al pago, tendrán la condición de ingresos propios del Servicio de Salud correspondiente. Los gastos inherentes a la prestación de tales servicios no se financiarán con los ingresos de la Seguridad Social. En ningún caso estos ingresos podrán revertir en aquellos que intervinieron en la atención a estos pacientes. A estos efectos, las Administraciones Públicas que hubieran atendido sanitariamente a los usuarios en tales supuestos tendrán derecho a reclamar del tercero responsable el coste de los servicios prestados.

1.3.8. El personal

El apartado 1 del artículo 84 de la Ley General de Sanidad establecía que el personal de la Seguridad Social regulado en el Estatuto Jurídico de Personal Médico de la Seguridad Social, en el Estatuto del Personal Sanitario Titulado y Auxiliar de Clínica de la Seguridad Social, en el Estatuto del Personal no Sanitario al Servicio de las Instituciones Sanitarias de la Seguridad Social, el personal de las Entidades Gestoras que asuman los servicios no transferibles y los que desempeñen su trabajo en los Servicios de Salud de las Comunidades Autónomas, se regirían por lo establecido en el Estatuto-Marco que aprobará el Gobierno en desarrollo de esta Ley.

Este Estatuto-Marco fue aprobado mediante la Ley 55/2003, de 16 de diciembre, del Estatuto Marco del personal estatutario de los servicios de salud, el cual, en su disposición derogatoria única, letra a) del número 1, derogó el apartado mencionado anteriormente.

Según la Ley General de Sanidad, este Estatuto-Marco debería contener, y así es en la actualidad, la normativa básica aplicable en materia de clasificación, selección, provisión de puestos de trabajo y situaciones, derechos, deberes y régimen disciplinario, incompatibilidades y sistema retributivo, garantizando la estabilidad en el empleo y su categoría profesional. En desarrollo de dicha normativa básica, la concreción de las funciones de cada estamento se establecerá en sus respectivos Estatutos, que se mantendrán como tales.

Estos Estatutos han sido derogados por la Ley 55/2003, pero se mantienen vigentes sus disposiciones relativas a categorías profesionales del personal estatutario y a las funciones de las mismas, en tanto se procede a su regulación en cada servicio de salud.

Las normas de las Comunidades Autónomas en materia de personal se ajustarán a lo previsto en el Estatuto-Marco. La selección de personal y su gestión y administración se hará por las Administraciones responsables de los servicios a que estén adscritos los diferentes efectivos.

En las Comunidades Autónomas con lengua oficial propia, en el proceso de selección de personal y de provisión de puestos de trabajo de la Administración Sanitaria Pública, se tendrá en cuenta el conocimiento de ambas lenguas oficiales por parte del citado personal, en los términos del artículo 19 de la Ley 30/1984, de 2 de agosto, de Medidas para la reforma de la Función Pública.

Los funcionarios al servicio de las distintas Administraciones Públicas, a efectos del ejercicio de sus competencias sanitarias, se regirán por la Ley 30/1984, de 2 de agosto, y el resto de la legislación vigente en materia de funcionarios.

Igualmente, las Comunidades Autónomas, en el ejercicio de sus competencias, podrán dictar normas de desarrollo de la legislación básica del régimen estatutario de estos funcionarios.

El ejercicio de la labor del personal sanitario deberá organizarse de forma que se estimule en los mismos la valoración del estado de salud de la población y se disminuyan las necesidades de atenciones reparadoras de la enfermedad.

Los recursos humanos pertenecientes a los Servicios del Área se considerarán adscritos a dicha unidad de gestión, garantizando la formación y perfeccionamiento continuados del personal sanitario adscrito al Área.

El personal podrá ser cambiado de puesto por necesidades imperativas de la organización sanitaria, con respeto de todas las condiciones laborales y económicas dentro del Área de Salud.

2. LEY 2/1998, DE 15 DE JUNIO, DE SALUD DE ANDALUCÍA: OBJETO, PRINCIPIOS Y ALCANCE; DERECHOS Y DEBERES DE LOS CIUDADANOS RESPECTO DE LOS SERVICIOS SANITARIOS EN ANDALUCÍA; EFECTIVIDAD DE LOS DERECHOS Y DEBERES

2.1. Objeto, principios y alcance

2.1.1. Objeto

La Ley 2/1998, de 15 de junio, de Salud de Andalucía, tiene por objeto:

1. La regulación general de las actuaciones, que permitan hacer efectivo el derecho a la protección de la salud, previsto en la Constitución Española.

2. La definición, el respeto y el cumplimiento de los derechos y obligaciones de los ciudadanos respecto de los servicios sanitarios en Andalucía.

3. La ordenación general de las actividades sanitarias de las entidades públicas y privadas en Andalucía.

2.1.2. Principios y alcance

Las actuaciones sobre protección de la salud, en los términos previstos en la Ley de Salud de Andalucía, se inspirarán en los siguientes principios:

1. Universalización y equidad en los niveles de salud e igualdad efectiva en las condiciones de acceso al Sistema Sanitario Público de Andalucía.

2. Consecución de la igualdad social y el equilibrio territorial en la prestación de los servicios sanitarios.

3. Concepción integral de la salud, incluyendo actuaciones de promoción, educación sanitaria, prevención, asistencia y rehabilitación.

4. Integración funcional de todos los recursos sanitarios públicos.

5. Planificación, eficacia y eficiencia de la organización sanitaria.

6. Descentralización, autonomía y responsabilidad en la gestión de los servicios.

7. Participación de los ciudadanos.

8. Participación de los trabajadores del sistema sanitario.

9. Promoción del interés individual y social por la salud y por el sistema sanitario.

10. Promoción de la docencia e investigación en ciencias de la salud.

11. Mejora continua en la calidad de los servicios, con un enfoque especial a la atención personal y a la confortabilidad del paciente y sus familiares.

12. Utilización eficaz y eficiente de los recursos sanitarios.

Sin perjuicio de lo previsto en la Ley General de Sanidad, son titulares de los derechos, que, la Ley de Salud de Andalucía y la restante normativa reguladora del Sistema Sanitario Público de Andalucía, efectivamente defina y reconozca como tales, los siguientes:

1. Los españoles y los extranjeros residentes en cualesquiera de los municipios de Andalucía.

2. Los españoles y extranjeros no residentes en Andalucía, que tengan establecida su residencia en el territorio nacional, con el alcance determinado por la legislación estatal.

3. Los nacionales de Estados miembros de la Unión Europea tienen los derechos que resulten de la aplicación del derecho comunitario europeo y de los tratados y convenios que se suscriban por el Estado español y les sean de aplicación.

4. Los nacionales de Estados no pertenecientes a la Unión Europea tienen los derechos que les reconozcan las leyes, los tratados y convenios suscritos por el Estado español.

5. Sin perjuicio de lo dispuesto en los apartados anteriores, se garantizará a todas las personas en Andalucía las prestaciones vitales de emergencia.

Las prestaciones sanitarias ofertadas por el Sistema Sanitario Público de Andalucía serán, como mínimo, las establecidas en cada momento para el Sistema Nacional de Salud.

La inclusión de nuevas prestaciones en el Sistema Sanitario Público de Andalucía, que superen las establecidas en el apartado anterior, será objeto de una evaluación previa de su efectividad y eficiencia en términos tecnológicos, sociales, de salud, de coste y de ponderación en la asignación del gasto público, y llevará asociada la correspondiente financiación.

La actuación sanitaria de la Administración Pública de la Junta de Andalucía se regirá, a efectos de esta Ley, por los principios de planificación, participación, cooperación y coordinación con el resto de las actuaciones de la misma y con las demás Administraciones Públicas de la Comunidad Autónoma, sin perjuicio del respeto a las competencias atribuidas a cada una de ellas.

2.2. Derechos y deberes de los ciudadanos respecto de los servicios sanitarios en Andalucía

2.2.1. Derechos de los ciudadanos

Los ciudadanos, al amparo de la Ley de Salud de Andalucía, son titulares y disfrutan, con respecto a los servicios sanitarios públicos en Andalucía, de los siguientes derechos:

a) A las prestaciones y servicios de salud individual y colectiva, de conformidad con lo dispuesto en la normativa vigente.

b) Al respeto a su personalidad, dignidad humana e intimidad, sin que puedan ser discriminados por razón alguna.

c) A la información sobre los factores, situaciones y causas de riesgo para la salud individual y colectiva.

d) A la información sobre los servicios y prestaciones sanitarios a que pueden acceder y sobre los requisitos necesarios para su uso.

e) A disponer de información sobre el coste económico de las prestaciones y servicios recibidos.

f) A la confidencialidad de toda la información relacionada con su proceso y su estancia en cualquier centro sanitario.

g) A ser advertidos de si los procedimientos de pronóstico, diagnóstico y tratamiento que se les apliquen pueden ser utilizados en función de un proyecto docente o de investigación que, en ningún caso, podrá comportar peligro adicional para su salud. En todo caso, será imprescindible la previa autorización y por escrito del paciente y la aceptación por parte del médico y de la dirección del correspondiente centro sanitario.

h) A que se le dé información adecuada y comprensible sobre su proceso, incluyendo el diagnóstico, el pronóstico, así como los riesgos, beneficios y alternativas de tratamiento.

i) A que se les extienda certificado acreditativo de su estado de salud, cuando así lo soliciten.

j) A que quede constancia por escrito o en soporte técnico adecuado de todo su proceso. Al finalizar la estancia en una institución sanitaria, el paciente, familiar o persona a él allegada recibirá su informe de alta.

k) Al acceso a su historial clínico.

l) A la libre elección de médico, otros profesionales sanitarios, servicio y centro sanitario en los términos que reglamentariamente estén establecidos.

m) A que se les garantice, en el ámbito territorial de Andalucía, que tendrán acceso a las prestaciones sanitarias en un tiempo máximo, en los términos y plazos que reglamentariamente se determinen.

n) A que se les asigne un médico, cuyo nombre se les dará a conocer, que será su interlocutor principal con el equipo asistencial. En caso de ausencia, otro facultativo del equipo asumirá tal responsabilidad.

ñ) A que se respete su libre decisión sobre la atención sanitaria que se le dispense, previo consentimiento informado, excepto en los siguientes casos:

1. Cuando exista un riesgo para la salud pública a causa de razones sanitarias establecidas por la Ley. En todo caso, una vez adoptadas las medidas pertinentes, de conformidad con lo establecido en la Ley Orgánica 3/1986, de 14 de abril , de Medidas Especiales en Materia de Salud Pública, se comunicarán a la autoridad judicial en el plazo máximo de 24 horas, siempre que dispongan el internamiento obligatorio de personas.

2. Cuando exista riesgo inmediato grave para la integridad física o psíquica de la persona enferma y no es posible conseguir su autorización, consultando, cuando las circunstancias lo permitan, lo dispuesto en su declaración de

voluntad vital anticipada y, si no existiera esta, a sus familiares o a las personas vinculadas de hecho a ella.

o) A disponer de una segunda opinión facultativa sobre su proceso, en los términos en que reglamentariamente esté establecido.

p) A negarse al tratamiento, excepto en los casos señalados en el epígrafe ñ) anterior y previo cumplimiento del deber de firmar el documento pertinente.

q) A la participación en los servicios y actividades sanitarios, a través de los cauces previstos en la Ley de Salud de Andalucía y en cuantas disposiciones la desarrollen.

r) A la utilización de las vías de reclamación y de propuesta de sugerencias, así como a recibir respuesta por escrito en los plazos que reglamentariamente estén establecidos.

s) A disponer, en todos los centros y establecimientos sanitarios, de una carta de derechos y deberes por los que ha de regirse su relación con los mismos.

Los niños, los ancianos, los enfermos mentales, las personas que padecen enfermedades crónicas e invalidantes y las que pertenezcan a grupos específicos reconocidos sanitariamente como de riesgo, tienen derecho a actuaciones y programas sanitarios especiales y preferentes.

Sin perjuicio de lo dispuesto en la legislación básica del Estado, los niños, en relación con los servicios de salud de Andalucía, disfrutarán de todos los derechos generales contemplados en la presente Ley y de los derechos específicos contemplados en el artículo 9 de la Ley 1/1998, de 20 de abril, de los Derechos y la Atención al Menor.

Los enfermos mentales, sin perjuicio de los derechos señalados en los párrafos anteriores y de conformidad con lo previsto en el Código Civil, tendrán los siguientes derechos:

a) A que por el centro se solicite la correspondiente autorización judicial en los supuestos de ingresos involuntarios sin autorización judicial previa, y cuando, habiéndose producido voluntariamente el ingreso, desapareciera la plenitud de facultades del paciente durante el internamiento.

b) A que por el centro se reexamine, al menos trimestralmente, la necesidad del internamiento forzoso. De dicho examen periódico se informará a la autoridad judicial correspondiente.

Sin perjuicio de la libertad de empresa y respetando el peculiar régimen económico de cada servicio sanitario, los derechos contemplados en los anteriores epígrafes b), d), e), f), g), h), i), j), k), n), ñ), o), p), q), r), s), y en los dos párrafos anteriores rigen también en los servicios sanitarios de carácter privado y son plenamente ejercitables.

Los ciudadanos al amparo de la Ley de Salud de Andalucía tendrán derecho al disfrute de un medio ambiente favorable a la salud. Las Administraciones Públicas adoptarán las medidas necesarias para ello, de conformidad con la normativa vigente.

2.2.2. Obligaciones de los ciudadanos respecto a los servicios de salud

Los ciudadanos, respecto de los servicios sanitarios en Andalucía, tienen los siguientes deberes individuales:

1. Cumplir las prescripciones generales en materia de salud comunes a toda la población, así como las específicas determinadas por los servicios sanitarios, sin perjuicio de lo establecido para los casos del respeto a su libre decisión y de negarse al tratamiento.

2. Cuidar las instalaciones y colaborar en el mantenimiento de la habitabilidad de los centros.

3. Responsabilizarse del uso adecuado de los recursos ofrecidos por el sistema de salud, fundamentalmente en lo que se refiere a la utilización de los servicios, procedimientos de incapacidad laboral y prestaciones.

4. Cumplir las normas y procedimientos de uso y acceso a los derechos que se les otorgan a través de la presente Ley.

5. Mantener el debido respeto a las normas establecidas en cada centro, así como al personal que preste servicios en los mismos.

6. Firmar, en caso de negarse a las actuaciones sanitarias, el documento pertinente, en el que quedará expresado con claridad que el paciente ha quedado suficientemente informado y rechaza el tratamiento sugerido.

2.3. Efectividad de los derechos y deberes

La Administración de la Junta de Andalucía garantizará a los ciudadanos información suficiente, adecuada y comprensible sobre sus derechos y deberes respecto a los servicios sanitarios en Andalucía, y sobre los servicios y prestaciones sanitarias disponibles en el Sistema Sanitario Público de Andalucía, su organización, procedimientos de acceso, uso y disfrute, y demás datos de utilidad.

El Consejo de Gobierno de la Junta de Andalucía garantizará a los ciudadanos el pleno ejercicio del régimen de derechos y obligaciones recogidos en la Ley de Salud de Andalucía, para lo que establecerá reglamentariamente el alcance y contenido específico de las condiciones de las mismas.

Todo el personal sanitario y no sanitario de los centros y servicios sanitarios públicos y privados implicados en los procesos asistenciales a los pacientes queda obligado a no revelar datos de su proceso, con excepción de la información necesaria en los casos y con los requisitos previstos expresamente en la legislación vigente.

Los centros y establecimientos sanitarios, públicos y privados, deberán disponer y, en su caso, tener permanentemente a disposición de los usuarios:

1. Información accesible, suficiente y comprensible sobre los derechos y deberes de los usuarios.

2. Formularios de sugerencias y reclamaciones.

3. Personal y locales bien identificados para la atención de la información, reclamaciones y sugerencias del público.

La participación de los ciudadanos se concretiza a través de los siguientes órganos:

2.3.1. El Consejo Andaluz de Salud

El Consejo Andaluz de Salud es el órgano colegiado de participación ciudadana en la formulación de la política sanitaria y en el control de su ejecución, asesorando en esta materia a la Consejería de Igualdad, Salud y Políticas Sociales en el ejercicio de las funciones de fomento y desarrollo de la participación ciudadana.

Corresponde al Consejo de Gobierno de la Junta de Andalucía la regulación reglamentaria de la organización, composición, funcionamiento y atribuciones del Consejo Andaluz de Salud, que se ajustará a criterios de participación democrática de todos los interesados, garantizando, en todo caso, la participación de las Administraciones locales, de los sindicatos, en los términos establecidos en la Ley Orgánica 11/1985, de 2 de agosto, de Libertad Sindical, de las organizaciones empresariales más representativas a nivel de Andalucía, así como de los colegios profesionales y de las organizaciones de consumidores y usuarios de Andalucía.

2.3.2. De la participación territorial

En cada área de salud se establecerá un Consejo de Salud del Área, como órgano colegiado de participación ciudadana, con la finalidad de hacer el seguimiento en su ámbito de la ejecución de la política sanitaria y de asesorar a los órganos correspondientes a dicho nivel de la Consejería de Igualdad, Salud y Políticas Sociales.

Corresponde al Consejo de Gobierno de la Junta de Andalucía la regulación reglamentaria de los Consejos de Salud de Área, que se ajustará a los criterios de participación democrática de todos los interesados, garantizando, en todo caso, la participación de las Administraciones locales, de los sindicatos y de las organizaciones empresariales más representativos del sector a nivel de Andalucía, de los colegios profesionales del sector sanitario correspondiente al territorio del área respectiva y de las organizaciones de consumidores y usuarios de Andalucía.

Por el Consejo de Gobierno de la Junta de Andalucía se podrán establecer órganos de participación ciudadana a otros niveles de la organización territorial y funcional del Sistema Sanitario Público de Andalucía, con la finalidad de hacer el seguimiento de la ejecución de las directrices de la política sanitaria, asesorar a los correspondientes órganos directivos e implicar a las organizaciones sociales y ciudadanas en el objetivo de alcanzar mayores niveles de salud y en la toma de decisiones de aspectos que afectan a su relación con los servicios sanitarios públicos.

Corresponde al Consejo de Gobierno de la Junta de Andalucía la regulación reglamentaria de los órganos de participación a que hace referencia el párrafo anterior, y que se ajustará a los criterios de participación democrática de todos los interesados, y cuya composición se establecerá, en cada caso, en función de su naturaleza y su ámbito de actuación.

3. PLAN ANDALUZ DE SALUD: COMPROMISOS

La ley 2/1998, de 15 de junio, de Salud de Andalucía, en su Título V, artículos 30 a 33, define el Plan Andaluz de Salud y hace una regulación general de sus características, contenido necesario y procedimiento de elaboración y aprobación.

Las líneas directivas y de planificación de actividades, programas y recursos necesarios para alcanzar la finalidad expresada en el objeto de la Ley 2/1998, de Salud de Andalucía, constituirán el Plan Andaluz de Salud, que será el marco de referencia y el instrumento indicativo para todas las actuaciones en materia de salud en el ámbito de Andalucía. La vigencia será fijada en el propio plan.

La elaboración del Plan Andaluz de Salud corresponde a la Consejería de Igualdad, Salud y Políticas Sociales, que establecerá sus contenidos principales, metodología y plazo de su elaboración, así como los mecanismos de evaluación y revisión.

En particular, el Plan Andaluz de Salud contemplará:

a) Conclusiones del análisis de los problemas de salud de la Comunidad Autónoma y de la situación de los recursos existentes.

b) Objetivos de salud, generales y por áreas de actuación.

c) Prioridades de intervención.

d) Definición de las estrategias y políticas de intervención.

e) Calendario general de actuación.

f) Los recursos necesarios para atender el cumplimiento de los objetivos propuestos y evaluación de los mismos.

El Plan Andaluz de Salud será aprobado por el Consejo de Gobierno de la Junta de Andalucía, a propuesta del Consejero de Igualdad, Salud y Políticas Sociales, remitiéndose al Parlamento de Andalucía para su conocimiento y estudio.

De conformidad con los criterios y pautas que establezca el Plan Andaluz de Salud, y teniendo en cuenta las especificidades de cada territorio, se elaborarán planes de salud específicos por los órganos correspondientes de cada una de las áreas de salud. Dichos planes serán aprobados por la Consejería de Igualdad, Salud y Políticas Sociales.

3.1. Los Planes de Salud en Andalucía

En 1992, la Junta de Andalucía puso en marcha el I Plan Andaluz de Salud durante el que se creó el Sistema Sanitario Público y la Ley de Salud.

En 1999, se puso en funcionamiento el II Plan Andaluz de Salud que integró nuevos derechos para los ciudadanos en el sistema, como la atención bucodental a toda la población infantil entre 6 y 15 años o el derecho a una segunda opinión médica. También planteó la atención dirigida a colectivos más vulnerables y prioritarios como la población inmigrante.

El III Plan Andaluz de Salud, creado en 2004, contó, por primera vez, con la participación de profesionales, ciudadanía, asociaciones, empresas, entidades locales e instituciones públicas. Durante los años que estuvo vigente esta estrategia se tramitó la Ley de Salud Pública de Andalucía, que entró en vigor a principios de 2012. La evaluación del III Plan reveló una mejora en la atención sanitaria a los colectivos vulnerables y un impulso definitivo a las nuevas tecnologías, con la puesta en funcionamiento de Salud Responde. También consolidó la acreditación de la calidad en el sistema público y el modelo de gestión clínica. El III Plan permitió también detectar áreas de mejora, por ejemplo, en la atención a personas en situación de discapacidad o en la participación ciudadana en el funcionamiento del sistema sanitario. Estos dos ámbitos se integraron como elementos principales dentro del IV Plan Andaluz de Salud.

El Consejo de Gobierno, en su sesión del 22 de octubre de 2013, aprobó el IV Plan Andaluz de Salud en el que están implicadas todas las áreas del ejecutivo andaluz para evaluar y adoptar medidas ante el impacto que tienen los factores de la vida cotidiana en el bienestar de la ciudadanía. Esta estrategia busca reducir las desigualdades y que las personas vivan más años con más calidad y autonomía.

La elaboración de este plan contó con la participación de entidades sociales y de profesionales y asociaciones de pacientes y se desarrollará a través de los planes de acción local, para llegar a todos los municipios de la comunidad andaluza.

El documento se organiza en seis compromisos, con 24 metas y 92 objetivos.

3.2. Compromisos, Metas y Objetivos

Compromiso 1: Aumentar la esperanza de vida en buena salud

La población andaluza está envejeciendo debido al aumento de la esperanza de vida y la reducción de la natalidad. La salud es un derecho que toda persona tiene para desarrollar su proyecto vital por lo que generar las condiciones para incrementar la esperanza de vida con buena salud (vivir más tiempo y con menos enfermedades crónicas incapacitantes) de forma equitativa es una obligación de los gobiernos.

La esperanza de vida en buena salud es un indicador que sintetiza en una sola medida cuatro indicadores: esperanza de vida, esperanza de vida libre de enfermedad crónica, esperanza de vida libre de discapacidad y la esperanza de vida con una percepción subjetiva de buena salud.

El creciente envejecimiento y los años sin buena salud, o con una mala percepción de esta, conducen a mayores necesidades sanitarias y sociales y a un gasto mayor. En cambio, las personas que tienen una buena percepción del estado de salud consumen menos recursos sanitarios y pueden contribuir económica y socialmente.

Las estrategias para lograr un aumento en esta esperanza de vida en buena salud han de pasar por: la promoción de la salud, la prevención, el diagnóstico precoz y el tratamiento de enfermedades para reducir la discapacidad y la mortalidad, la rehabilitación funcional y la redefinición del proyecto vital para reducir el grado de discapacidad y dependencia.

La percepción del propio estado de salud es también un buen indicador para la evaluación de desigualdades en salud, ya que las personas de menos recursos tienen una percepción peor, al igual que las mujeres y las personas mayores. Esta percepción está influida por el entorno y las características de cada persona. La capacidad para afrontar las circunstancias adversas es uno de los elementos más determinantes de la aparición del estrés y, por lo tanto, de la salud mental y de la autopercepción más o menos negativa del estado de salud. Además, cuando la percepción es negativa algunas personas buscan una respuesta médica a problemas que no lo son. Esta capacidad para afrontar los problemas no es un rasgo innato de la persona, se puede aprender. Se trata, por tanto, de algo sobre lo que es posible intervenir y que debe contemplarse para el cumplimiento del compromiso de mejorar la esperanza de vida en buena salud.

En Andalucía desde hace años se desarrollan estrategias que actúan sobre los principales problemas para mejorar la esperanza de vida libre de discapacidad como son los programas y planes integrales destinados a mejorar los estilos de vida y promocionar los entornos saludables, prevenir las enfermedades, sean transmisibles o no, y las lesiones, el diagnóstico precoz y la rehabilitación, el envejecimiento activo, sin olvidar la importancia de los problemas infrecuentes, por ejemplo, con el Plan Andaluz de Enfermedades Raras.

META 1.1. Conseguir mayores niveles de salud con las acciones contempladas en los planes integrales y las estrategias de salud priorizadas en el Sistema Sanitario Público de Andalucía.

OBJETIVOS:

1.1.1. Potenciar el enfoque preventivo y de promoción de la salud en el desarrollo de los planes integrales y las estrategias de salud, con el fin de incrementar la efectividad de sus acciones en términos de resultados en salud.

1.1.2. Definir nuevas estrategias frente a problemas de salud emergentes y actualizar las existentes en base a las modificaciones en el contexto social y a los nuevos conocimientos que se generen.

1.1.3. Seguir impulsando las líneas del Plan de Calidad del Sistema Sanitario Público Andaluz en la atención a las personas que presenten enfermedades o riesgos con impacto en la esperanza de vida en buena salud.

1.1.4. Potenciar la recuperación de las personas que presentan enfermedades o discapacidad, con mayor impacto en el proyecto vital.

1.1.5. Conseguir una respuesta integral apropiada para reducir el impacto de la dependencia en la vida de las personas.

META 1.2. Potenciar la acción social e intersectorial en el abordaje de las condiciones de vida y los determinantes de salud de mayor impacto en la esperanza de vida en buena salud de la población de Andalucía.

OBJETIVOS:

1.2.1. Establecer un marco efectivo de colaboración con la totalidad de agentes que se implican para el abordaje de los principales determinantes relacionados con la esperanza de vida en buena salud.

1.2.2. Potenciar la adecuación del entorno físico de las personas, de manera que se facilite la vida en buena salud.

1.2.3. Elaborar propuestas basadas en los paradigmas de Envejecimiento Activo y Saludable, con el fin de mejorar la calidad de vida a medida que las personas envejecen.

META 1.3. Promover una cultura vital autónoma en Salud.

OBJETIVOS:

1.3.1. Facilitar la autonomía y las decisiones informadas de la ciudadanía sobre las intervenciones terapéuticas.

1.3.2. Mejorar las competencias de las personas para valorar, cuidar y mantener, de manera autónoma, su propia salud, como estrategia de corresponsabilidad.

META 1.4. Generar nuevo conocimiento sobre la medición de la esperanza de vida en buena salud, y la efectividad de las intervenciones y políticas para mejorarlas.

OBJETIVOS:

1.4.1. Medir, analizar y evaluar de forma periódica los años de vida en buena salud, siguiendo las recomendaciones de la Unión Europea para su comparación con las comunidades y naciones de nuestro entorno.

1.4.2. Evaluar el impacto de las diferentes iniciativas de la Ley de Promoción de la Autonomía Personal y Atención a las Personas en Situación de Dependencia en la salud de las personas integradas en la red de servicios y prestaciones derivadas de la ley.

Compromiso 2: Proteger y Promover la salud de las personas ante los efectos del cambio climático, la globalización y los riesgos emergentes de origen ambiental y alimentario

Andalucía se encuentra a escala global en la categoría de territorios de especial vulnerabilidad a los efectos del cambio climático y menores, personas enfermas o con escasos recursos y mayores serán los más afectados por este fenómeno, que conlleva riesgos para la salud, según la Organización Mundial de la Salud. Se prevé que la falta de respuesta tenga un impacto en término de enfermedades, gasto sanitario y pérdidas de productividad equivalente o mayor al gasto necesario para afrontar el riesgo ambiental en cuestión. Por ello es necesario conocer en qué medida el sistema sanitario puede hacer frente a esta amenaza.

La globalización, que incrementa el sentido de solidaridad, también tiene efectos negativos y muchos de ellos inciden sobre la salud. Este es el motivo por el que debe estar presente en la toma de decisiones políticas y mitigar sus efectos. La globalización también ha traído consigo la circulación libre de personas con patrones de consumo más complejos y una mayor sofisticación de las producciones de alimentos, con nuevas tecnologías y grupos variados de consumidores que está provocando nuevos peligros y situaciones.

Existen multitud de datos que relacionan los factores ambientales y de la alimentación con numerosas patologías. Sin embargo, establecer un vínculo causal entre medio ambiente y salud es difícil. Esto hace esencial contar con un enfoque innovador basado en la mejora del conocimiento científico.

Este nuevo escenario de un mundo Globalizado al que afecta el fenómeno del Cambio Climático y con alta utilización de Nuevas Tecnologías es el nuevo marco en el que hay que establecer los objetivos del IV PAS, y que pasan por: conocer estos posibles nuevos riesgos, y de ser identificados, hay que caracterizarlos adecuadamente, y evaluarlos, para saber si es preciso incidir sobre los mismos mediante los correspondientes planes y/o programas de vigilancia y control. De otra parte, también es necesario establecer nuevas metodologías y herramientas (o modificar las existentes) para que se adapten a los nuevos tipos de abordaje que requieren estos posibles nuevos riesgos.

Este enfoque es el propuesto para intervenir en los riesgos ligados a nuevos alimentos y nuevas tecnologías, zoonosis de origen alimentario, contaminación de alimentos por productos químicos o alergias, y todo ello en el ámbito de un mercado global en donde el comercio a través de Internet gana día a día más cuota de mercado e incidencia sobre la ciudadanía.

Meta 2.1. Preparar a la sociedad andaluza ante los retos de salud derivados del cambio climático y acciones antropogénicas no sostenibles.

OBJETIVOS:

2.1.1. Conocer el impacto de los diferentes escenarios del cambio climático en la salud de la población andaluza y especialmente en la población vulnerable.

2.1.2. Promover las estrategias de acción ante los efectos para la salud del cambio climático.

2.1.3. Desarrollar un sistema permanente de comunicación e interacción con la sociedad.

2.1.4. Aumentar y fomentar actividades medioambientalmente sostenibles y saludables en el ámbito local.

Meta 2.2. Reducir los efectos negativos que pueden incidir en la salud de la población asociados a la globalización en protección de la salud.

OBJETIVOS:

2.2.1. Analizar, en el ámbito de la Protección de la Salud, el impacto de la globalización en la salud de la población andaluza.

2.2.2. Fortalecer la vigilancia y control de enfermedades transmisibles emergentes y re-emergentes (ETIER).

2.2.3. Reorientar las políticas de Protección de la Salud en base a la creciente complejidad de los comportamientos de consumo en este ámbito

2.2.4. Establecer la implantación de medidas de vigilancia y control de productos milagro y terapias alternativas.

Meta 2.3. Garantizar un alto grado de protección de la salud frente a los riesgos de origen alimentario y ambiental y promover la mejora de la calidad del entorno donde viven y trabajan las personas.

OBJETIVOS:

2.3.1. Establecer estrategias de respuesta ante los riesgos emergentes de origen ambiental y de la cadena alimentaria.

2.3.2. Conocer la exposición de la población andaluza a factores ambientales emergentes.

2.3.3. Diseñar una estrategia de comunicación sobre riesgos emergentes que aborde especialmente aquellos que en cada momento sean objeto de preocupación social.

2.3.4. Desarrollar una estrategia de protección frente a riesgos ambientales de entornos específicos.

2.3.5. Evaluar el impacto de la aplicación de las nuevas tecnologías en la producción de alimentos, con mayor énfasis en los nuevos alimentos.

2.3.6. Diseñar el apoyo analítico para el proceso de Vigilancia y Análisis de riesgos con excelencia científico técnica y calidad en el marco del nuevo modelo de Salud Pública.

Meta 2.4. Desarrollar un modelo de organización inteligente que genere, fomente y comparta el conocimiento y la innovación y promueva la mejora continua y la calidad de las actuaciones en materia de protección de la salud.

OBJETIVOS:

2.4.1. Creación de las bases y estructuras para trabajar con un enfoque integrado y multidisciplinar de la protección de la salud.

2.4.2. Fortalecer los Sistemas eficientes de información y registro de datos en Protección de la Salud, así como el intercambio de conocimiento.

2.4.3. Sistematizar, evaluar y mejorar los procedimientos de trabajo en Protección de la Salud.

Meta 2.5. Fomentar el uso del transporte público así como los desplazamientos a pié y en bicicleta para mejorar la salud individual y colectiva.

OBJETIVOS:

2.5.1 Establecer elementos en la planificación que restrinjan el uso del vehículo privado.

2.5.2 Fomentar el uso del transporte público y la intermodalidad.

2.5.3 Fomentar los desplazamientos no motorizados: a pié y en bicicleta.

Compromiso 3: Generar y desarrollar los Activos de Salud de nuestra Comunidad y ponerlos a disposición de la sociedad andaluza

El campo de la salud pública está dominado por un modelo que identifica las enfermedades y necesidades de la población y oferta recursos para su superación. Las estrategias preventivas, por lo tanto, están asociadas a los riesgos vinculados a estas patologías para actuar sobre ellos. Este sistema tiene la desventaja de crear una excesiva dependencia de la población a los recursos sanitarios y una visión limitada de la salud (modelo déficit).

El modelo de los activos de salud, en cambio, fomenta la capacidad de las personas y comunidades para desarrollarse saludablemente. De este modo, aparecen los activos de salud (factores o recursos que aumentan la capacidad de las personas, grupos, comunidades, poblaciones o instituciones para mantener y sostener la salud y el bienestar), la teoría de la salutogénesis y la resiliencia o resistencia a la adversidad. Este nuevo campo analiza cómo y por qué determinadas personas cuentan con recursos personales y externos para el mantenimiento de la salud y el bienestar (como autoestima, autoeficacia, optimismo, apoyo familiar o redes sociales).

Este tipo de investigaciones, además, no sólo resaltan la importancia de las personas, si no que hacen especial hincapié en la interacción social entre las personas y organizaciones comunitarias, ya que constituyen una fuente potencial de apoyo social y su participación en ellas provoca bienestar psicológico (capital social).

En este mismo sentido es importante conocer cómo el entorno físico, natural, social, económico y cultural refuerzan las capacidades para el mantenimiento de la salud de las personas.

Este IV Plan Andaluz de la Salud propone reconfigurar el protagonismo de la población respecto a su salud y bienestar y apuesta por la combinación entre el modelo centrado en el déficit y en el de los activos de salud.

Meta 3.1. Identificar y desarrollar los activos que promueven salud y generan bienestar en la población.

OBJETIVOS:

3.1.1. Identificar los activos de salud de Andalucía.

3.1.2. Realizar y potenciar el mapa de activos en salud de Andalucía.

3.1.3. Incorporar el modelo de activos en salud en los distintos niveles territoriales de planificación.

Meta 3.2. Desarrollar los activos de salud vinculados a las relaciones sociales y la cultura.

OBJETIVOS:

3.2.1. Desarrollar estrategias que potencien los activos de salud de las relaciones sociales y fortalecimiento comunitario.

3.2.2. Fomentar alianzas y planes de trabajo para la potenciación de activos entre la administración y las organizaciones ciudadanas y empresas que realicen actividades en el ámbito de la salud.

3.2.3. Promover los activos de salud de las familias.

Meta 3.3. Aprovechar las oportunidades para la salud que ofrece el entorno geográfico y natural de Andalucía.

OBJETIVOS:

3.3.1. Aprovechar las oportunidades que ofrecen los activos vinculados al entorno geográfico natural en relación al clima, a la producción de alimentos, a los entornos naturales y al sistema de ciudades y urbanismo.

3.3.2. Fomentar alianzas y planes de trabajo para la potenciación de activos entre la administración y las organizaciones ciudadanas y empresas que realicen actividades en el ámbito de la salud.

Compromiso 4: Reducir las Desigualdades Sociales en Salud

La salud es una cuestión de justicia social. La probabilidad de enfermar, la esperanza de vida y la calidad de vida de las personas dependen sobre todo de factores sociales y económicos, por lo que luchar contra las desigualdades en salud es una obligación de los gobiernos (en su totalidad, no sólo del sector sanitario). De este modo, cuanto más baja es la posición social, más se acorta la esperanza de vida porque hay más estrés, se tiene una peor dieta, se utilizan los recursos personales y sociales de manera menos efectiva y, por tanto, hay más riesgo de padecer más enfermedades y de sufrir una muerte prematura.

El Sistema Sanitario Público Andaluz debe conocer y combatir las desigualdades para que el conocimiento y uso de los servicios sanitarios se realicen de forma equitativa.

Meta 4.1. Mejorar aquellas condiciones de vida de la población andaluza que influyen en la reducción de las desigualdades en salud.

OBJETIVOS:

4.1.1. Identificar aquellas condiciones de vida de la población andaluza con mayor influencia sobre las diferencias existentes en el nivel de salud y reorientar las políticas relacionadas.

4.1.2. Crear entornos favorecedores de las relaciones sociales y estilos de vida saludables en las áreas más desfavorecidas socialmente.

4.1.3. Invertir en la salud futura de menores y jóvenes a través de la reducción de las desigualdades sociales en su educación.

Meta 4.2. Mejorar el impacto de las políticas de redistribución de la riqueza en la reducción de las desigualdades en salud.

OBJETIVOS:

4.2.1. Establecer mecanismos de coordinación intersectoriales, en aquellas políticas de reducción de los niveles de pobreza y exclusión.

4.2.2. Fomentar y facilitar el empoderamiento y la participación de las personas, con especial atención a los grupos sociales más vulnerables, en todos los ámbitos y niveles de la política.

4.2.3. Fortalecer estrategias de protección en poblaciones especialmente vulnerables por su situación de falta de autonomía personal.

Meta 4.3. Disminuir las desigualdades en la atención sanitaria prestada por el Sistema Sanitario Público de Andalucía.

OBJETIVOS:

4.3.1. Reorientar la atención sanitaria y los recursos del SSPA hacia los problemas de salud donde hay evidencia de la existencia de desigualdades sociales y de género.

4.3.2. Mejorar la equidad en el acceso a los servicios sanitarios para las minorías y los grupos sociales especialmente vulnerables.

4.3.3. Mejorar la equidad en el acceso a prestaciones y servicios de carácter preventivo y de promoción de la salud.

Meta 4.4. Generar nuevo conocimiento sobre la magnitud de las desigualdades sociales, su impacto en la salud, su evolución y la efectividad de las intervenciones y políticas para reducirlas.

OBJETIVOS:

4.4.1. Integrar y mejorar los sistemas de información de las distintas administraciones públicas de Andalucía de forma que proporcionen información sobre desigualdades sociales en salud.

4.4.2. Monitorizar la evolución de las desigualdades en los determinantes sociales y de género en la salud, con informe periódico al Parlamento.

4.4.3. Promover la investigación sobre las desigualdades sociales y de género, su impacto en la salud y la relación con las diferentes políticas.

Compromiso 5: Situar el Sistema Sanitario Público de Andalucía al servicio de la ciudadanía con el liderazgo de los y las profesionales

La transparencia es un valor que facilita el avance democrático y la participación de la ciudadanía. La transparencia es un valor irrenunciable para el Sistema Sanitario

Público de Andalucía (SSPA) y establece un vínculo de unión con la ciudadanía. Además, es un elemento que aumenta la seguridad de las actuaciones sanitarias. La ciudadanía necesita una asistencia personalizada en el lugar más cercano y con el mayor respeto a su tiempo. Por lo tanto el SSPA debe incorporar formas de organización más horizontales, que cuente con la ciudadanía como parte del modelo.

La nueva organización está basada en las unidades de gestión clínica (UGC) como estructuras nodales (intercomunicadas) que permitan el desempeño en redes de conocimiento. Asimismo, el Sistema Sanitario Público de Andalucía establecerá la metodología y las herramientas que faciliten la descentralización y la autonomía de las UGC para la gestión de los recursos disponibles.

Meta 5.1. Garantizar la transparencia en las actuaciones del SSPA.

OBJETIVOS:

5.1.1. Convertir la transparencia en el eje central de la gestión de Unidades Clínicas.

5.1.2. Lograr una organización abierta a la ciudadanía, garantizando la interacción en estructura, objetivos, procedimientos y resultados.

5.1.3. Diseñar e implementar todas aquellas medidas que contribuyan a incrementar y fortalecer la reputación y eficacia digital del SSPA.

5.1.4. Las Unidades de Gestión Clínica se gestionarán contando con profesionales, de forma ecuánime y transparente, ponderando los criterios de eficiencia y de resultados en salud.

Meta 5.2. Lograr un marco social de alianzas y de valores compartidos entre ciudadanía y profesionales de la salud enmarcado por la Estrategia de Bioética de SSPA.

OBJETIVOS:

5.2.1. Implementar un marco de Participación Ciudadana en el que profesionales y ciudadanía se encuentren como protagonistas en la aplicación y desarrollo de los procesos de atención en las UGC.

5.2.2. Hacer de la satisfacción y expectativas de la ciudadanía el marco para la mejora continua de las UGC.

5.2.3. El SSPA establecerá el marco de actuación para garantizar el ejercicio de la mayor autonomía personal de la ciudadanía.

5.2.4. Definir los canales para hacer llegar a la ciudadanía información útil sobre los servicios sanitarios y sociales y establecer de manera compartida los criterios de accesibilidad.

5.2.5. Llevar a cabo las distintas actividades que garanticen la instauración del derecho civil de la ciudadanía andaluza en el marco del sistema sanitario andaluz, concretadas en acciones dentro de las unidades clínicas de gestión.

Meta 5.3. Que el SSPA se constituya como un espacio abierto y compartido, que facilite las interrelaciones de profesionales y ciudadanía.

OBJETIVOS:

5.3.1. Articular el SSPA en una red de UGC para mejorar la accesibilidad, la continuidad asistencial y la capacidad de respuesta, acercándolo a la ciudadanía.

5.3.2. Mejorar la comunicación e interrelación entre profesionales y ciudadanía.

5.3.3. Desarrollar Herramientas de Ayuda en la Toma de Decisiones (HATD) que faciliten a la ciudadanía información basada en la evidencia acerca de cuidados y tratamientos, que promuevan el uso de su derecho a la información y la posibilidad de elección entre las opciones de diagnóstico.

5.3.4. Diseñar, desarrollar y potenciar espacios de trabajo compartido entre profesionales y ciudadanía, como la Escuela de Pacientes, proyecto Al Lado y otros, con el objetivo de fomentar el autocuidado.

5.3.5. Incorporara a la ciudadanía en los comités de bioética y seguridad de los centros sanitarios, donde se interrelacionan la distintas unidades de gestión clínica en torno a objetivos comunes de mejora de la salud de la comunidad.

5.3.6. Incorporar a la ciudadanía de forma activa en la dirección de las unidades de gestión clínica, incorporando al menos dos ciudadanos o ciudadanas para la valoración de los resultados anuales de los acuerdos de gestión.

Meta 5.4. El SSPA se sustentará por el compromiso de sus profesionales con los mejores resultados en salud.

OBJETIVOS:

5.4.1. El SSPA dispondrá de los sistemas de información precisos para la gestión del conocimiento necesario para obtener los mejores resultados en salud.

5.4.2. Profesionales del SSPA se comprometen a obtener los mejores resultados en salud asumiendo una perspectiva territorial, intersectorial y participada.

5.4.3. Profesionales del SSPA se comprometen a desarrollar aquellas nuevas competencias de acordes al envejecimiento y aumento de la cronicidad de la población andaluza, de cara a obtener los resultados en salud que necesite ésta para mejora en calidad de vida.

5.4.4. Promover en las UGC una cultura de gestión por valores que garantice una adaptación de los espacios de relación de profesionales con la ciudadanía que complemente los servicios en calidad y excelencia.

5.4.5. Los valores de la organización del SSPA y sus profesionales serán compartidos y adaptados a los valores de la ciudadanía andaluza.

5.4.6. La historia de valores de cada ciudadano y ciudadana andaluza será compromiso para profesionales sanitarios y la organización en la calidad de los servicios que se le presten.

Compromiso 6: Fomentar la gestión del conocimiento e incorporación de tecnologías con criterios de sostenibilidad para mejorar la salud de la población

La generación del conocimiento y la implantación de las tecnologías son dos elementos clave para la mejora de la salud de la población. El conocimiento es un bien público y por ello debe garantizarse la incorporación de nuevos conocimientos y tecnologías que impulsen la prevención de enfermedades y la promoción y la protección de la salud fomentando la participación ciudadana. Las nuevas tecnologías, además, ofrecen la posibilidad de crear nuevos canales de participación e información para conocer exactamente las necesidades y expectativas de la ciudadanía y garantizar una respuesta adecuada. Un ejemplo de su utilidad son el diagnóstico por teleasistencia o el seguimiento de procesos con el apoyo de tecnologías a distancia. Por todo ello es importante el establecimiento de alianzas entre distintas administraciones y empresas para poner las innovaciones tecnológicas (incluida la comunicación) a disposición de la promoción y atención de la salud de la comunidad. Este compromiso se apoya en la colaboración, en la participación y en la evaluación permanente.

Meta 6.1. Conseguir un marco colaborativo entre agentes que se implican que garantice la gestión de la información, y la generación e incorporación del conocimiento y la tecnología orientada a la mejora de la salud, en un escenario de equidad y responsabilidad compartida.

OBJETIVOS:

6.1.1. Garantizar el acceso de la ciudadanía a una información veraz, actualizada, adaptada a la diversidad y suficiente sobre la salud.

6.1.2. Establecer un espacio en red para la interacción entre la ciudadanía y el sistema sanitario público andaluz, con el fin de que la información pueda ser obtenida por la ciudadanía a nivel individual, adaptada a sus propias necesidades de salud.

6.1.3. Promover la creación de un subsistema del sistema andaluz del conocimiento que, con la presencia del SSPA, las Universidades y el sector empresarial, acuerde el desarrollo de un plan de acción común para la generación y aplicación de conocimiento en base a las necesidades de nuevos bienes, servicios y procedimientos que impacten positivamente en la salud de la ciudadanía.

6.1.4. Incluir a la ciudadanía en el proceso de planificación de la I+D+i y de la toma de decisiones en la incorporación de nuevas tecnologías al SSPA y su distribución geográfica.

6.1.5. Promover la integración de la información disponible sobre la ciudadanía en las diferentes administraciones públicas de cara a la eficacia y eficiencia de los servicios de salud.

Meta 6.2. Impulsar los mecanismos que fomenten la generación e incorporación de conocimientos y tecnologías de calidad que garanticen el servicio a la ciudadanía en la mejora de su salud.

OBJETIVOS:

6.2.1. Profundizar en el desarrollo de un sistema de prospectiva tecnológica que utilice la información disponible en el ámbito profesional, empresarial y científico, e integrado con un sistema de análisis de evidencia científica y de vigilancia tecnológica.

6.2.2. Universalizar los mecanismos que garanticen que las evidencias científicas sobre eficacia y eficiencia de las tecnologías sanitarias se incorporen en la organización y funcionamiento del SSPA.

6.2.3. Potenciar la generación y transferencia del conocimiento en el espacio compartido donde se desarrolla la gestión clínica, de forma que se lleve a cabo una investigación de calidad.

6.2.4. Desarrollar aquellos mecanismos adecuados de integración entre las políticas que llevan a cabo las entidades que producen y gestionan conocimiento en el SSPA (EASP, Progreso y Salud e Iavante), con el fin de hacer más eficientes la traslación del conocimiento al ámbito de las tecnologías puestas al servicio de la salud.

6.2.5. Asegurar la implantación generalizada y obligatoria de las Guías de incorporación de Nuevas Tecnologías (GANT, GINF, GEN…) en los centros del SSPA.

6.2.6. Las Administraciones promoverán iniciativas de divulgación sobre la promoción y protección de la salud y la prevención de las enfermedades, orientando a la ciudadanía hacia los servicios adecuados, e incorporando las tecnologías de la información y la comunicación más idóneas, e instarán a las organizaciones y empresas a que actúen en el mismo sentido.

Meta 6.3. Garantizar una organización sanitaria que detecte y responda de forma flexible, equitativa y sostenible a las necesidades y expectativas de las personas apoyándose en la investigación, el desarrollo tecnológico y la innovación.

OBJETIVOS:

6.3.1. El SSPA potenciará su papel como agente clave en la generación del conocimiento, en el desarrollo tecnológico y en la innovación en el ámbito de la salud.

6.3.2. La organización sanitaria utilizará las tecnologías de la información y las comunicaciones para monitorizar las necesidades y expectativas de la población.

6.3.3. Establecer procedimientos ágiles y eficientes para la incorporación y adaptación de procesos, infraestructuras y personal cualificado derivados de la implantación de nuevas tecnologías.

6.3.4. La organización sanitaria asegurará que los nuevos desarrollos tecnológicos previamente avalados por la evidencia científica estén accesibles con criterios de sostenibilidad y equidad a toda la población.

6.3.5. Adaptar los distintos avances tecnológicos al desarrollo competencial de los colectivos de profesionales sanitarios emergentes en la organización, con el fin de acelerar la concreción de estas nuevas competencias en resultados en salud para la ciudadanía.

Meta 6.4. Orientar el uso de las nuevas tecnologías a mejorar el acceso equitativo de la ciudadanía a la información y a los servicios de salud, así como a fomentar la capacitación y la participación ciudadana para generar más salud.

OBJETIVOS:

6.4.1. El SSPA garantizará la accesibilidad completa de la ciudadanía a los servicios de salud mediante procesos telemáticos con criterios de equidad y antes del final de 2015.

6.4.2. El SSPA garantizará el acceso telemático a indicadores e información del estado y la situación de salud colectiva e individual, asegurando el respeto a la privacidad de los datos personales de acuerdo a la legislación vigente.

6.4.3. El SSPA definirá, en colaboración con la sociedad civil organizada, iniciativas de capacitación para un acceso mejor y más equitativo a las nuevas tecnologías así como para la participación telemática para generar más salud.

Fisioterapeutas *Servicio Andaluz de Salud (SAS)*

Temario común

Tema **4**

Organización Sanitaria (II)

Estructura, organización y competencias de la Consejería de Igualdad, Salud y Políticas Sociales y del Servicio Andaluz de Salud. Asistencia Sanitaria en Andalucía: La estructura, organización y funcionamiento de los servicios de Atención Primaria en Andalucía. Organización de la Atención Primaria. Ordenación de la Asistencia Especializada en Andalucía. Organización Hospitalaria. Áreas de Gestión Sanitarias. Continuidad asistencial entre niveles asistenciales

Ramón Vidal Ramírez
Licenciado en Derecho

Índice esquemático

1. **Estructura, organización y competencias de la Consejería de Igualdad, Salud y Políticas Sociales y del Servicio Andaluz de Salud**

2. **Asistencia sanitaria en Andalucía: la estructura, organización y funcionamiento de los servicios de Atención Primaria en Andalucía**

3. **Organización de la Atención Primaria**

   Anexo I. Zonas Básicas de Salud y municipios que las conforman

   Anexo II. Distritos y Zonas Básicas de Salud que los conforman

4. **Ordenación de la asistencia especializada en Andalucía. Organización hospitalaria**

5. **Áreas de Gestión sanitarias**

6. **Continuidad asistencial entre niveles asistenciales**

1. ESTRUCTURA, ORGANIZACIÓN Y COMPETENCIAS DE LA CONSEJERÍA DE IGUALDAD, SALUD Y POLÍTICAS SOCIALES Y DEL SERVICIO ANDALUZ DE SALUD

Mediante el Decreto 140/2013, de 1 de octubre, se establece la estructura orgánica, la organización y las competencias de la Consejería de Igualdad, Salud y Políticas Sociales y del Servicio Andaluz de Salud.

1.1. Competencias de la Consejería de Igualdad, Salud y Políticas Sociales

Corresponde a la Consejería de Igualdad, Salud y Políticas Sociales, además de las atribuciones asignadas en el artículo 26 de la Ley 9/2007, de 22 de octubre, de la Administración de la Junta de Andalucía (relativas a las personas titulares de las distintas consejerías), las siguientes competencias:

a) La coordinación de las políticas de igualdad de la Junta de Andalucía y la determinación y la coordinación y vertebración de las políticas de igualdad entre hombres y mujeres.

b) El desarrollo, coordinación y programación de políticas de juventud.

c) La ejecución de las directrices y los criterios generales de la política de salud, planificación y asistencia sanitaria, asignación de recursos a los diferentes programas y demarcaciones territoriales, alta dirección, inspección y evaluación de las actividades, centros y servicios sanitarios y aquellas otras competencias que le estén atribuidas por la legislación vigente.

d) La propuesta y ejecución de las directrices generales del Consejo de Gobierno sobre promoción de las políticas sociales. En particular, corresponden a la Consejería de Igualdad, Salud y Políticas Sociales las competencias en materia de planificación, coordinación, seguimiento y evaluación de los Servicios Sociales de Andalucía; el desarrollo, coordinación y proposición de iniciativas en relación con las competencias de la Comunidad Autónoma en materia de infancia y familias; el desarrollo, coordinación y promoción de las políticas activas en materia de personas mayores, así como la integración social de personas con discapacidad, el establecimiento de las directrices, impulso, control y coordinación para el desarrollo de las políticas para la promoción de la autonomía personal y atención a las personas en situación de dependencia; el desarrollo de la red de Servicios Sociales Comunitarios, el desarrollo y coordinación de las políticas activas en materia de prevención, asistencia y reinserción social de las personas en situación de drogodependencias y adicciones, la ordenación de las Entidades, Servicios y Centros de Servicios Sociales en la Comunidad Autónoma de Andalucía y la promoción y coordinación del voluntariado social en Andalucía.

e) Todas aquellas políticas de la Junta de Andalucía que en materia de igualdad, salud y políticas sociales, tengan carácter transversal.

1.2. Organización general de la Consejería

De acuerdo con lo previsto en los artículos 24 y 25 de la Ley 9/2007, de 22 de octubre (relativos a la estructura interna y ordenación jerárquica de las distintas consejerías), la Consejería de Igualdad, Salud y Políticas Sociales, bajo la superior dirección de su titular, se estructura para el ejercicio de sus competencias en los siguientes órganos directivos centrales:

a) Viceconsejería.

b) Secretaría General de Calidad, Innovación y Salud Pública.

c) Secretaría General de Políticas Sociales.

d) Secretaría General de Planificación y Evaluación Económica.

e) Secretaría General Técnica.

f) Dirección General de Calidad, Investigación, Desarrollo e Innovación.

g) Dirección General de Servicios Sociales y Atención a las Drogodependencias.

h) Dirección General de Personas Mayores, Infancia y Familias.

i) Dirección General de Personas con Discapacidad.

j) Dirección General de Planificación y Ordenación Farmacéutica.

A la persona titular de la Consejería de Igualdad, Salud y Políticas Sociales se adscriben, con la estructura, competencias y funciones que le están atribuidas por la legislación vigente, las siguientes agencias administrativas:

a) El Instituto Andaluz de la Mujer.

b) El Instituto Andaluz de la Juventud, del que depende la Empresa Pública Andaluza de Instalaciones y Turismo Juvenil, S.A. (INTURJOVEN).

De la Viceconsejería de Igualdad, Salud y Políticas Sociales dependerán orgánicamente la Secretaría General de Calidad, Innovación y Salud Pública, la Secretaría General de Políticas Sociales, la Secretaría General de Planificación y Evaluación Económica y la Secretaría General Técnica. Asimismo, estarán adscritas funcionalmente a la citada Viceconsejería las siguientes entidades instrumentales:

a) El Servicio Andaluz de Salud, al que se le adscriben funcionalmente, la Empresa Pública de Emergencias Sanitarias y la Agencia Pública Empresarial Sanitaria Costa del Sol, a la que están adscritas la Agencia Pública Empresarial Sanitaria Hospital de Poniente de Almería, la Agencia Pública Empresarial Sanitaria Hospital Alto Guadalquivir y la Agencia Pública Empresarial Sanitaria Bajo Guadalquivir, sin perjuicio de su dependencia orgánica de la Consejería de Igualdad, Salud y Políticas Sociales. El Servicio Andaluz de Salud cuenta con los siguientes órganos o centros directivos:

1. Dirección Gerencia, con rango de Viceconsejería.

2. Dirección General de Asistencia Sanitaria y Resultados en Salud.

3. Dirección General de Profesionales.

4. Dirección General de Gestión Económica y Servicios.

b) La Agencia de Servicios Sociales y Dependencia de Andalucía.

c) La Escuela Andaluza de Salud Pública, S.A.

Se adscribe a la Dirección General de Calidad, Investigación, Desarrollo e Innovación, la Agencia de Evaluación de Tecnologías Sanitarias de Andalucía.

La persona titular de la Consejería estará asistida por un Gabinete cuya composición será la establecida en su normativa específica.

A nivel provincial, la Consejería seguirá gestionando sus competencias a través de los servicios periféricos correspondientes, con la estructura territorial que se determine.

1.3. Régimen de suplencias

La persona titular de la Consejería en los asuntos propios de ésta será suplida por la persona titular de la Viceconsejería, sin perjuicio de las facultades de la persona titular de la Presidencia de la Junta de Andalucía a que se refiere en su artículo 23 la Ley 6/2006, de 24 de octubre, del Gobierno de la Comunidad Autónoma de Andalucía.

En caso de vacante, ausencia o enfermedad de las personas titulares de los órganos o centros directivos de la Consejería de Igualdad, Salud y Políticas Sociales, del Instituto Andaluz de la Mujer, del Instituto Andaluz de la Juventud, del Servicio Andaluz de Salud y de la Agencia de Servicios Sociales y Dependencia de Andalucía que, a continuación, se relacionan, se sustituirán temporalmente de la siguiente forma:

a) Las personas titulares de la Viceconsejería, de la Dirección del Instituto Andaluz de la Mujer y de la Dirección del Instituto Andaluz de la Juventud, por la que designe la persona titular de la Consejería.

b) Las personas titulares de la Secretaría General de Calidad, Innovación y Salud Pública, de la Secretaría General de Políticas Sociales, de la Secretaría General de Planificación y Evaluación Económica, de la Secretaría General Técnica, de la Dirección Gerencia del Servicio Andaluz de Salud, de la Dirección Gerencia de la Agencia de Servicios Sociales y Dependencia de Andalucía, por la que designe la persona titular de la Viceconsejería.

c) Las personas titulares de las Direcciones Generales de la Consejería de Igualdad, Salud y Políticas Sociales, por la que designe la persona titular de la Secretaría General de Calidad, Innovación y Salud Pública, de la Secretaría General de Políticas Sociales o de la Secretaría General de Planificación y Evaluación Económica, según dependencia.

d) Las personas titulares de las Direcciones Generales del Servicio Andaluz de Salud, por la que designe la persona titular de la Dirección Gerencia.

1.4. Ejercicio de competencias en materia de igualdad por el Instituto Andaluz de la Mujer

El Instituto Andaluz de la Mujer ejercerá las competencias en materia de igualdad que se detallan a continuación, sin perjuicio de las competencias atribuidas a otras Consejerías:

a) La coordinación y asesoramiento a las Unidades de Igualdad de Género de las distintas Consejerías.

b) La coordinación y establecimiento de las directrices para la elaboración del Plan Estratégico para la igualdad entre mujeres y hombres en Andalucía.

c) La coordinación en la elaboración del informe periódico relativo a la efectividad del principio de igualdad entre mujeres y hombres en el ámbito competencial de la Administración de la Junta de Andalucía.

d) La determinación, vertebración, y evaluación de todas las actuaciones en materia de igualdad y violencia de género competencia de la Comunidad Autónoma de Andalucía.

e) La coordinación y el establecimiento de las directrices fundamentales para la elaboración y coordinación del Plan Integral de Sensibilización y Prevención contra la Violencia de Género.

f) La dirección y administración del servicio integral de atención y acogida a víctimas de violencia de género y menores a su cargo en la Comunidad Autónoma de Andalucía.

g) La coordinación para la elaboración del informe anual sobre actuaciones en la lucha contra la violencia de género para su presentación al Parlamento.

h) El Observatorio Andaluz de la Violencia de Género.

i) La Comisión Institucional de Andalucía de Coordinación y Seguimiento de acciones para la erradicación de la violencia de género.

1.5. Ejercicio de competencias en materia de juventud por el Instituto Andaluz de la Juventud

El Instituto Andaluz de la Juventud ejercerá las competencias en materia de juventud que se detallan a continuación:

a) La planificación, programación, organización, seguimiento y evaluación de las actuaciones en materia de juventud, impulsadas por la Administración de la Junta de Andalucía, así como la colaboración con otras Administraciones Públicas y Entidades en el ámbito territorial de nuestra Comunidad Autónoma.

b) Fomento de la participación, promoción, información y formación en materia de juventud.

c) Fomento, programación y desarrollo de la Animación Sociocultural en Andalucía, así como la incentivación de la investigación en materia de juventud.

d) La ordenación, planificación, coordinación y gestión de las materias relativas a las Oficinas de Intercambio y Turismo de Jóvenes y Estudiantes, de los Espacios de Juventud y de las Instalaciones Juveniles, a través de la Empresa Pública Andaluza de Gestión de Instalaciones y Turismo Juvenil (Inturjoven, S.A.).

e) Seguimiento de la normativa vigente y de su aplicación en materia de juventud.

1.6. Viceconsejería

La persona titular de la Viceconsejería ejerce la jefatura superior de la Consejería después de su titular, asumiendo la representación ordinaria y la delegación general de la misma, ostentando la jefatura superior de todo el personal de la Consejería. Igualmente, asumirá el resto de las funciones que le atribuye el artículo 27 de la Ley 9/2007, de 22 de octubre, relativas a los titulares de las distintas Consejerías, y aquellas específicas que, con carácter expreso, le delegue la persona titular de la Consejería.

Corresponden a la Viceconsejería, sin perjuicio de su ejecución por parte de las Secretarías Generales y Direcciones Generales competentes, las siguientes funciones:

a) La definición e impulso de las políticas intersectoriales de la Consejería de Igualdad, Salud y Políticas Sociales.

b) La planificación y evaluación de las políticas de calidad en los organismos y entidades dependientes de la Consejería de Igualdad, Salud y Políticas Sociales, así como la definición y seguimiento de los instrumentos que desarrollen las citadas políticas de calidad.

c) La definición de las políticas de autorización, acreditación y certificación de calidad en el ámbito de la Consejería de Igualdad, Salud y Políticas Sociales.

d) El análisis de las necesidades y planificación estratégica de las políticas de formación, desarrollo profesional y acreditación de profesionales en el Sistema Sanitario Público de Andalucía, en el Sistema Público de Servicios Sociales de Andalucía, en el Sistema para la Autonomía y Atención a la Dependencia en Andalucía y en centros concertados, de acuerdo con la información obtenida a través de los diferentes proveedores de servicios.

e) La orientación, tutela y control técnico de la Escuela Andaluza de Salud Pública.

f) El impulso, desarrollo y coordinación de las políticas de modernización e innovación en el ámbito de la Consejería.

g) El impulso, desarrollo y coordinación de la política de investigación y desarrollo de la Consejería de Igualdad, Salud y Políticas Sociales.

h) El impulso y coordinación de las políticas de acción exterior y de relación con la Unión Europea en el ámbito sanitario, así como las de cooperación internacional para el desarrollo y la relación con las organizaciones no gubernamentales, dentro del marco de las competencias propias de la Consejería de Igualdad, Salud y Políticas Sociales, en coordinación con la Consejería competente en materia de acción exterior.

Asimismo, le corresponde la alta dirección, impulso y coordinación de las actuaciones de los distintos órganos directivos de la Consejería, del Servicio Andaluz de Salud y de la Agencia de Servicios Sociales y Dependencia de Andalucía.

En especial, asume la dirección y coordinación de la Secretaría General de Calidad, Innovación y Salud Pública, de la Secretaría General de Políticas Sociales, de la Secretaría General de Planificación y Evaluación Económica y de la Secretaría General Técnica.

Igualmente velará por el cumplimiento de las decisiones adoptadas por la persona titular de la Consejería y llevará a cabo el seguimiento de la ejecución de los programas de la Consejería y la comunicación con las demás Consejerías, Organismos y Entidades que tengan relación con la misma.

Queda adscrita a la Viceconsejería, en régimen de dependencia orgánica, la Intervención Delegada de la Junta de Andalucía.

1.7. Secretaría General de Calidad, Innovación y Salud Pública

A la persona titular de la Secretaría General de Calidad, Innovación y Salud Pública le corresponden las funciones previstas en el artículo 28 de la Ley 9/2007, de 22 de octubre, relativas a las distintas Secretarías Generales, todas las funciones relacionadas con las políticas de calidad, innovación y salud pública, el desarrollo de las estrategias de continuidad, coordinación e integralidad de estas áreas y, de manera específica, las siguientes funciones:

a) La planificación y evaluación de las políticas de salud pública, así como la definición y seguimiento de los instrumentos que desarrollen las citadas políticas.

b) El diseño y la coordinación del Plan Andaluz de Salud, así como la evaluación del mismo, los planes integrales y planes sectoriales.

c) La definición, tutela y seguimiento de los Contratos-Programa y de los planes de actuación elaborados por la Consejería de Igualdad, Salud y Políticas Sociales en el ámbito de sus competencias.

d) El desarrollo del modelo integrado de salud pública previsto en la Ley 16/2011, de 23 de diciembre, de Salud Pública de Andalucía.

e) La coordinación y explotación de los sistemas de información de vigilancia en salud.

f) La evaluación del impacto en salud de acuerdo con lo previsto en los artículos 55 a 59 de la Ley 16/2011, de 23 de diciembre.

g) El análisis y vigilancia de la situación de salud de la comunidad y la relación entre factores de riesgo.

h) El control de las enfermedades y riesgos para la salud en situaciones de emergencia sanitaria, la organización de la respuesta ante situaciones de alertas y crisis sanitarias, así como la gestión de la Red de Alerta de Andalucía y su coordinación con otras redes nacionales o de Comunidades Autónomas.

i) La definición, programación, dirección y coordinación de las competencias que corresponden a la Consejería en materia de promoción, prevención, vigilancia, protección de la salud y salud laboral.

j) El control sanitario, la evaluación del riesgo, la comunicación del mismo y la intervención pública en seguridad alimentaría, salud medioambiental y otros factores que afecten a la salud pública.

k) Las autorizaciones administrativas sanitarias en las materias que afecten al ámbito competencial de la Secretaría General.

l) La definición e impulso de las políticas de acción local y comunitaria en salud, así como la promoción de la participación activa de la ciudadanía en las políticas de salud.

m) El impulso de programas participados dirigidos a mejorar la equidad en salud.

n) La ordenación, inspección y sanción en materia de infracciones sanitarias, en su ámbito de actuación y dentro de las competencias asignadas a la Secretaría General.

o) La planificación, programación, dirección y coordinación de las competencias que corresponden a la Consejería de Igualdad, Salud y Políticas Sociales en materia de atención socio-sanitaria y participación ciudadana.

p) El desarrollo de los programas de Farmacovigilancia, así como la coordinación de los convenios que se suscriban a tal fin.

q) Y en general, todas aquellas que le atribuya la normativa vigente y las que expresamente le sean delegadas.

De la Secretaría General de Calidad, Innovación y Salud Pública depende directamente la Dirección General de Calidad, Investigación, Desarrollo e Innovación.

1.8. Secretaría General de Políticas Sociales

A la persona titular de la Secretaría General de Políticas Sociales le corresponden las funciones previstas en el artículo 28 de la Ley 9/2007, de 22 de octubre, relativas a las distintas Secretarías Generales, todas las funciones relacionadas con las políticas en materia de servicios sociales y atención a las drogodependencias, personas mayores, infancia y familias, así como las relacionadas con las personas con discapacidad y, en particular, las siguientes:

a) La planificación y evaluación de las políticas de atención a la dependencia y promoción de la autonomía personal, así como la definición y seguimiento de los instrumentos que desarrollen las citadas políticas.

b) La planificación de los recursos destinados a la prestación de servicios sociales y atención a las drogodependencias, la coordinación general de los recursos destinados al ejercicio de las competencias en materia de personas mayores, infancia y familias, así como la coordinación general de los recursos destinados al desarrollo de funciones en materia de atención a personas con discapacidad.

c) La coordinación y planificación de los Servicios Sociales Comunitarios, así como la coordinación de las actuaciones que en materia de atención a las Drogodependencias se lleven a cabo en Andalucía.

d) La definición de las políticas de envejecimiento activo y de atención a las personas con discapacidad.

e) La planificación de acciones generales en las zonas con necesidades de transformación social, así como la elaboración y definición de políticas de inclusión social y del Programa de Solidaridad de Andalucía.

f) La definición e impulso de las políticas de acción local y comunitaria en materia de políticas sociales, así como la promoción de la participación activa de la ciudadanía en dichas políticas.

g) El diseño y coordinación de los programas específicos para las personas mayores, infancia y familias, así como la definición de las ayudas que se otorgan en estas materias.

h) El impulso de las políticas de promoción y protección de los inmigrantes, sin perjuicio de lo atribuido a la Consejería de Justicia e Interior, así como de emigrantes retornados y trabajadores andaluces temporales.

i) Las autorizaciones administrativas en las materias que afecten al ámbito competencial de la Secretaría General.

j) La ordenación, inspección y sanción en materia de infracciones, en su ámbito de actuación y dentro de las competencias asignadas a la Secretaría General.

k) El impulso de las políticas de promoción de la igualdad y de todas aquellas políticas que favorezcan la conciliación de la vida personal, familiar y laboral en el ámbito de la Consejería de Igualdad, Salud y Políticas Sociales.

l) La definición, tutela y seguimiento de los Contratos-Programa y de los planes de actuación elaborados por la Consejería de Igualdad, Salud y Políticas Sociales en el ámbito de sus competencias.

m) Y en general, todas aquellas que le atribuya la normativa vigente y las que expresamente le sean delegadas.

De la Secretaría General de Políticas Sociales dependen directamente los órganos o centros directivos siguientes:

a) La Dirección General de Servicios Sociales y Atención a las Drogodependencias.

b) La Dirección General de Personas Mayores, Infancia y Familias.

c) La Dirección General de Personas con Discapacidad.

1.9. Secretaría General de Planificación y Evaluación Económica

A la persona titular de la Secretaría General de Planificación y Evaluación Económica le corresponden las funciones previstas en el artículo 28 de la Ley 9/2007, de 22 de octubre, relativas a las distintas Secretarías Generales, todas las funciones relacionadas con la planificación y sostenibilidad, la evaluación económica y control de los parámetros de eficiencia integral en los servicios y entidades adscritos a la Consejería de Igualdad, Salud y Políticas Sociales y, en particular, las siguientes:

a) La planificación económica de los servicios y prestaciones de las entidades públicas y los organismos adscritos a la Consejería.

b) El diseño e impulso al desarrollo de estrategias de sostenibilidad y sinergias en los recursos destinados al ejercicio de las competencias de la Consejería.

c) La evaluación y control de la gestión económica y financiera del Sistema Sanitario Público de Andalucía, del Sistema Público de Servicios Sociales de Andalucía y del Sistema para la Autonomía y Atención a la Dependencia en Andalucía.

d) El seguimiento y control de los parámetros de eficiencia integral del Sistema Sanitario Público de Andalucía, del Sistema Público de Servicios Sociales de Andalucía y del Sistema para la Autonomía y Atención a la Dependencia en Andalucía.

e) El desarrollo de las funciones que en materia de financiación correspondan a la Consejería.

f) La propuesta de los criterios para la elaboración del anteproyecto del presupuesto de la Consejería.

g) La definición de la política de los derechos de contenido económico de los Sistemas Públicos Sanitario y de Servicios Sociales de Andalucía.

h) La definición y coordinación de los instrumentos que reconocen y garantizan el derecho a la atención sanitaria y a las políticas sociales en la Comunidad Autónoma de Andalucía.

i) La evaluación y control de calidad de las prestaciones farmacéuticas y complementarias comprendidas en la asistencia sanitaria dispensada en la Comunidad Autónoma.

j) La definición, tutela y seguimiento de los Contratos-Programa y de los planes de actuación, en su perspectiva económica, elaborados por la Consejería.

k) La coordinación específica y el control de los sistemas de información económicos.

l) Y en general, todas aquellas que le atribuya la normativa vigente y las que expresamente le sean delegadas.

Corresponderán igualmente a la persona titular de la Secretaría General de Planificación y Evaluación Económica, las competencias relativas a la gestión de las prestaciones económicas de carácter periódico que en materia de servicios sociales hayan sido traspasadas a la Comunidad Autónoma por la Administración del Estado, así como las que, con esta naturaleza, sean establecidas por la Comunidad Autónoma, sin perjuicio de aquellas que sean atribuidas a otros órganos directivos.

De la Secretaría General de Planificación y Evaluación Económica depende directamente la Dirección General de Planificación y Ordenación Farmacéutica.

1.10. Secretaría General Técnica

A la persona titular de la Secretaría General Técnica le corresponden las atribuciones previstas en el artículo 29 de la Ley 9/2007, de 22 de octubre, relativas a las distintas Secretarías Generales Técnicas y, en particular, las siguientes:

a) La administración general de la Consejería.

b) La organización y racionalización de las unidades y servicios de la Consejería.

c) La elaboración del anteproyecto del presupuesto de la Consejería.

d) La gestión económica y presupuestaria, coordinando, a estos efectos, a los distintos organismos dependientes de la Consejería, así como la gestión de la contratación administrativa.

e) El control y seguimiento de las obras, equipamientos e instalaciones sanitarias y de servicios sociales.

f) La asistencia jurídica, técnica y administrativa a los órganos de la Consejería.

g) La gestión de personal, sin perjuicio de las facultades de jefatura superior de personal que ostenta la persona titular de la Viceconsejería.

h) La elaboración, tramitación e informe de las disposiciones generales de la Consejería y la coordinación legislativa con otros departamentos y Administraciones Públicas.

i) El tratamiento informático de la gestión de la Consejería, así como el impulso y desarrollo de la Administración Electrónica, en el marco de las competencias que corresponden en este ámbito a la Consejería de Hacienda y Administración Pública.

j) El desarrollo, mantenimiento y explotación de herramientas de seguimiento y evaluación económica en el ámbito de las competencias de la Consejería.

k) Las funciones generales de administración, registro y archivo central.

l) Y en general, todas aquellas que le atribuya la normativa vigente y las que expresamente le sean delegadas.

Corresponde a la persona titular de la Secretaría General Técnica, la dirección y coordinación de la Inspección de Servicios Sanitarios, así como de la Inspección de Servicios Sociales de la Junta de Andalucía.

1.11. Dirección General de Calidad, Investigación, Desarrollo e Innovación

A la persona titular de la Dirección General de Calidad, Investigación, Desarrollo e Innovación le corresponden las atribuciones previstas en el artículo 30 de la Ley 9/2007, de 22 de octubre, relativas a las distintas Direcciones Generales y, en especial, las siguientes funciones:

a) El impulso, desarrollo y coordinación de las políticas de mejora de la calidad, innovación y gestión del conocimiento en el ámbito de la Consejería.

b) El diseño y coordinación de una estrategia de excelencia en materia de investigación, desarrollo e innovación en salud y en las áreas de conocimiento relacionadas con las políticas sociales.

c) La definición de las líneas prioritarias de investigación, desarrollo e innovación en el ámbito de actuación de la Consejería, la aplicación y la promoción de la transferencia de tecnología en este sector.

d) La elaboración y fomento de políticas de innovación organizativa, asistencial y tecnológica en el ámbito de la Consejería, así como la promoción de proyectos de innovación tecnológica en colaboración con los sectores académicos e industriales.

e) El desarrollo e integración coherente y dinámica de las estrategias de gestión del conocimiento, gestión de las competencias profesionales, gestión por procesos y acreditación de la calidad para los equipos profesionales del Sistema Sanitario Público de Andalucía en el marco del modelo organizativo de la gestión clínica, así como la evaluación, seguimiento, actualización y mejora continua de las herramientas organizativas orientadas a estos fines.

f) El impulso y coordinación de las actuaciones dirigidas al desarrollo profesional continuo de los profesionales del Sistema Sanitario Público de Andalucía, del Sistema Público de Servicios Sociales de Andalucía y del Sistema para la Autonomía y Atención a la Dependencia en Andalucía, que permitan alcanzar niveles de excelencia en la práctica profesional individual y colectiva, el máximo desarrollo personal y, especialmente, el impulso de las estrategias de formación integral.

g) La autorización de los proyectos de investigación biomédica que comporten algún procedimiento invasivo en el ser humano.

h) La acreditación de la calidad en todas sus vertientes, así como el desarrollo, actualización y mejora de los programas de acreditación y el seguimiento de su aplicación, impacto y resultados, sin perjuicio de lo dispuesto en el artículo 9.1.1.1 d) de los Estatutos de la Agencia de Servicios Sociales y Dependencia, aprobados por el Decreto 101/2011, de 19 de abril.

i) La promoción de políticas destinadas a incrementar la seguridad del paciente y a reducir los riesgos de la atención sanitaria.

j) El seguimiento, evaluación y control de los Contratos-Programa elaborados en el ámbito de sus competencias.

k) La autorización y registro de centros, servicios y establecimientos sanitarios, así como el ejercicio de la potestad sancionadora por incumplimiento de la normativa vigente en materia de centros que le corresponden a la Dirección General en el ámbito de sus competencias.

l) El mantenimiento y explotación del registro público de profesionales sanitarios de Andalucía, así como la determinación de los procedimientos de consulta del mismo.

m) El estudio de la demografía de los profesionales sanitarios de acuerdo con las necesidades de la sociedad y del Sistema Sanitario Público de Andalucía y la planificación de las medidas de adaptación a las mismas, dentro de su ámbito de competencias y en colaboración con el resto de instituciones implicadas.

n) La planificación y coordinación de la formación de especialistas en ciencias de la salud en el Sistema Sanitario Público de Andalucía, el impulso de estrategias de mejora de la calidad e innovación de la metodología docente y el seguimiento de su implantación en el marco de las estrategias de calidad de la Consejería.

o) En el ámbito de las competencias de la Consejería, la coordinación con las Universidades de Andalucía en materia de formación de grado y otras titulaciones y el seguimiento de los diferentes convenios suscritos entre la Junta de Andalucía y las Universidades, así como la coordinación con otras instituciones académicas y docentes con responsabilidad en la formación de las profesiones del área sanitaria o de las profesiones relacionadas con los ámbitos de salud y políticas sociales.

p) La definición y coordinación de instrumentos de transparencia ante la ciudadanía, así como el análisis y la evaluación de las aportaciones recogidas a través de los diferentes canales de participación social y fuentes de información de la ciudadanía en los Sistemas Públicos de Salud y Servicios Sociales y Atención a la Dependencia de Andalucía.

q) La habilitación para el ejercicio profesional, la certificación y el reconocimiento de las cualificaciones profesionales obtenidas en los Estados miembros de la Unión Europea que, en razón de la materia, correspondan a la Consejería competente en materia de salud.

r) La planificación estratégica y seguimiento de la Agencia de Evaluación de Tecnologías Sanitarias.

s) Y en general, todas aquellas que le atribuya la normativa vigente y las que expresamente le sean delegadas.

1.12. Dirección General de Servicios Sociales y Atención a las Drogodependencias

A la persona titular de la Dirección General de Servicios Sociales y Atención a las Drogodependencias le corresponden, además de las atribuciones previstas en el artículo 30 de la Ley 9/2007, de 22 de octubre, relativas a las distintas Direcciones Generales, las siguientes funciones:

a) El desarrollo y seguimiento de los Servicios Sociales Comunitarios.

b) El impulso y desarrollo de las políticas para la inclusión social en Andalucía, así como la coordinación de las medidas relativas al Programa de Solidaridad para la erradicación de la marginación y desigualdad en Andalucía y la ejecución de aquéllas cuya competencia no corresponda a otras Consejerías.

c) La coordinación y ejecución de las intervenciones en Zonas con Necesidades de Transformación Social.

d) El seguimiento y coordinación de los Fondos y Programas de Acción Social Comunitaria establecidos por la Unión Europea.

e) La gestión de las actuaciones relativas a las políticas sociales correspondientes a la Comunidad Gitana de Andalucía, dentro del ámbito competencial de la Consejería.

f) La asistencia tanto a los emigrantes retornados como a los trabajadores andaluces y a sus familias desplazadas para realizar trabajos de temporada.

g) La promoción e integración social de los inmigrantes residentes y empadronados en municipios del territorio andaluz, sin perjuicio de lo atribuido a la Consejería de Justicia e Interior.

h) La elaboración y dirección del Plan Andaluz sobre Drogas y Adicciones.

i) La coordinación técnica de las actuaciones de las distintas instituciones implicadas y el desarrollo de programas específicos de prevención, asistencia y reinserción social en el ámbito de las drogodependencias y adicciones.

j) La autorización de centros de atención a drogodependientes, así como el ejercicio de la potestad sancionadora por incumplimiento de la normativa vigente en la materia que le corresponda a la Dirección General en el ámbito de sus competencias.

k) El fomento del asociacionismo de familiares y afectados por las drogodependencias y otras adicciones.

l) Y en general, todas aquellas que le atribuya la normativa vigente y las que expresamente le sean delegadas.

1.13. Dirección General de Personas Mayores, Infancia y Familias

A la persona titular de la Dirección General de Personas Mayores, Infancia y Familias le corresponden, además de las atribuciones previstas en el artículo 30 de la Ley 9/2007, de 22 de octubre, relativas a las distintas Direcciones Generales, las siguientes funciones:

a) El desarrollo, coordinación y promoción de las políticas de envejecimiento activo.

b) Las relativas a la ordenación, gestión y coordinación de los Centros y Servicios de atención y protección a personas mayores.

c) La gestión y control de las ayudas económicas que se otorguen en estas materias.

d) La gestión y la evaluación de los servicios y programas específicos dirigidos a las personas mayores.

e) Las funciones que la normativa atribuye en materia de autorizaciones y acreditaciones de centros de atención a personas mayores, así como el ejercicio de la potestad sancionadora por incumplimiento de la normativa vigente en la materia que le corresponda a la Dirección General en el ámbito de sus competencias.

f) Las relativas al ejercicio de las competencias que tiene atribuidas la Junta de Andalucía en materia de adopción, acogimiento familiar y otras formas de protección a la infancia.

g) La ordenación, gestión y coordinación de los recursos destinados a la infancia y las familias.

h) La promoción y coordinación de la mediación familiar.

i) La gestión del registro de Parejas de Hecho.

j) El diseño, realización y evaluación de los programas específicos en estos ámbitos.

k) El reconocimiento, expedición y renovación del titulo de familia numerosa.

l) Y en general, todas aquellas que le atribuya la normativa vigente y las que expresamente le sean delegadas.

1.14. Dirección General de Personas con Discapacidad

A la persona titular de la Dirección General de Personas con Discapacidad le corresponden, además de las atribuciones previstas en el artículo 30 de la Ley 9/2007, de 22 de octubre, relativas a las distintas Direcciones Generales, las siguientes funciones:

a) El diseño, la realización y la evaluación de los servicios y programas específicos dirigidos a las personas con discapacidad.

b) El desarrollo de planes dirigidos a la promoción de la autonomía personal de las personas con discapacidad.

c) El desarrollo de actuaciones encaminadas a la valoración, orientación e integración de las personas con discapacidad.

d) La gestión y control de las ayudas económicas que se otorguen en esta materia.

e) El impulso y seguimiento de la accesibilidad urbanística, arquitectónica, en el transporte y en la comunicación.

f) Las funciones que atribuye la normativa en materia de autorizaciones y acreditaciones de Centros de atención a personas con discapacidad, así como el ejercicio de la potestad sancionadora por incumplimiento de la normativa vigente en la materia que le corresponda a la Dirección General en el ámbito de sus competencias.

g) El impulso a la transversalidad de las políticas sectoriales dirigidas a las personas con discapacidad y su coordinación intersectorial, así como el apoyo al movimiento asociativo que representa a las personas con discapacidad y sus familias.

h) Y en general, todas aquellas que le atribuya la normativa vigente y las que expresamente le sean delegadas.

1.15. Dirección General de Planificación y Ordenación Farmacéutica

A la persona titular de la Dirección General de Planificación y Ordenación Farmacéutica le corresponden las atribuciones previstas en el artículo 30 de la Ley 9/2007, de 22 de octubre, relativas a las distintas Direcciones Generales y, en especial, las siguientes:

a) El seguimiento y control de los instrumentos que reconocen y garantizan el derecho a la atención sanitaria y a las políticas sociales en la Comunidad Autónoma de Andalucía.

b) La gestión de los derechos de contenido económico de los Sistemas Públicos Sanitario y de Servicios Sociales de Andalucía.

c) La coordinación de la política de conciertos con entidades públicas y privadas para la prestación de servicios sanitarios, así como la gestión de los conciertos que se determinen por la Consejería.

d) La ordenación farmacéutica en el ámbito de la Comunidad Autónoma, así como la planificación y la autorización de establecimientos farmacéuticos y la potestad sancionadora por incumplimiento de la normativa vigente en materia de farmacia que le corresponda a la Dirección General en el ámbito de sus competencias.

e) Las competencias que corresponden a la Comunidad Autónoma de Andalucía en materia de productos sanitarios.

f) El control, en el ámbito de las competencias de la Comunidad Autónoma de Andalucía, de la publicidad y propaganda comercial de los medicamentos de uso humano y productos sanitarios.

g) La definición y dirección de las políticas de sistemas y tecnologías de la información y del conocimiento en el ámbito de actuaciones de la Consejería de Igualdad, Salud y Políticas Sociales y en el marco de la coordinación en materia de tecnologías de la información y comunicación de la Junta de Andalucía.

h) La coordinación específica y el control de los sistemas de información, registros y estadísticas oficiales de la Consejería.

i) Y en general, todas aquellas que le atribuya la normativa vigente y las que expresamente le sean delegadas.

1.16. El Servicio Andaluz de Salud en la Ley 2/1998, de 15 de junio, de Salud de Andalucía

El Capítulo VI del Título VII de la Ley 2/1998, de 15 de junio, de Salud de Andalucía, establece la organización y funciones del Servicio andaluz de Salud.

El Servicio Andaluz de Salud es un organismo autónomo de carácter administrativo de la Junta de Andalucía adscrito a la Consejería de Salud (conforme establece la disposición final primera de la Ley 9/2007, de 22 octubre, de la Administración de la Junta de Andalucía, todas las referencias a los «organismos» u «organismos autónomos» se entenderán hechas a las «agencias administrativas». Asimismo, la referencia a la Consejería de Salud debe entenderse hecha a la Consejería de Igualdad, Salud y Políticas Sociales.

El Servicio Andaluz de Salud se regirá por la Ley 2/1998, de 15 de junio, de Salud de Andalucía, y demás disposiciones que la desarrollen, por la Ley 5/1983, de 19 de julio, de la Hacienda Pública de Andalucía (hoy derogada), y por las demás disposiciones que le resulten de aplicación.

El Servicio Andaluz de Salud, bajo la supervisión y control de la Consejería de Salud (hoy Consejería de Igualdad, Salud y Políticas Sociales), desarrollará las siguientes funciones:

a) Gestión y administración de los centros y de los servicios sanitarios adscritos al mismo, y que operen bajo su dependencia orgánica y funcional.

b) Prestación de asistencia sanitaria en sus centros y servicios sanitarios.

c) Gestión de los recursos humanos, materiales y financieros que le estén asignados para el desarrollo de las funciones que le están encomendadas.

d) Aquéllas que se le atribuyan reglamentariamente.

El Servicio Andaluz de Salud, previo informe y deliberación del Consejo de Administración, podrá elevar a la Consejería de Salud (Igualdad, Salud y Políticas Sociales), para su aprobación por los órganos competentes, propuestas para la constitución de consorcios de naturaleza pública u otras fórmulas de gestión integrada o compartida con entidades de naturaleza o titularidad pública o privada sin ánimo de lucro, con intereses comunes o concurrentes, que podrán dotarse de organismos instrumentales, así como la propuesta de creación o participación en cualesquiera otras entidades de naturaleza o titularidad pública admitidas en derecho, cuando así convenga a la gestión y ejecución de los centros y servicios adscritos al mismo.

El Servicio Andaluz de Salud contará con los siguientes órganos superiores de dirección y gestión:

1. Consejo de Administración.
2. Dirección Gerencia.
3. Las direcciones generales que se establezcan.

El Consejo de Administración, máximo órgano del Servicio Andaluz de Salud, estará integrado, en la forma que reglamentariamente se determine, por los siguientes miembros:

a) El Consejero de Salud, que lo preside.

b) Los representantes de la Administración de la Comunidad Autónoma.

c) Los representantes de las Corporaciones locales.

d) Los representantes de las organizaciones sindicales y empresariales más representativas a nivel de Andalucía.

e) Los representantes de las organizaciones de consumidores y usuarios más representativas a nivel de Andalucía.

En caso de vacante, ausencia o enfermedad de su titular, corresponderá al Viceconsejero de Salud asumir la presidencia del Consejo de Administración.

Son atribuciones del Consejo de Administración:

a) Definir los criterios de actuación del Servicio Andaluz de Salud, de acuerdo con las directrices de la Consejería de Salud (Consejería de Igualdad, Salud y Políticas Sociales), así como la adopción de las medidas necesarias para la mejor prestación de los servicios gestionados por el organismo.

b) Elevar a la Consejería de Salud (Consejería de Igualdad, Salud y Políticas Sociales) el anteproyecto del estado de gastos e ingresos anual del organismo autónomo.

c) Aprobar la Memoria anual de la gestión del Servicio Andaluz de Salud.

d) Cuantas otras se deriven de la normativa vigente.

El Consejo funcionará siempre en pleno, y se reunirá con la periodicidad que reglamentariamente se establezca, y siempre que lo convoque su Presidente.

La deliberación y su régimen de acuerdos se ajustará a lo previsto en las disposiciones vigentes sobre funcionamiento de órganos colegiados.

Corresponde al Director gerente del Servicio Andaluz de Salud la representación legal del mismo, así como la resolución de los procedimientos de revisión de oficio de actos nulos y anulables y la declaración de lesividad de los actos dictados por el organismo autónomo, además de la resolución de los procedimientos de responsabilidad patrimonial del mismo y cuantas otras funciones tenga reglamentariamente atribuidas.

El Director gerente del Servicio Andaluz de Salud será nombrado y separado libremente de su cargo por el Consejo de Gobierno de la Junta de Andalucía, a propuesta del Consejero de Salud.

El asesoramiento jurídico, así como la representación y defensa en juicio del Servicio Andaluz de Salud, corresponderá a los Letrados del mismo, en los términos previstos en el artículo 447 de la Ley Orgánica 6/1985, de 1 de julio, del Poder Judicial.

Corresponde al Jefe del Gabinete Jurídico de la Junta de Andalucía la coordinación de la Asesoría Jurídica del Servicio Andaluz de Salud con el resto de los servicios jurídicos de la Administración autonómica.

Al Servicio Andaluz de Salud se le asignarán, con arreglo a la normativa de aplicación, los medios personales y materiales precisos para el cumplimiento de los fines que la presente Ley le atribuye.

El Servicio Andaluz de Salud se financiará con cargo a los recursos, aportaciones, rendimientos, subvenciones e ingresos ordinarios, a los que se refiere el artículo 80 de la Ley 2/1998, de 15 de junio, de Salud de Andalucía, que le sean asignados.

1.17. El Servicio Andaluz de Salud en el Decreto 140/2013, de 1 de octubre

Según el Decreto 140/2013, de 1 de octubre, el Servicio Andaluz de Salud es una agencia administrativa de las previstas en el artículo 65 de la Ley 9/2007, de 22 de octubre, que se adscribe a la Consejería de Igualdad, Salud y Políticas Sociales.

Corresponde al Servicio Andaluz de Salud el ejercicio de las funciones que se especifican en el Decreto 140/2013, de 1 de octubre, con sujeción a las directrices y criterios generales de la política de salud en Andalucía y, en particular, las siguientes:

a) La gestión del conjunto de prestaciones sanitarias en el terreno de la promoción y protección de la salud, prevención de la enfermedad, asistencia sanitaria y rehabilitación que le corresponda en el territorio de la Comunidad Autónoma de Andalucía.

b) La administración y gestión de las instituciones, centros y servicios sanitarios que actúan bajo su dependencia orgánica y funcional.

c) La gestión de los recursos humanos, materiales y financieros que se le asignen para el desarrollo de sus funciones.

1.18. Dirección Gerencia del Servicio Andaluz de Salud

Corresponden a la persona titular de la Dirección Gerencia del Servicio Andaluz de Salud las siguientes funciones:

a) La representación legal del Servicio Andaluz de Salud.

b) La definición de modelos organizativos y dirección de la estructura orgánica, funcional y de gestión del Servicio Andaluz de Salud, así como la autorización de las Unidades de Gestión Clínica y sus diferentes niveles de autonomía organizativa.

c) La programación, dirección, gestión, evaluación interna y control de todas las actividades desarrolladas en los centros y servicios adscritos orgánica y/o funcionalmente al Servicio Andaluz de Salud.

d) La jefatura superior del personal adscrito al Servicio Andaluz de Salud, así como la convocatoria de provisión de los puestos de cargos intermedios del personal estatutario.

e) El desarrollo efectivo de la participación de la ciudadanía en los ámbitos asistenciales del Servicio Andaluz de Salud.

f) La dirección y fijación de los criterios administrativos, económicos y financieros, designación de centros de gastos, autorización de gastos y ordenación de pagos.

g) La gestión operativa y el desarrollo efectivo de las estrategias de investigación biomédica en los ámbitos asistenciales del Servicio Andaluz de Salud, dentro del marco integrado de investigación, desarrollo e innovación del Sistema Sanitario Público de Andalucía, definido por la Consejería de Igualdad, Salud y Políticas Sociales.

h) La programación, dirección y fijación de criterios de gestión de las obras, equipamientos e instalaciones del Servicio Andaluz de Salud.

i) La suscripción de Acuerdos y Convenios.

j) La dirección de las actuaciones de control interno en materia de gestión económica en los Centros e Instituciones Sanitarias del Servicio Andaluz de Salud y de las Agencias Públicas Empresariales Sanitarias que le están adscritas y las actuaciones que sean necesarias para la cooperación y coordinación con las unidades de control dependientes de la Intervención General de la Junta de Andalucía, así como con la Cámara de Cuentas de Andalucía.

k) La dirección y gestión operativa de los diferentes sistemas y tecnologías de la información, del Servicio Andaluz de Salud y de las Agencias Públicas Empresariales Sanitarias que le están adscritas, dentro del marco integrado de estrategias de modernización del Sistema Sanitario Público de Andalucía definido por la Consejería.

l) La elaboración de las propuestas de actuación que deban formularse a la Consejería de Igualdad, Salud y Políticas Sociales, en relación con los presupuestos y el Contrato-Programa del Servicio Andaluz de Salud.

m) La resolución de los procedimientos de responsabilidad patrimonial del Servicio Andaluz de Salud.

n) La resolución de los procedimientos de revisión de oficio de disposiciones y actos nulos y la declaración de lesividad de los actos dictados por el Servicio Andaluz de Salud.

o) Y en general, todas aquellas que le atribuya la normativa vigente y las que expresamente le sean delegadas.

De la Dirección Gerencia dependen directamente los órganos o centros directivos siguientes:

a) Dirección General de Asistencia Sanitaria y Resultados en Salud.

b) Dirección General de Profesionales.

c) Dirección General de Gestión Económica y Servicios.

A la Dirección Gerencia se adscriben funcionalmente, la Empresa Pública de Emergencias Sanitarias y la Agencia Pública Empresarial Sanitaria Costa del Sol, a la que están adscritas la Agencia Pública Empresarial Sanitaria Hospital de Poniente de Almería, la Agencia Pública Empresarial Sanitaria Hospital Alto Guadalquivir y la Agencia Pública Empresarial Sanitaria Bajo Guadalquivir.

Depende directamente de la Dirección Gerencia la Asesoría Jurídica del Servicio Andaluz de Salud, que desarrollará funciones de asesoramiento jurídico, defensa y representación en juicio del Servicio Andaluz de Salud, y ello sin perjuicio de lo dispuesto en la disposición adicional tercera de la Ley 9/2007, de 22 de octubre.

1.19. Dirección General de Asistencia Sanitaria y Resultados en Salud

A la persona titular de la Dirección General de Asistencia Sanitaria y Resultados en Salud le corresponden las atribuciones previstas en el artículo 30 de la Ley 9/2007, de 22 de octubre (relativo a las distintas Direcciones Generales) y, en especial, las siguientes:

a) La dirección y gestión de la actividad asistencial de calidad, garantizando los derechos sanitarios de la ciudadanía, impulsando la mejora sanitaria de los resultados en salud.

b) La dirección de la gestión de los servicios sanitarios del Servicio Andaluz de Salud y de las Agencias Públicas Empresariales Sanitarias que le están adscritas.

c) La consolidación de la gestión clínica como modelo de organización para la práctica asistencial.

d) La planificación, coordinación y evaluación de las unidades de gestión clínica, como instrumento para la mejora de la calidad y la participación efectiva de los ciudadanos y profesionales.

e) La dirección operativa de los planes integrales y procesos asistenciales en el ámbito de los centros dependientes del Servicio Andaluz de Salud y de las Agencias Públicas Empresariales Sanitarias que le están adscritas.

f) La consolidación de criterios de utilización eficiente y eficaz de la prestación farmacéutica con criterios de calidad, así como de la política de uso racional del medicamento.

g) La gestión de la prestación farmacéutica, productos dietéticos, prestación ortoprotésica, transporte sanitario y demás prestaciones comprendidas dentro de la asistencia sanitaria prestada por el Servicio Andaluz de Salud y por las Agencias Públicas Empresariales Sanitarias que le están adscritas.

h) La evaluación y control del gasto farmacéutico del Servicio Andaluz de Salud y de las Agencias Públicas Empresariales Sanitarias que le están adscritas.

i) La definición de la actividad sanitaria concertada del Sistema Sanitario Público de Andalucía y la planificación, gestión y evaluación de los conciertos que se tengan encomendados.

j) La ordenación, priorización y evaluación de la demanda de actividad asistencial concertada en el contexto de la gestión clínica, en el marco ofertado por la Consejería.

k) La gestión de los procedimientos de reintegro o asunción del gasto por asistencia sanitaria prestada en centros privados a determinadas personas en los casos y circunstancias legalmente establecidas.

l) La gestión y evaluación de los riesgos sanitarios derivados de la responsabilidad patrimonial y su impacto en el ámbito del Servicio Andaluz de Salud, así como la ejecución y seguimiento de la gestión de la responsabilidad patrimonial en el ámbito de la prestación asistencial sanitaria y la correspondiente gerencia de riesgos.

m) La planificación operativa de los recursos humanos y materiales necesarios para la práctica asistencial en coordinación con el resto de centros directivos del Servicio Andaluz de Salud y las Agencias Públicas Empresariales Sanitarias que le están adscritas.

n) El impulso y evaluación de cuantas acciones sean necesarias para mejorar la continuidad y la integralidad de la asistencia sanitaria.

o) La planificación, gestión operativa y evaluación de la docencia, formación y la investigación desarrollada, en el marco de las competencias propias, en los centros adscritos orgánica y funcionalmente al Servicio Andaluz de Salud y a las Agencias Públicas Empresariales Sanitarias que le están adscritas.

p) La definición funcional, explotación y control de los sistemas de información necesarios para el ejercicio de sus funciones. El impulso y coordinación de programas socio-sanitarios en el ámbito del Servicio Andaluz de Salud, en el marco que defina la Consejería. Y en general, todas aquellas que le atribuya la normativa vigente y las que expresamente le sean delegadas.

1.20. Dirección General de Profesionales

A la persona titular de la Dirección General de Profesionales, le corresponden las atribuciones previstas en el artículo 30 de la Ley 9/2007, de 22 de octubre (relativo a las distintas Direcciones Generales) y, en especial, las siguientes:

a) El impulso de políticas estratégicas de personal, en el marco presupuestario existente, orientadas a la consecución de la excelencia en el desempeño profesional de manera que redunde en un servicio sanitario de calidad.

b) El establecimiento de un modelo de gestión que procure la satisfacción de expectativas y el pleno desarrollo profesional, en un marco de autonomía y responsabilidad, y la satisfacción de las necesidades de las personas destinatarias del servicio, en un contexto de participación, en el espacio compartido de la gestión clínica.

c) El impulso de acciones de mejora organizativa en el ámbito de la gestión de las personas que trabajan en el Servicio Andaluz de Salud.

d) La aplicación de la gestión por valores y por competencias, así como la evaluación del desempeño profesional.

e) Las relaciones con las organizaciones sindicales y representantes de las personas trabajadoras establecidas en el marco normativo vigente.

f) La definición, gestión y evaluación de la carrera profesional y demás acciones de desarrollo profesional de acuerdo con los criterios establecidos por la Consejería.

g) La gestión, tramitación y resolución de los programas de selección y provisión de los puestos de trabajo del Servicio Andaluz de Salud.

h) La ordenación y gestión de los puestos de trabajo del Servicio Andaluz de Salud.

i) El análisis, seguimiento, evaluación y control de las diferentes líneas de gastos del personal adscrito al Servicio Andaluz de Salud.

j) La propuesta, gestión y evaluación del modelo retributivo del personal en el Servicio Andaluz de Salud.

k) La coordinación de los planes y actividades de formación y actualización profesional.

l) La dirección de programas y planes de actuación en materia de Prevención de Riesgos Laborales y Salud Laboral y estrategias de empresa saludable para todo el personal del Servicio Andaluz de Salud y de las Agencias Públicas Empresariales Sanitarias adscritas al mismo.

m) La tramitación administrativa de las reclamaciones laborales y de los recursos del personal adscrito al Servicio Andaluz de Salud.

n) El ejercicio de la potestad disciplinaria.

o) La definición funcional, explotación y evaluación de los sistemas de información necesarios para el ejercicio de sus funciones.

p) La definición, dirección, seguimiento y evaluación de la política de personal desarrollada por los centros dependientes del Servicio Andaluz de Salud y por las Agencias Públicas Empresariales Sanitarias adscritas al mismo.

q) Y en general, todas aquellas que le atribuya la normativa vigente y las que expresamente le sean delegadas.

1.21. Dirección General de Gestión Económica y Servicios

A la persona titular de la Dirección General de Gestión Económica y Servicios le corresponden las atribuciones previstas en el artículo 30 de la Ley 9/2007, de 22 de octubre (relativo a las distintas Direcciones Generales) y, en especial, las siguientes:

a) La definición, dirección, coordinación, ejecución, seguimiento y evaluación de la política presupuestaria del Servicio Andaluz de Salud, así como la elaboración de la propuesta de anteproyecto de presupuesto y asignación de los créditos autorizados a los centros de gasto.

b) La propuesta, implantación, seguimiento y evaluación de los criterios de distribución de la financiación en los centros del Servicio Andaluz de Salud.

c) La coordinación general, planificación, gestión, seguimiento y evaluación de la contratación administrativa realizada en el Servicio Andaluz de Salud.

d) La definición, dirección, seguimiento de la ejecución y evaluación de la política de compras y logística integral desarrollada por los centros del Servicio Andaluz de Salud.

e) La definición, dirección, seguimiento de la ejecución y evaluación de los servicios derivados de los procesos industriales y de confortabilidad de los centros del Servicio Andaluz de Salud.

f) La dirección y gestión energética y ambiental del Servicio Andaluz de Salud.

g) La dirección, gestión, seguimiento y evaluación de la tesorería del Servicio Andaluz de Salud, así como la gestión de los derechos de contenido económico, el pago de sus obligaciones y la coordinación y supervisión de los instrumentos para su ejecución.

h) El análisis, seguimiento, evaluación y control de los costes y de las diferentes líneas de gasto en la gestión económica, presupuestaria y/o financiera.

i) La gestión de las actuaciones de control interno en materia de gestión económica en los centros del Servicio Andaluz de Salud y las actuaciones que sean necesarias para la cooperación y coordinación con las unidades de control interno y externo.

j) La ordenación interior y organización administrativa.

k) El diseño, desarrollo, implantación, seguimiento y explotación de los sistemas de información necesarios para el ejercicio de sus funciones.

l) Y en general, todas aquellas que le atribuya la normativa vigente y las que le sean expresamente delegadas.

2. ASISTENCIA SANITARIA EN ANDALUCÍA: LA ESTRUCTURA, ORGANIZACIÓN Y FUNCIONAMIENTO DE LOS SERVICIOS DE ATENCIÓN PRIMARIA EN ANDALUCÍA

El objeto del Decreto 197/2007, de 3 de julio, es la regulación de la estructura, organización y funcionamiento de los servicios de atención primaria de salud, en el ámbito del Servicio Andaluz de Salud.

2.1. Organización territorial

Los servicios de atención primaria de salud se organizan en distritos de atención primaria que integran demarcaciones territoriales, denominadas zonas básicas de salud. En cada zona básica de salud se ubican centros de atención primaria, en donde se presta la asistencia sanitaria de atención primaria a la ciudadanía.

En los casos en que se establezcan Áreas de Gestión Sanitaria, al amparo de lo previsto en el artículo 57 de la Ley 2/1998, de 15 de junio, la organización de la atención primaria quedará definida en la norma de creación de cada Área de Gestión Sanitaria, sin menoscabo de que las zonas básicas de salud y los centros de atención primaria se organicen de acuerdo al Decreto 197/2007, de 3 de julio.

2.2. Distritos de atención primaria

Los distritos de atención primaria constituyen las estructuras organizativas para la planificación operativa, dirección, gestión y administración en el ámbito de la atención primaria, con funciones de organización de las actividades de asistencia sanitaria, promoción de la salud, prevención de la enfermedad, cuidados para la recuperación de la salud, gestión de los riesgos ambientales y alimentarios para la salud, así como la formación, la docencia e investigación.

2.3. Zona básica de salud

La zona básica de salud es el marco territorial para la prestación de la atención primaria de salud, de acceso directo de la población, en la que se proporciona una asistencia sanitaria básica e integral. Están constituidas por los municipios o agregaciones de municipios que determina el Mapa de Atención Primaria de Salud, de acuerdo con lo dispuesto en el artículo 6 del Decreto 197/2007, de 3 de julio.

Los profesionales adscritos a una zona básica de salud desarrollan su actividad profesional en los centros de atención primaria, organizados funcionalmente en unidades de gestión clínica de atención primaria de salud definidas en el artículo 22 del Decreto 197/2007, de 3 de julio.

2.4. Centros de atención primaria de salud

Los centros de atención primaria de cada zona básica de salud son las estructuras físicas donde los profesionales realizan las actividades de una atención primaria de salud integral y orientada a la ciudadanía, constituyendo la referencia de los servicios sanitarios públicos más cercanos a la población.

Tendrán la consideración de centros de atención primaria de salud los centros de salud, así como los consultorios locales y auxiliares que existan en cada zona básica de salud.

2.5. Mapa de Atención Primaria de Salud

De conformidad con lo establecido en el apartado 2 del artículo 50 de la Ley 2/1998, de 15 de junio, las zonas básicas de salud serán delimitadas por la Consejería de Salud (hoy Consejería de Igualdad, Salud y Políticas sociales), así como sus modificaciones, atendiendo a factores de carácter geográfico, demográfico, social, epidemiológico, cultural y viario, teniendo en cuenta los recursos existentes y la ordenación territorial establecida por la Junta de Andalucía. La delimitación territorial de las zonas básicas de salud y de los distritos en los que se integran se realizará por medio del Mapa de Atención Primaria de Salud.

Mediante la Orden de 7 de junio de 2002 se actualiza el Mapa de Atención Primaria de Salud de Andalucía. A ella haremos referencia más adelante

2.6. Distritos de Atención Primaria: Estructura orgánica

2.6.1. Órganos directivos y de asesoramiento

Cada distrito de atención primaria se estructura en los siguientes órganos directivos unipersonales:

a) Dirección Gerencia.

b) Dirección de Salud.

c) Dirección de Cuidados de Enfermería.

d) Dirección de Gestión Económica y de Desarrollo Profesional.

Cada distrito de atención primaria contará, además, con los siguientes órganos de asesoramiento:

a) Comisión de Dirección.

b) Comisiones Técnicas.

En los distritos de atención primaria, cuya complejidad así lo exija y se determine por la Dirección Gerencia del Servicio Andaluz de Salud, se constituirán separadamente una Dirección de Gestión Económica y una Dirección de Desarrollo Profesional.

2.6.2. Dirección Gerencia

La persona titular de la Dirección Gerencia ejercerá la superior dirección del distrito de atención primaria y, de ella, dependerán los demás órganos directivos y de asesoramiento, previstos en el artículo 7 del Decreto 197/2007.

Son competencias de la Dirección Gerencia, en el ámbito de la atención primaria de salud, de acuerdo con los criterios generales establecidos por la Consejería competente en materia de Salud y por el Servicio Andaluz de Salud, las siguientes:

a) Garantizar, en su ámbito territorial de actuación, la atención sanitaria a la población que tenga reconocido este derecho.

b) La coordinación general de los planes y actuaciones del distrito de atención primaria.

c) Ordenar y dirigir las relaciones de los servicios y centros sanitarios con la ciudadanía y fomentar la participación de la misma, a través de los órganos correspondientes.

d) La representación del distrito de atención primaria, en el marco de sus competencias.

e) Planificar, organizar, dirigir, evaluar y velar por la gestión de los servicios y prestaciones asistenciales, y de los servicios de salud pública en su ámbito territorial.

f) La superior dirección y gestión de personal y de los recursos económico-financieros asignados al distrito de atención primaria.

g) Coordinar las actuaciones de atención primaria de salud con las restantes entidades que integran el Sistema Sanitario Público de Andalucía, para el correcto desarrollo de los servicios sanitarios y con el resto de las Administraciones Públicas, para contribuir al logro de sus objetivos.

h) Convocar y presidir las reuniones de la Comisión de Dirección.

i) Designar los miembros de las diferentes Comisiones Técnicas, así como a las personas que han de desempeñar la presidencia de cada una de ellas.

j) Garantizar el cumplimiento de los objetivos considerados anualmente en el contrato programa.

k) Asignar los incentivos que pudieran corresponder a los profesionales del distrito de atención primaria, de acuerdo con los criterios establecidos por los órganos directivos del Servicio Andaluz de Salud.

l) Cualquier otra función que le pueda ser atribuida por la Dirección Gerencia del Servicio Andaluz de Salud.

2.6.3. Dirección de Salud

Son competencias de la Dirección de Salud, en el ámbito de actuación del distrito de atención primaria, de acuerdo con los criterios generales establecidos por la Consejería competente en materia de Salud y por el Servicio Andaluz de Salud, las siguientes:

a) La dirección, coordinación y evaluación de los servicios de atención sanitaria del distrito en todos sus centros, unidades y dispositivos, de acuerdo con las directrices de la Dirección Gerencia del distrito de atención primaria.

b) La coordinación general y evaluación de los objetivos anuales de cada una de las unidades de gestión clínica.

c) Evaluar, desde el punto de vista de la calidad, efectividad y eficiencia, los procesos, servicios, prestaciones y actividades asistenciales, así como garantizar la accesibilidad y la continuidad asistencial.

d) Definir las prioridades en materia de formación de los profesionales de las diferentes unidades asistenciales.

e) Promover y coordinar la investigación en los centros del distrito de atención primaria.

f) Sustituir a la persona titular de la Dirección Gerencia del distrito de atención primaria, en caso de vacante, ausencia o enfermedad.

g) Aquellas otras funciones que le sean atribuidas por la Dirección Gerencia del distrito de atención primaria.

2.7. Dirección de Cuidados de Enfermería

Son competencias de la Dirección de Cuidados de Enfermería, en el ámbito de actuación del distrito de atención primaria, de acuerdo con los criterios generales establecidos por la Consejería competente en materia de Salud y por el Servicio Andaluz de Salud, las siguientes:

a) Impulsar y coordinar la gestión de los cuidados de enfermería en los diferentes centros, unidades y dispositivos de atención primaria de salud, en el marco de la gestión de los procesos asistenciales y en función de las necesidades de la población.

b) Asesorar a la Comisión de Dirección del distrito sobre las formas organizativas y la gestión de los cuidados de enfermería, especialmente, los que se proporcionan en domicilio.

c) Definir las prioridades de los profesionales en materia de formación en cuidados de enfermería.

d) Establecer los mecanismos necesarios para asegurar la continuidad de la atención en cuidados de enfermería.

e) Aquellas otras funciones que le sean expresamente atribuidas por la Dirección Gerencia del distrito de atención primaria.

2.8. Dirección de Gestión Económica y de Desarrollo Profesional

Son competencias de la Dirección de Gestión Económica y de Desarrollo Profesional, en el ámbito de actuación del distrito de atención primaria, de acuerdo con los criterios generales establecidos por la Consejería competente en materia de Salud y por el Servicio Andaluz de Salud, las siguientes:

a) La gestión económica y presupuestaria del distrito, en un marco de eficiencia, de acuerdo con las directrices de la Dirección Gerencia del distrito de atención primaria, así como la gestión de las adquisiciones de bienes y servicios, y de la logística del distrito de atención primaria, sin perjuicio de las funciones establecidas en otros órganos y servicios del distrito.

b) La gestión de los recursos humanos, asegurando los objetivos de gestión eficiente de los mismos y el impulso del desarrollo profesional.

c) Elaborar la propuesta de presupuesto anual del distrito de atención primaria.

d) La gestión operativa de los programas de formación de los profesionales, establecidos de acuerdo con las prioridades definidas por la Comisión de Dirección del distrito de atención primaria.

e) La gestión de los planes de prevención de riesgos laborales en el ámbito del distrito de atención primaria.

f) Aquellas otras funciones que le sean atribuidas por la Dirección Gerencia del distrito de atención primaria.

2.9. Comisión de Dirección

La Comisión de Dirección es un órgano de carácter asesor de la Dirección Gerencia del distrito de atención primaria.

Estará presidida por la persona titular de la Dirección Gerencia e integrada por las personas titulares de los órganos directivos, a los que se refiere el artículo 7.1 del Decreto 197/2007.

Ejercerá la Secretaría de la Comisión la persona titular de la Dirección de Gestión Económica y de Desarrollo Profesional.

La Comisión de Dirección tendrá como funciones las de asesorar a la Dirección Gerencia, en los aspectos organizativos, asistenciales y de gestión de recursos.

Igualmente, la Comisión de Dirección informará la propuesta de Plan de Formación de Profesionales, partiendo de las necesidades detectadas por los diferentes órganos directivos del distrito entre los profesionales de las diferentes unidades y servicios.

Se reunirá con carácter ordinario, al menos, con una periodicidad mensual y con carácter extraordinario cuantas veces sea convocada por su Presidente.

2.10. Comisiones Técnicas

Con la finalidad de asesorar a los órganos directivos, a los que se refiere el artículo 7.1 del Decreto 197/2007, para mejorar la organización y el desarrollo de las actividades de las diferentes unidades de gestión clínica, en el logro de sus objetivos; en cada distrito de atención primaria se constituirán las siguientes comisiones:

a) Comisión de Calidad y Procesos Asistenciales.

b) Comisión de Uso Racional del Medicamento.

c) Comisión de Formación y Docencia.

d) Comisión de Ética e Investigación Sanitarias.

e) Comisión de Salud Pública.

Sin perjuicio de lo establecido en el párrafo anterior, mediante Orden de la Consejería competente en materia de Salud, podrán crearse otras Comisiones Técnicas que puedan resultar necesarias para el mejor desarrollo de los objetivos del distrito.

La Dirección Gerencia del distrito de atención primaria designará los miembros de las diferentes Comisiones Técnicas, en número superior a cinco e inferior a doce, con una composición equilibrada en términos de representación de hombres y mujeres, no pudiendo ninguno de los géneros tener una presencia superior al sesenta por ciento ni inferior al cuarenta por ciento.

Entre los criterios que determinen la composición de las Comisiones Técnicas estará el conocimiento específico en las áreas objeto de estudio por cada Comisión, la relación entre la actividad profesional que desarrollen los miembros de las comisiones y los objetivos de la comisión correspondiente. En todo caso, en la designación de los miembros de las comisiones se contará con la participación de la dirección y la coordinación de cuidados de enfermería de las unidades de gestión clínica. La designación de los profesionales, miembros de las comisiones, tendrá una duración de dos años, renovables.

Las Comisiones Técnicas se reunirán, al menos, seis veces al año con carácter ordinario, pudiendo reunirse con carácter extraordinario cuantas veces sean convocadas por su Presidente.

En la reunión de constitución de las mismas, se procederá a la elección de la persona que ocupe la Secretaría de la comisión.

Las funciones generales de las Comisiones Técnicas son las siguientes:

a) Comisión de Calidad y Procesos Asistenciales: Tendrá entre sus funciones la de apoyar y evaluar el desarrollo de la estrategia de calidad en las unidades de gestión clínica, así como la implantación de la gestión de los procesos asistenciales.

b) Comisión de Uso Racional del Medicamento: Sus funciones serán las de evaluar la calidad y eficiencia de la prescripción de medicamentos, establecer criterios adecuados para una prescripción segura, efectiva y eficiente, definir los criterios de selección de medicamentos para adquisición por el distrito de atención primaria y evaluar el funcionamiento de los servicios de farmacia y botiquines existentes en el ámbito territorial del distrito.

c) Comisión de Formación y Docencia: Tendrá entre sus funciones las de proponer y evaluar las acciones formativas a desarrollar en cada ejercicio, de acuerdo con el Plan de Formación del distrito y con los criterios generales establecidos para los centros del Sistema Sanitario Público de Andalucía.

d) Comisión de Ética e Investigación Sanitarias: Sus funciones están definidas en el Decreto 232/2002, de 17 de septiembre, por el que se regulan los órganos de ética e investigación sanitarias y los de ensayos clínicos de Andalucía.

e) Comisión de Salud Pública: Sus funciones serán la evaluación de los riesgos potenciales para la salud pública, vigilancia epidemiológica, alertas en salud pública y la elaboración de la propuesta de prioridades de actuación en materia de promoción, protección de la salud y prevención de la enfermedad.

2.11. Órganos intermedios

En cada distrito de atención primaria existirán los siguientes órganos intermedios:

a) Dirección de Unidades de Gestión Clínica.
b) Coordinación de los Cuidados de Enfermería de Unidades de Gestión Clínica.
c) Coordinaciones de Servicios.
d) Jefaturas de Servicio Administrativo.

2.12. Organización y funcionamiento de las Unidades de Gestión Clínica

La unidad de gestión clínica de atención primaria de salud es la estructura organizativa responsable de la atención primaria de salud a la población y estará integrada por los profesionales de diferentes categorías, adscritos funcionalmente a la zona básica de salud.

Sus fines son el desarrollo de la actividad asistencial, preventiva, de promoción de salud, de cuidados de enfermería y rehabilitación, actuando con criterios de autonomía organizativa, de corresponsabilidad en la gestión de los recursos y de buena práctica clínica.

2.13. Características y composición de la unidad de gestión clínica

La unidad de gestión clínica desarrolla sus actividades de acuerdo con un modelo de práctica clínica integrado, orientado a la obtención de resultados para la mejora de la eficacia, la efectividad y la eficiencia de la asistencia sanitaria, con criterios de buena práctica clínica, desarrollando la participación de los profesionales a través de una mayor autonomía y responsabilidad en la gestión.

Asimismo, desarrolla sus actuaciones con criterios de gestión clínica, incorporando en la toma de decisiones clínicas el mejor conocimiento disponible, así como los criterios definidos en las guías de procesos asistenciales y guías de práctica clínica de demostrada calidad científica, y criterios de máxima eficiencia en la utilización de los recursos diagnósticos y terapéuticos.

La unidad de gestión clínica estará integrada por los profesionales de diversas categorías y áreas de conocimiento, que trabajarán conjuntamente, con arreglo a los principios de autonomía, responsabilidad y participación en la toma de decisiones.

2.14. Funciones de la unidad de gestión clínica

Son funciones de la unidad de gestión clínica:

a) Prestar asistencia sanitaria individual y colectiva, en régimen ambulatorio, domiciliario y de urgencias a la población adscrita a la unidad, en coordinación con el resto de dispositivos y unidades del distrito de atención primaria, con capacidad de organizarse de forma autónoma, descentralizada y expresamente recogida en el acuerdo de gestión clínica, de conformidad con lo establecido en el artículo 27 del Decreto 197/2007.

b) Desarrollar los mecanismos de coordinación con los demás centros y unidades del Sistema Sanitario Público de Andalucía con los que esté relacionada, a fin de lograr una atención sanitaria integrada, con criterios de continuidad en la asistencia y cohesión de las diferentes actividades.

c) Desarrollar actuaciones de promoción de la salud, la educación para la salud, la prevención de la enfermedad, los cuidados y la participación en las tareas de rehabilitación.

d) Realizar el seguimiento continuado del nivel de salud de la población de su zona de actuación, llevando a cabo la implantación de los procesos asistenciales, planes integrales y programas de salud, en función de la planificación establecida por la Dirección Gerencia del distrito de atención primaria.

e) Realizar las actuaciones necesarias para el desarrollo de los planes y programas de promoción del uso racional del medicamento y gestión eficaz y eficiente de la prestación farmacéutica.

f) Evaluar las actuaciones realizadas y los resultados obtenidos, así como la participación en programas generales de evaluación y acreditación establecidos por la Dirección Gerencia del Servicio Andaluz de Salud, con criterios de orientación hacia los resultados en salud, la mejora continua y la gestión eficiente de los recursos.

g) Realizar las actividades de formación continuada necesarias para adecuar los conocimientos, habilidades y actitudes del personal de la unidad a los mapas de competencias establecidos para cada profesional, así como participar en aquellas otras actividades formativas adecuadas a los objetivos de la unidad de gestión clínica.

h) Realizar las actividades de formación pregraduada y postgraduada correspondientes a las diferentes categorías y áreas de conocimiento, de acuerdo con los convenios vigentes en cada momento en estas materias.

i) Participar en el desarrollo de proyectos de investigación y otros estudios científicos y académicos relacionados con los fines de la unidad, de acuerdo con los criterios generales y prioridades establecidas por la Dirección Gerencia del distrito.

j) Aquellas otras que estén fijadas en los acuerdos de gestión clínica u otras de análoga naturaleza que le puedan ser atribuidas por la Dirección Gerencia del distrito.

2.15. Dirección de la unidad de gestión clínica

En cada unidad de gestión clínica de atención primaria existirá una dirección que tendrá rango de cargo intermedio y dependerá jerárquica y funcionalmente de la Dirección Gerencia del distrito de atención primaria.

De la dirección de la unidad de gestión clínica, cuyo titular estará en posesión de una titulación universitaria sanitaria, dependerán todos los profesionales adscritos a la misma.

Son funciones de la dirección de la unidad de gestión clínica:

a) Dirigir, gestionar y organizar las actividades, los profesionales y los recursos materiales y económicos asignados a la unidad, en el marco establecido en el acuerdo de gestión clínica, garantizando la adecuada atención sanitaria a la población asignada y la eficiente gestión de las prestaciones sanitarias.

b) Participar en la toma de decisiones organizativas y de gestión del distrito de atención primaria a través de los mecanismos que se establezcan por la Dirección Gerencia del distrito.

c) Proponer y planificar la consecución de objetivos asistenciales, docentes y de investigación contenidos en el acuerdo de gestión clínica, así como realizar la evaluación de las actividades realizadas por los profesionales adscritos a la unidad, en aras a lograr los resultados anuales fijados en dicho acuerdo.

d) Dirigir a los profesionales adscritos total o parcialmente a la unidad de gestión clínica, mediante la dirección participativa y por objetivos, atendiendo al desarrollo profesional y a la evaluación del desempeño. En este sentido compete a la dirección:

1. Establecer, de acuerdo con la Dirección Gerencia del distrito, la organización funcional de la unidad de gestión clínica y la organización y distribución de la jornada ordinaria y complementaria de los profesionales, para el cumplimiento de los objetivos, de acuerdo con la normativa vigente.

2. Proponer a la Dirección Gerencia del distrito de atención primaria, en el marco de la normativa vigente y dentro de la asignación presupuestaria de la unidad de gestión clínica, el número y la duración de los nombramientos por sustituciones, ausencias, licencias y permisos reglamentarios, incluido el plan de vacaciones anuales.

3. Establecer un plan de formación personalizado que contemple las demandas y necesidades de los profesionales, reforzando aquellas competencias que sean necesarias para el desarrollo de los procesos asistenciales de la unidad de gestión clínica.

e) Proponer a la Dirección Gerencia del distrito la contratación de bienes y servicios para el ejercicio de las funciones de la unidad de gestión clínica y participar en la elaboración de los informes técnicos correspondientes, de acuerdo con la normativa de aplicación y con la disponibilidad presupuestaria.

f) Gestionar los recursos económicos asignados a la unidad en el marco presupuestario establecido en el acuerdo de gestión clínica, con criterios de gestión eficiente de los recursos públicos.

g) Evaluar la contribución de cada profesional al desarrollo de los objetivos de la unidad de gestión clínica, y decidir el reparto de los incentivos de acuerdo con los criterios establecidos por los órganos de dirección del Servicio Andaluz de Salud.

h) Establecer, de acuerdo con la Dirección Gerencia del distrito, acuerdos de colaboración con otros servicios o entidades prestadores de asistencia dentro del Sistema Sanitario Público que pertenezca a la Junta de Andalucía, tanto de atención primaria como especializada, con el objeto de mejorar la accesibilidad, la efectividad clínica y el uso adecuado de los recursos sanitarios.

i) Dirigir y gestionar el conjunto de procesos asistenciales de la unidad de gestión clínica.

j) Impulsar y coordinar las actuaciones que, en el ámbito de la investigación y la docencia, desarrolla la unidad de gestión clínica.

k) Ostentar la representación de la unidad de gestión clínica.

l) Hacer efectiva la participación ciudadana en el ámbito de la unidad de gestión clínica a través de los mecanismos establecidos por la Consejería competente en materia de salud.

m) Atender las reclamaciones que realice la ciudadanía con relación a los centros y servicios adscritos a la unidad de gestión clínica.

n) Proponer a la Dirección Gerencia del distrito de atención primaria cuantas medidas pudieran contribuir al mejor funcionamiento de la unidad de gestión clínica.

ñ) Cualquier otra que le sea atribuida por la Dirección Gerencia del distrito de atención primaria correspondiente.

Sin perjuicio de lo establecido en el artículo 30 del Decreto 197/2007, la persona titular de la Dirección de la unidad de gestión clínica realizará, además, las funciones asistenciales propias de su categoría.

2.16. Coordinación de cuidados de enfermería

En cada unidad de gestión clínica existirá una coordinación de cuidados de enfermería que tendrá rango de cargo intermedio.

Son funciones de la coordinación de cuidados de enfermería:

a) Impulsar la gestión de los cuidados de enfermería, especialmente de los domiciliarios, favoreciendo la personalización de la atención sanitaria en todos los procesos asistenciales, incorporando las actividades de promoción de la salud, de educación para la salud y de prevención de la enfermedad.

b) Organizar la atención a los pacientes en situación de especial vulnerabilidad, con problemas de accesibilidad, que deban ser atendidos en el domicilio o en la unidad de gestión clínica.

c) Promover y establecer mecanismos de coordinación entre el personal de enfermería de atención primaria y el personal de enfermería de atención especializada, así como con otro personal de enfermería que realice atención en cuidados enfermeros, de acuerdo con los criterios establecidos por la Dirección del distrito y la Dirección de la unidad de gestión clínica, en el marco de las estrategias del Servicio Andaluz de Salud, para conseguir una continuidad de cuidados eficaz en todos los procesos asistenciales.

d) Evaluar la efectividad, la calidad y la eficiencia de los cuidados de enfermería, que se prestan en los centros sanitarios adscritos a la unidad, proponiendo a la unidad de gestión clínica las medidas de mejora más adecuadas. e) Colaborar en las actuaciones que en materia de docencia e investigación desarrolla la unidad de gestión clínica con especial énfasis en la valoración de necesidad de cuidados de enfermería y efectividad de la práctica cuidadora.

e) Gestionar, de forma eficaz y eficiente, el material clínico de la unidad de gestión clínica y su mantenimiento, así como los productos sanitarios necesarios para la provisión de los cuidados más adecuados a la población.

f) Proponer a la Dirección de la unidad de gestión clínica cuantas medidas, iniciativas e innovaciones pudieran contribuir al mejor funcionamiento en el desarrollo de los cuidados de enfermería.

g) Otras funciones que en materia de cuidados de enfermería le sean atribuidas por la Dirección de la unidad de gestión clínica.

Sin perjuicio de lo establecido en el artículo 30 de este Decreto, la persona titular de la coordinación de cuidados de enfermería realizará, además, las funciones asistenciales propias de su categoría.

2.17. Acuerdo de gestión clínica

La Dirección Gerencia del distrito de atención primaria establecerá acuerdos de gestión con la dirección de cada una de las unidades de gestión clínica, a propuesta de la Dirección de Salud del distrito de atención primaria.

El acuerdo de gestión clínica es el documento en el que se fija el marco de gestión de la unidad de gestión clínica, así como los métodos y recursos para conseguir los objetivos definidos en el mismo. Este documento será autorizado por la Dirección General de Asistencia Sanitaria del Servicio Andaluz de Salud.

El acuerdo de gestión clínica estará orientado a asegurar a la población asignada una atención en materia de salud, eficaz, efectiva, orientada a la atención de las necesidades específicas de la población, asegurando la adecuada accesibilidad a los servicios que presta la unidad y en un marco de gestión eficiente de los recursos públicos.

El acuerdo recogerá los objetivos asistenciales, docentes e investigadores de la unidad, así como los correspondientes en materia de promoción de salud, prevención de la enfermedad, protección y educación para la salud. Igualmente, establecerá los recursos humanos, materiales, tecnológicos y económicos, asignados para el período de vigencia del mismo.

Asimismo, se especificará la metodología de asignación de los incentivos de la unidad de gestión clínica y de los profesionales a ella adscritos, en función del grado de cumplimiento de los objetivos.

Su duración será de cuatro años, si bien podrá ser renovado sucesivamente por iguales períodos.

El acuerdo de gestión clínica será objeto de seguimiento anual por la Dirección General de Asistencia Sanitaria del Servicio Andaluz de Salud para evaluar su evolución y corregir, en su caso, los elementos necesarios para garantizar su cumplimiento.

2.18. Régimen de personal

2.18.1. Provisión, nombramiento y cese de puestos directivos y cargos intermedios

La provisión de los puestos directivos y de cargos intermedios, previstos en este Decreto, se ajustará a lo establecido en el Decreto 75/2007, de 13 de marzo de 2007, por el que se regula el sistema de provisión de puestos directivos y cargos intermedios de los centros sanitarios del Servicio Andaluz de Salud, o en su caso por la normativa vigente en la materia.

2.18.2. Provisión, nombramiento y cese de los puestos básicos

Los distritos de atención primaria estarán dotados con las plazas básicas de personal sanitario y de gestión y servicios que se les asignen en virtud de la población adscrita, extensión territorial, características epidemiológicas, nivel de desarrollo de servicios y peculiaridades específicas.

Su provisión, nombramiento y cese se efectuará de acuerdo con lo establecido en el Decreto 176/2006, de 10 de octubre de 2006, por el que se modifica el Decreto 136/2001, de 12 de junio, que regula los sistemas de selección de personal estatutario y de provisión de plazas básicas en los centros sanitarios del Servicio Andaluz de Salud, o en su caso por la normativa vigente en la materia.

2.18.3. Dedicación parcial a la función asistencial

Con la finalidad de disponer de una mayor dedicación a sus funciones de dirección de unidad y coordinación de cuidados de enfermería, las personas titulares de las direcciones de unidad de gestión clínica y de las coordinaciones de los cuidados de enfermería podrán desarrollar su actividad asistencial en jornada reducida, complementada con el desarrollo de sus tareas de dirección, organización y coordinación de la unidad, sin menoscabo de sus retribuciones.

La Dirección General de Asistencia Sanitaria del Servicio Andaluz de Salud será competente para autorizar la reducción en la actividad asistencial a que se refiere el apartado anterior, a propuesta de la Dirección Gerencia del distrito de atención primaria.

La Dirección Gerencia del Servicio Andaluz de Salud establecerá los criterios generales que habrán de regir para la aplicación de los supuestos contemplados en los apartados anteriores.

2.18.4. Participación profesional

Se entiende como participación profesional, a los efectos de aplicación del Decreto 197/2007, la intervención de los profesionales en la organización y funcionamiento del distrito de atención primaria y estructuras que lo componen.

La Consejería competente en materia de Salud impulsará los mecanismos de participación de los profesionales en el distrito de atención primaria que resulten más adecuados.

La Dirección Gerencia del distrito de atención primaria establecerá los mecanismos más adecuados para garantizar la participación de la dirección de las unidades de gestión clínica y sus correspondientes coordinaciones de cuidados de enfermería, en la organización de la actividad asistencial, formación continuada, investigación y gestión de recursos, así como para asegurar la participación de los profesionales en el seno de la unidad de gestión clínica, cuidando especialmente la participación en la elaboración de la propuesta de objetivos anuales y su consecución, así como la transparencia en la evaluación de los resultados.

3. ASISTENCIA SANITARIA EN ANDALUCÍA. ORGANIZACIÓN DE LA ATENCIÓN PRIMARIA

La organización territorial de la Atención Primaria se establece mediante la Orden de 7 de junio de 2002, por la que se actualiza el Mapa de Atención Primaria de Salud de Andalucía.

La mencionada Orden establece en su Anexo I la relación de zonas básicas de salud y municipios que las conforman y en su Anexo II la relación de distritos y zonas básicas de salud que los conforman.

3.1. Adscripción de núcleos o entidades locales a centros de Atención Primaria

Los núcleos o entidades locales de población que tengan una mayor proximidad con un centro de atención primaria de un municipio diferente al que pertenecen, podrán ser adscritos asistencialmente por la Dirección Gerencia del Servicio Andaluz de Salud a un centro de atención primaría diferente al de su municipio.

3.2. Adscripción de municipios a dispositivos de apoyo y/o cuidados críticos y urgencias

Asimismo, los municipios que se encuentren más cercanos a un dispositivo de apoyo y/o de cuidados críticos y urgencias que el que le correspondería en virtud del presente Mapa, podrán ser adscritos por la Dirección Gerencia del Servicio Andaluz de Salud para recibir estas prestaciones de ese otro dispositivo más cercano.

3.3. Libre elección de médico y atención domiciliaria

En los municipios que cuenten con más de un centro de salud, los equipos de atención primaria prestarán asistencia sanitaria en los centros en función de la asignación de usuarios derivada de la libre elección de médico establecida mediante Decreto 60/1999, de 9 de marzo, por el que se regula la libre elección de médico general y pediatra. No obstante en estos municipios, la asistencia sanitaria domiciliaria podrá ser organizada sobre la base de la ordenación funcional que para este servicio se establezca por los distritos.

Anexo I. Zonas Básicas de Salud y municipios que las conforman

Provincia de Almería

Zona Básica de Salud (en negrita)

Municipio

Adra
Adra
Albox
Albánchez
Albox
Arboleas
Cantoria
Cóbdar
Oria
Partaloa
Almería
Almería
Alto Andarax
Alboloduy
Alhabia
Alhama de Almería
Alicún
Almócita
Alsodux
Beires
Bentarique
Canjáyar
Huécija
Illar
Instinción
Ohanes
Padules
Rágol
Santa Cruz
Terque
Bajo Andarax

Benahadux
Gádor
Huércal de Almería
Pechina
Rioja
Santa Fe de Mondújar
Viator
Berja
Alcolea
Bayárcal
Berja
Dalías
Fondón
Laujar de Andarax
Paterna del Río
Carboneras
Carboneras
Cuevas de Almanzora
Cuevas del Almanzora
El Ejido
El Ejido
Huércal–Overa
Huércal–Overa
Pulpí
Taberno
Zurgena
Los Vélez
Chirivel
María
Vélez–Blanco
Vélez–Rubio

Mármol
Chercos
Fines
Laroya
Líjar
Macael
Olula del Río
Purchena
Sierro
Somontín
Suflí
Urrácal
Níjar
Níjar
Río Nacimiento
Abla
Abrucena
Fiñana
Gérgal
Nacimiento
Olula de Castro
Las Tres Villas
Roquetas de Mar
Enix
Félix
Roquetas de Mar
Serón
Alcóntar
Armuña de Almanzora
Bacares
Bayarque

Lúcar
Serón
Tíjola
Sorbas
Benizalón
Lubrín
Lucainena de las Torres
Sorbas
Uleila del Campo
Tabernas
Alcudia de Monteagud
Benitagla
Castro de Filabres
Senés
Tabernas
Tahal
Turrillas
Velefique
Vera
Antas
Bédar
Los Gallardos
Garrucha
Mojácar
Turre
Vera
Vícar
La Mojonera
Vícar

Provincia de Cádiz

Alcalá del Valle
Alcalá del Valle
Setenil de las Bodegas
Algeciras
Algeciras
Arcos de la Frontera
Algar
Arcos de la Frontera
Espera
Barbate
Barbate
Cádiz
Cádiz
Chiclana
Chiclana de la Frontera
Chipiona
Chipiona
Conil
Conil de la Frontera
Jerez
Jerez de la Frontera
San José del Valle
Jimena de la Frontera
Castellar de la Frontera
Jimena de la Frontera
La Línea
de la Concepción
La Línea
de la Concepción
Los Barrios
Los Barrios
Medina–Sidonia
Alcalá de los Gazules
Benalup
Medina–Sidonia
Paterna de Rivera

Olvera
Algodonales
El Gastor
Olvera
Torre–Alháquime
Zahara de la Sierra
Puerto de Santa María
El Puerto de Santa María
Puerto Real
Puerto Real
Rota
Rota
San Fernando
San Fernando
San Roque
San Roque
Sanlúcar
de Barrameda
Sanlúcar
de Barrameda
Trebujena
Tarifa
Tarifa
Ubrique
Benaocaz
Grazalema
Ubrique
Villaluenga del Rosario
Vejer de la Frontera
Vejer de la Frontera
Villamartín
Bornos
El Bosque
Prado del Rey
Puerto Serrano
Villamartín

Provincia de Córdoba

Aguilar
Aguilar de la Frontera
Baena
Baena
Luque
Zuheros
Benamejí
Benamejí
Encinas Reales
Palenciana
Bujalance
Bujalance
Cañete de las Torres
El Carpio
Valenzuela
Villafranca de Córdoba
Cabra
Cabra
Doña Mencía
Nueva Carteya
Castro del Río
Castro del Río
Espejo
Córdoba
Córdoba
Fernán Núñez
Fernán Núñez
Montemayor
Fuente Palmera
Fuente Palmera
Hinojosa del Duque
Belalcázar
Hinojosa del Duque
Iznájar
Iznájar

La Carlota
La Carlota
San Sebastián de los Ballesteros
La Victoria
La Rambla
Montalbán de Córdoba
La Rambla
Santaella
La Sierra
Obejo
Villaharta
Villaviciosa de Córdoba
Lucena
Lucena
Monturque
Moriles
Montilla
Montilla
Montoro
Adamuz
Montoro
Pedro Abad
Villa del Río
Palma del Río
Palma del Río
Peñaflor
Peñarroya–Pueblonuevo
Bélmez
Los Blázquez
Espiel
Fuente Obejuna
La Granjuela
Peñarroya–Pueblonuevo
Valsequillo
Villanueva del Rey

Posadas
Almodóvar del Río
Guadalcázar
Hornachuelos
Posadas
Pozoblanco
Alcaracejos
Añora
Dos Torres
Fuente la Lancha
El Guijo
Pedroche
Pozoblanco
Santa Eufemia
Torrecampo
Villanueva del Duque
Villaralto
El Viso
Priego de Córdoba
Almedinilla
Carcabuey
Fuente-Tójar
Priego de Córdoba
Puente Genil
Puente Genil
Rute
Rute
Villanueva de Córdoba
Cardeña
Conquista
Villanueva de Córdoba

Provincia de Granada

Albolote
Albolote
Calicasas
Colomera
Deifontes
Albuñol
Albondón
Albuñol
Sorvilán
Alfacar
Alfacar
Cogollos Vega
Güevéjar
Nívar
Víznar
Alhama de Granada
Alhama de Granada
Arenas del Rey
Cacín
Jayena
Santa Cruz del Comercio
Zafarraya
Almuñécar
Almuñécar
Jete
Lentejí
Otívar
Armilla
Alhendín
Armilla
Dílar
Otura
Atarfe
Atarfe
Baza
Baza
Caniles
Cuevas del Campo
Cúllar
Freila
Zújar

Benamaurel
Benamaurel
Castilléjar
Castril
Cortes de Baza
Cádiar
Alpujarra de la Sierra
Bérchules
Cádiar
Cástaras
Juviles
Lobras
Murtas
Turón
Cenes de la Vega
Cenes de la Vega
Dúdar
Güéjar Sierra
Pinos-Genil
Quéntar
Churriana de la Vega
Agrón
Churriana de la Vega
Cúllar-Vega
Escúzar
Las Gabias
La Malahá
Vegas del Genil
Ventas de Huelma
Granada
Beas de Granada
Granada
Huétor-Santillán
Jun
Guadix
Albuñán
Cogollos de Guadix
Gor
Gorafe
Guadix
Valle del Zalabí

Huéscar
Galera
Huéscar
Orce
Puebla
de Don Fadrique
Huétor-Tájar
Huétor-Tájar
Moraleda de Zafayona
Salar
Villanueva de Mesía
Íllora
Íllora
Iznalloz
Benalúa de las Villas
Campotéjar
Gobernador
Guadahortuna
Iznalloz
Montejícar
Montillana
Píñar
Torre-Cardela
La Zubia
Cájar
Gójar
Huétor-Vega
Monachil
Ogíjares
La Zubia
Loja
Loja
Zagra
Maracena
Maracena
Marquesado
Aldeire
Alquife
La Calahorra
Dólar
Ferreira

Huéneja
Jerez del Marque-
sado
Lanteira
Montefrío
Algarinejo
Montefrío
Motril
Gualchos
Motril
Lújar
Polopos
Vélez
de Benaudalla
Órgiva
Almegíjar
Bubión
Busquístar
Cáñar
Capileira
Carataunas
Lanjarón
Órgiva
Pampaneira
Pórtugos
Rubite
Soportújar
La Tahá
Torvizcón
Trevélez
Pedro Martínez
Alamedilla
Alicún de Ortega
Dehesas de
Guadix
Huélago
Morelábor
Pedro Martínez
Villanueva de las
Torres

Provincia de Granada (continuación)

Peligros
Peligros
Pulianas
Pinos Puente
Moclín
Pinos–Puente
Purullena
Beas de Guadix
Benalúa de Guadix
Cortes y Graena
Darro
Diezma
Fonelas
Lugros
Márchal
La Peza
Polícar
Purullena

Salobreña
Los Guájares
Itrabo
Molvízar
Salobreña
Santa Fe
Chauchina
Chimeneas
Cijuela
Fuente Vaqueros
Láchar
Santa Fe
Ugíjar
Nevada
Ugíjar
Válor

Valle de Lecrín
Albuñuelas
Dúrcal
Lecrín
Nigüelas
Padul
El Pinar
El Valle
Villamena

Provincia de Huelva

Aljaraque
Aljaraque
Almonte
Almonte
Andévalo Occidental
El Almendro
Alosno
Cabezas Rubias
El Granado
Paymogo
Puebla de Guzmán
Sanlúcar de Guadiana
Santa Bárbara de Casa
Villanueva de las Cruces
Villanueva de los Castillejos
Aracena
Alájar

Aracena
Castaño del Robledo
Corteconcepción
Cortelazor
Fuenteheridos
Galaroza
Higuera de la Sierra
Linares de la Sierra
Los Marines
Puerto Moral
Santa Ana la Real
Valdelarco
Ayamonte
Ayamonte
Bollullos Par del Condado
Bollullos Par del Condado

Calañas
Calañas
El Cerro del Andévalo
Campiña Norte
Beas
Lucena del Puerto
San Juan del Puerto
Trigueros
Campiña Sur
Moguer
Palos de la Frontera
Cartaya
Cartaya
Condado Occidental
Bonares
Niebla
Rociana del Condado

Provincia de Huelva (continuación)

Cortegana
Almonaster la Real
Aroche
Cortegana
Jabugo
La Nava
Rosal de la Frontera
Cumbres Mayores
Cañaveral de León
Cumbres de Enmedio
Cumbres de San Bartolomé
Cumbres Mayores
Encinasola
Hinojales
Gibraleón
Gibraleón
San Bartolomé de la Torre

Huelva
Huelva
Isla Cristina
Isla Cristina
La Palma del Condado
Escacena del Campo
Manzanilla
La Palma del Condado
Paterna del Campo
Villalba del Alcor
Villarrasa
Lepe
Lepe
San Silvestre de Guzmán
Villablanca
Minas de Riotinto
Berrocal

El Campillo
Campofrío
La Granada de Riotinto
Minas de Riotinto
Nerva
Zalamea la Real
Punta Umbría
Punta Umbría
Santa Olalla de Cala
Arroyomolinos de León
Cala
Santa Olalla de Cala
Zufre
Valverde del Camino
Valverde del Camino

Provincia de Jaén

Alcalá la Real
Alcalá la Real
Castillo de Locubín
Frailes
Alcaudete
Alcaudete
Andújar
Andújar
Marmolejo
Villanueva de la Reina
Arjona
Arjona
Arjonilla
Escañuela
Higuera de Arjona
Baeza
Baeza
Begíjar

Ibros
Lupión
Bailén
Bailén
Baños de la Encina
Beas de Segura
Arroyo del Ojanco
Beas de Segura
Cambil
Cambil
Campillo de Arenas
Los Cárcheles
Noalejo
Cazorla
Cazorla
Chilluévar
La Iruela
Santo Tomé

Huelma
Bélmez de la Moraleda
Cabra de Santo Cristo
Huelma
Jaén
Fuerte del Rey
La Guardia de Jaén
Jaén
Valdepeñas de Jaén
Los Villares
Jódar
Bedmar y Garcíez
Jódar
Larva
La Carolina
Aldeaquemada
Carboneros
La Carolina
Santa Elena

Provincia de Jaén (continuación)

Linares
Arquillos
Guarromán
Jabalquinto
Linares
Torreblascopedro
Vilches
Mancha Real
Albánchez de Úbeda
Jimena
Mancha Real
Pegalajar
Torres
Martos
Fuensanta de Martos
Martos
Santiago de Calatrava
Mengíbar
Cazalilla
Espeluy
Mengíbar
Villatorres
Orcera
Benatae

Génave
Hornos
Orcera
Puente de Génave
La Puerta de Segura
Segura de la Sierra
Siles
Torres de Albanchez
Villarrodrigo
Peal de Becerro
Huesa
Peal de Becerro
Quesada
Porcuna
Higuera de Calatrava
Lopera
Porcuna
Pozo Alcón
Hinojares
Pozo Alcón
Santiago–Pontones
Santiago–Pontones
Santisteban del Puerto
Castellar

Chiclana de Segura
Montizón
Navas de San Juan
Santisteban del Puerto
Sorihuela del Guadalimar
Torre del Campo
Jamilena
Torredelcampo
Torredonjimeno
Torredonjimeno
Villardompardo
Torreperogil
Sabiote
Torreperogil
Úbeda
Canena
Rus
Úbeda
Villacarrillo
Villacarrillo
Villanueva del Arzobispo
Iznatoraf
Villanueva del Arzobispo

Provincia de Málaga

Algarrobo
Algarrobo
Archez
Canillas de Albaida
Cómpeta
Sayalonga
Algatocín
Algatocín
Atajate
Benadalid
Benalauría
Benarrabá
Gaucín

Genalguacil
Jubrique
Alhaurín de la Torre
Alhaurín de la Torre
Alhaurín el Grande
Alhaurín el Grande
Álora
Álora
Ardales
Carratraca
Alozaina
Alozaina
Casarabonela

Tolox
Yunquera
Antequera
Antequera
Valle de Abdalajís
Villanueva del Rosario
Archidona
Archidona
Cuevas Bajas
Cuevas de San Marcos
Villanueva de Algaidas
Villanueva de Tapia
Villanueva del Trabuco

Provincia de Málaga (continuación)

Axarquía Oeste
Almáchar
Benamargosa
Benamocarra
El Borge
Comares
Cútar
Iznate
Benaoján
Benaoján
Cortes de la Frontera
Jimera de Líbar
Montejaque
Campillos
Almargen
Campillos
Cañete la Real
Sierra de Yeguas
Teba
Cártama
Cártama
Pizarra
Coín
Coín
Guaro
Monda
Colmenar
Alfarnate
Alfarnatejo
Casabermeja

Colmenar
Riogordo
Estepona
Casares
Estepona
Manilva
Fuengirola
Fuengirola
Mijas
Málaga
Almogía
Málaga
Totalán
Marbella
Benahavís
Istán
Marbella
Ojén
Mollina
Alameda
Fuente de Piedra
Humilladero
Mollina
Nerja
Frigiliana
Nerja
Rincón de la Victoria
Macharaviaya
Moclinejo
Rincón de la Victoria

Ronda
Alpandeire
Arriate
El Burgo
Cartajima
Cuevas del Becerro
Faraján
Igualeja
Júzcar
Parauta
Pújerra
Ronda
Torremolinos–Benalmá-dena
Benalmádena
Torremolinos
Torrox
Torrox
Vélez–Málaga
Arenas
Vélez–Málaga
Viñuela
Alcaucín
Canillas de Aceituno
Periana
Salares
Sedella
Viñuela

Provincia de Sevilla

Alcalá de Guadaira
Alcalá de Guadaira
Alcalá del Río
Alcalá del Río
Burguillos
Castilblanco de los Arroyos
Brenes
Brenes

Villaverde del Río
Camas
Camas
Castilleja de Guzmán
Santiponce
Valencina de la Concepción
Cantillana
Cantillana

Tocina
Villanueva del Río y Minas
Carmona
Carmona
Castilleja de la Cuesta
Castilleja de la Cuesta
Gines

Provincia de Sevilla (continuación)

Cazalla de la Sierra
Alanís
Cazalla de la Sierra
Guadalcanal
Constantina
Constantina
Las Navas de la Concepción
El Pedroso
San Nicolás del Puerto
Coria del Río
Almensilla
Coria del Río
Isla Mayor
La Puebla del Río
Dos Hermanas
Dos Hermanas
Écija
Écija
El Arahal
El Arahal
Paradas
El Saucejo
Algámitas
Los Corrales
Martín de la Jara
El Saucejo
Villanueva de San Juan
Estepa
Badolatosa
Casariche
Estepa
Gilena
Herrera
Lora de Estepa
Marinaleda
Pedrera
La Roda de Andalucía
Guillena
Almadén de la Plata
El Castillo de las Guardas
El Garrobo

Gerena
Guillena
El Madroño
El Real de la Jara
El Ronquillo
La Algaba
La Algaba
La Luisiana
Cañada del Rosal
Fuentes de Andalucía
La Luisiana
La Rinconada
La Rinconada
Las Cabezas de San Juan
Las Cabezas de San Juan
Lebrija
El Cuervo
Lebrija
Lora del Río
Alcolea del Río
La Campana
Lora del Río
La Puebla de los Infantes
Los Alcores
Mairena del Alcor
El Viso del Alcor
Los Palacios
Los Palacios y Villafranca
Mairena del Aljarafe
Mairena del Aljarafe
Palomares del Río
Marchena
Marchena
Montellano
Coripe
Montellano
Morón de la Frontera
Morón de la Frontera
Pruna
Olivares
Albaida del Aljarafe

Olivares
Salteras
Villanueva del Ariscal
Osuna
Aguadulce
La Lantejuela
Osuna
El Rubio
Pilas
Aznalcázar
Carrión de los Céspedes
Chucena
Hinojos
Huévar
Pilas
Villamanrique de la Condesa
Puebla de Cazalla
La Puebla de Cazalla
Provincia de Sevilla
San Juan de Aznalfarache
Gelves
San Juan de Aznalfarache
Sanlúcar la Mayor
Aznalcóllar
Benacazón
Bollullos de la Mitación
Castilleja del Campo
Espartinas
Sanlúcar la Mayor
Umbrete
Sevilla
Sevilla
Tomares
Bormujos
Tomares
Utrera
El Coronil
Los Molares
Utrera

Anexo II. Distritos y Zonas Básicas de Salud que los conforman

Distrito
Zona Básica de Salud (en negrita)

Provincia de Almería

Almería
Almería
Alto Andarax
Bajo Andarax
Carboneras
Níjar
Río Nacimiento
Sorbas
Tabernas
Levante–Alto Almanzora
Albox
Cuevas de Almanzora

Huércal–Overa
Los Vélez
Mármol
Serón
Vera
Poniente de Almería
Adra
Berja
El Ejido
Roquetas de Mar
Vícar

Provincia de Cádiz

Bahía de Cádiz–La Janda
Barbate
Cádiz
Chiclana
Conil
Medina–Sidonia
Puerto de Santa María
Puerto Real
San Fernando
Vejer de la Frontera
Campo de Gibraltar
Algeciras
Jimena de la Frontera
La Línea de la Concepción

Los Barrios
San Roque
Tarifa
Jerez–Costa Noroeste
Chipiona
Jerez
Rota
Sanlúcar de Barrameda
Sierra de Cádiz
Alcalá del Valle
Arcos de la Frontera
Olvera
Ubrique
Villamartín

Provincia de Córdoba

Córdoba
Córdoba

Córdoba Norte
Hinojosa del Duque
Peñarroya–Pueblonuevo
Pozoblanco
Villanueva de Córdoba

Córdoba Sur
Aguilar
Baena
Benamejí
Cabra
Castro del Río
Fernán Núñez
Iznájar

La Rambla
Lucena
Montilla
Priego de Córdoba
Puente Genil
Rute

Guadalquivir
Bujalance
Fuente Palmera
La Carlota
La Sierra
Montoro
Palma del Río
Posadas

Provincia de Granada

Granada
Granada

Granada Nordeste
Baza
Benamaurel
Guadix
Huéscar
Marquesado
Pedro Martínez
Purullena

Granada Sur
Albuñol
Almuñécar
Cádiar
Motril
Órgiva
Salobreña
Ugíjar

Metropolitano de Granada
Albolote
Alfacar
Alhama de Granada
Armilla
Atarfe
Cenes de la Vega
Churriana de la Vega
Huétor–Tájar
Íllora
Iznalloz
La Zubia
Loja
Maracena
Montefrío
Peligros
Pinos Puente
Santa Fe
Valle de Lecrín

Provincia de Huelva

Condado–Campiña
Almonte
Bollullos Par del Condado
Campiña Norte
Campiña Sur
Condado Occidental
Gibraleón
La Palma del Condado
Huelva–Costa
Aljaraque
Andévalo Occidental
Ayamonte
Cartaya
Huelva
Isla Cristina
Lepe
Punta Umbría
Sierra de Huelva–Andévalo Central
Aracena
Calañas
Cortegana
Cumbres Mayores
Minas de Riotinto
Valverde del Camino

Provincia de Jaén

Jaén
Cambil
Huelma
Jaén
Mancha Real
Mengíbar
Torre del Campo
Jaén Nordeste
Baeza
Beas de Segura
Cazorla
Jódar
Orcera
Peal de Becerro
Pozo Alcón
Santiago–Pontones
Torreperogil
Úbeda
Villacarrillo
Villanueva del Arzobispo
Jaén Norte
Andújar
Arjona
Bailén
La Carolina
Linares
Santisteban del Puerto
Jaén Sur
Alcalá la Real
Alcaudete
Martos
Porcuna
Torredonjimeno

Provincia de Málaga

Axarquía
Algarrobo
Axarquía Oeste
Colmenar
Nerja
Torrox
Vélez–Málaga
Viñuela
Costa del Sol
Estepona
Fuengirola
Marbella
Torremolinos–Benalmádena
La Vega
Antequera
Archidona

Campillos
Mollina
Málaga
Málaga
Rincón de la Victoria
Serranía
Algatocín
Benaoján
Ronda
Valle del Guadalhorce
Alhaurín de la Torre
Alhaurín el Grande
Álora
Alozaina
Cártama
Coín

Provincia de Sevilla

Aljarafe
Camas
Castilleja de la Cuesta
Coria del Río
Mairena del Aljarafe
Olivares
Pilas
San Juan de Aznalfarache
Sanlúcar la Mayor
Tomares
Sevilla
Sevilla
Sevilla Este
Écija
El Saucejo
Estepa
La Luisiana
Marchena
Osuna
Puebla de Cazalla
Sevilla Norte
Alcalá del Río

Brenes
Cantillana
Carmona
Cazalla de la Sierra
Constantina
Guillena
La Algaba
La Rinconada
Lora del Río
Los Alcores
Santa Olalla de Cala
Sevilla Sur
Alcalá de Guadaira
Dos Hermanas
El Arahal
Las Cabezas de San Juan
Lebrija
Los Palacios
Montellano
Morón de la Frontera
Utrera

4. ASISTENCIA SANITARIA EN ANDALUCÍA: ORDENACIÓN DE LA ASISTENCIA ESPECIALIZADA EN ANDALUCÍA. ORGANIZACIÓN HOSPITALARIA

El Decreto 105/1986 de 11 de junio, establece la ordenación de la asistencia sanitaria especializada en Andalucía y los órganos de dirección de los hospitales.

El Decreto 105/1986 es de aplicación a las Instituciones Sanitarias, Hospitales y Centros Periféricos de Especialidades gestionadas o administradas por la Junta de Andalucía, así como a las demás que se integren en su red asistencial.

4.1. Áreas Hospitalarias

De conformidad con lo dispuesto en el art. 1 de la ley 8/1986, de 6 de mayo, del Servicio Andaluz de Salud, el Área Hospitalaria es la demarcación geográfica para la gestión y administración de la asistencia sanitaria especializada, estando conformada, al menos, por un Hospital y por los Centros Periféricos de Especialidades adscritos al mismo.

Las Áreas Hospitalarias se delimitarán con arreglo a criterios geográficos, demográficos, de accesibilidad de la población y la eficiencia para la prestación de la asistencia especializada.

Son fines de la Asistencia Especializada:

a) Ofrecer a la población los medios técnicos y humanos de diagnóstico, tratamiento y rehabilitación adecuados que, por su especialización o características, no puedan resolverse en el nivel de la atención primaria.

b) Posibilitar el internamiento en régimen de hospitalización a los pacientes que lo precisen.

c) Participar en la atención de las urgencias, asumiendo las que superen los niveles de la asistencia primaria.

d) Prestar la asistencia en régimen de consultas externas que requieran la atención especializada de la población, en su correspondiente ámbito territorial, sin perjuicio de lo establecido para el Dispositivo Específico de Apoyo a la Atención Primaria.

e) Participar, con el resto de dispositivo sanitario, en la prevención de las enfermedades y promoción de la salud.

f) Colaborar en la formación de los recursos humanos y en las investigaciones de salud.

4.2. Asistencia en régimen de consultas externas

La asistencia especializada en régimen de consultas externas, se prestará en los siguientes Centros:

a) Consultas Externas ubicadas en los Hospitales.

b) Centros Periféricos de Especialidades, que dependerán funcional y orgánicamente de los Hospitales, siendo los dispositivos a distancia de los mismos, para prestar en régimen de Consultas Externas, la asistencia de especialidades que requiera la población.

c) Centros de Salud y excepcionalmente en consultas a domicilio, en aquellos casos en que lo requiera el dispositivo de la atención primaria.

4.3. Asistencia en régimen de internamiento

Las Instituciones Sanitarias que presten asistencia especializada en régimen de internamiento adoptarán la denominación única de Hospitales.

A los efectos previstos en el apartado anterior, los Hospitales se clasificarán en la forma siguiente:

a) Hospitales Generales Básicos, cuyo ámbito de actuación será el Área Hospitalaria a la que se encuentren adscritos.

b) Hospitales Generales de Especialidades, que tendrán la consideración de Hospitales de referencia para la asistencia especializada que requiere abarcar más de un Área Hospitalaria. Asimismo, asumirán las funciones de Hospital General Básico para el Área Hospitalaria a la cual se encuentre adscrito. En todo caso, cada una de las Áreas de Salud a las que se refiere el artículo 9º de la ley 8/1986, de 8 de mayo, del Servicio Andaluz de Salud, contará con un Hospital de Especialidades.

Los Hospitales Generales podrán estar integrados por distintos Centros, cuya denominación se ajustará a sus funciones asistenciales y con referencia, en todo caso, al Hospital General en el que se integren.

A los Hospitales Generales podrán ser adscritos orgánicamente Centros cuya función asistencial tenga por finalidad una atención que requiera media o larga estancia.

En función de las necesidades de la atención especializada, el personal sanitario del Área Hospitalaria prestará sus servicios profesionales tanto en el Hospital como en los demás Centros Asistenciales del Área, de acuerdo con la normativa legalmente establecida.

4.4. Coordinación entre niveles asistenciales

A efectos de lo previsto en los artículos anteriores, por la Consejería competente en materia de Salud se establecerán los criterios de coordinación previstos entre los diferentes niveles asistenciales, atendiendo a la complementariedad de los servicios prestados por cada uno de ellos.

4.5. Órganos de Dirección

Los Hospitales y los Centros Periféricos de Especialidades adecuarán su estructura de Dirección, Gestión y Administración y su organización funcional a lo dispuesto en el Decreto 105/1986.

La estructura de Dirección, Gestión y Administración, será única para el Hospital y los Centros Periféricos de Especialidades adscritos al mismo.

4.6. Órganos Unipersonales y Comisión de Dirección

Tendrán consideración de órganos unipersonales de Dirección:

1. La Gerencia del Hospital.

2. Dependiendo directamente de la Gerencia existirán:
   a) La Dirección Médica
   b) La Dirección de Enfermería.
   c) La Dirección Económica-Administrativa.
   d) La Dirección de Servicios Generales.

Excepcionalmente podrán crearse los puestos de Subdirector-Gerente y Subdirector de las Direcciones mencionados, cuando las necesidades funcionales y estructurales así lo requieran.

Como órgano cualificado existirá la Comisión de Dirección del Hospital, integrado por los titulares de cada uno de los órganos de dirección mencionados, bajo la presidencia del Director- Gerente.

4.7. Dependencia organizativa.

Los Directores-Gerentes dependerán jerárquica y funcionalmente de la correspondiente Gerencia Provincial del Servicio Andaluz de Salud (hoy inexistentes).

4.8. Funciones del Director-Gerente

Las funciones del Director-Gerente serán:

1. Asumir la representación oficial del Hospital y Centros adscritos, así como la superior autoridad y responsabilidad dentro de los mismos.

2. Desarrollar el Plan General, así como los programas anuales del Hospital y de los Centros Periféricos de Especialidades, en el que se definirán los fines y objetivos del mismo, sobre la base de las necesidades comunitarias marcadas por los órganos competentes de la Consejería de Salud y Consumo.

3. La presentación del proyecto de presupuesto económico del Hospital y Centros Periféricos de Especialidades.

4. La gestión y administración de la asistencia hospitalaria y especialidades de su Área y la instrumentación de la política establecida en el plan asistencial, docente e investigador.

5. Asegurar la relación del Hospital con la red sanitaria de la comunidad

6. Dar cuenta de su gestión ante los órganos competentes de la Administración Sanitaria y presentar anualmente el informe de gestión.

4.9. Funciones del Director Médico

Las funciones del Director Médico serán:

1. Definir y desarrollar los objetivos en lo que respecto a los servicios médicos y otras unidades de apoyo clínico-asistencial siendo responsable ante el Director-Gerente del funcionamiento de estos servicios, coordinando y evaluando las actividades de sus integrantes.

2. Asegurar el desarrollo del programa de actividad y control de calidad asistencial, así como la organización y control de la docencia e investigación.

3. Asumir las funciones del Director-Gerente o del Subdirector Gerente, si hubiere, en caso de ausencia, enfermedad o vacante.

4. Asumir, en su caso, aquel las funciones que le delegue el Director-Gerente.

4.10. Funciones del Director de Enfermería

Las funciones del Director de Enfermería serán:

1. Definir y desarrollar los objetivos de la enfermería del Hospital y Centros adscritos, siendo responsable ante el Director-Gerente del funcionamiento de las Unidades de Enfermería, coordinando y evaluando las actividades de sus integrantes.

2. Presentar las propuestas necesarias para el mejor funcionamiento de las Unidades de Enfermería.

3. Asegurar el desarrollo del programa de actividad y control asistencial, así como la organización de la docencia e investigación de Enfermería.

4. Asumir, en su caso, aquellas funciones que le delegue el Director-Gerente.

4.11. Funciones del Director Económico-Administrativo

Las funciones del Director Económico-Administrativo serán:

1. Definir y desarrollar los objetivos que deben alcanzar los servicios económicos y de administración en orden a controlar y administrar los recursos económicos del Hospital y de los Centros Periféricos de Especialidades, res-

ponsabilizándose ante el Director-Gerente del correcto funcionamiento de tales servicios, de su coordinación y de la evaluación de las actividades de sus integrantes.

2. Ejecutar las normas de contabilidad presupuestaria y financiera dictados por los órganos competentes, en orden a conseguir el control económico de la gestión.

3. Elaborar el proyecto de presupuesto anual en base a los objetivos definidos por la Comisión de Dirección dentro de los criterios marcados por los órganos competentes de la Junta de Andalucía.

4. Proporcionar al resto de las Direcciones el soporte administrativo para el cumplimiento de sus objetivos.

5. Desarrollar las funciones de gestión de personal.

6. Asumir, en su caso, aquellas funciones que le delegue el Director-Gerente.

4.12. Funciones del Director de Servicios Generales

Las funciones del Director de Servicios Generales serán:

1. Definir y desarrollar los objetivos que deben alcanzar los servicios técnicos de mantenimiento, los de hostelería y cuantos servicios auxiliares no sanitarios sean necesarios para apoyar la propia atención sanitaria, responsabilizándose ante el Director- Gerente del correcto funcionamiento de tales servicios, de su coordinación y de la evaluación de las actividades de sus integrantes.

2. Responsabilizarse del correcto funcionamiento de la estructura y de las instalaciones, así como del equipamiento electromédico del Hospital y Centros Periféricos de Especialidades, organizando su mantenimiento, garantizando la seguridad de las mismas y la calidad de las prestaciones.

3. Proponer las sucesivas adquisiciones de equipamiento en función de las necesidades y de los programas establecidos por la Comisión de Dirección y la Consejería de Salud y Consumo.

4. Planificar y ejecutar la adquisición de suministros y materiales necesarios para la óptima dotación de los almacenes, asegurando su permanente revisión y estableciendo los sistemas de organización y control necesarios para conocer y asegurar, en cada momento, sus existencias.

5. Organizar los servicios de hostelería de los Hospitales y Centros Periféricos de Especialidades, implantando los adecuados controles de calidad, contribuyendo con los mismos a una permanente humanización de la asistencia y mayor calidad de la estancia.

6. Coordinar y evaluar la actuación del personal subalterno, y proporcionar al resto de los Direcciones del Hospital el soporte de servicios generales así como de personal subalterno necesario para el cumplimiento de sus fines.

7. Asumir, en su caso, aquellas funciones que le delegue el Director-Gerente.

4.13. Comisión de Dirección

La Comisión de Dirección asumirá la función de coordinar e integrar los diferentes planes de cada Dirección para definir los objetivos sanitarios y los planes económicos del Hospital y Centros Periféricos de Especialidades.

Asimismo, presentará el proyecto de presupuestos del Hospital y Centros Periféricos de Especialidades.

La Comisión de Dirección se reunirá en sesión ordinaria al menos una vez al mes, y siempre que lo estime necesario el Director-Gerente.

4.14. Dotación de los Órganos de Dirección

La dotación de los órganos de dirección se establecerá de acuerdo con los siguientes criterios:

1. Hospitales Generales Básicos

    1. Director Gerente, del que dependerán:

        a) Director Médico.

        b) Director de Enfermería.

        c) Director Económico-Administrativo y de Servicios Generales.

    2. El Director-Gerente podrá asumir algunas de los Direcciones mencionadas en el artículo 8º.

    3. En estos Hospitales cuando las necesidades lo aconsejen, podrá existir una Dirección de Servicios Generales.

2. Hospitales Generales de Especialidades.

    1. Director-Gerente, del que dependerán:

        a) Director Médico.

        b) Director de Enfermería.

        c) Director Económico-Administrativo.

        d) Director de Servicios Generales.

    2. En los Hospitales de Especialidades constituidos por más de un Centro, podrán existir en cada uno de ellos los puestos de Director Médico y del Director de Enfermería. Tales órganos dependerán del Director Médico y de Enfermería del Hospital, respectivamente, o directamente del Director-Gerente cuando no existan las Direcciones mencionadas a nivel de Hospital.

    3. Los Centros Periféricos de Especialidades, cuando la complejidad y distancia al Hospital lo requiera, estarán dotados de los órganos de dirección necesarios, que en todo caso actuarán de forma delegada de los órganos de dirección del Hospital.

4.15. Estructura de los Órganos de Dirección

La Gerencia y las Direcciones de Servicios Generales y Económico-Administrativos, contarán con la siguiente estructura:

– El Servicio
– La Sección
– La Unidad

Al frente de cada Servicio, Sección y en su caso Unidad existirá un Jefe como órgano unipersonal.

Los Jefes de Servicio, Sección y Unidad dependerán jerárquicamente del Director correspondiente, directamente o a través del jefe de Servicio y Sección respectivo.

En atención a la complejidad, se definirá el nivel máximo qué tendrá cada una de estas unidades.

Con carácter general, las Direcciones de Servicios Generales y Económico-Administrativas, así como la Gerencia se adaptarán a lo dispuesto en el Decreto 105/1986.

En todo caso, el número, composición y denominación de los diferentes Servicios, Secciones y Unidades se adaptarán a las condiciones específicas de cada Hospital y Centros Periféricos de Especialidades adscritos al mismo y a las necesidades del Área Hospitalaria correspondiente.

4.16. Estructura de la Gerencia

Todos los Hospitales contarán con las siguientes unidades administrativas, adscritas directamente al Director-Gerente:

a) Relaciones laborales.
b) Información y Atención al Usuario.
c) Admisión, Estadística y Archivo de Historias Clínicas.

Adscrito al Director Gerente y dependiendo de la complejidad y necesidades del Hospital, existirá una Unidad, Sección o Servicio de Informática.

La unidad de Relaciones laborales desarrollará la política de personal definida por el Director-Gerente y la Comisión de Dirección, en el marco de la política general de personal fijada por los Órganos competentes, sin perjuicio de las facultades que correspondan a otras Direcciones.

La unidad de Información y Atención al Usuario será responsable de la información y tutela al usuario, y de atender y garantizar la tramitación de las reclamaciones que se puedan producir.

La unidad de Admisión, Estadística y Archivo de Historias Clínicas será responsable del control y regulación funcional de las admisiones para hospitalización, consultas externos y urgencias, del mantenimiento y control de los registros administrativos clínicos de pacientes y de la organización del archivo de historias clínicas, así como de la comunicación a las instancias correspondientes de la información estadística que proceda.

4.17. Estructura de la Dirección Médica

Las unidades asistenciales adscritas al Director Médico serán las de Especialidades Médicas, Quirúrgicas y Médico-Quirúrgicas, así como las de apoyo a las mismas.

Los responsables de las unidades Médicas, Quirúrgicas y Médico-Quirúrgicas podrán tener el nivel de Jefe de Servicio o de Sección. Los Jefes de Servicio estarán bajo la dependencia inmediata del Director Médico y los Jefes de Sección dependerán del Jefe de Servicio correspondiente o, en su caso, del Director Médico.

Cuando las necesidades asistenciales lo determinen, podrán constituirse unidades interdisciplinarias donde los facultativos de distintos Especialidades desarrollarán sus funciones, a tiempo parcial o completo.

Los Jefes de Servicio y/o Sección serán responsables de la organización de la asistencia de la especialidad correspondiente en el Área Hospitalaria a la que esté adscrito el Servicio o Sección, y del cumplimiento de los objetivos asistenciales del mismo, dentro de los criterios marcados por la Comisión de Dirección y el Director Médico, garantizando la correspondiente responsabilidad y autonomía a los respectivos estamentos en aquellas funciones que les sean propias, todo ello sin perjuicio de lo establecido para los Dispositivos Específicos de Apoyo a la Atención Primaria.

4.18. Estructura de la Dirección de Enfermería

Adscritas directamente a la Dirección de Enfermería existirán las Unidades de Enfermería.

Los responsables de tales Unidades serán los Supervisores de Enfermería, que estarán bajo la dependencia del director de Enfermería.

Serán funciones de los Supervisores de Enfermería:

a) Desarrollar los objetivos de la enfermería respecto a los cuidados de la enfermería, planificando, organizando, evaluando y coordinando las actividades de los integrantes de la Unidad o unidades de la cual es responsable.

b) Supervisar y controlar la utilización adecuada de los recursos materiales depositados en la Unidad o unidades.

c) Desarrollar en la Unidad el programa de actividad asistencial de enfermería, así como participar y colaborar en la docencia e investigación de enfermería.

d) Asumir las funciones, en su caso, que les delegue el Director de Enfermería.

Se podrán integrar diferentes Unidades, creando los puestos de Supervisores Generales.

4.19. Estructura de la Dirección de Servicios Generales

Todos los Hospitales contarán con las siguientes unidades administrativas adscritas al Director de Servicios Generales:

a) Mantenimiento y Seguridad

b) Hostelería.

c) Suministros y Almacenes.

La unidad de Mantenimiento y Seguridad se responsabilizará del mantenimiento general y electromédico del Hospital, así como de la seguridad del mismo.

La unidad de Hostelería se responsabilizará de la cocina, lavandería, lencería y limpieza.

La unidad de Suministros y Almacenes se responsabilizará de las compras y organización de almacenes.

Desde los Hospitales Generales se podrá desarrollar Unidades, Secciones o Servicios que sirvan de apoyo y de referencia al resto del dispositivo sanitario del ámbito territorial de actuación del Hospital.

4.20. Estructura de la Dirección Económica-Administrativa

La Dirección Económico-Administrativa tendrá adscritas al menos, las siguientes unidades:

a) Administración

b) Contabilidad y Control Económico.

c) Personal.

La unidad de Administración llevará a cabo la gestión de ingresos y gastos del Hospital y la facturación a terceros por la utilización del Centro y el registro general de correspondencia.

Asimismo, aportará el apoyo administrativo necesario o los demás órganos y unidades del Hospital, y Centros Periféricos de Especialidades

La unidad de Contabilidad y Control Económico desarrollará las funciones de registro cronológico, adecuado al plan contable establecido, de todos los actos económicos del Centro, así como elaboración, de acuerdo con la normativa vigente, de los estados previstos de ingresos y gastos y la confección de estadísticas generales.

La unidad de Personal desarrollará las funciones de gestión de personal, control de plantilla y puestos de trabajo, registro, incidencias, nóminas y acción social.

Desde los Hospitales Generales se podrá desarrollar Unidades, Secciones o Servicios que sirvan de apoyo y referencia al resto del dispositivo sanitario del ámbito territorial de actuación del Hospital.

4.21. Órganos Asesores Colegiados

Todos los Hospitales incluidos en el ámbito de aplicación del presente Decreto, contarán necesariamente con los siguientes órganos asesores:

1. La Junta del Hospital y Centros Periféricos de Especialidades adscritos, como órgano asesor de la Gerencia.
2. La junta Facultativa, como órgano asesor de la Dirección Médica.
3. La junta de Enfermería, como órgano asesor de la Dirección de Enfermería.

4.22. Junta del Hospital

La Junta del Hospital y Centros Periféricos de Especialidades asumirá las funciones siguientes:

a) Informar y asesorar al Director-Gerente en todas aquellas materias que incidan en las actividades asistenciales y de atención al usuario.

b) Informar sobre el plan de necesidades anuales del Hospital y Centros Periféricos de Especialidades.

c) Informar y asesorar sobre los aspectos relacionados con la política de personal y con la seguridad e higiene en el trabajo.

d) Conocer e informar el programa y objetivos anuales del Hospital.

e) Conocer e informar sobre la memoria anual de gestión.

f) Conocer e informar sobre la propuesta del presupuesto del Hospital.

La composición de la Junta del Hospital será:

– Presidente: Director-Gerente.

– Vicepresidente: Uno de los Directores del Hospital, nombrado por el Director-Gerente.

– Vocales: Los demás Directores que integren la Comisión de Dirección del Hospital.

– Dos facultativos especialistas elegidos por la votación directa entre el personal facultativo del Centro.

– Dos vocales elegidos por votación entre el personal de enfermería (personal Auxiliar Sanitario y Auxiliar de Clínica).

– Dos vocales elegidos por votación directa entre el personal de la función administrativa.

– Dos vocales elegidos por votación entre el resto del personal no sanitario.

– Dos vocales elegidos por votación directa por el Comité de Empresa.

– Un representante elegido por los facultativos residentes de formación postgraduado de la Institución.

La Junta del Hospital y de los Centros periféricos de Especialidades creará el número de Comisiones necesarios, entre los cuales deberá existir, en todo caso la Comisión de Bienestar y Atención al Usuario, la de Seguridad e Higiene en el Trabajo y la Comisión de Catástrofes.

4.23. Comisiones Asesoras de la Dirección de Servicios Generales

La Dirección de Servicios Generales podrá crear, si la complejidad del Hospital lo aconseja, las Comisiones asesoras que se estimen necesarios.

La composición y funciones de las Comisiones asesoras serán desarrolladas por el Director de Servicios Generales, con la aprobación de la Comisión de Dirección y del Director-Gerente.

En todos las Comisiones asesoras deberá incluirse, al menos, un Facultativo y un miembro del personal de Enfermería nombrados por la dirección correspondiente.

4.24. Plan General Hospitalario

Todos los Hospitales y Centros de Especialidades adscritos, deberán contar con un Plan General, que habrá de definir:

1. La estructura, organización y coordinación de los Servicios y Unidades del Hospital y Centros adscritos.
2. Las normas de coordinación asistencial para la derivación de pacientes a otros Centros Sanitarios.
3. Las normas de admisión de enfermos para la hospitalización, consultas externas y urgencias.
4. Las normas para situaciones de emergencia, desastre o desalojo.

El Plan General Hospitalario, se ajustará a los criterios fijados por la Consejería de Salud y Consumo, teniendo en cuenta las necesidades asistenciales del Área hospitalaria correspondiente y en coordinación con los planes o programas de la Atención Primaria de Salud.

4.25. Programas Hospitalarios

Anualmente, el Director-Gerente junto con la comisión de dirección realizará la memoria de gestión y fijará los objetivos del Hospital y de los Centros adscritos, desarrollando un programa concreto para la consecución de los mismos.

El Programa y los objetivos, se realizarán previo informe de los distintos Servicios y Unidades respecto a sus Áreas de actuación.

La definición de los objetivos y el Programa, se efectuará teniendo en cuenta las necesidades asistenciales en su Área Hospitalaria correspondiente y con sujeción al Plan General y a los criterios fijados por la Consejería competente en materia de Salud.

5. ÁREAS DE GESTIÓN SANITARIAS

La Ley 14/1986, de 25 de abril, General de Sanidad al establecer las características fundamentales del Sistema Nacional de Salud, consagra los principios de coordinación e integración de los recursos sanitarios como elementos de ordenación y gestión para la continuidad en la atención sanitaria y la coordinación entre niveles asistenciales. Como elemento innovador se favorece la integración de los dispositivos asistenciales de atención primaria, de atención hospitalaria y de salud pública bajo una misma estructura de gestión, cuyo objetivo no es otro que impulsar la coordinación entre las unidades asistenciales y mejorar la continuidad en la atención sanitaria.

La Ley 2/1998, de 15 de junio, de Salud de Andalucía, prevé en su artículo 57 que la Consejería competente en materia de Salud podrá establecer otras estructuras para la prestación de los servicios de atención primaria y hospitalaria por razones de eficacia, de nivel de especialización de los centros y de innovación tecnológica

Así pues. Las Áreas de Gestión Sanitarias se instituyen como responsables de la gestión unitaria de los centros y establecimientos del Servicio Andaluz de Salud en una demarcación territorial específica y de las prestaciones sanitarias a desarrollar en ella.

Actualmente existen en Andalucía catorce áreas de gestión sanitaria:

- **Almería**
  - ▷ Área de Gestión Sanitaria Norte de Almería.
  - ▷ Orden 5 de octubre de 2006 (BOJA núm. 202, de 18 de octubre de 2006).
- **Cádiz**
  - ▷ Área de Gestión Sanitaria Campo de Gibraltar.
  - ▷ Orden 2 de diciembre 2002 (BOJA núm. 149, de 19 diciembre de 2002).
  - ▷ Área de Gestión Sanitaria Norte de Cádiz.
  - ▷ Orden de 13 de febrero de 2013, por la que se constituyen las áreas de gestión sanitaria Norte de Cádiz, Sur de Córdoba, Nordeste de Granada, Norte de Jaén y Sur de Sevilla (BOJA núm.36, de 20 de febrero de 2013).
- **Córdoba**
  - ▷ Área Sanitaria Norte de Córdoba.
  - ▷ Decreto 68/1996, de 13 de febrero (BOJA núm. 37, de 23 de marzo de 1996).
  - ▷ Área de Gestión Sanitaria Sur de Córdoba.
  - ▷ Orden de 13 de febrero de 2013, por la que se constituyen las áreas de gestión sanitaria Norte de Cádiz, Sur de Córdoba, Nordeste de Granada, Norte de Jaén y Sur de Sevilla (BOJA núm.36, de 20 de febrero de 2013).
- **Granada**
  - ▷ Área de Gestión Sanitaria Nordeste de Granada.
  - ▷ Orden de 13 de febrero de 2013, por la que se constituyen las áreas de gestión sanitaria Norte de Cádiz, Sur de Córdoba, Nordeste de Granada, Norte de Jaén y Sur de Sevilla (BOJA núm.36, de 20 de febrero de 2013).
  - ▷ Área de Gestión Sanitaria Sur de Granada.

▷ Orden 5 de octubre de 2006 (BOJA núm. 202, de 18 de octubre de 2006).

- **Huelva**

  ▷ Área de Gestión Sanitaria Norte de Huelva.

  ▷ Orden de 20 de noviembre de 2009 (BOJA núm. 247, de 21 de diciembre de 2009).

- **Jaén**

  ▷ Área de Gestión Sanitaria Norte de Jaén.

  ▷ Orden de 13 de febrero de 2013, por la que se constituyen las áreas de gestión sanitaria Norte de Cádiz, Sur de Córdoba, Nordeste de Granada, Norte de Jaén y Sur de Sevilla (BOJA núm.36, de 20 de febrero de 2013).

- **Málaga**

  ▷ Área de Gestión Sanitaria Este de Málaga-Axarquía.

  ▷ Orden de 20 de noviembre de 2009 (BOJA núm. 247, de 21 de diciembre de 2009).

  ▷ Área de Gestión Sanitaria Norte de Málaga.

  ▷ Orden 5 de octubre de 2006 (BOJA núm. 202, de 18 de octubre de 2006).

  ▷ Área de Gestión Sanitaria Serranía de Málaga.

  ▷ Orden 5 de octubre de 2006 (BOJA núm. 202, de 18 de octubre de 2006).

- **Sevilla**

  ▷ Área de Gestión Sanitaria de Osuna.

  ▷ Decreto 96/1994, de 3 de mayo (BOJA núm. 83, de 7 de junio de 1994) y Decreto 69/1996, de 13 de febrero (BOJA núm. 37, de 23 de marzo de 1996).

  ▷ Área de Gestión Sanitaria Sur de Sevilla.

  ▷ Orden de 13 de febrero de 2013, por la que se constituyen las áreas de gestión sanitaria Norte de Cádiz, Sur de Córdoba, Nordeste de Granada, Norte de Jaén y Sur de Sevilla (BOJA núm.36, de 20 de febrero de 2013).

6. CONTINUIDAD ASISTENCIAL ENTRE NIVELES ASISTENCIALES

La Ley 14/1986, de 25 de abril, General de Sanidad estableció el principio de coordinación de los recursos sanitarios como elementos de ordenación y gestión para la continuidad en la atención sanitaria y la coordinación entre niveles asistenciales.

El Plan Marco de Calidad y Eficiencia de la Consejería de Salud, el Plan Estratégico del Servicio Andaluz de Salud y los primeros Contratos Programas del Servicio Andaluz de Salud con los Hospitales y Distritos de Atención Primaria, marcaron como una de las líneas primordiales de actuación dirigidas a la búsqueda de la calidad asistencial, la gestión por procesos encuadrados en un enfoque integral de continuidad de la asistencia. Dicha continuidad asistencial debe entenderse como una visión continua y compartida del trabajo asistencial en la que intervienen múltiples profesionales y distintos centros de trabajo.

Esta misma línea se ha mantenido en los diferentes Planes de Calidad. En el Plan de Calidad 2010-2014 se establece que la complejidad del sistema sanitario y la amplitud de la oferta de servicios que se requiere para dar respuesta a las necesidades de los pacientes y su entorno, hacen que el valor de la continuidad asistencial, y de la visión integrada de la atención, tengan un papel cada vez más relevante a la hora de definir o medir la calidad de los servicios.

Los acuerdos de colaboración que suscriben anualmente los Hospitales y Distritos del SAS pretenden eliminar cualquier factor que pudiera producir fracturas en la continuidad asistencial entre ambos niveles asistenciales. En ellos se garantiza la continuidad asistencial en diferentes aspectos.

A) Gestión por procesos asistenciales integrados

Se incluyen diversos procesos de implantación obligatoria cada año.

B) Garantía de tiempos de respuesta

Los Hospitales se comprometen a realizar una oferta de consultas de especialidades suficiente para todo el año. Además se facilitarán las consultorías para Atención Primaria de diversas especialidades. Los Distritos por su parte deberán poner en marcha las medidas necesarias para lograr una mayor eficiencia en la demanda de estas consultas.

C) Continuidad de cuidados

Se establece mejorar la asistencia a pacientes hospitalizados que tras el alta requieran cuidados complejos en el domicilio mediante su adecuada identificación en el hospital y la activación de las guías de actuación compartida y de los cuadernos de continuidad de cuidados.

D) Urgencias

Se potencian los protocolos conjuntos de actuación y tratamiento para las urgencias más frecuentes y los Hospitales podrán solicitar a los dispositivos de Atención Primaria que los pacientes dados de alta por el servicio de urgencias hospitalarias que así lo requieran, sean atendidos en consulta o a domicilio por dichos dispositivos.

La coordinación en el ámbito de la fisioterapia y rehabilitación garantizará que los pacientes reciban una atención de rehabilitación de calidad, en el lugar más apropiado para ellos.

También la formación y docencia constituye un campo de actuación conjunto entre Hospitales y Distritos, que organizan actividades compartidas para sus profesionales.

Tema **5**

Protección de Datos

Ley Orgánica 15/1999, de 13 de diciembre, de Protección de datos de carácter personal: objeto, ámbito de aplicación y principios; derechos de las personas. La Agencia Española de Protección de Datos

Fisioterapeutas *Servicio Andaluz de Salud (SAS)*

Temario común

Noelia Díez Herrero
Licenciada en Derecho

Índice esquemático

1. **Introducción**

2. **Ley Orgánica 15/1999, de 13 de diciembre, de protección de datos de carácter personal: Objeto, ámbito de aplicación y principios; derechos de las personas**
   - 2.1. Objeto
   - 2.2. Ámbito De Aplicación
   - 2.3. Definiciones
   - 2.4. Principios de la protección de datos
   - 2.5. Derechos de las personas
   - 2.6. Tutela de los derechos

3. **Agencia Española de Protección de Datos**
   - 3.1. Introducción
   - 3.2. Regulación básica
   - 3.3. Naturaleza y régimen jurídico
   - 3.4. Estructura de la agencia española de protección de datos
   - 3.5. Funciones de la agencia de protección de datos
   - 3.6. Potestad de inspección
   - 3.7. Órganos correspondientes de las Comunidades Autónomas
   - 3.8. Ficheros de las Comunidades Autónomas en materia de su exclusiva competencia

1. INTRODUCCIÓN

La Ley Orgánica 15/1999, de 13 de diciembre, de Protección de Datos de Carácter Personal (en adelante, LOPD), **carece de Exposición de Motivos, cuenta con 49 artículos y su estructura es la siguiente:**

Título I: Disposiciones generales.

Título II: Principios de la protección de datos.

Título III: Derechos de las personas.

Título IV: Disposiciones sectoriales.

- Capítulo I: Ficheros de titularidad pública.
- Capítulo II: Ficheros de titularidad privada.

Título V: Movimiento internacional de datos.

Título VI: Agencia Española de Protección de datos.

Título VII: Infracciones y sanciones.

- 6 disposiciones Adicionales.
- 3 Disposiciones Transitorias.
- 1 Disposición Derogatoria.
- 3 Disposiciones Finales.

Dentro de la Unión Europea y como influencia más directa e importante en la protección de datos personal es, señalamos la **Directiva 95/46 CEE,** que nace con el objetivo de armonizar la legislación de los países miembros de la Unión en materia de protección de datos, en esta Directiva se recogen los principios mínimos de protección que todos los países de la Unión Europea deberían garantizar en su legislación nacional interna. En la normativa europea la protección de este derecho fundamental del individuo, también es conocido como "autodeterminación informativa". En cumplimiento de esta Directiva, y teniendo como base el artículo 18 de la Constitución española de 1978, España promulgó la Ley Orgánica 15/1999, de 13 de diciembre, de Protección de Datos de Carácter Personal , que supone la transposición de la Directiva 95/46 CEE al derecho interno de nuestro país.

El artículo 18 de la Constitución que dice:

*"**1.** Se garantiza el derecho al honor, a la intimidad personal y familiar y a la propia imagen.*

***2.** El domicilio es inviolable. Ninguna entrada o registro podrá hacerse en él sin consentimiento del titular o resolución judicial, salvo en caso de flagrante delito.*

***3.** Se garantiza el secreto de las comunicaciones y, en especial, de las postales, telegráficas y telefónicas, salvo resolución judicial.*

4. La ley limitará el uso de la informática para garantizar el honor y la intimidad personal y familiar de los ciudadanos y el pleno ejercicio de sus derechos."

Además la **Constitución Española** en su artículo 10 reconoce el derecho a la dignidad de la persona.

El Tribunal Constitucional por su parte, en su **sentencia 292/2000**, reconoce la protección de datos de carácter personal como un derecho constitucionalmente autónomo e independiente a la intimidad, y por tanto un derecho fundamental que debe ser regulado por Ley orgánica, manteniendo lo establecido en la Carta de Derechos Fundamentales de la Unión Europea firmada en Niza el 7 de diciembre de 2000, cuyo artículo 8 dice que toda persona tiene derecho a la protección de datos de carácter personal que la conciernen.

La Ley Orgánica 15/1999 de 13 de diciembre es la que regula este derecho fundamental, y a su vez es desarrollada por el **Real Decreto 1720/2007 de 21 de diciembre** (en adelante RLOPD), (modificado por la Disposición Adicional Cuarta del Real Decreto 3/2010 de 8 de enero por el que se regula el Esquema Nacional de Seguridad en el ´ámbito de la Administración Electrónica.).

Este Reglamento comparte con la Ley Orgánica la finalidad de hacer frente a los riesgos que para los derechos de la personalidad pueden suponer el acopio y tratamiento de datos personales. Por ello, ha de destacarse que esta norma reglamentaria nace con la vocación de no reiterar los contenidos de la norma superior (LOPD) y de desarrollar, no sólo los mandatos contenidos en la Ley Orgánica de acuerdo con los principios que emanan de la Directiva, sino también aquellos que en los años de vigencia de la Ley se ha demostrado que precisan de un mayor desarrollo normativo.

2. LEY ORGÁNICA 15/1999 DE 13 DE DICIEMBRE, DE PROTECCIÓN DE DATOS DE CARÁCTER PERSONAL: OBJETO, ÁMBITO DE APLICACIÓN Y PRINCIPIOS; DERECHOS DE LAS PERSONAS

La Ley Orgánica 15/1999, en su Título I trata de las "DISPOSICIONES GENERALES" que incluyen el objeto de la Ley, su ámbito de aplicación, y una serie de definiciones relacionadas con su contenido, y que pasamos a desarrollar.

2.1. Objeto

El artículo 1 establece que el Objeto de la LOPD es garantizar y proteger, en lo que concierne al tratamiento de los datos personales, las libertades públicas y los derechos fundamentales de las personas físicas, y especialmente de su honor e intimidad personal y familiar.

2.2. Ámbito de aplicación

El art*ículo* 2 de la LOPD señala que:

*"**1.** La presente Ley Orgánica será de aplicación a los datos de carácter personal **registrados en soporte físico, que los haga susceptibles de tratamiento, y a toda modalidad de uso posterior de estos datos por los sectores público y privado.**

(Por ello no les es de aplicación:

a) A los datos de las personas jurídicas.

b) A los datos de las personas fallecidas.

Sin embargo si es de aplicación:

a) A los datos de los empresarios individuales- personas físicas, por ejemplo los autónomos.

b) A la grabación de datos de voz e imágenes siempre que las mismas permitan la identificación de las personas que aparecen en el sonido o la imagen, si se hayan incorporadas a ficheros informáticos.

c) A los ficheros de empresas que tengan una relación de persona física de contacto, como Administradores, Directores Generales, Comerciales etc.)

Se regirá por la presente Ley Orgánica todo tratamiento de datos de carácter personal:

a) *Cuando el tratamiento sea efectuado en territorio español en el marco de las actividades de un establecimiento del responsable del tratamiento.*

b) *Cuando al responsable del tratamiento no establecido en territorio español, le sea de aplicación la legislación española en aplicación de normas de Derecho Internacional público.*

c) *Cuando el responsable del tratamiento no esté establecido en territorio de la Unión Europea y utilice en el tratamiento de datos medios situados en territorio español, salvo que tales medios se utilicen únicamente con fines de tránsito.*

2. *El régimen de protección de los datos de carácter personal que se establece en la presente **Ley Orgánica NO SERÁ DE APLICACIÓN:***

a) *A los ficheros mantenidos por personas físicas en el ejercicio de actividades exclusivamente **personales o domésticas.***

b) *A los ficheros sometidos a la normativa sobre protección de **materias clasificadas**.*

c) *A los ficheros establecidos para la investigación del **terrorismo y de formas graves de delincuencia organizada.** No obstante, en estos supuestos el responsable del fichero comunicará previamente la existencia del mismo, sus características generales y su finalidad a la Agencia de Protección de Datos.*

(El reglamento de desarrollo además establece en su artículo **2.2.** que: Este reglamento no será aplicable a los tratamientos de datos referidos a personas jurídicas, ni a los ficheros que se limiten a incorporar los datos de las personas físicas que presten sus servicios en aquéllas, consistentes únicamente en su nombre y apellidos, las funciones o puestos desempeñados, así como la dirección postal o electrónica, teléfono y número de fax profesionales.

3. Asimismo, los datos relativos a empresarios individuales, cuando hagan referencia a ellos en su calidad de comerciantes, industriales o navieros, también se entenderán excluidos del régimen de aplicación de la protección de datos de carácter personal.**4.** Este reglamento no será de aplicación a los datos referidos a personas fallecidas. No obstante, las personas vinculadas al fallecido, por razones familiares o análogas, podrán dirigirse a los responsables de los ficheros o tratamientos que contengan datos de éste con la finalidad de notificar la muerte, aportando acreditación suficiente del mismo, y solicitar, cuando hubiere lugar a ello, la cancelación de los datos.

También este reglamento delimita más el ámbito territorial)

3. *Se regirán POR SUS DISPOSICIONES ESPECÍFICAS, y por lo especialmente previsto, en su caso, por esta Ley Orgánica los siguientes tratamientos de datos personales:*

a) *Los ficheros regulados por **la legislación de régimen electoral.***

b) *Los que sirvan a **fines exclusivamente estadísticos**, y estén amparados por la legislación estatal o autonómica sobre la función estadística pública.*

c) *Los que tengan por objeto el almacenamiento de los datos contenidos en los informes personales de calificación a que se refiere la legislación del régimen del personal de las **Fuerzas Armadas.***

d) *Los derivados del **Registro Civil y del Registro Central de penados y rebeldes.***

e) *Los procedentes de imágenes y sonidos obtenidos mediante la utilización de videocámaras por las **Fuerzas y Cuerpos de Seguridad**, de conformidad con la legislación sobre la materia."*

Señalamos aquí que entre sus novedades más importantes que introduce el RLOPD destaca el aumento del ámbito de aplicación de la Ley a los ficheros y tratamientos **no** automatizados o en soporte papel.

2.3. Definiciones

Considerando la amplitud y el detalle del listado de conceptos que vienen definidos en los artículos 3 de la **LOPD** y 5 del **RLOPD** aquí mencionamos los más relevantes:

a) **DATOS DE CARÁCTER PERSONAL:** cualquier información concerniente a personas físicas identificadas o identificables.

b) **FICHERO:** todo conjunto organizado de datos de carácter personal, cualquiera que fuere la forma o modalidad de su creación, almacenamiento, organización y acceso.

(Atendiendo a la naturaleza de su titularidad, éstos pueden ser:

- De **titularidad privada**, cuyos responsables serán las personas, empresas o entidades de derecho privado, con independencia de quien ostente la titularidad de su capital o de la procedencia de sus recursos económicos, así como los ficheros de los que sean responsables las corporaciones de derecho público, en cuanto dichos ficheros no se encuentren estrictamente vinculados al ejercicio de potestades de derecho público que a las mismas atribuye su normativa específica;

- De **titularidad pública**, de los que serán responsables los órganos constitucionales o con relevancia constitucional del Estado o las instituciones autonómicas con funciones análogas a los mismos, las Administraciones públicas territoriales, así como las entidades u organismos vinculados o dependientes de las mismas y las Corporaciones de derecho público siempre que su finalidad sea el ejercicio de potestades de derecho público.

Ahora bien, conforme al proceso de almacenamiento elegido, los ficheros podrán ser:

- Automatizados: soportes informáticos organizados de tal manera que se pueda acceder a la información que contienen mediante aplicaciones o procedimientos informatizados

- No automatizados: estructurados conforme a criterios específicos relativos a personas físicas, que permiten acceder sin esfuerzos desproporcionados a sus datos personales, ya sea aquél centralizado, descentralizado o repartido de forma funcional o geográfica (archivadores que almacenan expedientes clasificados mediante criterios identificativos).)

c) **TRATAMIENTO DE DATOS:** Son las operaciones y procedimientos técnicos de carácter automatizado o no, que permitan la recogida, grabación, conservación, elaboración, modificación, bloqueo y cancelación, así como las cesiones de datos que resulten de comunicaciones, consultas, interconexiones y transferencias.

(La **LOPD** regula el tratamiento de cualquier tipo de dato personal con independencia de que éste pertenezca o no a la vida privada del titular. **La LOPD se aplica a los tratamientos de datos personales privados y públicos.** Para cualquier actividad en muchísimas ocasiones necesario que los datos personales se recojan y utilicen en la vida cotidiana (al abrir una cuenta en el banco, cuando una persona se matricula en un curso, cuando se reserva una habitación, cuando se pide cita en una consulta médica, cuando se navega por Internet, cuando solicitamos información a las Administraciones etc....)

d) **RESPONSABLE DEL FICHERO O TRATAMIENTO:** persona física o jurídica, de naturaleza pública o privada u órgano administrativo, que decida sobre la finalidad, contenido y uso del tratamiento.

(Añade el RLOPD que aunque no lo realizase materialmente podrán ser también responsables del fichero o del tratamiento los entes sin personalidad jurídica que actúen en el tráfico como sujetos diferenciados. Por citar algún ejemplo: una empresa, será la responsable de los ficheros que contienen datos relativos a sus empleados y a sus clientes; un autónomo o empresario individual será responsable del tratamiento de los datos personales de sus clientes, un centro educativo será responsable del fichero de sus alumnos, o un Ayuntamiento será responsable del fichero del padrón municipal.)

Obligaciones del responsable del fichero:

Sobre el responsable del fichero recaen las principales obligaciones establecidas por la **LOPD**, a quién le corresponde velar por el cumplimiento de la Ley en su organización. Entre dichas obligaciones cabe destacar las siguientes:

- Creación, modificación y supresión de ficheros: con identificación del responsable, del fichero, finalidades y usos previstos, sistema de tratamiento empleado, tipología de datos, medidas de seguridad, el encargado del tratamiento y los destinatarios de cesiones y transferencias internacionales. En el caso de las Administraciones Públicas sólo podrán hacerse por medio de disposición general publicada en el "Boletín Oficial del Estado" o diario oficial correspondiente (art. 20 de la **LOPD**).

- Notificación e Inscripción de ficheros ante el RGPD.

- Informar a los titulares previamente a la recogida de sus datos (art. 5 LOPD) y recabar su consentimiento.

- Implementación de medidas de seguridad técnicas y organizativas (por niveles según tipo de datos). Recogidas en el Documento de seguridad.

- Asegurarse de que los datos sean adecuados, veraces, obtenidos lícita y legítimamente y tratados de modo proporcional a la finalidad que justificó su recogida.

- Garantizar el cumplimiento de los deberes de confidencialidad y seguridad.

- Facilitar y garantizar el ejercicio de los derechos ARCO (Acceso, Rectificación, Cancelación y Oposición).

- Asegurar que en sus relaciones con terceros (prestadores de servicios), cumplan con la **LOPD**.

e) **AFECTADO O INTERESADO**: persona física titular de los datos que sean objeto del tratamiento a que se refiere el apartado c) del presente artículo.

f) **PROCEDIMIENTO DE DISOCIACIÓN:** todo tratamiento de datos personales de modo que la información que se obtenga no pueda asociarse a persona identificada o identificable.

g) **ENCARGADO DEL TRATAMIENTO:** la persona física o jurídica, autoridad pública, servicio o cualquier otro organismo que, sólo o conjuntamente con otros, trate datos personales por cuenta del responsable del tratamiento.

(En ocasiones, el tratamiento de los datos de carácter personal no sólo es llevado a cabo por el responsable del fichero o tratamiento sino que aparece, directamente relacionado con éste, el **Encargado del tratamiento**: *persona física o jurídica, pública o privada, u órgano administrativo que solo o conjuntamente con otros, trate datos personales por cuenta del responsable fichero o tratamiento* *como consecuencia de una relación jurídica que le vincula con el mismo y delimita el ámbito de su actuación para la prestación de un servicio.*

Una empresa que preste servicios para la realización de envíos postales; el informático ajeno a la organización del responsable que realiza tareas de mantenimiento de software o hardware; el gestor administrativo que confecciona nóminas y gestiona el fichero de personal, son ejemplos de esta figura.

El encargado tratará los datos conforme a las instrucciones del responsable, que no los aplicará o utilizará con fin distinto al que figure en dicho contrato, ni los comunicará, ni siquiera para su conservación, a otras personas. El **RLOPD** en sus artículos 20 a 22 establece una regulación completa como desarrollo del artículo 12 de la **LOPD**.)

h) **CONSENTIMIENTO DEL INTERESADO:** toda manifestación de voluntad, libre, inequívoca, específica e informada, mediante la que el interesado consienta el tratamiento de datos personales que le conciernen.

i) **CESIÓN O COMUNICACIÓN DE DATOS:** toda revelación de datos realizada a una persona distinta del interesado. (Más adelante, al estudiar los principios generales de protección de datos se analizará el marco que regula este tipo de tratamiento así como su relación directa con la obtención del consentimiento previo del titular de los datos.).

j) **FUENTES ACCESIBLES AL PÚBLICO:** aquellos ficheros cuya consulta puede ser realizada, por cualquier persona, no impedida por una norma limitativa o sin más exigencia que, en su caso, el abono de una contraprestación. Tienen la consideración de fuentes de acceso público, exclusivamente, el censo promocional, los repertorios telefónicos en los términos previstos por su normativa específica y las listas de personas pertenecientes a grupos de profesionales que contengan únicamente los datos de nombre, título, profesión, actividad, grado académico, dirección e indicación de su pertenencia al grupo. Asimismo, tienen el carácter de fuentes de acceso público los diarios y boletines oficiales y los medios de comunicación.

2.4. Principios de la protección de datos

Conforme a la normativa vigente en materia de protección de datos de carácter personal, todo responsable de un fichero o tratamiento, deberá tener en cuenta los siguientes principios que se encuentran recogidos en el Título II de la LOPD (art. 4 a 12).

2.4.1. Calidad de los datos

Este principio se recoge el artículo 4 de la LOPD (así como en el artículo 8 RLOPD), y dispone que:

*"1. Los datos de carácter personal sólo se podrán recoger para su tratamiento, así como someterlos a dicho tratamiento, **cuando sean adecuados, pertinentes y no excesivos en relación con el ámbito y las finalidades determinadas, explícitas y legítimas** para las que se hayan obtenido.*

2. Los datos de carácter personal objeto de tratamiento no podrán usarse para finalidades incompatibles con aquellas para las que los datos hubieran sido recogidos. No se considerará incompatible el tratamiento posterior de éstos con fines históricos, estadísticos o científicos.

*3. Los datos de carácter personal **serán exactos y puestos al día** de forma que respondan con veracidad a la situación actual del afectado.*

4. Si los datos de carácter personal registrados resultaran ser inexactos, en todo o en parte, o incompletos, serán cancelados y sustituidos de oficio por los correspondientes datos rectificados o completados, sin perjuicio de las facultades que a los afectados reconoce el artículo 16. (Derecho de rectificación y cancelación).

*5. Los datos de carácter personal **serán cancelados** cuando hayan dejado de ser necesarios o pertinentes para la finalidad para la cual hubieran sido recabados o registrados.*

No serán conservados en forma que permita la identificación del interesado durante un período superior al necesario para los fines en base a los cuales hubieran sido recabados o registrados.

*Reglamentariamente se determinará el procedimiento por el que, por excepción, atendidos los **valores históricos, estadísticos o científicos** de acuerdo con la legislación específica, se decida el mantenimiento íntegro de determinados datos.*

6. Los datos de carácter personal serán almacenados de forma que permitan el ejercicio del derecho de acceso, salvo que sean legalmente cancelados.

*7. **Se prohíbe la recogida de datos por medios fraudulentos, desleales o ilícitos.***"

2.4.2. Derecho de información en la recogida de datos

El artículo 5 de la LOPD establece:

*"1. Los interesados a los que se soliciten datos personales deberán ser previamente informados de **modo expreso, preciso e inequívoco:***

a) *De la existencia de un fichero o tratamiento de datos de carácter personal, de la finalidad de la recogida de éstos y de los destinatarios de la información.*

b) *Del carácter obligatorio o facultativo de su respuesta a las preguntas que les sean planteadas.*

c) *De las consecuencias de la obtención de los datos o de la negativa a suministrarlos.*

d) *De la posibilidad de ejercitar los derechos de acceso, rectificación, cancelación y oposición.*

e) *De la identidad y dirección del responsable del tratamiento o, en su caso, de su representante.*

Cuando el responsable del tratamiento no esté establecido en el territorio de la Unión Europea y utilice en el tratamiento de datos medios situados en territorio español, deberá designar, salvo que tales medios se utilicen con fines de trámite, un representante en España, sin perjuicio de las acciones que pudieran emprenderse contra el propio responsable del tratamiento.

2. Cuando se utilicen cuestionarios u otros impresos para la recogida, figurarán en los mismos, en forma claramente legible, las advertencias a que se refiere el apartado anterior.

3. No será necesaria la información a que se refieren las letras b), c) y d) del apartado 1 si el contenido de ella se deduce claramente de la naturaleza de los datos personales que se solicitan o de las circunstancias en que se recaban.

*4. Cuando los datos de carácter personal no hayan sido recabados del interesado, éste deberá ser informado de forma expresa, precisa e inequívoca, por el responsable del fichero o su representante, dentro de los **tres meses siguientes al momento del registro de los datos**, salvo que ya hubiera sido informado con anterioridad, del contenido del tratamiento, de la procedencia de los datos, así como de lo previsto en las letras a), d) y e) del apartado 1 del presente artículo.*

5. No será de aplicación lo dispuesto en el apartado anterior, cuando expresamente una ley lo prevea, cuando el tratamiento tenga fines históricos estadísticos o científicos, o cuando la información al interesado resulte imposible o exija esfuerzos desproporcionados, a criterio de la Agencia de Protección de Datos o del organismo autonómico equivalente, en consideración al número de interesados, a la antigüedad de los datos y a las posibles medidas compensatorias.

Asimismo, tampoco regirá lo dispuesto en el apartado anterior cuando los datos procedan de fuentes accesibles al público (como las guías telefónicas o los listados de colegios profesionales) y se destinen a la actividad de publicidad o prospección comercial, en cuyo caso, en cada comunicación que se dirija al interesado se le informará del origen de los datos y de la identidad del responsable del tratamiento así como de los derechos que le asisten."

2.4.3. Consentimiento del afectado

Recogido en los artículos 6 de la **LOPD** y los artículos 12 y 17 del **RLOPD lo desarrollan.**

El artículo 6 dispone:

"1. El tratamiento de los datos de carácter personal requerirá el consentimiento inequívoco del afectado, salvo que la ley disponga otra cosa.

2. No será preciso el consentimiento cuando los datos de carácter personal se recojan para el ejercicio de las funciones propias de las Administraciones públicas en el ámbito de sus competencias; cuando se refieran a las partes de un contrato o precontrato de una relación negocial, laboral o administrativa y sean necesarios para su mantenimiento o cumplimiento; cuando el tratamiento de los datos tenga por finalidad proteger un interés vital del interesado en los términos del artículo 7, apartado 6, de la presente Ley, o cuando los datos figuren en fuentes accesibles al público y su tratamiento sea necesario para la satisfacción del interés legítimo perseguido por el responsable del fichero o por el del tercero a quien se comuniquen los datos, siempre que no se vulneren los derechos y libertades fundamentales del interesado.

3. *El consentimiento a que se refiere el artículo podrá ser revocado cuando exista causa justificada para ello y no se le atribuyan efectos retroactivos.*

4. *En los casos en los que no sea necesario el consentimiento del afectado para el tratamiento de los datos de carácter personal, y siempre que una ley no disponga lo contrario, éste podrá oponerse a su tratamiento cuando existan motivos fundados y legítimos relativos a una concreta situación personal. En tal supuesto, el responsable de fichero excluirá del tratamiento los datos relativos al afectado".*

Para obtener el consentimiento de menores el art. 13. 4. RDLPD dispone que corresponderá al responsable del fichero o tratamiento articular los procedimientos que garanticen que se ha comprobado de modo efectivo la edad del menor y la autenticidad del consentimiento prestado en su caso, por los padres, tutores o representantes legales:

La ley establece en su articulado que el consentimiento tiene que ser "**libre, específico, informado e inequívoco**", pero en ningún momento habla de que tenga que ser **expreso** (Ej.: el que otorgamos a través de nuestra firma). Además existe otra clase de consentimiento, "**el tácito**: consiste en que el consentimiento se entiende concedido por parte del interesado, sin necesidad de realizar ningún tipo de asentimiento. Lo importante aquí es que el interesado **ha tenido la oportunidad** de oponerse al tratamiento de sus datos y **no** lo ha hecho.

2.4.4. Datos especialmente protegidos

En el caso de **ciertos datos protegidos** el principio de consentimiento **se refuerza**:

– Si se tratan datos protegidos referentes a **ideología, religión, creencias y afiliación sindical** el consentimiento además debe ser **expreso y escrito**.

– Al tratar datos especialmente protegidos **de salud, vida sexual u origen racial** el consentimiento debe ser sólo **expreso**.

Así la normativa vigente establece un régimen específico para el tratamiento de los datos especialmente protegidos. El tratamiento y cesión de este tipo de datos se realizará en los términos previstos en los artículos 7 y 8 de la **LOPD**.

Manifestando el artículo 7 lo siguiente:

"**1.** *De acuerdo con lo establecido en el apartado 2 del artículo 16 de la CE, nadie podrá ser obligado a declarar sobre su ideología, religión o creencias.*

Cuando en relación con estos datos se proceda a recabar el consentimiento a que se refiere el apartado siguiente, se advertirá al interesado acerca de su derecho a no prestarlo.

2. Sólo con ***el consentimiento expreso y por escrito del afectado*** *podrán ser objeto de tratamiento los datos de carácter personal que revelen la* **ideología, afiliación sindical, religión y creencias.** *Se exceptúan los ficheros mantenidos por los partidos políticos, sindicatos, iglesias, confesiones o comunidades religiosas y asociaciones, fundaciones y* *otras entidades sin ánimo de lucro, cuya finalidad sea política, filosófica, religiosa o sindical, en cuanto a los datos relativos a sus asociados o miembros, sin perjuicio de que la cesión de dichos datos precisará siempre el previo consentimiento del afectado.*

3. *Los datos de carácter personal que hagan referencia al origen racial, a la salud y a la vida sexual sólo podrán ser recabados, tratados y cedidos cuando, por razones de interés general, así lo disponga una ley o el afectado consienta expresamente.*

4. *Quedan prohibidos los ficheros creados con la finalidad exclusiva de almacenar datos de carácter personal que revelen la ideología, afiliación sindical, religión, creencias, origen racial o étnico, o vida sexual.*

5. *Los datos de carácter personal relativos a la comisión de infracciones penales o administrativas sólo podrán ser incluidos en ficheros de las Administraciones públicas competentes en los supuestos previstos en las respectivas normas reguladoras.*

6. *No obstante lo dispuesto en los apartados anteriores, podrán ser objeto de tratamiento los datos de carácter personal a que se refieren los apartados 2 y 3 de este artículo, cuando dicho tratamiento resulte necesario para la prevención o para el diagnóstico médicos, la prestación de asistencia sanitaria o tratamientos médicos o la gestión de servicios sanitarios, siempre que dicho tratamiento de datos se realice por un profesional sanitario sujeto al secreto profesional o por otra persona sujeta asimismo a una obligación equivalente de secreto.*

También podrán ser objeto de tratamiento los datos a que se refiere el párrafo anterior cuando el tratamiento sea necesario para salvaguardar el interés vital del afectado o de otra persona, en el supuesto de que el afectado esté física o jurídicamente incapacitado para dar su consentimiento."

2.4.5. Datos relativos a la salud

El artículo 8 LOPD establece que sin perjuicio de lo que se dispone en el artículo 11 respecto de la cesión, las instituciones y los centros sanitarios públicos y privados y los profesionales correspondientes podrán proceder al tratamiento de los datos de carácter personal relativos a la salud de las personas que a ellos acudan o hayan de ser tratados en los mismos, de acuerdo con lo dispuesto en la legislación estatal o autonómica sobre sanidad.

El apartado 45 de la Memoria Explicativa del Convenio 108 del Consejo de Europa viene a definir la noción de 'datos de carácter personal relativos a la salud', considerando que su concepto abarca 'las informaciones concernientes a la salud pasada, presente y futura, física o mental, de un individuo', pudiendo tratarse de informaciones sobre un individuo de buena salud, enfermo o fallecido. Añade el citado apartado 45 que 'debe entenderse que estos datos comprenden igualmente las informaciones relativas al abuso del alcohol o al consumo de drogas'.

En este mismo sentido, la Recomendación nº R (97) 5, del Comité de Ministros del Consejo de Europa, referente a la protección de datos médicos, afirma que 'la expresión datos médicos hace referencia a todos los datos de carácter personal relativos a la salud de una persona. Afecta igualmente a los datos manifiesta y estrechamente relacionados con la salud, así como con las informaciones genéticas'. De lo anteriormente señalado se puede desprender, en principio, que los datos indicados por las personas en la medida en que pueden ser datos relacionados con la salud serán datos médicos y les será de aplicación las medidas de protección de nivel alto.

Además en este apartado señalamos que una de las medidas que ha puesto en marcha el SAS (Servicio Andaluz de Salud) es el **PLAN DE SENSIBILIZACIÓN EN MATERIA DE PROTECCIÓN DE DATOS**. Los contenidos de este plan, se centran en el cumplimiento de la Ley Orgánica de Protección de Datos, la aplicación del Reglamento de Medidas de Seguridad, la Ley de Autonomía del Paciente, el conocimiento del Manual del Empleado Público de la Junta de Andalucía en el uso de los sistemas informáticos y redes de comunicaciones, así como la difusión de las instrucciones internas de la organización relacionadas con estas materias.

2.4.6. Seguridad de los datos

El artículo 9 LOPD por su parte dispone que:

*"**1.** El responsable del fichero, y, en su caso, el encargado del tratamiento deberán adoptar las medidas de índole técnica y organizativas necesarias que garanticen la seguridad de los datos de carácter personal y eviten su alteración, pérdida, tratamiento o acceso no autorizado, habida cuenta del estado de la tecnología, la naturaleza de los datos almacenados y los riesgos a que están expuestos, ya provengan de la acción humana o del medio físico o natural. (Las medidas de seguridad que ha de implementar el responsable del fichero o tratamiento podrán ser de **nivel básico, medio o alto** en función del tipo de datos de carácter personal que se traten. Tales medidas de seguridad vienen reguladas en el Título VIII del **RLOPD** (artículos 89 y siguientes), diferenciando las mismas en función de los niveles anteriormente mencionados así como atendiendo al tipo de ficheros o tratamientos automatizados o no (formato papel) que se hayan determinado por parte del responsable del fichero o tratamiento. Todas ellas vendrán reguladas en el **documento de seguridad** que será de obligado cumplimiento para el personal con acceso a los sistemas de información, tal y como veremos a continuación.)*

***2.** No se registrarán datos de carácter personal en ficheros que no reúnan las condiciones que se determinen por vía reglamentaria con respecto a su integridad y seguridad y a las de los centros de tratamiento, locales, equipos, sistemas y programas.*

***3.** Reglamentariamente se establecerán los requisitos y condiciones que deban reunir los ficheros y las personas que intervengan en el tratamiento de los datos a que se refiere el artículo 7 de esta Ley. (Datos especialmente protegidos)*

Las Medidas de Seguridad vienen reguladas en el título VIII del Reglamento de desarrollo de la LOPD -Real Decreto 1720/2007, de 21 de diciembre (artículos 79 a 114). Este Reglamento clasifica las Medidas de Seguridad atendiendo a dos criterios:

1º. Según los niveles de seguridad: Medidas de Seguridad de nivel básico, medio y alto.

2º. Según la aplicación de las Medidas de Seguridad a ficheros y tratamientos automatizados o no automatizados.

Según los **artículos 79, 80 y 81** *del* Real Decreto 1720/2007, de 21 de diciembre:

Todos los ficheros o tratamientos de datos de carácter personal deberán adoptar las medidas de seguridad calificadas de NIVEL BÁSICO.

Deberán implantarse, además de las medidas de seguridad de nivel básico, las medidas de **NIVEL MEDIO**, en los siguientes ficheros o tratamientos de datos de carácter personal:

a) Los relativos a la comisión de **infracciones administrativas o penales.**

b) Aquellos cuyo funcionamiento se rija por el artículo 29 de la Ley Orgánica 15/1999, de 13 de diciembre. **(Prestación de servicios de información sobre solvencia patrimonial y crédito).**

c) Aquellos de los que **sean responsables Administraciones tributarias y se relacionen con el ejercicio de sus potestades tributarias.**

d) Aquéllos de los que sean responsables las entidades financieras para finalidades relacionadas con la prestación de servicios financieros.

e) Aquéllos de los que sean **responsables las Entidades Gestoras y Servicios Comunes de la Seguridad Social y se relacionen con el ejercicio de sus competencias.** De igual modo, aquellos de los que sean responsables las mutuas de accidentes de trabajo y enfermedades profesionales de la Seguridad Social.

f) Aquéllos que contengan un conjunto de **datos de carácter personal que ofrezcan una definición de las características o de la personalidad de los ciudadanos y que permitan evaluar determinados aspectos de la personalidad o del comportamiento de los mismos.**

Además de las medidas de nivel básico y medio, las medidas de **NIVEL ALTO** se aplicarán en los siguientes ficheros o tratamientos de datos de carácter personal:

a) Los que se refieran a datos de **ideología, afiliación sindical, religión, creencias, origen racial, salud o vida sexual.**

b) Los que contengan o se refieran a **datos recabados para fines policiales sin consentimiento de las personas afectadas.**

c) Aquéllos que contengan datos derivados de actos de **violencia de género.**

A los ficheros de los que sean responsables los operadores que presten servicios de comunicaciones electrónicas disponibles al público o exploten redes públicas de comunicaciones electrónicas respecto a los datos de tráfico y a los datos de localización, se aplicarán, además de las medidas de seguridad de nivel básico y medio, la medida de seguridad de nivel alto contenida en el artículo 103 de este reglamento.

En caso de ficheros o tratamientos de datos de ideología, afiliación sindical, religión, creencias, origen racial, salud o vida sexual bastará la implantación de las medidas de seguridad de nivel básico cuando:

a) Los datos se utilicen con la única finalidad de realizar una transferencia dineraria a las entidades de las que los afectados sean asociados o miembros.

b) *Se trate de ficheros o tratamientos en los que de forma incidental o accesoria se contengan aquellos datos sin guardar relación con su finalidad.*

También podrán implantarse las medidas de seguridad de nivel básico en los ficheros o tratamientos que contengan datos relativos a la salud, referentes exclusivamente al grado de discapacidad o la simple declaración de la condición de discapacidad o invalidez del afectado, con motivo del cumplimiento de deberes públicos.

Las medidas incluidas en cada uno de los niveles descritos anteriormente tienen la condición de mínimos exigibles, sin perjuicio de las disposiciones legales o reglamentarias específicas vigentes que pudieran resultar de aplicación en cada caso o las que por propia iniciativa adoptase el responsable del fichero.

A los efectos de facilitar el cumplimiento de lo dispuesto en este título, cuando en un sistema de información existan ficheros o tratamientos que en función de su finalidad o uso concreto, o de la naturaleza de los datos que contengan, requieran la aplicación de un nivel de medidas de seguridad diferente al del sistema principal, podrán segregarse de este último, siendo de aplicación en cada caso el nivel de medidas de seguridad correspondiente y siempre que puedan delimitarse los datos afectados y los usuarios con acceso a los mismos, y que esto se haga constar en el documento de seguridad.

2.4.6.1. El documento de seguridad

Su cumplimiento alcanza a todo tipo de datos y ficheros (**nivel alto, medio, bajo**). Además **constituye la primera medida que responsable de seguridad debe cumplir.**

Según el artículo 88 del RDLPD, el responsable del fichero o tratamiento elaborará un documento de seguridad que recogerá las medidas de índole técnica y organizativa acordes a la normativa de seguridad vigente, y que será de obligado cumplimiento para el personal con acceso a los sistemas de información.

El documento de seguridad podrá ser único y comprensivo de todos los ficheros o tratamientos, o bien individualizado para cada fichero o tratamiento. También podrán elaborarse distintos documentos de seguridad agrupando ficheros o tratamientos según el sistema de tratamiento utilizado para su organización, o bien atendiendo a criterios organizativos del responsable. En todo caso, tendrá el carácter de documento interno de la organización.

El documento deberá contener, como mínimo, los siguientes aspectos:

a) Ámbito de aplicación del documento con especificación detallada de los recursos protegidos.

b) Medidas, normas, procedimientos de actuación, reglas y estándares encaminados a garantizar el nivel de seguridad exigido en este reglamento.

c) Funciones y obligaciones del personal en relación con el tratamiento de los datos de carácter personal incluidos en los ficheros.

d) Estructura de los ficheros con datos de carácter personal y descripción de los sistemas de información que los tratan.

e) Procedimiento de notificación, gestión y respuesta ante las incidencias.

f) Los procedimientos de realización de copias de respaldo y de recuperación de los datos en los ficheros o tratamientos automatizados.

g) Las medidas que sea necesario adoptar para el transporte de soportes y documentos, así como para la destrucción de los documentos y soportes, o en su caso, la reutilización de estos últimos.

En caso de que fueran de aplicación a los ficheros las medidas de seguridad de nivel medio o las medidas de seguridad de nivel alto, previstas en este título, el documento de seguridad deberá contener además:

a) La identificación del responsable o responsables de seguridad.

b) Los controles periódicos que se deban realizar para verificar el cumplimiento de lo dispuesto en el propio documento.

Cuando exista un tratamiento de datos por cuenta de terceros, el documento de seguridad deberá contener la identificación de los ficheros o tratamientos que se traten en concepto de encargado con referencia expresa al contrato o documento que regule las condiciones del encargo, así como de la identificación del responsable y del período de vigencia del encargo.

En aquellos casos en los que datos personales de un fichero o tratamiento se incorporen y traten de modo exclusivo en los sistemas del encargado, el responsable deberá anotarlo en su documento de seguridad. Cuando tal circunstancia afectase a parte o a la totalidad de los ficheros o tratamientos del responsable, podrá delegarse en el encargado la llevanza del documento de seguridad, salvo en lo relativo a aquellos datos contenidos en recursos propios. Este hecho se indicará de modo expreso en el contrato celebrado al amparo del artículo 12 de la Ley Orgánica 15/1999 de 13 de diciembre, con especificación de los ficheros o tratamientos afectados.

En tal caso, se atenderá al documento de seguridad del encargado al efecto del cumplimiento de lo dispuesto por este reglamento.

El documento de seguridad deberá mantenerse en todo momento actualizado y será revisado siempre que se produzcan cambios relevantes en el sistema de información, en el sistema de tratamiento empleado, en su organización, en el contenido de la información incluida en los ficheros o tratamientos o, en su caso, como consecuencia de los controles periódicos realizados. En todo caso, se entenderá que un cambio es relevante cuando pueda repercutir en el cumplimiento de las medidas de seguridad implantadas.

El contenido del documento de seguridad deberá adecuarse, en todo momento, a las disposiciones vigentes en materia de seguridad de los datos de carácter personal.

Además del documento de seguridad se establecen las siguientes medidas de seguridad:

MEDIDAS DE SEGURIDAD APLICABLES A FICHEROS Y TRATAMIENTOS AUTOMATIZADOS

MEDIDAS DE SEGURIDAD DE NIVEL BÁSICO

– Documento de seguridad
– Funciones y obligaciones del personal

- Registro de incidencias
- Control de acceso
- Gestión de soportes y documentos
- Identificación y autenticación
- Copias de respaldo y recuperación

MEDIDAS DE SEGURIDAD DE NIVEL MEDIO

- Además de las de nivel básico
- (En algunos casos documento de seguridad con requisitos adicionales y responsable de seguridad. Así como pruebas con datos reales)
- Auditoría
- Identificación y autenticación
- Control de acceso físico

MEDIDAS DE SEGURIDAD DE NIVEL ALTO

- Las de nivel básico.
- Las de nivel intermedio
- Copias de respaldo y recuperación
- Registro de accesos
- Telecomunicaciones

Además el RDLPD recoge MEDIDAS DE SEGURIDAD APLICABLES A LOS FICHEROS Y TRATAMIENTOS NO AUTOMATIZADOS.

2.4.7. Deber de secreto

Esta obligación, está regulada en el artículo 10 LOPD que establece que **el responsable del fichero y quienes intervengan en cualquier fase del tratamiento** de los datos de carácter personal están obligados al secreto profesional respecto de los mismos y al deber de guardarlos, obligaciones que subsistirán aun después de finalizar sus relaciones con el titular del fichero o, en su caso, con el responsable del mismo.

En el ámbito sanitario, y en relación con el deber de secreto, el artículo 19 j del Estatuto Marco del Personal estatutario de los servicios de salud establece:

*"El personal estatutario de los servicios de salud viene obligado a: **j)** Mantener la debida reserva y confidencialidad de la información y documentación relativa a los centros sanitarios y a los usuarios obtenida, o a la que tenga acceso, en el ejercicio de sus funciones."*

2.4.8. Comunicación de datos

Los datos de carácter personal objeto del tratamiento sólo **podrán ser comunicados a un tercero** para el cumplimiento de fines directamente relacionados con las funciones legítimas del cedente y del cesionario con el **previo consentimiento del interesado.**

El consentimiento exigido en el apartado anterior no será preciso:

a) Cuando la cesión está autorizada en una ley.

b) Cuando se trate de datos recogidos de fuentes accesibles al público.

c) Cuando el tratamiento responda a la libre y legítima aceptación de una relación jurídica cuyo desarrollo, cumplimiento y control implique necesariamente la conexión de dicho tratamiento con ficheros de terceros. En este caso la comunicación sólo será legítima en cuanto se limite a la finalidad que la justifique.

d) Cuando la comunicación que deba efectuarse tenga por destinatario al Defensor del Pueblo, el Ministerio Fiscal o los Jueces o Tribunales o el Tribunal de Cuentas, en el ejercicio de las funciones que tiene atribuidas. Tampoco será preciso el consentimiento cuando la comunicación tenga como destinatario a instituciones autonómicas con funciones análogas al Defensor del Pueblo o al Tribunal de Cuentas.

e) Cuando la cesión se produzca entre Administraciones públicas y tenga por objeto el tratamiento posterior de los datos con fines históricos, estadísticos o científicos.

f) Cuando la cesión de datos de carácter personal relativos a la salud sea necesaria para solucionar una urgencia que requiera acceder a un fichero o para realizar los estudios epidemiológicos en los términos establecidos en la legislación sobre sanidad estatal o autonómica.

Será nulo el consentimiento para la comunicación de los datos de carácter personal a un tercero, cuando la información que se facilite al interesado no le permita conocer la finalidad a que destinarán los datos cuya comunicación se autoriza o el tipo de actividad de aquel a quien se pretenden comunicar.

El consentimiento para la comunicación de los datos de carácter personal **tiene también un carácter de revocable.**

Aquel a quien se comuniquen los datos de carácter personal se obliga, por el solo hecho de la comunicación, a la observancia de las disposiciones de la LOPD.

Si la comunicación se efectúa previo procedimiento de disociación, no será aplicable lo establecido en los apartados anteriores.

2.4.9. Acceso a los datos por cuenta de terceros

No se considerará comunicación de datos el acceso de un tercero a los datos cuando dicho acceso sea necesario para la prestación de un servicio al responsable del tratamiento.

La realización de tratamientos por cuenta de terceros deberá estar regulada en **un contrato** que deberá constar por escrito o en alguna otra forma que permita acreditar su celebración y contenido, estableciéndose expresamente que el encargado del tratamiento únicamente tratará los datos conforme a las instrucciones del responsable del tratamiento, que no los aplicará o utilizará con fin distinto al que figure en dicho contrato, ni los comunicará, ni siquiera para su conservación, a otras personas.

En el contrato se estipularán, asimismo, las **medidas de seguridad** a que se refiere el artículo 9 de esta Ley que el encargado del tratamiento está obligado a implementar.

Una vez cumplida la prestación contractual, los datos de carácter personal deberán ser **destruidos o devueltos al responsable del tratamiento**, al igual que cualquier soporte o documentos en que conste algún dato de carácter personal objeto del tratamiento.

En el caso de que el encargado del tratamiento destine los datos a otra finalidad, los comunique o los utilice incumpliendo las estipulaciones del contrato, será considerado también responsable del tratamiento, respondiendo de las infracciones en que hubiera incurrido personalmente.

2.5. Derechos de las personas

La LOPD establece una serie de derechos del titular de los datos, que son la consecuencia de aplicar en los interesados, los principios anteriormente enunciados. Se garantiza a las personas los derechos para que puedan acceder, rectificar, cancelar y oponerse al tratamiento de la información que les afecte.

En materia de protección de datos de carácter personal, los derechos de las personas vienen regulados en los artículos 13 al 19 de la **LOPD** y 23 al 36 del **RLOPD**, siendo los más destacables los denominados derechos ARCO (Acceso, Rectificación, Cancelación y Oposición), pero también existen otros como el de información o consulta.

Los derechos que pueden ejercer las personas en materia de protección de datos personales **se caracterizan por los siguientes caracteres**:

- Son derechos **personalísimos**: sólo pueden ejercitarse por el propio afectado, acreditando su identidad; por su representante legal acreditado, cuando el afectado se encuentre en situación de incapacidad o minoría de edad o bien por su representante voluntario, expresamente designado para el ejercicio del derecho.

- Se trata de derechos **independientes**, por lo que el ejercicio de ninguno de ellos será requisito previo para el ejercicio de otro tipo de derecho.

- Al titular de los datos se le deberá facilitar un **medio sencillo y gratuito** para el ejercicio de los derechos.

- El ejercicio por el afectado de sus derechos será **gratuito** y en ningún caso podrá suponer un ingreso adicional para el responsable del tratamiento ante el que se ejerciten.

- Los derechos ARCO **se deben ejercer ante el responsable o encargado del tratamiento**.

- La comunicación dirigida para el ejercicio de los derechos **deberá contener**: nombre y apellidos del interesado, copia del documento que acredite su identidad o la de su representante; petición en que se concrete la solicitud, dirección a efectos de notificación, fecha y firma del solicitante y documentos acreditativos de la petición formulada.

- Deberá utilizarse un **medio que acredite el envío y la recepción** de la solicitud.

- Transcurrido el plazo sin que de forma expresa se responda a la petición, o bien la resolución no sea conforme con lo solicitado, el interesado podrá interponer la reclamación ante la **Agencia Española de Protección de Datos**, prevista en el artículo 18 de la **LOPD**.

Pasamos a analizar los derechos de las personas uno a uno.

Son los siguientes:

- IMPUGNACIÓN DE VALORACIONES.
- DERECHO DE CONSULTA AL REGISTRO GENERAL DE PROTECCIÓN DE DATOS.
- DERECHO DE ACCESO.
- DERECHO DE RECTIFICACIÓN Y CANCELACIÓN.
- DERECHO A INDEMNIZACIÓN.

2.5.1. Impugnación de valoraciones

Los ciudadanos tienen derecho a no verse sometidos a una decisión con efectos jurídicos, sobre ellos o que les afecte de manera significativa, que se base únicamente en un tratamiento de datos destinados a evaluar determinados aspectos de su personalidad.

El afectado podrá impugnar los actos administrativos o decisiones privadas que impliquen una valoración de su comportamiento, cuyo único fundamento sea un tratamiento de datos de carácter personal que ofrezca una definición de sus características o personalidad.

En este caso, el afectado tendrá derecho a obtener información del responsable del fichero sobre los criterios de valoración y el programa utilizados en el tratamiento que sirvió para adoptar la decisión en que consistió el acto. La valoración sobre el comportamiento de los ciudadanos, basada en un tratamiento de datos, únicamente podrá tener valor probatorio a petición del afectado.

2.5.2. Derecho de consulta al registro general de protección de datos

Cualquier persona podrá conocer, recabando a tal fin la información oportuna del Registro General de Protección de Datos, la existencia de tratamientos de datos de carácter personal, sus finalidades y la identidad del responsable del tratamiento. El Registro General será de **consulta pública y gratuita**.

2.5.3. Derecho de acceso

Este derecho, regulado en el artículo 15 de la **LOPD** y 27 al 30 del **RLOPD,** consiste en solicitar y obtener información sobre datos de carácter personal (origen, cesiones, usos y finalidades) que pudieran tener los responsables de ficheros o tratamientos.

El interesado puede optar por los siguientes sistemas: **visualización en pantalla, escrito, copia, fotocopia o telecopia, correo electrónico** o cualquier otro sistema que sea adecuado a la implantación del fichero. El responsable resolverá en el plazo de **1 mes** a contar del envío de la solicitud.

El artículo 15 señala al respecto que "1. *El interesado tendrá derecho a solicitar y obtener gratuitamente información de sus datos de carácter personal sometidos a tratamiento, el origen de dichos datos, así como las comunicaciones realizadas o que se prevén hacer de los mismos.*

2. La información podrá obtenerse mediante la mera consulta de los datos por medio de su visualización, o la indicación de los datos que son objeto de tratamiento mediante escrito, copia, telecopia o fotocopia, certificada o no, en forma legible e inteligible, sin utilizar claves o códigos que requieran el uso de dispositivos mecánicos específicos.

3. El derecho de acceso a que se refiere este artículo sólo podrá ser ejercitado a intervalos no inferiores a doce meses, (debiendo el responsable del fichero resolver (siempre y de forma motivada), en el plazo de **un mes** desde la recepción de la solicitud. En el caso de que la resolución sea estimatoria, se producirá el acceso efectivo en el plazo de **diez días** desde su notificación), *salvo que el interesado acredite un interés legítimo al efecto, en cuyo caso podrán ejercitarlo antes.*

En todo caso, el responsable del fichero informará al afectado de su derecho a recabar la tutela de la AEPD u organismo autonómico equivalente, conforme a lo dispuesto en el artículo 18 de la **LOPD.**

2.5.4. Derecho de rectificación y cancelación

Consiste en el derecho a que se modifiquen los datos **erróneos o inexactos**. La solicitud deberá ir acompañada de documentación justificativa. El responsable debe resolver en un plazo máximo de **10 días** a contar desde la recepción.

Conforme al artículo 16 de la **LOPD** y 31 al 33 del **RLOPD,** este derecho habilita al afectado para solicitar que se modifiquen los datos personales que resulten ser inexactos o incompletos, así el artículo 16 LOPD establece:

"1. El responsable del tratamiento tendrá la obligación de hacer efectivo el derecho de rectificación o cancelación del interesado en el plazo de diez días.

2. Serán rectificados o cancelados, en su caso, los datos de carácter personal cuyo tratamiento no se ajuste a lo dispuesto en la presente Ley y, en particular, cuando tales datos resulten inexactos o incompletos.

3. *La cancelación **dará lugar al bloqueo de los datos**, conservándose únicamente a disposición de las Administraciones públicas, Jueces y Tribunales, para la atención de las posibles responsabilidades nacidas del tratamiento, durante el plazo de prescripción de éstas. Cumplido el citado plazo deberá procederse a la supresión.*

4. *Si los datos **rectificados o cancelados** hubieran sido comunicados previamente, el responsable del tratamiento deberá notificar la rectificación o cancelación efectuada a quien se hayan comunicado, en el caso de que se mantenga el tratamiento por este último, que deberá también proceder a la cancelación.*

5. *Los datos de carácter personal deberán ser **conservados** durante los plazos previstos en las disposiciones aplicables o, en su caso, en las relaciones contractuales entre la persona o entidad responsable del tratamiento y el interesado."*

2.5.4.1. Procedimiento de oposición, acceso, rectificación o cancelación

El artículo 17 LOPD establece que los procedimientos para ejercitar el derecho de oposición, acceso, así como los de rectificación y cancelación serán **establecidos reglamentariamente**.

2. No se exigirá contraprestación alguna por el ejercicio de los derechos de oposición, acceso, rectificación o cancelación.

2.5.5. Derecho a indemnización

Los interesados que, como consecuencia del incumplimiento de lo dispuesto en la presente Ley por el responsable o el encargado del tratamiento, sufran daño o lesión en sus bienes o derechos tendrán derecho a ser indemnizados.

Cuando se trate de ficheros de titularidad pública, la responsabilidad se exigirá de acuerdo con la legislación reguladora del **régimen de responsabilidad de las Administraciones públicas**.

En el caso de los ficheros de titularidad privada, la acción se ejercitará ante los órganos de la jurisdicción ordinaria.

2.6. Tutela de los derechos

Según dispone el artículo 18 de la LOPD

*"**1.** Las actuaciones contrarias a lo dispuesto en la presente Ley **pueden ser objeto de reclamación por los interesados ante la Agencia de Protección de Datos, en la forma que reglamentariamente se determine.** (actualmente el RDLOPD).*

***2.** El interesado al que se deniegue, total o parcialmente, el ejercicio de los derechos de oposición, acceso, rectificación o cancelación, podrá ponerlo en conocimiento de la Agencia de Protección de Datos o, en su caso, del organismo competente de cada Comunidad Autónoma, que deberá asegurarse de la procedencia o improcedencia de la denegación.*

*3. El plazo máximo en que debe dictarse la resolución expresa de tutela de derechos será de **seis meses**.*

*4. Contra las resoluciones de la Agencia de Protección de Datos procederá **recurso contencioso-administrativo**."*

El procedimiento de tutela se encuentra regulado en el artículo 117 del Real Decreto 1720/2007, indicando que se debe iniciar siempre a instancia del afectado, mediante **escrito de reclamación** ante la Agencia Española de Protección de Datos; en el referido escrito el afectado debe indicar con claridad el contenido de su reclamación y los preceptos de la Ley Orgánica 15/1999 que se consideren vulnerados.

Recibida la reclamación en la Agencia Española de Protección de Datos, se da traslado de la misma al responsable del fichero para que en el plazo de **15 días, formule las alegaciones** que considere convenientes y, tras audiencia al afectado y de nuevo al responsable del fichero, el Director de la Agencia Española de Protección de Datos resolverá dando traslado a los interesados de la resolución, cabiendo recurso contencioso-administrativo contra la misma.

Si en dicho plazo no se hubiese dictado y notificado resolución expresa, el afectado podrá considerar estimada su reclamación por silencio administrativo positivo.

3. AGENCIA ESPAÑOLA DE PROTECCIÓN DE DATOS

3.1. Introducción

La Agencia Española de Protección de Datos, de ámbito estatal, es el ente independiente que debe garantizar el cumplimiento de la LOPD y el RDLOPD, controlar su aplicación, en especial en lo relativo a los derechos de información, acceso, rectificación, oposición y cancelación de datos.

3.2. Regulación básica

- **Ley Orgánica 15/1999, de 13 de diciembre**, de Protección de Datos de Carácter Personal (Título VI con rango de ley ordinaria). Supletoriamente por la Ley 6/97 de 14 de abril de Organización y Funcionamiento de la Administración General del Estado (Disposición Adicional 10ª).
- **Real Decreto 1720/2007** por el que se aprueba el Reglamento de desarrollo de la Ley Orgánica 15/1999, de 13 de diciembre, de Protección de Datos de Carácter Personal.
- **Real Decreto 428/1993, de 26 de marzo**, por el que se aprueba el Estatuto de la Agencia Española de Protección de Datos.

3.3. Naturaleza y régimen jurídico

El artículo 35 de la LOPD dispone que la Agencia de Protección de Datos **es un ente de derecho público, con personalidad jurídica propia y plena capacidad**

pública y privada, que actúa con plena independencia de las Administraciones públicas en el ejercicio de sus funciones. Se regirá por lo dispuesto en la presente Ley y en un Estatuto propio, que será aprobado por el Gobierno.

- (Por su parte el **Real Decreto 428/1993**, de 26 de marzo, que aprueba el Estatuto de la Agencia Española de Protección de Datos (en lo sucesivo **EAEPD**), completa la descripción de la naturaleza jurídica que realiza el citado art. 35 de la **LOPD**.

- El art. 1.2 del **EAEPD** dispone que la Agencia actúa con plena independencia de las Administraciones Públicas en el ejercicio de sus funciones y se relaciona con el Gobierno a través del Ministerio de Justicia.)

Sigue el artículo 35 estableciendo que en el ejercicio de sus funciones públicas, y en defecto de lo que disponga la presente Ley y sus disposiciones de desarrollo, la Agencia de Protección de Datos actuará de conformidad con la Ley 30/92, de 26 de noviembre, de Régimen Jurídico de las Administraciones Públicas y del Procedimiento Administrativo Común. En sus adquisiciones patrimoniales y contratación estará sujeta al derecho privado.

Los puestos de trabajo de los órganos y servicios que integren la Agencia de Protección de Datos serán desempeñados por funcionarios de las Administraciones públicas y por personal contratado al efecto, según la naturaleza de las funciones asignadas a cada puesto de trabajo. Este personal está obligado a guardar secreto de los datos de carácter personal de que conozca en el desarrollo de su función.

La Agencia de Protección de Datos contará, para el cumplimiento de sus fines, con los **siguientes bienes y medios económicos:**

a) Las asignaciones que se establezcan anualmente con cargo a los Presupuestos Generales del Estado.

b) Los bienes y valores que constituyan su patrimonio, así como los productos y rentas del mismo.

c) Cualesquiera otros que legalmente puedan serle atribuidos.

5. La Agencia de Protección de Datos elaborará y aprobará con carácter anual el correspondiente anteproyecto de presupuesto y lo remitirá al Gobierno para que sea integrado, con la debida independencia, en los Presupuestos Generales del Estado.

3.4. Estructura de la agencia española de protección de datos

La estructura orgánica básica de la **AEPD** se establece en el art. 11.1 de su Estatuto, que dispone:

"La Agencia de Protección de Datos se estructura en los siguientes órganos:

1. *El Director de la Agencia de Protección de Datos.*

2. *El Consejo Consultivo.*

3. *El Registro General de Protección de Datos, la Inspección de Datos y la Secretaría General, como órganos jerárquicamente dependientes del Director de la Agencia."*

3.4.1. El director

El artículo 36 establece que el Director de la Agencia de Protección de Datos dirige la Agencia y ostenta su representación. Será nombrado, de entre quienes componen el Consejo Consultivo, mediante **Real Decreto**, por un período de **cuatro años**.

Ejercerá sus funciones con plena independencia y objetividad y no estará sujeto a instrucción alguna en el desempeño de aquéllas.

En todo caso, el Director deberá oír al Consejo Consultivo en aquellas propuestas que éste le realice en el ejercicio de sus funciones.

El Director de la Agencia de Protección de Datos **sólo cesará antes de la expiración del período** a que se refiere el apartado 1, **a petición propia o por separación** acordada por el Gobierno, previa instrucción de expediente, en el que necesariamente serán oídos los restantes miembros del Consejo Consultivo, por **incumplimiento grave** de sus obligaciones, **incapacidad sobrevenida** para el ejercicio de su función, **incompatibilidad o condena por delito doloso.**

El Director de la Agencia de Protección de Datos tendrá la **consideración de alto cargo** y quedará en la situación de servicios especiales si con anterioridad estuviera desempeñando una función pública. En el supuesto de que sea nombrado para el cargo algún miembro de la carrera judicial o fiscal, pasará asimismo a la situación administrativa de servicios especiales.

3.4.2. Consejo consultivo

El Director de la Agencia de Protección de Datos estará asesorado por un Consejo Consultivo compuesto por los siguientes miembros:

- Un Diputado, propuesto por el Congreso de los Diputados.
- Un Senador, propuesto por el Senado.
- Un representante de la Administración Central, designado por el Gobierno.
- Un representante de la Administración Local, propuesto por la Federación Española de Municipios y Provincias.
- Un miembro de la Real Academia de la Historia, propuesto por la misma.
- Un experto en la materia, propuesto por el Consejo Superior de Universidades.
- Un representante de los usuarios y consumidores, seleccionado del modo que se prevea reglamentariamente.
- Un representante de cada Comunidad Autónoma que haya creado una agencia de protección de datos en su ámbito territorial, propuesto de acuerdo con el procedimiento que establezca la respectiva Comunidad Autónoma.
- Un representante del sector de ficheros privados, para cuya propuesta se seguirá el procedimiento que se regule reglamentariamente.

El funcionamiento del Consejo Consultivo se regirá por las normas reglamentarias que al efecto se establezcan.

3.4.3. El Registro General de Protección de Datos

Se regula en el artículo 39 LOPD

El Registro General de Protección de Datos es un órgano integrado en la Agencia de Protección de Datos.

Serán objeto de inscripción en el Registro General de Protección de Datos:

a) Los ficheros de que sean titulares las Administraciones públicas.

b) Los ficheros de titularidad privada.

c) Las autorizaciones a que se refiere la presente Ley.

d) Los códigos tipo a que se refiere el artículo 32 de la presente Ley.

e) Los datos relativos a los ficheros que sean necesarios para el ejercicio de los derechos de información, acceso, rectificación, cancelación y oposición.

Por vía reglamentaria se regulará el procedimiento de inscripción de los ficheros, tanto de titularidad pública como de titularidad privada, en el Registro General de Protección de Datos, el contenido de la inscripción, su modificación, cancelación, reclamaciones y recursos contra las resoluciones correspondientes y demás extremos pertinentes.

3.5. Funciones de la agencia de protección de datos

Son funciones de la Agencia de Protección de Datos:

a) Velar por el cumplimiento de la legislación sobre protección de datos y controlar su aplicación, en especial en lo relativo a los derechos de información, acceso, rectificación, oposición y cancelación de datos.

b) Emitir las autorizaciones previstas en la Ley o en sus disposiciones reglamentarias.

c) Dictar, en su caso, y sin perjuicio de las competencias de otros órganos, las instrucciones precisas para adecuar los tratamientos a los principios de la presente Ley.

d) Atender las peticiones y reclamaciones formuladas por las personas afectadas.

e) Proporcionar información a las personas acerca de sus derechos en materia de tratamiento de los datos de carácter personal.

f) Requerir a los responsables y los encargados de los tratamientos, previa audiencia de éstos, la adopción de las medidas necesarias para la adecuación del tratamiento de datos a las disposiciones de esta Ley y, en su caso, ordenar la cesación de los tratamientos y la cancelación de los ficheros, cuando no se ajuste a sus disposiciones.

g) Ejercer la potestad sancionadora en los términos previstos por el Título VII de la presente Ley.

h) Informar, con carácter preceptivo, los proyectos de disposiciones generales que desarrollen esta Ley.

i) Recabar de los responsables de los ficheros cuanta ayuda e información estime necesaria para el desempeño de sus funciones.

j) Velar por la publicidad de la existencia de los ficheros de datos con carácter personal, a cuyo efecto publicará periódicamente una relación de dichos ficheros con la información adicional que el Director de la Agencia determine.

k) Redactar una memoria anual y remitirla al Ministerio de Justicia.

l) Ejercer el control y adoptar las autorizaciones que procedan en relación con los movimientos internacionales de datos, así como desempeñar las funciones de cooperación internacional en materia de protección de datos personales.

m) Velar por el cumplimiento de las disposiciones que la Ley de la Función Estadística Pública establece respecto a la recogida de datos estadísticos y al secreto estadístico, así como dictar las instrucciones precisas, dictaminar sobre las condiciones de seguridad de los ficheros constituidos con fines exclusivamente estadísticos y ejercer la potestad a la que se refiere el artículo 46.

n) Cuantas otras le sean atribuidas por normas legales o reglamentarias.

Las resoluciones de la Agencia Española de Protección de Datos **se harán públicas, una vez hayan sido notificadas a los interesados.** La publicación se realizará preferentemente a través de medios informáticos o telemáticos.

Reglamentariamente podrán establecerse los términos en que se lleve a cabo la publicidad de las citadas resoluciones.

Lo establecido en los párrafos anteriores no será aplicable a las resoluciones referentes a la inscripción de un fichero o tratamiento en el Registro General de Protección de Datos ni a aquéllas por las que se resuelva la inscripción en el mismo de los Códigos tipo, regulados por el artículo 32 de esta ley orgánica.

3.6. Potestad de inspección

El artículo 40 de la LOPD establece que *"las autoridades de control podrán inspeccionar los ficheros a que hace referencia la presente Ley, recabando cuantas informaciones precisen para el cumplimiento de sus cometidos.*

A tal efecto, podrán solicitar la exhibición o el envío de documentos y datos y examinarlos en el lugar en que se encuentren depositados, así como inspeccionar los equipos físicos y lógicos utilizados para el tratamiento de los datos, accediendo a los locales donde se hallen instalados.

Los funcionarios que ejerzan la inspección a que se refiere el apartado anterior tendrán la consideración de autoridad pública en el desempeño de sus cometidos.

Estarán obligados a guardar secreto sobre las informaciones que conozcan en el ejercicio de las mencionadas funciones, incluso después de haber cesado en las mismas."

3.7. Órganos correspondientes de las Comunidades Autónomas

Según el artículo 41 de la LOPD,

Las funciones de la Agencia de Protección de Datos reguladas en el artículo 37, a excepción de las mencionadas en los apartados j), k) y l),

J) Velar por la publicidad de la existencia de los ficheros de datos con carácter personal, a cuyo efecto publicará periódicamente una relación de dichos ficheros con la información adicional que el Director de la Agencia determine.

K) Redactar una memoria anual y remitirla al Ministerio de Justicia.

L) Ejercer el control y adoptar las autorizaciones que procedan en relación con los movimientos internacionales de datos, así como desempeñar las funciones de cooperación internacional en materia de protección de datos personales.

y en los apartados f) y g)

f) Requerir a los responsables y los encargados de los tratamientos, previa audiencia de éstos, la adopción de las medidas necesarias para la adecuación del tratamiento de datos a las disposiciones de esta Ley y, en su caso, ordenar la cesación de los tratamientos y la cancelación de los ficheros, cuando no se ajuste a sus disposiciones.

g) Ejercer la potestad sancionadora en los términos previstos por el Título VII de la presente Ley.) en lo que se refiere a las transferencias internacionales de datos, así como en los artículos 46 y 49, en relación con sus específicas competencias serán ejercidas, cuando afecten a ficheros de datos de carácter personal creados o gestionados por las Comunidades Autónomas y por la Administración Local de su ámbito territorial, por los órganos correspondientes de cada Comunidad, que tendrán la consideración de autoridades de control, a los que garantizarán plena independencia y objetividad en el ejercicio de su cometido.

Las Comunidades Autónomas podrán crear y mantener sus propios registros de ficheros para el ejercicio de las competencias que se les reconoce sobre los mismos.

El Director de la Agencia de Protección de Datos podrá convocar regularmente a los órganos correspondientes de las Comunidades Autónomas a efectos de cooperación institucional y coordinación de criterios o procedimientos de actuación. El Director de la Agencia de Protección de Datos y los órganos correspondientes de las Comunidades Autónomas podrán solicitarse mutuamente la información necesaria para el cumplimiento de sus funciones.

3.8. Ficheros de las Comunidades Autónomas en materia de su exclusiva competencia

Por su parte, el artículo 42 de la LOPD dispone que, cuando el Director de la Agencia de Protección de Datos constate que el mantenimiento o uso de un determinado fichero de las Comunidades Autónomas contraviene algún precepto de esta Ley en materia de su exclusiva competencia podrá requerir a la Administración correspondiente que se adopten las medidas correctoras que determine en el plazo que expresamente se fije en el requerimiento.

Si la Administración pública correspondiente no cumpliera el requerimiento formulado, el Director de la Agencia de Protección de Datos podrá impugnar la resolución adoptada por aquella Administración.

Temario común

Fisioterapeutas Servicio Andaluz de Salud (SAS)

Tema **6**

Prevención de Riesgos Laborales

La Ley 31/1995, de 8 de noviembre, de Prevención de Riesgos Laborales. Derechos y obligaciones; Consulta y participación de los trabajadores. Organización de la prevención de riesgos laborales en el Servicio Andaluz de Salud: Las Unidades de Prevención en los Centros Asistenciales del Servicio Andaluz de Salud. Manejo de sustancias biológicas. Higiene de manos. La postura. Las pantallas de visualización de datos. El pinchazo accidental. Agresiones a profesionales. Control de situaciones conflictivas

Diego Japón Ruiz
Doctor en Pedagogía
Diplomado en Enfermería

Índice esquemático

1. INTRODUCCIÓN

La Prevención de Riesgos Laborales de todas las personas que desarrollan su actividad profesional en los centros asistenciales del Servicio Andaluz de Salud (SAS) constituye una de las líneas estratégicas en las políticas de personal de la Dirección Gerencia del SAS. Su finalidad es promover la mejora de las condiciones de trabajo y obtener un nivel eficaz de protección de los trabajadores con relación a los riesgos derivados del trabajo.

Como señala el preámbulo de la Ley 31/1995 de Prevención de Riesgos Laborales una de la funciones principales de esta Ley es constituir un marco general en el que habrán de desarrollarse las distintas acciones preventivas. En nuestro País con una normativa muy dispersa viene a aglutinar todos los esfuerzos para que coincidan en una única propuesta que dé respuesta a varias exigencias.

La Constitución en el articulo 40.2 encomienda a los poderes públicos la tutela de la seguridad e higiene en el trabajo es un mandato constitucional además de una adecuación a las normas europeas, cada vez más sensibles y preocupadas por el estudio y tratamiento de la prevención de los riesgos derivados del trabajo.

La creación este nuevo marco normativo satisface, en el orden interno, una doble necesidad: la de poner término, en primer lugar, a la falta de una visión unitaria en la política de prevención de riesgos laborales propia de la dispersión de la normativa vigente, fruto de la acumulación en el tiempo de normas de muy diverso rango y orientación, muchas de ellas anteriores a la propia Constitución española; y, en segundo lugar, la de actualizar regulaciones ya desfasadas y regular situaciones nuevas no contempladas con anterioridad.

Esta nueva Ley aporta un aspecto novedoso: esta norma se aplicará también en el ámbito de las *Administraciones públicas*, razón por la cual la Ley no solamente posee el carácter de legislación laboral sino que constituye, en sus aspectos fundamentales, norma básica del régimen estatutario de los funcionarios públicos, dictada al amparo de lo dispuesto en el artículo 149.1.18. de la Constitución. Con ello se confirma también la vocación de universalidad de la Ley, en cuanto dirigida a abordar de manera global y coherente el conjunto de los problemas derivados de los riesgos relacionados con el trabajo, cualquiera que sea el ámbito en el que este se preste.

Otro aspecto a destacar es la coordinación y participación, ordenando tanto la actuación de las diversas Administraciones Públicas con competencias en materia preventiva, como la necesaria participación en dicha actuación de empresarios y trabajadores a través de sus organizaciones representativas. En este contexto, la Comisión Nacional de Seguridad y Salud en el Trabajo que se crea se configura como un instrumento privilegiado de participación en la formulación y desarrollo de la política en materia preventiva.

La formación e información de los trabajadores cobra especial importancia por tratarse de obtener un mejor conocimiento tanto del alcance real de los riesgos derivados del trabajo como de la forma de prevenirlos y evitarlos, de manera adaptada a las peculiaridades de cada centro de trabajo, a las características de las personas que en él desarrollan su prestación laboral y a la actividad concreta que realizan.

2. LEY 31/1995, DE 8 DE NOVIEMBRE, DE PREVENCIÓN DE RIESGOS LABORALES (LPRL)

Como hemos expuesto en el apartado anterior esta Ley viene a cubrir una necesidad legislativa existente en todo el territorio español. Esta Ley se articula en VII capítulos, 52 art y varias disposiciones transitorias. Como hemos expuesto en el apartado anterior la LPRL viene a cubrir una necesidad legislativa existente en todo el territorio español. En el artículo 2 de la presente LPRL establece como *objeto promover la seguridad y la salud de los trabajadores mediante la aplicación de medidas y el desarrollo de las actividades necesarias para la prevención de riesgos derivados del trabajo.*

A tales efectos, la Ley establece los principios generales relativos a la prevención de los riesgos profesionales para la protección de la seguridad y de la salud, la eliminación o disminución de los riesgos derivados del trabajo, la información, la consulta, la participación equilibrada y la formación de los trabajadores en materia preventiva, aspectos esenciales para conseguir la protección de la salud laboral. Para ello se regulan las actuaciones a desarrollar por las *Administraciones públicas*, así como por los *empresarios, los trabajadores* y sus respectivas *organizaciones representativas*.

Su ámbito de aplicación se extiende tanto al ámbito de las relaciones laborales surgidas al amparo del Estatuto de los Trabajadores como a las relaciones estatutarias o administrativas de los funcionarios de las distintas administraciones. No será de aplicación en aquellas actividades cuyas particularidades lo impidan en el ámbito de las funciones públicas como policía, bomberos, guardia civil o establecimientos militares. Tampoco se aplicara a las relaciones laborales que se establezcan en el servicio del Hogar familiar por su carácter especial.

Definición de términos:

- ¿Qué debemos entender por prevención? *Se entenderá por «prevención» el conjunto de actividades o medidas adoptadas o previstas en todas las fases de actividad de la empresa con el fin de evitar o disminuir los riesgos derivados del trabajo.*

- Las medidas encaminadas a evitar o disminuir la probabilidad de que aparezca un suceso indeseable.

- *El riesgo laboral* se define como la posibilidad de que un trabajador sufra un determinado daño derivado del trabajo. Para calificar un riesgo desde el punto de vista de su gravedad, se valorarán conjuntamente la probabilidad de que se produzca el daño y la severidad del mismo.

- *Se considerarán como «daños derivados del trabajo» las enfermedades, patologías o lesiones sufridas con motivo u ocasión del trabajo.*

- Se entenderá como «riesgo laboral grave e inminente» aquel que resulte probable racionalmente que se materialice en un futuro inmediato y pueda suponer un daño grave para la salud de los trabajadores. En el caso de exposición a agentes susceptibles de causar daños graves a la salud de los trabajadores, se considerará que existe un riesgo grave e inminente cuando sea probable racionalmente que se materialice en un futuro inmediato una exposición a dichos agentes de la que puedan derivarse daños graves para la salud, aun cuando éstos no se manifiesten de forma inmediata.

– Desde el punto de vista de la Ley son procesos, actividades, operaciones, equipos o productos «potencialmente peligrosos» aquellos que, en ausencia de medidas preventivas específicas, originen riesgos para la seguridad y la salud de los trabajadores que los desarrollan o utilizan.

– Los «equipo de trabajo» son cualquier máquina, aparato, instrumento o instalación utilizada en el trabajo.

– Se entenderá como «condición de trabajo» cualquier característica del mismo que pueda tener una influencia significativa en la generación de riesgos para la seguridad y la salud del trabajador.

3. DERECHOS Y OBLIGACIONES

El capítulo III de la LPRL establece los derechos y deberes de los trabajadores. Estos se resumen como *derecho a la protección frente a los riesgos laborales*. Se señala el deber del empresario a la protección del trabajador frente a los riesgos propios de su puesto de trabajo.

3.1. Derecho a la protección frente a los Riesgos Laborales

Los trabajadores tienen derecho a una protección eficaz en materia de seguridad y salud en el trabajo.

El empresario deberá garantizar la seguridad y la salud de los trabajadores a su servicio en todos los aspectos relacionados con el trabajo. Para ello deberá integrar la actividad preventiva en el proyecto de gestión de la empresa, elaborando un plan de prevención evaluación de riesgos laborales acorde con su actividad y el número de empleados.

El empresario deberá cumplir las obligaciones establecidas en la normativa sobre prevención de riesgos laborales. Las obligaciones de los trabajadores establecidas en la LPRL, la atribución de funciones en materia de protección y prevención a trabajadores o servicios de la empresa y el recurso al concierto con entidades especializadas para el desarrollo de actividades de prevención complementarán las acciones del empresario.

El empresario aplicará las medidas que integran el deber general de prevención previsto en el artículo anterior, con arreglo a los siguientes principios generales:

– Evitar los riesgos.

– Evaluar los riesgos que no se puedan evitar.

– Combatir los riesgos en su origen.

– Adaptar el trabajo a la persona, en particular en lo que respecta a la concepción de los puestos de trabajo, así como a la elección de los equipos y los métodos de trabajo y de producción, con miras, en particular, a atenuar el trabajo monótono y repetitivo y a reducir los efectos del mismo en la salud.

– Tener en cuenta la evolución de la técnica.

– Sustituir lo peligroso por lo que entrañe poco o ningún peligro.

– Planificar la prevención, buscando un conjunto coherente que integre en ella la técnica, la organización del trabajo, las condiciones de trabajo, las relaciones sociales y la influencia de los factores ambientales en el trabajo.

– Adoptar medidas que antepongan la protección colectiva a la individual.

– Dar las debidas instrucciones a los trabajadores.

El empresario tomará en consideración las capacidades profesionales de los trabajadores en materia de seguridad y de salud en el momento de encomendarles las tareas.

El empresario adoptará las medidas necesarias a fin de garantizar que sólo los trabajadores que hayan recibido información suficiente y adecuada puedan acceder a las zonas de riesgo grave y específico.

3.2. Plan de Prevención de Riesgos Laborales, evaluación de los riesgos y planificación de la actividad preventiva

El plan de prevención de riesgos laborales es un documento anticipatorio que deberá incluir la estructura organizativa, las responsabilidades, las funciones, las prácticas, los procedimientos, los procesos y los recursos necesarios para realizar la acción de prevenir riesgos en la empresa, en los términos que reglamentariamente se establezcan. Los instrumentos esenciales para la gestión y aplicación del plan de prevención de riesgos, que podrán ser llevados a cabo por fases de forma programada, son la *evaluación de riesgos laborales y la planificación de la actividad preventiva.*

3.3. Equipos de trabajo y medios de protección

El Artículo 17 trata de los equipos de trabajo y medios de protección. Estableciendo la obligatoriedad de contar con dichos medios y *el deber de usarlos por parte del trabajador.*

El empresario adoptará las medidas necesarias con el fin de que los equipos de trabajo sean adecuados para el trabajo que deba realizarse y convenientemente adaptados a tal efecto, de forma que garanticen la seguridad y la salud de los trabajadores al utilizarlos.

Cuando la utilización de un equipo de trabajo pueda presentar un riesgo específico para la seguridad y la salud de los trabajadores, el empresario adoptará las medidas necesarias con el fin de que:

– La utilización del equipo de trabajo quede reservada a los encargados de dicha utilización.

– Los trabajos de reparación, transformación, mantenimiento o conservación sean realizados por los trabajadores específicamente capacitados para ello.

El empresario deberá proporcionar a sus trabajadores equipos de protección individual(EPI) adecuados para el desempeño de sus funciones y velar por el uso efectivo de los mismos cuando, por la naturaleza de los trabajos realizados, sean necesarios.

4. CONSULTA Y PARTICIPACIÓN TRABAJADORES

Los trabajadores tendrán derecho a participar, en los términos previstos en el Capítulo V de la Ley de Prevención de Riesgos Laborales, en el diseño, la adopción y el cumplimiento de las medidas preventivas. Dicha participación incluye la consulta acerca de la evaluación de los riesgos y de la consiguiente planificación y organización de la actividad preventiva, en su caso, así como el acceso a la documentación correspondiente, en los términos señalados en los artículos 33 y 36 de la LPRL

La participación y formación son derechos fundamentales de los trabajadores en el Real Decreto 39/1997, de 17 de enero, por el que se aprueba el reglamento Servicios de Prevención de Riesgos laborales (B.O.E. nº 27, de 31 de enero). En este decreto se desarrolla y complementa la acción formativa y se establecen los varias fases en las que se debe desarrollar y en las que queda patente el derecho del trabajador a participar:

– En su *Artículo 2*. Señala que la acción de la empresa en materia de prevención de riesgos. Consiste en el establecimiento de una acción de prevención de riesgos integrada en la empresa supone la implantación de un plan de prevención de riesgos que incluya la estructura organizativa, la definición de funciones, las prácticas, los procedimientos, los procesos y los recursos necesarios para llevar a cabo dicha acción. La puesta en práctica de toda acción preventiva requiere, en primer término, el conocimiento de las condiciones de cada uno de los puestos de trabajo, para identificar y evitar los riesgos y evaluar los que no puedan evitarse.

– Consulta de los trabajadores.

Como se vio el capitulo V de la LPRL establece que el empresario deberá consultar con los trabajadores antes de tomar una decisión sobre los asuntos relativos a la prevención de riesgos laborales y especialmente:

– La planificación y la organización del trabajo en la empresa y la introducción de nuevas tecnologías, en todo lo relacionado con las consecuencias que éstas pudieran tener para la seguridad y la salud de los trabajadores, derivadas de la elección de los equipos, la determinación y la adecuación de las condiciones de trabajo y el impacto de los factores ambientales en el trabajo.

– La organización y desarrollo de las actividades de protección de la salud y prevención de los riesgos profesionales en la empresa, incluida la designación de los trabajadores encargados de dichas actividades o el recurso a un servicio de prevención externo.

– La designación de los trabajadores encargados de las medidas de emergencia.

- Los procedimientos de información y documentación a que se refieren los artículos 18, apartado 1, y 23, apartado 1, de la presente Ley.
- El proyecto y la organización de la formación en materia preventiva.
- Cualquier otra acción que pueda tener efectos sustanciales sobre la seguridad y la salud de los trabajadores.

5. DERECHO DE PARTICIPACIÓN Y REPRESENTACIÓN

Los trabajadores tienen derecho a participar en la empresa en las cuestiones relacionadas con la prevención de riesgos en el trabajo. En las empresas o centros de trabajo que cuenten con seis o más trabajadores, la participación de éstos se canalizará a través de sus representantes y de la representación especializada que se regula en este capítulo.

A los Comités de Empresa, a los Delegados de Personal y a los representantes sindicales les corresponde, en los términos que, respectivamente, les reconocen el Estatuto de los Trabajadores, la Ley de Órganos de Representación del Personal al Servicio de las Administraciones Públicas y la Ley Orgánica de Libertad Sindical, la defensa de los intereses de los trabajadores en materia de prevención de riesgos en el trabajo.

Para ello, los representantes del personal ejercerán las competencias que dichas normas establecen en materia de información, consulta y negociación, vigilancia y control y ejercicio de acciones ante las empresas y los órganos y tribunales competentes.

El derecho de participación que se regula en este capítulo se ejercerá en el ámbito de las Administraciones públicas con las adaptaciones que procedan en atención a la diversidad de las actividades que desarrollan y las diferentes condiciones en que éstas se realizan, la complejidad y dispersión de su estructura organizativa y sus peculiaridades en materia de representación colectiva, en los términos previstos en la Ley 7/1990, de 19 de julio, sobre negociación colectiva y participación en la determinación de las condiciones de trabajo de los empleados públicos, pudiéndose establecer ámbitos sectoriales y descentralizados en función del número de efectivos y centros.

Para llevar a cabo la indicada adaptación en el ámbito de la Administración General del Estado, el Gobierno tendrá en cuenta los siguientes criterios: En ningún caso dicha adaptación podrá afectar a las competencias, facultades y garantías que se reconocen en esta Ley a los Delegados de Prevención y a los Comités de Seguridad y Salud.

Se deberá establecer el ámbito específico que resulte adecuado en cada caso para el ejercicio de la función de participación en materia preventiva dentro de la estructura organizativa de la Administración. Con carácter general, dicho ámbito será el de los órganos de representación del personal al servicio de las Administraciones públicas, si bien podrán establecerse otros distintos en función de las características de la actividad y frecuencia de los riesgos a que puedan encontrarse expuestos los trabajadores.

Cuando en el indicado ámbito existan diferentes órganos de representación del personal, se deberá garantizar una actuación coordinada de todos ellos en materia de prevención y protección de la seguridad y la salud en el trabajo, posibilitando que la participación se realice de forma conjunta entre unos y otros, en el ámbito específico establecido al efecto.

Comité de Seguridad y Salud. El Comité de Seguridad y Salud es el órgano paritario y colegiado de participación destinado a la consulta regular y periódica de las actuaciones de la empresa en materia de prevención de riesgos. Se constituirá un Comité de Seguridad y Salud en todas las empresas o centros de trabajo que cuenten con 50 o más trabajadores. El Comité estará formado por:

- Los Delegados de Prevención, de una parte.

- El empresario y/o sus representantes en número igual al de los Delegados de Prevención, de la otra.

- En las reuniones del Comité de Seguridad y Salud participarán, con voz pero sin voto, los Delegados Sindicales y los responsables técnicos de la prevención en la empresa.

- En las mismas condiciones podrán participar trabajadores de la empresa que cuenten con una especial cualificación o información concreta.

- El Comité de Seguridad y Salud se reunirá trimestralmente y siempre que lo solicite alguna de las representaciones en el mismo. El Comité adoptará sus propias normas de funcionamiento.

En el ámbito de los órganos de representación previstos en la Ley de Órganos de Representación del Personal al Servicio de las Administraciones Públicas, estará integrado por:

- Los Delegados de Prevención designados en dicho ámbito, tanto para el personal con relación de carácter administrativo o estatutario como para el personal laboral.

- Representantes de la Administración en número no superior al de Delegados.

- Los Delegados de Prevención son los representantes de los trabajadores con funciones específicas en materia de prevención de riesgos en el trabajo.

La creación del *Instituto Andaluz de Prevención de Riesgos Laborales (IAPRL)* se crea mediante la Ley 10/2006, de 26 diciembre, nace como organismo público en el seno de la Consejería de Empleo de la Junta de Andalucía, con dos objetivos fundamentales:

- Por una parte se configura como elemento de participación al integrar en su propio Consejo General a los diferentes agentes sociales: administración, organizaciones empresariales y sindicales.

- También se constituye como órgano científico-técnico orientado a explorar y desarrollar nuevas formas de prevenir la siniestralidad laboral y mejorar las condiciones de trabajo, a través de la gestión del conocimiento orientado fundamentalmente hacia aquellos aspectos hasta ahora no suficientemente desarrollados como la investigación, análisis y diagnóstico de aquellos riesgos emergentes, consecuencia de nuevos modelos productivos y organizativos derivados de una sociedad en permanente mutación.

6. ORGANIZACIÓN DE LA PREVENCIÓN DE RIESGOS LABORALES EN EL SERVICIO ANDALUZ DE SALUD

En Andalucía al igual que en otras comunidades se hace un desarrollo legislativo en torno a la prevención de riesgos laborales. En el año 1997 se procede a la creación del Consejo Andaluz de Prevención de Riesgos Laborales, dando así cumplimiento al compromiso contraído en el Pacto por el Empleo y el Desarrollo Económico de Andalucía, a la vez que se desarrolla el artículo 12 de la LPRL.

Nace como órgano colegiado y tripartito desde el que se orienten, impulsen y coordinen las actuaciones en materia de prevención de riesgos laborales que posibiliten la mejora de las condiciones de trabajo y disminuya la siniestralidad laboral en la Comunidad Autónoma Andaluza. En él esta representados la administración de la Junta de Andalucía, junto con la Administración Laboral Autonómica, los agentes económicos y sociales en la planificación, programación, organización y control de la gestión relacionada con la mejora de las condiciones de trabajo y la protección de la seguridad y salud de los trabajadores.

El Consejo Andaluz de Prevención de Riesgos Laborales estará integrado por el Presidente y veinticuatro miembros agrupados de la siguiente forma:

– Ocho representantes de la Administración Pública Autonómica de Andalucía; correspondiendo tres a la Consejería de Trabajo e Industria, uno de los cuales será el Director General de Trabajo y Seguridad Social y uno por cada una de las siguientes Consejerías:

  ▷ Consejería de Gobernación y Justicia,

  ▷ Consejería de Salud,

  ▷ Consejería de Obras Públicas y Transportes,

  ▷ Consejería de Agricultura y Pesca y

  ▷ Consejería de Medio Ambiente, que deberán tener rango de Jefe de Servicio y serán propuestos por las distintas Consejerías y designados por el Consejero de Trabajo e Industria.

– Ocho representantes de las organizaciones sindicales más representativas, en proporción a su grado de implantación dentro del territorio andaluz, designados por los respectivos sindicatos.

– Ocho representantes de las organizaciones empresariales más representativas de Andalucía, designados por los órganos competentes de dichas organizaciones.

– El Consejo Andaluz de Prevención de Riesgos Laborales tendrá su sede en Sevilla, pudiendo, no obstante, celebrar sus sesiones plenarias en cualquier lugar del territorio de Andalucía designado al efecto. El Consejo Andaluz de Prevención de Riesgos Laborales participará en la planificación, programación, organización y control de la gestión relacionada con la mejora de las condiciones de trabajo y la protección de la seguridad y la salud de los trabajadores, y tendrá las siguientes funciones:

▷ Informar las líneas de actuación de la Junta de Andalucía en materia de prevención de riesgos laborales y de mejora de las condiciones de trabajo. Proponer actuaciones concretas orientadas a la prevención de riesgos laborales y a la mejora de las condiciones de trabajo.

▷ Plantear estudios preventivos-laborales y planes integrales de actuación en sectores, actividades o subactividades concretas.

▷ Participar en el establecimiento de la planificación anual de actividades de los Centros de Seguridad e Higiene en el Trabajo.

▷ Conocer la Memoria correspondiente a las actividades desarrolladas en materia de prevención de riesgos laborales, e informar los presupuestos anuales de este Consejo.

▷ Coordinar las distintas acciones que desarrollan las partes firmantes del Pacto por el Empleo y el Desarrollo Económico de Andalucía, en esta materia.

▷ Asumir todas las competencias previstas para los órganos tripartitos y de participación institucional autonómicos, a que se refiere a la Disposición Adicional V de la Ley de Prevención de Riesgos Laborales.

▷ Las demás funciones que resulten propias de su condición de órgano participativo, y, en especial, el seguimiento de la gestión desarrollada en materia de prevención de riesgos laborales por la Consejería de Trabajo e Industria.

7. SERVICIO DE PREVENCIÓN DE RIESGOS LABORALES PARA EL PERSONAL DE LA ADMINISTRACIÓN DE LA JUNTA DE ANDALUCÍA

Estos Servicios de Prevención **se crean por el Decreto 117/2000, de 11 de abril**, BOJA 45, de 150400. Se definen en el artículo 31.2 de la LPRL como el conjunto de medios humanos y materiales necesarios para realizar las actividades preventivas a fin de garantizar la adecuada protección de la seguridad y la salud de los trabajadores, asesorando y asistiendo para ello al empresario, a los trabajadores y a sus representantes y a los órganos de representación especializados.

Constituirán una unidad organizativa específica en la empresa y sus integrantes dedicarán de forma exclusiva su actividad a la finalidad del mismo. Posteriormente han sido desarrollados por la Orden de la Consejería de Empleo y Desarrollo Tecnológico, de 11 de marzo de 2004 en ella establecen los criterios para la creación de Unidades de prevención de Riesgos laborales, tipos funciones y composición.

La Constitución de las UPRL en Andalucía se produce a los solos efectos de organización y gestión de la prevención de riesgos laborales en sus centros asistenciales en el Servicio Andaluz de Salud: *Las áreas de prevención de riesgos laborales* en cada área se ubicara una unidad de prevención de Riesgos laborales. Estas unidades según las actividades preventivas asumidas se establecen en tres niveles:

– *Unidades de Prevención de Nivel 1*. En las Áreas de Prevención del Anexo I de la citada Orden. Se ubicaran en el centro que en el mismo se indican.

- *Unidades de Prevención de Nivel 2*. En las Áreas de Prevención que se citan en el Anexo II y se ubicaran en el Hospital que figura en el mismo.

- Unidades de Prevención Nivel 3. En las Áreas de Prevención definidas en el Anexo III de la orden de constitución. y se ubicaran el hospital que en el mismo se cita. Son en total de nueve.

Organización y Funciones de las Unidades de Prevención de riesgos laborales. Estas Unidades de Prevención podrán integrar las cuatro especialidades y disciplinas correspondientes a la prevención de riesgos laborales, según su nivel funcional contarán, como mínimo, con la siguiente estructura:

- Unidades de Prevención Nivel 1. Integran las especialidades-disciplinas preventivas de medicina del trabajo (1Médico) y de seguridad en el trabajo (1 Técnico de Nivel Superior). Además contaran con un ATS de Empresa.

- Unidades de Prevención Nivel 2: Integran las especialidades-disciplinas preventivas de seguridad en el trabajo e higiene industrial. Cada una de ellas será desempeñada por un técnico de nivel superior.

- Unidades de Prevención Nivel 3. Integran las especialidades-disciplinas preventivas de *seguridad en el trabajo*, *higiene industrial* y *ergonomía* y *psicosociología aplicada*, que serán desempeñadas, cada una de ellas, por un técnico superior. Además la ergonomía y psicosociología aplicada contaran con el apoyo de un técnico de nivel intermedio.

Las Unidades de prevención de Riesgos Laborales unidades asumirán las funciones que se derivan de la Ley de Prevención de Riesgos Laborales y Reglamento de los Servicios de Prevención en función de las especialidades y disciplinas preventivas que la integran. Sus funciones serán:

- La evaluación de los factores de riesgo que puedan afectar a la seguridad y la salud de los trabajadores en los términos previstos en el artículo 16 de la Ley de Prevención de Riesgos Laborales.

- El diseño, aplicación y coordinación de los planes y Programas de actuación preventiva.

- La determinación de las prioridades en la adopción de las medidas preventivas adecuadas y la vigilancia de su eficacia.

- La información y formación de los trabajadores.

- La elaboración de planes y actuaciones a desarrollar en situaciones de emergencia.

- La vigilancia y control de la salud de los trabajadores en relación con los riesgos derivados del trabajo.

- La información y asesoramiento a los .órganos de participación y representación.

Todo lo referente a la acción preventiva que realizaran las UPRL está recogido en el Decreto 117/2000, de 11 de abril, por el que se crean los Servicios de Prevención de Riesgos Laborales para el personal al servicio de la Administración de la Junta de Andalucía. BOJA 45, de 15/04/2000.

8. MANEJO DE SUSTANCIAS BIOLÓGICAS

La clínica diaria y el trabajo con los pacientes nos ofrecen múltiples posibilidades de entrar en contacto con sustancias biológicas. Por ello se hace necesario establecer un procedimiento para la manipulación de sustancia biológica. Dos procesos fundamentales de los que nos vamos a ocupar son *el lavado de manos y el uso de guantes* y el uso de antisépticos.

En el trabajo con riesgo biológico. Habida cuenta de las prácticas rutinarias, podrán redactarse las Normas de Buenas Prácticas de Trabajo Biológico o Bioseguridad correspondiente a cada centro. Para ello partimos del Decreto 73/2012, de 22 de marzo, por el que se aprueba el Reglamento de Residuos de Andalucía y de donde obtenemos una clasificación

Clasificación de los residuos en nuestra Comunidad autónoma de Andalucía. En primer lugar hay un grupo de RESIDUOS NO PELIGROSOS:

- GRUPO I. Residuos generales asimilables a urbanos

- GRUPO II. Residuos sanitarios asimilables a urbanos

- GRUPO III A. Residuos peligrosos sanitarios. En este grupo es donde encuadramos aquellos productos biológicos que tenemos que manipular para su eliminación

- GRUPO IIIB. Residuos químicos y hipostáticos

- GRUPO IV. Residuos radiactivos

- GRUPO V. Residuos peligrosos de origen no sanitario.

Condiciones del manejo de sustancia biológicas

Debemos considerar sustancias biológicas contaminantes toda aquella producción de sangre, linfa o cualquier otro fluido corporal que se produzca como resultado de algun procedimiento sobre el paciente.

Igualmente son sustancias biológicas potencialmente contaminantes aquellos restos de tejidos o muestras que resultan tras la aplicación de un procedimiento terapéutico.

Estas disposiciones se encuentran recogidas en el Plan de Gestión de Residuos, que es una herramienta útil al servicio de todos nuestros centros, que ayuda a la normalización de los distintos procesos que participan en la gestión de los residuos en los centros sanitarios, dotando a sus responsables de un instrumento operativo en el desarrollo de esta tarea.

El objetivo fundamental de este plan de Gestión de residuos es Asegurar que las actividades humanas relacionadas con el tema de residuos sanitarios no deterioren la calidad de vida del individuo ni de la comunidad y de que sean respetuosos con el medio ambiente.

9. HIGIENE DE MANOS

Uno de los procedimientos más sencillos y que más éxitos ha aportado a la lucha contra las infecciones es el lavado correcto de manos. Es muy importante, pues con ello se evita la propagación de contaminantes y enfermedades.

9.1. Agentes biológicos

En primer lugar haremos referencias a los distintos agentes biológicos que podemos encontrarnos en nuestro quehacer profesional:

– **Agentes biológicos de Grupo 1:** Agentes biológicos con poca probabilidad de causar enfermedad al ser humano.

– **Agentes biológicos de Grupo 2:** Agentes patógenos que pueden causar enfermedad al ser humano y suponen un peligro para los trabajadores. El riesgo de propagación a la comunidad es reducido. Existen medios profilácticos y terapéutica eficaz.

– **Agentes biológicos de Grupo 3:** Agentes patógenos que causan enfermedad grave al ser humano y representen serio peligro para los trabajadores. Se tiene el riesgo de que se propague a la comunidad. No obstante existen medios profilácticos y terapéutica.

– **Agentes biológicos de Grupo 4:** Agentes patógenos que causan enfermedad muy grave al ser humano, representan un serio peligro para la comunidad; hay muchas probabilidades de propagación a la comunidad. Desafortunadamente; no existen medios profilácticos de prevención, ni terapéutica eficaz.

9.2. Procedimiento de lavado de manos

El procedimiento de lavado de manos se realiza tal como sigue:

– Primero arremangándose y sacándose reloj, anillos y pulseras. Es importante despojarse de todos los adornos porque ellos son un nicho importante para los gérmenes.

– A continuación se mojan las manos situándolas debajo del grifo, solamente cuando las manos estén bien mojadas.

– Tomamos un buen jabón, que debe encontrarse en un dispensador de pared, deben evitarse pastilla para jabonarse, constituyen una fuente de contaminación ya que al manipularlas se convierten en un verdadero reservorio de gérmenes.

– Se jabonan bien ambas manos, por ambas caras, prestando especial atención a los espacios interdigitales así como, muñecas y antebrazos, frotándose enérgicamente.

– Para las uñas, debe usarse un cepillo de cerdas suaves. No usar cepillo para la piel, porque la perjudica y remueve la flora profunda.

– Enjuagar con abundante agua. Y secar con toalla desechable de papel o paño estéril, después de terminar cerramos el grifo con el pedal o con el brazo para cortar el agua. En caso de no disponer de estos dispositivos se utiliza la misma toalla para cerrar el grifo y luego se desecha.

El lavado de las manos es un factor clave en la prevención de infecciones. *El uso de guantes desechables no elimina la obligatoriedad del lavado de manos antes y después de colocárselos.* Sobre todo las manos deben lavarse:

– Después de las operaciones de limpieza, al terminar cada tarea y después de quitarse los guantes.

– Antes y después de tocar a cada paciente.

– Al manipular sustancias de dudosa higiene, restos de basura o presunta patogenicidad.

– Depuse de utilizar los aseos.

– Antes de comer o beber.

– Al comenzar y terminar la jornada de trabajo.

– Al llegar y salir de casa.

9.3. Lucha contra la contaminación biológica. Limpieza de enseres e instrumental

Se entiende por limpieza a la eliminación de materiales, manchas y materia orgánica ajena al objeto que se está limpiando, devolviéndole en lo posible su aspecto original. Esta se realiza:

– Primero por vía seca, mediante barrido con escobas o escobillones, pero mejor aún usando máquinas aspiradoras con el fin de extraer la tierra, polvo y material sólido.

– A continuación se efectúa un lavado húmedo, mediante fregado con soluciones jabonosas o detergentes en medio acuosos, para expulsar la suciedad y la mayoría de la flora microbiana.

– Pero la destrucción real de los microorganismos patógenos se consigue con la aplicación de soluciones desinfectantes posterior a la limpieza. La secuencia lógica de las tareas es siempre: limpieza, desinfección, secado y acabado.

– Por último para la eliminación de *cualquier tipo de microorganismos* forma de vida en la superficie del material. Para ello se utilizan los procedimientos de esterilización que resumidamente son:

  ▷ Esterilización por calor húmedo y calor seco. Adecuado para todos los materiales excepto vidrios, plásticos e instrumentos de cortes.

  ▷ Esterilización en frio a través de medios químicos como el gas oxido de etileno y el peróxido de hidrogeno, adecuado para esterilizar instrumentos de cortes, plásticos y vidrios así como elementos tecnológico, cámaras de video etc.

10. HIGIENE POSTURAL. ERGONOMÍA

El Procedimiento 27 de prevención de riesgos laborales elaborados por el Servicio Andaluz de Salud nos ofrece la metodología de evaluación de Factores ergonómicos

Su objeto no es otro que establecer la metodología de evaluación de factores ergonómicos en los centros asistenciales del SAS, tanto en su primera fase mediante la evaluación básica de riesgos ergonómicos, como en la segunda donde se abordarán estos factores aplicando, si procede, métodos específicos de evaluación ergonómicos.

Riesgos ergonómicos: Son aquellos riesgos relacionados con la posibilidad de sufrir una lesión o alteración adversa e indeseada durante la realización del trabajo, debido a las condiciones de la tarea, entre los que se encuentran:

- La manipulación manual de cargas, movilización de pacientes, lesiones por realización de movimientos repetitivos, el trabajo con pantallas de visualización de datos, posturas forzadas, y condiciones ambientales.

- Evaluación básica de riesgos ergonómicos: Consiste en la identificación y valoración inicial de los riesgos ergonómicos de los puestos de trabajo de los centros asistenciales del SAS por parte de los técnicos de prevención de riesgos laborales, a través de la aplicación de Reales Decretos y Guías del Instituto Nacional de Seguridad e Higiene en el Trabajo.

- Evaluación específica de riesgos ergonómicos: Consiste en la valoración de riesgos ergonómicos concretos, identificados en la evaluación ergonómica básica, cuya evaluación requiere la aplicación de métodos específicos de evaluación de factores ergonómicos, que se recogen de modo orientativo en este procedimiento.

- Métodos de evaluación de riesgos ergonómicos: Son métodos de valoración del riesgo que proporcionan niveles precisos de exposición de los trabajadores y información acerca de los factores de riesgo que inciden mayoritariamente en el resultado del índice de exposición como parte indispensable del proceso de mejora de la condiciones de trabajo.

11. LAS PANTALLAS DE VISUALIZACIÓN DE DATOS

La normativa específica sobre visualización de pantallas de datos se contempla el Real Decreto 488/1997, de 14 de abril, sobre disposiciones mínimas de seguridad y salud relativas al trabajo con equipos que incluyen pantallas de visualización Esta normativa surge en desarrollo de la Ley Prevención de Riesgos Laborales, a propuesta del Ministro de Trabajo y Asuntos Sociales, aprobada por Consejo de Ministros en su reunión del día 4 de abril de 1997.

Este Real Decreto establece las disposiciones mínimas de seguridad y de salud para la utilización por los trabajadores de equipos que incluyan pantallas de visualización.

En el artículo 2. de este RD se contemplan algunas definiciones:

- Pantalla de visualización: una pantalla alfanumérica o gráfica, independientemente del método de representación visual utilizado.

– Puesto de trabajo: el constituido por un equipo con pantalla de visualización provisto, en su caso, de un teclado o dispositivo de adquisición de datos, de un programa para la interconexión persona/máquina, de accesorios ofimáticos y de un asiento y mesa o superficie de trabajo, así como el entorno laboral inmediato.

– Trabajador: cualquier trabajador que habitualmente y durante una parte relevante de su trabajo normal utilice un equipo con pantalla de visualización.

Se establece que es el empresario quien deberá evaluar los riesgos para la seguridad y salud de los trabajadores, teniendo en cuenta en particular los posibles *riesgos para la vista y los problemas físicos y de carga mental*, así como el posible efecto añadido o combinado de los mismos. La evaluación se realizará tomando en consideración las características propias del puesto de trabajo y las exigencias de la tarea y entre éstas, especialmente, las siguientes:

– El tiempo promedio de utilización diaria del equipo.

– El tiempo máximo de atención continua a la pantalla requerido por la tarea habitual.

– El grado de atención que exija dicha tarea.

El Equipo. La utilización en sí misma del equipo no debe ser una fuente de riesgo para los trabajadores.

Pantalla:

– Los caracteres de la pantalla deberán estar bien definidos y configurados de forma clara, y tener una dimensión suficiente, disponiendo de un espacio adecuado entre los caracteres y los renglones.

– La imagen de la pantalla deberá ser estable, sin fenómenos de destellos, centelleos u otras formas de inestabilidad. EI usuario de terminales con pantalla deberá poder ajustar fácilmente la luminosidad y el contraste entre los caracteres y el fonda de la pantalla, y adaptarlos fácilmente a las condiciones del entorno.

– La pantalla deberá ser orientable e inclinable a voluntad, con facilidad para adaptarse a las necesidades del usuario.

– Podrá utilizarse un pedestal independiente 0 una mesa regulable para la pantalla. La pantalla no deberá tener reflejos ni reverberaciones que puedan molestar al usuario.

Teclado:

– EI teclado deber ser inclinable e independiente de la pantalla para permitir que el trabajador adopte una postura cómoda que no provoque cansancio en los brazos 0 las manos. Tendrá que haber espacio suficiente delante del teclado para que el usuario pueda apoyar los brazos y las manos.

– La superficie del teclado deberá ser mate para evitar los reflejos. La disposición del teclado y las características de las teclas deberán tender a facilitar su utilización. Los símbolos de las teclas deberán resaltar suficientemente 'y ser legibles desde la posición normal de trabajo.

Mesa o superficie de trabajo:

- La mesa o superficie de trabajo deberán ser poco reflectantes, tener dimensiones suficientes y permitir una colocación flexible de la pantalla, del teclado, de los documentos y del material accesorio.

- EI soporte de los documentos deberá ser estable y regulable y estará colocado de tal modo que se reduzcan al mínimo los movimientos incómodos de la cabeza y los ojos. EI espacio deberá ser suficiente para permitir a los trabajadores una posición cómoda.

Asiento de trabajo:

- El asiento de trabajo deberá ser estable, proporcionando al usuario libertad de movimiento y procurándole una postura confortable. La altura del mismo deber ser regulable.

- El respaldo deberá ser reclinable y su altura ajustable. Se pondrá un reposapiés a disposición de quienes lo deseen.

Entorno:

- Espacio. El puesto de trabajo deber tener una dimensión suficiente y estar acondicionado de tal manera que haya espacio suficiente para permitir los cambios de postura y movimientos de trabajo.

- Iluminación. La iluminación general y la iluminación especial (lámparas de trabajo). Cuando sea necesaria, deberán garantizar unos niveles adecuados de iluminación y unas relaciones adecuadas de luminancias entre la pantalla y su entorno, habida cuenta del carácter del trabajo, de las necesidades visuales del usuario y del tipo de pantalla utilizado. EI acondicionamiento del lugar de trabajo y del puesto de trabajo, así como la situación y las características técnicas de las fuentes de luz artificial. Deberán coordinarse de tal manera que se eviten los deslumbramientos y los reflejos molestos en la pantalla u otras partes del equipo.

- Reflejos y deslumbramientos. Los puestos de trabajo deberán instalarse de tal forma que las fuentes de luz, tales como ventanas y otras aberturas, los tabiques transparentes o translucidos y los equipos o tabiques de color claro no provoquen deslumbramiento directo ni produzcan reflejos molestos en la pantalla. Las ventanas deberán ir equipadas con un dispositivo de cobertura adecuado y regulable para atenuar la luz del día que ilumine el puesto de trabajo.

El Ruido:

EI ruido producido por los equipos instalados en el puesto de trabajo deberá tenerse en cuenta al diseñar el mismo, en especial para que no se perturbe la atención ni la palabra.

El Calor. Los equipos instalados en el puesto de trabajo no deberán producir un calor adicional que pueda ocasionar molestias a los trabajadores. BOE núm. 97 Miércoles 23 abril 1997 12931.

Emisiones. Toda radiación, excepción hecha de la parte visible del espectro electromagnético, deberá reducirse a niveles insignificantes desde el punto de vista de la protección de la seguridad y de la salud de los trabajadores.

Humedad. Deberá crearse y mantenerse una humedad aceptable.

12. EL PINCHAZO ACCIDENTAL

En el procedimiento 02 del Sistema de Gestión de riesgos laborales se establecen las definiciones de que pretenden aclarar las distintas situaciones que se pueden presentar a causa de un pinchazo accidental, estos se pueden englobar en la categoría de accidentes con riesgo biológico o incidente de trabajo por esta regulación. El origen de estos pinchazos hemos de buscarlo fundamentalmente en:

- La manipulación directa e incorrecta de materiales corto punzantes, encapsulado de agujas, enfundado de bisturíes y lancetas.

- Igualmente se pueden producir accidentes en la manipulación de residuos corto punzantes que no han sido convenientemente ubicados para su eliminación.

- Se pueden producir al intentar manipular inapropiadamente contenedores de agujas u otros materiales desechados.

En este mismo procedimiento aparecen definida las distintas situaciones y documentos que se pueden presentar :

- *Accidente de trabajo*: Toda lesión corporal que sufra el trabajador con ocasión o por consecuencia del trabajo, incluyendo todas las situaciones contempladas en el art. 115 de la Ley 1/1994.

- *Accidente In Itinere*: El accidente que sufra el trabajador al ir o al volver del lugar de trabajo. (Art. 115 del RD Legislativo 1/1994). En este caso la carga de la prueba debe ser aportada por el trabajador/ra.

- *Accidente con riesgo biológico*: Exposición de origen laboral a sangre, tejidos u otros fluidos potencialmente infecciosos, y que presentan una probabilidad no despreciable de transmisión a través de la vía percutánea, mucosa, piel no intacta o por vía aérea y produzca lesión o enfermedad.

- *Recaída*: Es aquella situación en la que al trabajador causa baja médica por la aparición de síntomas relacionados con un accidente de trabajo o enfermedad profesional previos, y de los que ya ha causado alta, siempre que entre la última alta y la siguiente baja no hayan pasado más de 6 meses. Si el tiempo de separación entre el alta y la baja es superior a 6 meses, no se considerará recaída, sino nueva contingencia profesional. (Art. 9 Orden de 13 de Octubre de 1967).

- Enfermedad Profesional: Se define en el artículo 116 del RDL 1/1994, por el que se aprueba el Texto Refundido de la LGSS, como la enfermedad contraída a consecuencia del trabajo ejecutado por cuenta ajena en las actividades que se especifiquen en el cuadro que se apruebe por las disposiciones de aplicación y desarrollo de esta Ley (RD 1299/2006), y que esté provocada por la acción de los elementos o sustancias que en dicho cuadro se indiquen para cada enfermedad profesional.

- *Incidente:* Se denomina incidente "cualquier suceso no esperado ni deseado que NO dando lugar a pérdidas de la salud, enfermedad o lesiones a las personas puede ocasionar daños a la propiedad, equipos, productos o al medio ambiente, pérdidas de producción o aumento de las responsabilidades legales.

- Lesión: Todo daño o detrimento somático o psíquico causado violentamente, consecutivo a la acción de causas externas (mecánicas, físicas, químicas como la administración de sustancias tóxicas o nocivas, biológicas o psicológicas) o internas (esfuerzo).

- CATI: Documento para la Comunicación de Accidentes de Trabajo e Incidentes, (DOC04-01).

- Protocolo de Actuación Sanitaria en Accidentes Biológicos (PASAB): Protocolo de carácter sanitario de asistencia al accidentado con riesgo Biológico o exposición accidental.

13. AGRESIONES A PROFESIONALES Y CONTROL DE SITUACIONES CONFLICTIVAS

Las relaciones que se establecen entre ciudadanos y profesionales, en el ámbito de la prestación de los servicios sanitarios, no son ajenas a posibles cargas de agresividad que se manifiestan en determinadas ocasiones, alterando la relación que se debe establecer entre profesionales y ciudadanos.

Un tema que está despertando especial sensibilidad es la agresión que cada vez con más frecuencia se viene producción a los profesionales del SAS. En una Orden publicada por la Consejería de Salud y Consumo de la Comunidad de Madrid, se señala que una encuesta realizada en el seno de la Unión Europea indicaba que, el 4 por 100 de los trabajadores aseguraba haber sido víctima alguna vez de violencia física real por parte de clientes y usuarios, y muchos otros empleados decían haber sufrido amenazas e insultos por parte de aquéllos

Por este motivo el **Servicio Andaluz de Salud ha** acordado recientemente en mesa técnica con las organizaciones sindicales un protocolo de actuación ante las agresiones que podamos padecer los profesionales en el desarrollo de nuestra labor en los centros sanitarios públicos, en el que se define entre otras cuestiones qué hacer ante una posible agresión.

El plan cuenta también con el apoyo de los colegios profesionales y de las asociaciones de consumidores y usuarios de Andalucía y fue presentado el pasado 4 de marzo en el Consejo Andaluz de Salud. En este protocolo se establecen de forma clara los pasos a seguir ante una agresión o situación conflictiva que van desde:

- Solicitar ayuda a personal de seguridad.

- Alertar a los miembros de las Fuerzas y Cuerpos de Seguridad.

- Comunicar el incidente al responsable del centro.

- Acudir al Servicio de Medicina Preventiva/Urgencias para valorar las posibles lesiones y presentar la denuncia ante el órgano competente.

- La guía de agresiones establece los pasos que deben seguir los responsables de los centros sanitarios y el compromiso del SAS de ofrecernos apoyo psicológico y asesoramiento jurídico a los profesionales, presentando además la correspondiente denuncia judicial.

- *Se elaborará un decreto que habilite a los letrados de la* administración sanitaria a representar a los profesionales que trabajamos en el SAS.

- La *creación de un registro de agresiones* que permita establecer un mapa de riesgo de manera que queden identificadas las áreas o servicios sanitarios más susceptibles de padecer situaciones conflictivas.

- También se ha creado una *aplicación informática, en* la que se incluyen los datos básicos del incidente, los datos de los profesionales implicados y de testigos de los hechos, así como la naturaleza de la agresión registrada y las posibles lesiones derivadas de la misma. El registro cuenta con todas las garantías de seguridad necesarias para salvaguardar la confidencialidad de los datos recogidos, en cumplimiento de la Ley Orgánica 15/1999, de protección de datos de carácter personal.

Manejo de situaciones conflictivas. La respuesta al manejo de situaciones de conflicto se ha establecido mediante en el SAS al igual que en otras administraciones a través de un amplio programa de formación que permita a los trabajadores del SAS:

- La identificación de posibles situaciones de conflicto.

- La actuación correcta en cada caso diferenciar los tres tipos de comportamientos básicos en la comunicación interpersonal:

  ▷ Estilo pasivo.

  ▷ Estilo agresivo.

  ▷ Estilo asertivo.

Este programa de formación ofrece, además, las herramientas necesarias para conocer y mantener un comportamiento que favorezca el establecimiento de una relación de confianza mutua con el usuario, capaz de superar la situación de angustia que pueda estar viviendo el paciente.

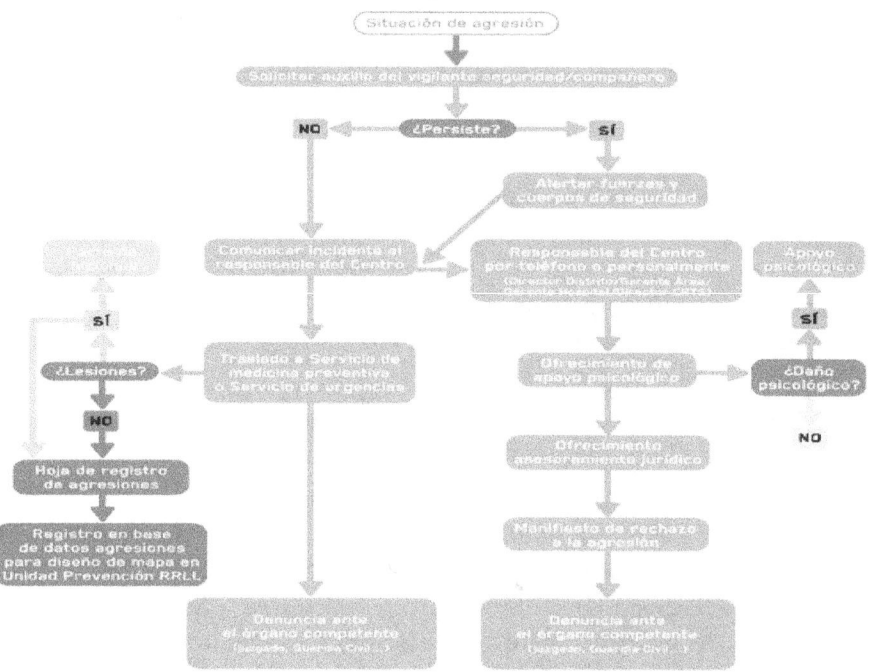

Actuación ante una agresión a un profesional del SAS

Tema *7*

Ley 12/2007, de 26 de noviembre

De Promoción de la Igualdad de Género en Andalucía: objeto; ámbito de aplicación; principios generales; políticas públicas para la promoción de la igualdad de género. Ley 13/2007, de 26 de noviembre, de prevención y protección integral contra la Violencia de Género: objeto; ámbito de aplicación; principios rectores; formación a profesionales de la salud

Noelia Díez Herrero
Licenciada en Derecho

Temario común

Fisioterapeutas *Servicio Andaluz de Salud (SAS)*

Índice esquemático

1. LEY 12/2007, DE 26 DE NOVIEMBRE, DE PROMOCIÓN DE LA IGUALDAD DE GÉNERO EN ANDALUCÍA: OBJETO; ÁMBITO DE APLICACIÓN; PRINCIPIOS GENERALES; POLÍTICAS PÚBLICAS PARA LA PROMOCIÓN DE LA IGUALDAD DE GÉNERO

1.1. Introducción

La **CONSTITUCIÓN ESPAÑOLA**, aunque se hizo en un momento en el que todavía no se había desarrollado la sensibilidad social que se da hoy en día, ya proclama en su **artículo 1.1** como **valor superior de su ordenamiento jurídico la IGUALDAD** y en su **artículo 14, que** *"Los españoles son iguales ante la ley, **sin que pueda prevalecer discriminación alguna por razón de nacimiento, raza, sexo, religión, opinión** o cualquier otra condición o circunstancia personal o social".*

Además a lo largo de su articulado, la igualdad aparece en distintas disposiciones:

El artículo 9.2 establece la obligación de los poderes públicos de promover las condiciones para que la libertad y la igualdad del individuo y de los grupos en que se integra sean reales y efectivas.

El **artículo 23** establece el derecho de los ciudadanos a acceder a las funciones y cargos públicos en igualdad.

El **artículo 32.1** determina que "El hombre y la mujer tienen derecho a contraer matrimonio con plena igualdad jurídica."

El artículo 35.1 establece el derecho al trabajo de todas las personas señalando expresamente, que "en ningún caso puede hacerse discriminación por razón de sexo".

En el ámbito de la UNIÓN EUROPEA han sido numerosas las directivas, recomendaciones, resoluciones y decisiones relativas a la igualdad de trato y oportunidades entre mujeres y hombres, habiéndose desarrollado igualmente diversos programas de acción comunitaria para la igualdad de oportunidades.

En **España** además, con el fin de terminar con las manifestaciones de discriminación y promover la igualdad efectiva entre mujeres y hombres el Estado aprobó, como la norma más importante dentro de esta materia **la Ley Orgánica 3/ 2007, de 22 de marzo**, que constituye el marco de desarrollo del principio de igualdad de trato, incorpora sustanciales modificaciones legislativas para avanzar en la igualdad real de mujeres y hombres y en el ejercicio pleno de los derechos e implementa medidas transversales que inciden en todos los órdenes de la vida política, jurídica y social, a fin de erradicar las discriminaciones contra las mujeres.

La Comunidad Autónoma de Andalucía por su parte, recoge en el **Estatuto de Autonomía para Andalucía** como norma institucional básica, en su **artículo 10.2**, la igualdad como uno de los objetivos básicos de nuestra Comunidad Autónoma en los siguientes términos:

"La Comunidad Autónoma propiciará la efectiva igualdad del hombre y de la mujer andaluces, promoviendo la democracia paritaria y la plena incorporación de aquélla en la vida social, superando cualquier discriminación laboral, cultural, económica, política o social."

Así mismo en su **artículo 14** dispone que "Se prohíbe toda discriminación en el ejercicio de los derechos, el cumplimiento de los deberes y la prestación de los servicios contemplados en este Título, particularmente la ejercida por razón de sexo, orígenes étnicos o sociales, lengua, cultura, religión, ideología, características genéticas, nacimiento, patrimonio, discapacidad, edad, orientación sexual o cualquier otra condición o circunstancia personal o social. La prohibición de discriminación no impedirá acciones positivas en beneficio de sectores, grupos o personas desfavorecidas."

Y en su artículo 15 de forma definitiva señala que "Se garantiza la igualdad de oportunidades entre hombres y mujeres en todos los ámbitos."

Además **el artículo 38** establece la prohibición de discriminación del artículo 14 y los derechos reconocidos en el Capítulo II vinculan a todos los poderes públicos andaluces y, dependiendo de la naturaleza de cada derecho, a los particulares, debiendo ser interpretados en el sentido más favorable a su plena efectividad. El Parlamento aprobará las correspondientes leyes de desarrollo, que respetarán, en todo caso, el contenido de los mismos establecido por el Estatuto, y determinarán las prestaciones y servicios vinculados, en su caso, al ejercicio de estos derechos.

Pero sin duda en Andalucía, la integración de la perspectiva de género se da, de manera definitiva, con la publicación y entrada en vigor de la **Ley 12/2007 de 26 de noviembre** para la Promoción de la Igualdad de Género en Andalucía, con ella se persigue la consecución de la igualdad real y efectiva entre mujeres y hombres, así como garantizar la vinculación de los poderes públicos en todos los ámbitos, en el cumplimiento de la transversalidad como instrumento imprescindible para el ejercicio de las competencias autonómicas en clave de género.

Esta Ley se estructura en un Titulo Preliminar y cuatro Títulos,

TÍTULO PRELIMINAR: DISPOSICIONES GENERALES.

TÍTULO I: PORLITICAS PÚBLICAS PARA LA PROMOCIÓN DE LA IGUALDAD DE GÉNERO.

TÍTULO II: MEDIDAS PARA PROMOVER LA IGUALDAD DE GENERO

TÍTULO III: ORGANIZACIÓN INSTITUCIONAL Y COORDINACIÓN ENTRE LAS DISTINTAS ADMINISTRACIONES PÚBLICAS PARA LA IGUALDAD DE GÉNERO.

TÍTULO IV: GARANTÍAS PARA LA IGUALDAD DE GÉNERO.

Una disposición adicional, una disposición transitoria, una disposición derogatoria y dos disposiciones finales.

En su artículo 3 facilita una serie de definiciones muy importantes a la hora de comprender la igualdad de género que paso a señalar:

"1. Se entiende por DISCRIMINACIÓN DIRECTA POR RAZÓN DE SEXO la situación en que se encuentra una persona que sea, haya sido o pudiera ser tratada, en atención a su sexo, de manera menos favorable que otra en situación equiparable.

2. Se entiende por DISCRIMINACIÓN INDIRECTA POR RAZÓN DE SEXO la situación en que la aplicación de una disposición, criterio o práctica aparentemente neu-

tros pone a las personas de un sexo en desventaja particular con respecto a las personas del otro, salvo que la aplicación de dicha disposición, criterio o práctica pueda justificarse objetivamente en atención a una finalidad legítima y que los medios para alcanzar dicha finalidad sean necesarios y adecuados.

3. Se entiende por **REPRESENTACIÓN EQUILIBRADA** aquella situación que garantice la presencia de mujeres y hombres de forma que, en el conjunto de personas a que se refiera, cada sexo ni supere el sesenta por ciento ni sea menos del cuarenta por ciento.

4. El condicionamiento de un derecho o de una expectativa de derecho a la aceptación de una situación constitutiva de acoso sexual o de acoso por razón de sexo se considerará **ACTO DE DISCRIMINACIÓN POR RAZÓN DE SEXO.** Tendrá la misma consideración cualquier tipo de acoso.

5. Se entiende por **TRANSVERSALIDAD** el instrumento para integrar la perspectiva de género en el ejercicio de las competencias de las distintas políticas y acciones públicas, desde la consideración sistemática de la igualdad de género.

6. Se entiende por **ACOSO SEXUAL** la situación en que se produce cualquier comportamiento verbal, no verbal o físico de índole sexual, con el propósito o el efecto de atentar contra la dignidad de una persona, en particular cuando se crea un entorno intimidatorio, hostil, degradante, humillante u ofensivo.

7. Se entiende por **ACOSO POR RAZÓN DE SEXO** la situación en que se produce un comportamiento relacionado con el sexo de una persona, con el propósito o el efecto de atentar contra la dignidad de la persona y crear un entorno intimidatorio, hostil, degradante, humillante u ofensivo."

1.2. Objeto de la Ley

El artículo 1 de la Ley de Igualdad andaluza manifiesta que "Constituye el objeto de esta Ley hacer **efectivo el derecho de igualdad de trato y oportunidades entre mujeres y hombres para, en el desarrollo de los artículos 9.2 y 14 de la Constitución y 15 y 38 del Estatuto de Autonomía para Andalucía,** seguir avanzando hacia una sociedad más democrática, más justa y más solidaria."

1.3. Ámbito de aplicación

Según el artículo 2 de la Ley 12/2007 de 26 de noviembre:

"**1.** La presente Ley será de aplicación **en todo el ámbito territorial de la Comunidad Autónoma de Andalucía.**

2. En particular, en los términos establecidos en la propia ley, **será de aplicación:**

a) A la **Administración de la Junta de Andalucía** y sus organismos autónomos, a las empresas de la Junta de Andalucía, a los consorcios, fundaciones y demás *entidades con personalidad jurídica propia en los que sea mayoritaria la representación directa de la Junta de Andalucía.*

b) *A las entidades que integran la **Administración Local**, sus organismos autónomos, consorcios, fundaciones y demás entidades con personalidad jurídica propia en los que sea mayoritaria la representación directa de dichas entidades.*

c) *Al **sistema universitario andaluz**.*

*3. Igualmente, será de aplicación a **las personas físicas y jurídicas**, en los términos establecidos en la presente Ley."*

1.4. Principios generales

El artículo 4 de la misma ley dispone que:

"Para la consecución del objeto de esta ley, serán principios generales de actuación de los poderes públicos de Andalucía, en el marco de sus competencias:

1. **La igualdad de trato entre mujeres y hombres**, que supone la ausencia de toda discriminación, directa o indirecta, por razón de sexo, en los ámbitos económico, político, social, laboral, cultural y educativo, en particular, en lo que se refiere al empleo, a la formación profesional y a las condiciones de trabajo.

2. La **adopción de las medidas necesarias** para la eliminación de la discriminación y, especialmente, aquellas que incidan en la creciente feminización de la pobreza.

3. El **reconocimiento de la maternidad, biológica o no biológica, como un valor social**, evitando los efectos negativos en los derechos de las mujeres y la consideración de la paternidad en un contexto familiar y social de corresponsabilidad, de acuerdo con los nuevos modelos de familia.

4. El **fomento de la corresponsabilidad, a través del reparto equilibrado entre mujeres y hombres de las responsabilidades familiares,** de las tareas domésticas **y del cuidado de las personas en situación de dependencia.**

5. La adopción de las **medidas específicas necesarias destinadas a eliminar las desigualdades de hecho por razón de sexo** que pudieran existir en los diferentes ámbitos.

6. La **especial protección** del derecho a la igualdad de trato **de aquellas mujeres o colectivos de mujeres que se encuentren en riesgo de padecer múltiples situaciones de discriminación.**

7. La **promoción del acceso a los recursos de todo tipo a las mujeres que viven en el medio rural** y su participación plena, igualitaria y efectiva en la economía y en la sociedad.

8. El fomento de la participación o **composición equilibrada** de mujeres y hombres en los distintos órganos de representación y de toma de decisiones, así como en las candidaturas a las elecciones al Parlamento de Andalucía.

9. El **impulso de las relaciones entre las distintas Administraciones, instituciones y agentes sociales** sustentadas en los principios de colaboración, coordinación y cooperación, para garantizar la igualdad entre mujeres y hombres.

10. La adopción de las medidas necesarias para eliminar **el uso sexista del lenguaje,** y garantizar y promover la utilización de una imagen de las mujeres y los hombres, fundamentada en la igualdad de sexos, en todos los ámbitos de la vida pública y privada.

11. La adopción de las medidas **necesarias para permitir la compatibilidad efectiva entre responsabilidades laborales, familiares y personales de las mujeres y los hombres en Andalucía.**

12. El **impulso de la efectividad del principio de igualdad** en las relaciones entre particulares.

13. La **incorporación del principio de igualdad de género y la coeducación en el sistema educativo.**

14. La **adopción de medidas** que aseguren la igualdad entre hombres y mujeres en lo que se **refiere al acceso al empleo, a la formación, promoción profesional, igualdad salarial y a las condiciones de trabajo."**

1.5. Políticas públicas para la promoción de la Igualdad de Género

Dentro de la Ley 12/2007 de 26 de noviembre, se dedica dentro del Título I el Capítulo I para hablar de las **políticas públicas para la promoción de la igualdad de género** de forma **general y ya dentro del Título II en su capítulo IV nos habla de Políticas de promoción y protección de la salud y de bienestar social**

1.5.1. Integración de la perspectiva de género en las políticas públicas

Recogidas en el Título I de la Ley entre los artículos 5 a 13 Integración de la perspectiva de género en las políticas públicas destaca el art 5 a 10 de la ley las siguientes

1.5.1.1. Transversalidad de género

Los poderes públicos potenciarán que la perspectiva de la igualdad de género esté presente en la elaboración, ejecución y seguimiento de las **disposiciones normativas, de las políticas en todos los ámbitos de actuación,** considerando sistemáticamente las prioridades y necesidades propias de las mujeres y de los hombres, teniendo en cuenta su incidencia en la situación específica de unas y otros, al objeto de adaptarlas para eliminar los efectos discriminatorios y fomentar la igualdad de género.

1.5.1.2. Evaluación de impacto de género

El artículo 6 de la ley señala que los poderes públicos de Andalucía incorporarán la evaluación del impacto de género en el desarrollo de sus competencias, para garantizar la integración del principio de igualdad entre hombres y mujeres.

Todos los proyectos de ley, disposiciones reglamentarias y planes que apruebe el Consejo de Gobierno incorporarán, de forma efectiva, el objetivo de la igualdad por razón de género. A tal fin, en el proceso de tramitación de esas decisiones, deberá emitirse, por parte de quien reglamentariamente corresponda, un informe de evaluación del impacto de género del contenido de las mismas.

Dicho **informe de evaluación de impacto de género** irá acompañado de indicadores pertinentes en género, mecanismos y medidas dirigidas a paliar y neutralizar los posibles impactos negativos que se detecten sobre las mujeres y los hombres, así como a reducir o eliminar las diferencias encontradas, promoviendo de esta forma la igualdad entre los sexos.

1.5.1.3. Plan estratégico para la igualdad de mujeres y hombres

El Plan estratégico para la igualdad de mujeres y hombres se aprobará cada **cuatro años** a partir del año siguiente al de entrada en vigor de la presente Ley por el Consejo de Gobierno, a propuesta de la Consejería competente en materia de igualdad, e incluirá medidas para alcanzar el objetivo de la igualdad entre mujeres y hombres y para eliminar la discriminación por razón de sexo.

El principal instrumento para el desarrollo de esta Ley 12/2007 de 26 de noviembre es el I Plan Estratégico para la Igualdad de Mujeres y Hombres en Andalucía 2010-2013, aprobado por Acuerdo de Consejo de Gobierno de 19 de enero de 2010.

Hoy en día sigue en vigor I Plan Estratégico para la Igualdad de Mujeres y Hombres en Andalucía 2010-2013 aprobado por Acuerdo de Consejo de Gobierno de 19 de enero de 2010. Así, el I Plan Estratégico para la Igualdad de Mujeres y Hombres en Andalucía 2010-2013, se constituye como instrumento fundamental, para garantizar la integración de la perspectiva de género en las políticas públicas llevadas a cabo por la Administración de la Junta de Andalucía. Se trata de un conjunto ordenado de medidas, adoptadas después de realizar un diagnóstico de situación, que tienden a alcanzar la igualdad de trato y de oportunidades entre mujeres y hombres y eliminar la discriminación por razón de sexo. Como también lo señala la *Ley Orgánica para la Igualdad Efectiva de Mujeres y Hombres (Art. 46.1)* El objetivo de la Igualdad de Oportunidades entre mujeres y hombres se constituye en objetivo transversal de todas las medidas contenidas en el Plan y que deberán ser llevadas a cabo por la Administración de la Junta de Andalucía.

Son tres las directrices estratégicas definidas en el plan:

1. Trasversalidad de género
2. Conciliación y corresponsabilidad
3. Empoderamiento de las mujeres

Para hacer efectivas estás directrices y teniendo en cuenta la ley 12/2007 se han establecido **8 LINEAS DE ACTUACIÓN** con 36 objetivos desde las que se van a trabajar las directrices mencionadas.

LÍNEAS DE ACTUACIÓN

1.- Integración de la perspectiva de género.

2.- Educación.

3.- Empleo.

4.- Conciliación y Corresponsabilidad

5.- Salud.

6.- Bienestar Social.

7.- Participación.

8.- Imagen y medios de comunicación.

Como observamos la salud es la quinta línea de actuación, y la que vamos a desarrollar en este tema, señalamos también aquí la importancia que desde la Junta de Andalucía da a esta línea.

El plan señala que:

"La introducción de la **perspectiva de género en el ámbito de la salud implica reconocer el papel que los roles y estereotipos de género juegan en el estado de salud de mujeres y hombres.**

El género se configura en un determinante de la salud. Así mismo, es junto a otras variables socio demográficas un elemento potencialmente generador de desigualdades en salud, siendo ésta por definición injusta innecesaria y sobre todo evitable.

Incorporar la perspectiva de género en la atención a la salud implica atender la integridad de la salud de mujeres y hombres, visibilizando el papel que las concepciones socioculturales sobre lo femenino y lo masculino tienen tanto sobre el estado de salud de mujeres y hombres como sobre la práctica de las y los profesionales.

Desde el III Plan de Salud ya se establece como uno de sus ejes transversales la incorporación de la perspectiva de género, convirtiéndose este Plan Estratégico en una consolidación de este modelo social, político y técnico basado en la igualdad.

OBJETIVO 1.

Garantizar la igualdad de oportunidades en la mejora de los niveles de salud de la población, en las actuaciones de promoción y protección de la salud, y en la prevención y atención a los problemas de salud, desde la perspectiva de la recuperación:

Medidas.

0.1. Aplicación de la perspectiva de género en todos los planes, programas, estrategias y actuaciones y procesos asistenciales integrados.

0.2. Atención adaptada a las necesidades de la población, teniendo en cuenta las diferentes situaciones, estilos de vida, estereotipos en torno a colectivos sujetos a múltiple discriminación y estereotipos de género en el proceso de atención directa.

0.3. Garantía de la equidad en la atención teniendo en cuenta la prevalencia de las enfermedades en función del sexo, así como las diferentes formas de enfermar y las respuestas terapéuticas de las mujeres y de los hombres.

0.4. Detección para la corrección de posibles desigualdades entre hombres y mujeres en la utilización de avances de tecnología aplicada sobre todo en los problemas de salud mas prevalentes y con mayor impacto, coincidentes en los seleccionados en los Planes Integrales de Salud (especialmente: cardiovasculares, cáncer, y diabetes)

0.5. Implantación general del programa Promoción de la humanización en la atención perinatal de Andalucía (PHAPA) en el SSPA.

0.6. Desarrollo del Protocolo Andaluz de Atención Sanitaria ante la Violencia de Género desde los centros del SSPA.

0.7. Articulación de medidas y estrategias para la prevención y detección de prácticas que atenten contra la integridad y los derechos de las mujeres y las niñas, especialmente la mutilación genital femenina.

0.8. Establecimiento de garantías para los derechos y la dignidad de las personas en cuanto al desarrollo de su salud sexual y reproductiva y la prevención de las situaciones de riesgo derivadas de estas, incidiendo de forma especial en la etapa adolescente y juvenil.

0.9. Programas de promoción, sensibilización y concienciación de la salud en el lugar de trabajo en los que se aborden temas sobre alimentación actividad física, tabaquismo, etc. Bajo la perspectiva de género.

0.10. Fomento y mejor de medidas dirigidas a las personas cuidadoras que impulsen la corresponsabilidad y promuevan el autocuidado en los varones y la participación de estos en las responsabilidades del cuidado familiar y que contemplen, asimismo, el conflicto entre los derechos de las personas cuidadoras y las personas en situación de dependencia.

0.11. Impulso de las medidas de salud contempladas en el I Plan de acción integral para las Mujeres con Discapacidad en Andalucía.

0.12. Mejora de la accesibilidad a los centros de atención mediante la agilización de los procedimientos, fomentando el uso de las herramientas telemáticas que mejoren los canales de coordinación interniveles, que fomenten el acto único, etc.

0.13. Estudios y análisis de vigilancia de la salud de la población con perspectiva de género, incorporando información tanto cualitativa como cuantitativa y contemplando variables sociodemográfias en materia de salud.

0.14. Incorporación de la variable sexo en los sistemas de información sanitarios que permitan identificar situaciones de desigualdad relacionándola con otras variables sociodemográficas.

0.15. Inclusión en todas las estadísticas de acceso y de actividad de los servicios sanitarios los resultados diferenciados para mujeres y hombres y por grupo de edad.

0.16. Asegurar la incorporación de la perspectiva de género en los planes de formación en el ámbito sanitario de grado, continuada y de post- grado.

0.17. Fomento de condiciones de igualdad en el acceso a los procesos formativos en el ámbito sanitario.

OBJETIVO 2.

Impulsar políticas de igualdad de oportunidades para el conjunto de profesionales que forman parte del Sistema Sanitario Público de Andalucía (SSPA), mediante medidas de conciliación y corresponsabilidad.

Medidas:

2.1. Elaboración de Planes de Igualdad en centros e instituciones del SSPA.

2.2. Integración de la perspectiva de género en el modelo de gestión por competencias.

2.3. Desarrollo e implantación de un Sistema de Información que permita el análisis con perspectiva de género (incluyendo ejes específicos de desigualdad) del personal del Sistema Sanitario Público de Andalucía (SSPA).

2.4. Elaboración de una "Guía de buenas prácticas para la implantación de medidas de conciliación en el SSPA"

2.5. Elaboración de un protocolo para la identificación, prevención y protección ante situaciones de acoso sexual, acoso por razón de sexo y acoso moral en el SSPA.

2.6. Acciones de formación y sensibilización dirigidas a la prevención e identificación de situaciones de acoso sexual, acoso por razón de sexo y acoso moral en el trabajo.

2.7. Evaluación del grado de integración del enfoque de género en los Servicios de Prevención de Riesgos Laborales del SSPA.

2.8. Desarrollar y comunicar las medidas de conciliación y corresponsabilidad dirigidas al personal del SSPA.

2.9. Desarrollo de investigaciones y aplicaciones tecnológicas adaptadas a las necesidades específicas de las mujeres e impulso económico e institucional para su puesta en práctica generalizada.

2.10. Establecer programas de formación específicos en detección de enfermedades con mayor incidencia en las mujeres, dirigidos al personal de Atención Primaria.

OBJETIVO 3.

Promover la incorporación de la perspectiva de género al ámbito de la investigación biomédica y social relacionada con la salud.

Medidas:

3.1. Inclusión de las variables sexo y edad en las herramientas de información en el campo de la investigación.

3.2. Identificación de las variables que afectan al acceso a la investigación por parte de hombres y mujeres.

3.3. Identificación de los diferentes modelos de enfermar y de la respuesta terapéutica de las mujeres y de los hombres.

3.4. Análisis sobre la morbilidad de mujeres y hombres en los servicios de salud teniendo en cuenta variables sociodemográficas clave.

3.5. Colaboración con otras instituciones implicadas en el estudio de temas relativos a la Igualdad de Género tanto en el ámbito estatal (Observatorio de Salud y Género del Ministerio de Sanidad y Consumo) como en el ámbito de otras Comunidades Autónomas.

3.6. Impulso a la realización de estudios sobre la existencia (y causalidad) de desigualdad entre hombres y mujeres en materia de accesibilidad a los recursos sanitarios.

3.7. Realización de investigaciones sobre problemáticas de salud que afectan de forma diferente a mujeres o a hombres, y sobre tendencias a la medicalización de la vida, especialmente en las mujeres, identificando las variables sociodemográficas relevantes.

3.8. Determinación de prioridades en la investigación realizada en Andalucía en base a las diferencias por sexos y a las desigualdades por géneros, con el consecuente apoyo a las líneas de investigación que generen conocimiento, que contribuya a reducir las desigualdades y a una justa atención diferencial.

3.9. Tomar en consideración las recomendaciones de la Unión Europea, y de las investigadoras feministas del estado español y de la comunidad andaluza para el diseño, planificación y ejecución de estudios e investigaciones sensibles al género.

1.5.1.4. Enfoque de género en el presupuesto

El Presupuesto de la Comunidad Autónoma de Andalucía será un elemento activo en la consecución de forma efectiva del objetivo de la igualdad entre mujeres y hombres; a tal fin, la Comisión de Impacto de Género en los Presupuestos, dependiente de la Consejería de Economía y Hacienda, con participación del Instituto Andaluz de la Mujer, emitirá el informe de evaluación de impacto de género sobre el anteproyecto de Ley del Presupuesto.

La Comisión de Impacto de Género en los Presupuestos impulsará y fomentará la preparación de anteproyectos con perspectiva de género en las diversas Consejerías y la realización de auditorías de género en las Consejerías, empresas y organismos de la Junta de Andalucía.

1.5.1.5. Lenguaje no sexista e imagen pública

La Administración de la Junta de Andalucía garantizará un uso no sexista del lenguaje y un tratamiento igualitario en los contenidos e imágenes que utilicen en el desarrollo de sus políticas.

1.5.1.6. Estadísticas e investigaciones con perspectiva de género

Los poderes públicos de Andalucía, para garantizar de modo efectivo la integración de la perspectiva de género en su ámbito de actuación, deberán:

a) Incluir sistemáticamente la variable sexo en las estadísticas, encuestas y recogida de datos que realicen.

b) Incorporar indicadores de género en las operaciones estadísticas que posibiliten un mejor conocimiento de las diferencias en los valores, roles, situaciones, condiciones, aspiraciones y necesidades de mujeres y hombres, su manifestación e interacción en la realidad que se vaya a analizar.

c) Analizar los resultados desde la dimensión de género.

Asimismo, realizarán análisis e investigaciones sobre la situación de desigualdad por razón de sexo y difundirán sus resultados. Especialmente, contemplarán la situación y necesidades de las mujeres en el medio rural, y de aquellos colectivos de mujeres sobre los que influyen diversos factores de discriminación.

1.5.2. Promoción de la Igualdad de Género por la Junta de Andalucía

Los artículos 11 a 13 de la Ley 13/2007 de 26 de noviembre, señalan como se Promociona de la igualdad de género por la Junta de Andalucía mediante la adopción de las siguientes políticas:

1.5.2.1. Representación equilibrada de los órganos directivos y colegiados

Se garantizará la representación equilibrada de hombres y mujeres en el nombramiento de titulares de órganos directivos de la Administración de la Junta de Andalucía cuya designación corresponda al Consejo de Gobierno.

En la composición de los órganos colegiados de la Administración de la Junta de Andalucía deberá respetarse la representación equilibrada de mujeres y hombres. Este mismo criterio de representación se observará en la modificación o renovación de dichos órganos. A tal efecto, se tendrá en cuenta lo siguiente:

a) Del cómputo se excluirán aquellas personas que formen parte en función del cargo específico que desempeñen.

b) Cada organización, institución o entidad a las que corresponda la designación o propuesta, facilitará la composición de género que permita la representación equilibrada.

1.5.2.2. Contratación pública

La Administración de la Junta de Andalucía, a través de sus órganos de contratación, podrá establecer condiciones especiales en relación con la ejecución de los contratos que celebren, con el fin de promover la igualdad entre mujeres y hombres en el mercado de trabajo, siempre dentro del marco proporcionado por la normativa vigente.

Los órganos de contratación de la Administración de la Junta de Andalucía señalarán, en los pliegos de cláusulas administrativas particulares, la preferencia de la adjudicación de los contratos para las proposiciones presentadas por aquellas empresas que, en el momento de acreditar su solvencia técnica, tengan la marca de excelencia o desarrollen medidas destinadas a lograr la igualdad de oportunidades, y las medidas de igualdad aplicadas permanezcan en el tiempo y mantengan la efectividad, de acuerdo con las condiciones que reglamentariamente se establezcan. Todo ello, sin perjuicio de lo establecido en el apartado primero de la disposición adicional octava del Texto Refundido de la Ley de Contratos de las Administraciones Públicas, aprobado por Real Decreto legislativo 2/2000 de 16 de junio.

1.5.2.3. Ayudas y subvenciones

La Administración de la Junta de Andalucía incorporará a las bases reguladoras de las subvenciones públicas la valoración de actuaciones de efectiva consecución de la igualdad de género por parte de las entidades solicitantes, salvo en aquellos casos en que, por la naturaleza de la subvención o de las entidades solicitantes, esté justificada su no incorporación.

La Administración de la Junta de Andalucía no formalizará contratos, ni subvencionará, bonificará o prestará ayudas públicas a aquellas empresas sancionadas o condenadas por resolución administrativa firme o sentencia judicial firme por alentar o tolerar prácticas laborales consideradas discriminatorias por la legislación vigente.

1.5.3. Medidas concretas en el ámbito de la salud. Promoción y protección de la salud

Además de esas políticas, existen MEDIDAS CONCRETAS que se aplican en diferentes ámbitos (Educación Empleo, Imagen y medios de comunicación...), algunas de ellas DENTRO DEL AMBITO DE LA SALUD LA LEY 12/207 DE 26 DE NOVIEMBRE, señala como Políticas de promoción y protección de la salud y de bienestar social en sus artículos 41 A 42 (Como políticas de Salud).

1.5.3.1. Políticas de salud

"El sistema sanitario público de Andalucía impulsará, en los ámbitos de promoción de salud y prevención de la enfermedad, las medidas necesarias para atender a las diferentes necesidades de hombres y mujeres, adaptando las actividades a las características de cada sexo.

Asimismo, impulsarán la aplicación de medidas que permitan la atención específica a las necesidades en materia de salud que, por razón de sexo, presenten las mujeres, con especial atención a los colectivos menos favorecidos.

Igualmente, se establecerán las medidas que garanticen, en el ámbito territorial de la Comunidad Autónoma, la integridad física y psíquica de las mujeres y niñas, impidiendo la realización de prácticas médicas o quirúrgicas que atenten contra dicha integridad.

Asimismo, se establecerán medidas que garanticen la accesibilidad a los servicios sanitarios y prestaciones complementarias en condiciones de igualdad entre hombres y mujeres y de forma compatible con la conciliación de la vida familiar y laboral.

Se impulsarán las medidas necesarias para apoyar a las personas cuidadoras de personas dependientes, especialmente en materia de accesibilidad a los servicios y prestaciones complementarias del sistema sanitario público de Andalucía, y se proporcionará formación adecuada para mejorar el cuidado a las personas dependientes a su cargo.

Se impulsarán las medidas necesarias para evitar los embarazos no deseados, con especial atención a las mujeres adolescentes, a través de políticas de promoción y acceso a la planificación familiar.

Se impulsarán las medidas necesarias para la prevención y tratamiento de enfermedades que afectan especialmente a las mujeres, como la anorexia, la bulimia o la fibromialgia."

1.5.3.2. Investigación biomédica

"La Administración de la Junta de Andalucía impulsará el enfoque de género en las diferentes líneas y proyectos de investigación biomédica, de forma que permita conocer los diferentes modos de enfermar y de respuesta terapéutica de las mujeres y los hombres.

La Administración sanitaria incorporará a los estudios de investigación y de opinión sobre los servicios sanitarios, así como en las encuestas de salud, indicadores que permitan conocer los datos relativos a mujeres y hombres, tanto de forma desagregada por sexos como en forma global."

2. LEY 13/2007, DE 26 DE NOVIEMBRE, DE PREVENCIÓN Y PROTECCIÓN INTEGRAL CONTRA LA VIOLENCIA DE GÉNERO: OBJETO; ÁMBITO DE APLICACIÓN; PRINCIPIOS RECTORES; FORMACIÓN A PROFESIONALES DE LA SALUD

2.1. Introducción

Como señala la exposición de motivos de la Ley:

"El **derecho a vivir dignamente**, en libertad y sin vulneración de la integridad personal, tanto física como psicológica, forma parte inalienable de los derechos humanos universales, y, por ello, es objeto de protección y promoción desde todos los ámbitos jurídicos y, muy especialmente, desde el internacional. La violencia de género supone una manifestación extrema de la desigualdad y del sometimiento en el que viven las mujeres en todo el mundo, y representa una clara conculcación de los derechos humanos.

Su erradicación no pueden venir de acciones aisladas, sino de una intervención integral y coordinada, que implique la responsabilidad de los poderes públicos a través de políticas adecuadas y del compromiso de la sociedad civil para avanzar hacia la eliminación de toda forma de abuso contra las mujeres.

Desde la **Declaración de la ONU** sobre **Eliminación de la Violencia contra las Mujeres, aprobada el 20 de diciembre de 1993** por la Asamblea General de las Naciones Unidas, **se utiliza el término "violencia de género o violencia contra las mujeres",** para referirse a "todo acto de violencia basado en la pertenencia al sexo femenino que tenga o pueda tener como resultado un daño o sufrimiento físico, sexual o psicológico para las mujeres, inclusive las amenazas de tales actos, la coacción o privación arbitraria de la libertad, tanto si se producen en la vida pública o privada".

Posteriormente, **en la Conferencia Mundial sobre la Mujer, celebrada en Pekín en el año 1995**, se **nombró y se forjó el término violencia de género**, para explicitar que "la violencia contra la mujer impide el logro de los objetivos de la igualdad de desarrollo y Paz, que viola y menoscaba el disfrute de los deberes y derechos fundamentales" instando a todos los Gobiernos a "adoptar medidas para prevenir y eliminar esta forma de violencia".

En el ámbito de la **UNION EUROPEA** también se han realizado importantes actuaciones para lograr la eliminación de la violencia contra las mujeres.

El Tratado Constitutivo de la Comunidad Europea reconoce el derecho a la igualdad entre mujeres y hombres, e insta a los Estados partes a que desarrollen políticas específicas para la prevención y punición de la violencia de género.

La Carta de los Derechos Fundamentales de la Unión Europea se expresa en el mismo sentido, conteniendo, además, varias disposiciones que inciden en la protección y promoción de la integridad física y psicológica de todas las personas, y en la paridad entre mujeres y hombres.

A día de hoy es importante señalar que el 6 de junio de 2014, España ha firmado el Instrumento de ratificación del Convenio del Consejo de Europa sobre prevención y lucha contra la violencia contra la mujer y la violencia doméstica, hecho en Estambul el 11 de mayo de 2011 publicado en el BOE núm. 137, de 6 de junio de 2014 con vigencia desde el 1 de agosto de 2014.

La **Constitución Española** reconoce **la igualdad y la libertad** como valores superiores del ordenamiento jurídico en su **artículo 1.1**, y en el **artículo 9.2** establece la obligación de los poderes públicos de promover aquellas condiciones, que hagan reales y efectivas la libertad e igualdad de todas las personas. Además la jurisprudencia ha identificado los preceptos constitucionales que se vulneran con la violencia de género, tales como el derecho a la dignidad de la persona y al libre desarrollo de su personalidad, recogido en el **artículo 10.1**, el derecho a la vida y a la integridad física y moral, con interdicción de los tratos inhumanos o degradantes, reconocido en el **artículo 15,** así como el derecho a la seguridad, establecido en el **artículo 17,** quedando también afectados los principios rectores de la política social y económica, que se refieren a la protección de la familia y de la infancia.

En cuanto a la regulación legal estatal, sin duda junto con la reforma del Código Penal, el instrumento que cumple decididamente con las recomendaciones y directrices internacionales y de ámbito regional europeo, es la **Ley Orgánica 1/2004 de 28 de diciembre, de Medidas de Protección Integral contra la Violencia de Género,** una Ley cuyo objetivo fundamental es actuar contra una violencia que constituye una manifestación clara de la discriminación a través de un enfoque multicausal desde la disposición de medidas en ámbitos muy diversos.

Por su parte La Comunidad Autónoma de Andalucía asume en su **Estatuto de Autonomía,** un fuerte compromiso en la erradicación de la violencia de género y en la protección integral a las mujeres, al establecer, en **su artículo 16,** que las mujeres tienen derecho a una protección integral contra la violencia de género, que incluirá **medidas preventivas, medidas asistenciales y ayudas públicas.**

En este sentido, el **artículo 73.2** dispone que corresponde a la Comunidad Autónoma la competencia compartida en materia de lucha contra la violencia de género, la planificación de actuaciones y la capacidad de evaluación y propuesta ante la Administración central. La Comunidad Autónoma podrá establecer medidas e instrumentos para la sensibilización sobre la violencia de género y para su detección y prevención, así como regular servicios y destinar recursos propios para conseguir una protección integral de las mujeres que han sufrido o sufren este tipo de violencia.

Además, **el artículo 10 dispone, en su apartado 1,** que la Comunidad Autónoma de Andalucía promoverá las condiciones para que la libertad y la igualdad del individuo y de los grupos en que se integra sean reales y efectivas; removerá los obstáculos que impidan o dificulten su plenitud y fomentará la calidad de la democracia facilitando la participación de todos los andaluces en la vida política, económica, cultural y social. A tales efectos, adoptará todas las medidas de acción positiva que resulten necesarias.

CON ESTA IDEA DE ERRADICAR LA VIOLENCIA DE GÉNERO EN ANDALUCÍA NACE LA LEY 13/2007 DE 26 DE NOVIEMBRE.

La finalidad primordial de la Ley 13/2007 de 26 de noviembre es erradicar la violencia de género, identificando las conductas que constituyen violencia de género, dada la amplitud de conductas que se reconocen como violencia, pero las dudas se disipan en su artículo 3.

El concepto de violencia de género que nos señala la ley viene recogido en al **artículo 3** el cual dispone:

"1. A los efectos de la presente Ley se entiende por violencia de género aquella que, como manifestación de la discriminación, la situación de desigualdad y las relaciones de poder de los hombres sobre las mujeres, se ejerce sobre estas por el hecho de serlo.

*2. La violencia a que se refiere la presente Ley comprende cualquier acto de violencia basada en género que tenga como consecuencia, o que tenga posibilidades de tener como consecuencia, perjuicio o sufrimiento en **la salud física, sexual o psicológica de la mujer, incluyendo amenazas** de dichos actos, **coerción o privaciones arbitrarias de su libertad**, tanto si se producen en la vida pública como privada.*

3. A los efectos de la presente Ley, se considera violencia de género:

a) ***Violencia física**, que incluye cualquier acto de fuerza contra el cuerpo de la mujer, con resultado o riesgo de producir lesión física o daño, ejercida por quien sea o haya sido su cónyuge o por quien esté o haya estado ligado a ella por análoga relación de afectividad, aun sin convivencia. Asimismo, tendrán la consideración de actos de violencia física contra la mujer los ejercidos por hombres en su entorno familiar o en su entorno social y/o laboral.*

b) ***Violencia psicológica**, que incluye toda conducta, verbal o no verbal, que produzca en la mujer desvalorización o sufrimiento, a través de amenazas, humillaciones o vejaciones, exigencia de obediencia o sumisión, coerción, insultos, aislamiento, culpabilización o limitaciones de su ámbito de libertad, ejercida por quien sea o haya sido su cónyuge o por quien esté o haya estado ligado a ella por análoga relación de afectividad, aun sin convivencia. Asimismo, tendrán la consideración de actos de violencia psicológica contra la mujer los ejercidos por hombres en su entorno familiar o en su entorno social y/o laboral.*

c) ***Violencia económica**, que incluye la privación intencionada, y no justificada legalmente, de recursos para el bienestar físico o psicológico de la mujer y de sus hijas e hijos o la discriminación en la disposición de los recursos compartidos en el ámbito de la convivencia de pareja.*

d) ***Violencia sexual y abusos sexuales**, que incluyen cualquier acto de naturaleza sexual forzada por el agresor o no consentida por la mujer, abarcando la imposición, mediante la fuerza o con intimidación, de relaciones sexuales no consentidas, y el abuso sexual, con independencia de que el agresor guarde o no relación conyugal, de pareja, afectiva o de parentesco con la víctima. "*

2.2. Objeto de la Ley

La presente Ley tiene por objeto, según su **artículo 1, actuar contra la violencia** que, como manifestación de la discriminación, la situación de desigualdad y las relaciones de poder de los hombres sobre las mujeres, se ejerce sobre éstas por el solo hecho de serlo.

Asimismo será objeto de esta Ley **la adopción de medidas para la erradicación** de la violencia de género mediante actuaciones de prevención y de protección integral a las mujeres que se encuentren en esa situación, **incluidas las acciones de detección, atención y recuperación**.

2.3. Ámbito de aplicación

El **artículo 2** de la Ley recoge su ámbito de aplicación, manifestando que

*"**1.** La presente Ley será de aplicación en todo el* ámbito territorial de la Comunidad Autónoma de Andalucía.

2. En particular, en los términos establecidos en la propia Ley, será de aplicación:

a) *A* ***las actuaciones de los poderes públicos*** *sujetos a las leyes de la Comunidad Autónoma de Andalucía.*

b) *A las* ***entidades que integran la Administración local***, *sus organismos autónomos, consorcios, fundaciones y demás entidades con personalidad jurídica propia en los que sea mayoritaria la representación directa de dichas entidades.*

c) *A la* ***Administración de la Junta de Andalucía*** *y sus organismos autónomos, a las empresas de la Junta de Andalucía, a los consorcios, fundaciones y demás entidades con personalidad jurídica propia en los que sea mayoritaria la representación directa de la Junta de Andalucía.*

3. Tienen garantizados los derechos que esta Ley ***reconoce todas las mujeres que se encuentren en el territorio andaluz. (Por tanto no necesariamente andaluza, basta que se encuentre en territorio andaluz)***

4. Igualmente, será de aplicación a las ***personas físicas y jurídicas públicas o privadas***, *en los términos establecidos en la presente Ley".*

2.4. Principios rectores

El **artículo 4** de la Ley 13/2007, de 26 de noviembre, señala:

"La actuación de los poderes públicos de Andalucía tendente a la erradicación de la violencia de género deberá inspirarse en los ***siguientes fines y principios***:

a) *Desarrollar y aplicar políticas y acciones con un enfoque multidisciplinar, a través de acciones institucionales coordinadas y transversales, de forma que cada poder público implicado defina acciones específicas desde su ámbito de intervención de acuerdo con modelos de intervención globales.*

b) *Integrar el objetivo de la erradicación de la violencia de género y las necesidades y demandas de las mujeres afectadas por la misma, en la planificación, implementación y evaluación de los resultados de las políticas públicas.*

c) *Adoptar medidas que garanticen los derechos de las mujeres víctimas de violencia de género, de acuerdo con los principios de universalidad, accesibilidad, proximidad, confidencialidad de las actuaciones, protección de los datos personales, tutela y acompañamiento en los trámites procedimentales y respeto a su capacidad de decisión.*

d) *Fortalecer acciones de sensibilización, formación e información con el fin de prevenir, atender y erradicar la violencia de género, mediante la dotación de instrumentos eficaces en cada ámbito de intervención.*

e) *Promover la cooperación y la participación de las entidades, instituciones, asociaciones de mujeres, agentes sociales y organizaciones sindicales que actúen a favor de la igualdad y contra la violencia de género, en las propuestas, seguimiento y evaluación de las políticas públicas destinadas a la erradicación de la violencia contra las mujeres.*

f) *Reforzar hasta la consecución de los mínimos exigidos por los objetivos de la ley los servicios sociales de información, de atención, de emergencia, de apoyo y de recuperación integral, así como establecer un sistema para la más eficaz coordinación de los servicios ya existentes a nivel municipal y autonómico.*

g) *Garantizar el acceso a las ayudas económicas que se prevean para las mujeres víctimas de violencia de género y personas de ellas dependientes.*

h) *Establecer un sistema integral de tutela institucional en el que la Administración Andaluza, en colaboración con la Delegación Especial del Gobierno contra la Violencia sobre la Mujer, impulse la creación de políticas públicas dirigidas a ofrecer tutela a las víctimas de la violencia contemplada en la presente Ley."*

Además es importante señalar que la ley 13/2007 establece, un Plan integral de sensibilización y prevención contra la violencia de género en Andalucía. Y su artículo 8 lo dispone así:

*"**1.** El Consejo de Gobierno aprobará cada **CINCO AÑOS** un Plan integral de sensibilización y prevención contra la violencia de género en Andalucía, coordinado por la Consejería competente en materia de igualdad y con la participación de las Consejerías que resulten implicadas.*

*2. El Plan integral desarrollará, como mínimo, las siguientes **estrategias de actuación**:*

a) *Educación, con el objetivo fundamental de incidir, desde la etapa infantil hasta los niveles superiores, en la igualdad entre mujeres y hombres y en el respeto de los derechos y libertades fundamentales, dotando de los instrumentos que permitan la detección precoz de la violencia de género.*

b) *Comunicación, cuya finalidad esencial es sensibilizar a mujeres y hombres, modificar los modelos y actitudes, mitos y prejuicios sexistas, y concienciar a la sociedad sobre la violencia de género como una problemática social que atenta contra nuestro sistema de valores.*

   En las campañas que se desarrollen habrán de tenerse en cuenta las especiales circunstancias de dificultad en el acceso a la información que puedan encontrarse determinados colectivos como el de personas inmigrantes, personas que viven en el medio rural, y personas con discapacidad, procurando un formato accesible para estas últimas.

c) *Detección, atención y prevención de la violencia de género, prestando una especial consideración a los grupos de mujeres más vulnerables.*

d) *Formación y especialización de profesionales, con el objetivo fundamental de garantizar una formación que les permita la prevención, la detección precoz, la atención, la recuperación de las víctimas y la rehabilitación del agresor.*

e) *Coordinación y cooperación de los distintos operadores implicados en el objetivo de erradicación de la violencia de género, la no victimización de las mujeres y la eficacia en la prestación de los servicios.*

3. Los poderes públicos, en el marco de sus competencias, impulsarán además campañas de información y sensibilización específicas con el fin de prevenir la violencia de género.

4. Las actuaciones de sensibilización tienen como objetivo modificar los mitos, modelos y prejuicios existentes, y deben recoger los elementos siguientes:

a) *Presentar la violencia en su naturaleza multidimensional y como fenómeno enmarcado en la desigual distribución de poder entre hombres y mujeres.*

b) *Determinar las diferentes causas de la violencia de género y sus consecuencias.*

c) *Presentar una imagen de las mujeres que han sufrido violencia de género como sujetos plenos con posibilidad de superar las situaciones en las que se encuentran."*

(El Plan de igualdad lo recoge como el objetivo 1 punto 9 expuesto anteriormente).

2.5. Formación a profesionales de la salud

2.5.1. Introducción

Como anteriormente hemos visto, en el artículo 8. 2. d de la Ley 13/2007 de 26 de noviembre dice específicamente que:

"El Plan integral desarrollará, como mínimo, las siguientes estrategias de actuación:

Formación y especialización de profesionales, con el objetivo fundamental de garantizar una formación que les permita la prevención, la detección precoz, la atención, la recuperación de las víctimas y la rehabilitación del agresor."

Desde los servicios sanitarios se puede desempeñar un papel crucial para ayudar a las mujeres que sufren violencia, ya que la mayoría de las mujeres entran en contacto con ellos en algún momento de su vida (embarazo, parto, cuidado médico de los hijos o hijas, cuidado de las personas mayores, etc.).

Año tras año, y desde todos los niveles, se trabaja para denunciar la violencia de género, este camino también lo recorre la profesión sanitaria y para ello necesita formación.

Cada vez son más los profesionales sensibles a esta materia, el profesional sanitario atiende, escucha y aconseja, y lo que es más importante, se forma para ofrecer una mejor asistencia. E incluso para la detección precoz de estas situaciones.

En los últimos años, muchísimos profesionales sanitarios han asistido a alguno de los cursos realizados en el marco del plan formativo elaborado por el SAS. La suma de estos cursos, la sensibilidad profesional y la existencia de un parte judicial apto y adaptable a estas situaciones, dan como resultado una mayor y mejor detección precoz de la violencia de género. De hecho, según las estadísticas cada año, se emiten muchos partes judiciales por agresiones (físicas o psíquicas) contra mujeres, la mayor parte han sido notificados desde los centros de atención primaria y el resto desde hospitales.

Estos documentos permiten, registrar tanto las lesiones físicas como las psíquicas, así como el estado en el que llega la mujer agredida, lo que permite facilitar la actuación judicial y ofrecer una mejor información a los servicios jurídicos. Y para seguir facilitando la labor profesional y el seguimiento de cada caso, se está trabajando para su inclusión en la Historia de salud digital (DIRAYA). Por tanto la formación del personal sanitario es FUNDAMENTAL.

En el ámbito normativo de la Comunidad Autónoma de Andalucía, la Ley 2/1998 de 15 de junio, de Salud de Andalucía preceptúa en **el artículo 79. 1. e)**

"Corresponde a la Consejería de Salud, sin perjuicio de las competencias atribuidas a otros órganos de la Administración de la Junta de Andalucía, el desarrollo de las funciones siguientes:

Formar, reciclar y perfeccionar de manera continuada a los profesionales sanitarios y no sanitarios del campo de la salud y de la gestión y la administración sanitarias desde una perspectiva interdisciplinaria.

La Consejería de Salud **establecerá reglamentariamente los principios a que han de ajustarse el desarrollo y ejecución de estas funciones,** siempre con pleno respeto a los derechos de los usuarios, fomentando la coordinación y colaboración con las Universidades andaluzas y demás instituciones y entidades que realicen actividades en estas materias."

Según señala el Decreto 140/2013, de 1 de octubre, por el que se establece la estructura orgánica de la Consejería de Igualdad, Salud y Políticas Sociales y del Servicio Andaluz de Salud. Corresponde a la Dirección General de Calidad, Investigación, Desarrollo e Innovación.

"A la persona titular de la Dirección General de Calidad, Investigación, Desarrollo e Innovación le corresponden las atribuciones previstas en el artículo 30 de la Ley 9/2007, de 22 de octubre y, en especial, las siguientes funciones:

El impulso y coordinación de las actuaciones dirigidas al desarrollo profesional continuo de los profesionales del Sistema Sanitario Público de Andalucía, del Sistema Público de Servicios Sociales de Andalucía y del Sistema para la Autonomía y Atención a la Dependencia en Andalucía, que permitan alcanzar niveles de excelencia en la práctica profesional individual y colectiva, el máximo desarrollo personal y, especialmente, el impulso de las estrategias de formación integral."

Por su parte, la ley 13/2007 de 26 de noviembre a través de las medidas incluidas en los artículos 20 a 25 viene a garantizar la adopción de medidas para la formación y especialización de las personas profesionales que atienden a las mujeres víctimas de violencia de género, pertenecientes a los siguientes colectivos:

1. Personal de la Administración de la Junta de Andalucía responsables de la atención a las víctimas de violencia de género.

2. Jueces y magistrados, fiscales, secretarios judiciales, Fuerzas y Cuerpos de Seguridad y médicos forenses.

3. Profesorado de la Administración Educativa y específica para padres y madres en materia de coeducación.

4. Cuerpos y Unidades de Policía local y autonómica, así como al personal de la seguridad en Andalucía.

5. **Personal del Sistema Sanitario Público de Andalucía.**

6. Profesionales de los medios de comunicación, sobre la prevención y tratamiento de la de la violencia de género.

En relación con el Personal del Sistema Sanitario Público de Andalucía, **en su artículo 24 señala:**

*"Los **planes y programas de salud** deberán incluir **la formación del personal del Sistema Sanitario Público de Andalucía**, para abordar de forma adecuada **la detección precoz, la atención a la violencia de género en sus múltiples manifestaciones y sus efectos en la salud de las mujeres, la rehabilitación de éstas, y la atención a los grupos de mujeres con especiales dificultades.** Dicha formación se dirigirá prioritariamente **a los servicios de atención primaria y de atención especializada con mayor relevancia para la salud de las mujeres."**

Dentro de la misma ley, el artículo 33 establece.

1. *El **Plan Andaluz de Salud** establecerá medidas específicas para la prevención, detección precoz, atención e intervención en los casos de violencia de género. Igualmente, incorporará las medidas necesarias para el seguimiento y evaluación del impacto en salud en las personas afectadas.*

Hoy en día el IV Plan Andaluz de Salud implica a todas las consejerías para lograr que las personas vivan más años con mayor calidad y autonomía

Este IV Plan señala que como estrategia transversal evaluará el impacto de la educación, la cultura, el medio ambiente, los transportes o el urbanismo en el bienestar de la ciudadanía y establecerá medidas para reducir desigualdades Se trata de una iniciativa coherente con los objetivos europeos para la salud y el bienestar -Salud 2020- y nace con la premisa de que la mejora de la salud es fundamental para el nuevo modelo económico andaluz ya que produce retornos en la capacidad productiva. El plantea además 24 metas y 92 objetivos entre ellos se encuentra la firma de un convenio entre las consejerías de Igualdad, Salud y Políticas Sociales, Justicia e Interior y la Fiscalía Superior de Andalucía para el desarrollo del protocolo andaluz para la actuación sanitaria ante la violencia de género.)

Sigue estableciendo el artículo 33 que:

2. *"La detección precoz de las situaciones de violencia de género será un objetivo en el ámbito de los servicios de salud, tanto público como privado. A tal fin, la Consejería competente en materia de salud establecerá los programas y actividades más adecuados para lograr la mayor eficacia en la detección de estas situaciones, y se considerará de forma especial la situación de las mujeres que puedan tener mayor riesgo de sufrir la violencia de género o mayores dificultades para acceder*

a los servicios previstos en esta Ley, tales como las pertenecientes a minorías, las inmigrantes, las que se encuentran en situación de exclusión social, explotación sexual o las mujeres con discapacidad. Estas disposiciones afectarán a todos los centros sanitarios autorizados en el ámbito de Andalucía.

3. *Las mujeres que sufren cualquier forma de violencia de género tienen derecho a una atención y asistencia sanitaria especializada. El Gobierno andaluz, a través de la red de utilización pública, garantizará la aplicación de un protocolo de atención y asistencia de todas las manifestaciones de la violencia de género, en los diferentes niveles y servicios. Este protocolo debe contener un tratamiento específico para las mujeres que han sufrido una agresión sexual.*

4. **Los protocolos deben contener pautas uniformes de actuación sanitaria, tanto en el ámbito público como privado.**

5. **Dichos protocolos, además de referirse a los procedimientos a seguir, harán referencia expresa a las relaciones con la Administración de Justicia, en aquellos casos en que exista constatación o sospecha fundada de daños físicos o psíquicos ocasionados por estas agresiones o abusos."**

Sigue el artículo 34 estableciendo:

"**1.** El Sistema Sanitario Público de Andalucía prestará la atención sanitaria necesaria, con especial atención a la salud mental, a las personas víctimas de violencia de género.

2. Por la Consejería competente en materia de salud, se establecerán los mecanismos de seguimiento específicos que permitan la elaboración de estadísticas y la evaluación de los efectos producidos por las situaciones de violencia de género."

Así mismo el artículo 60:

"**1.** La Administración de la Junta de Andalucía promoverá la elaboración de **PROTOCOLOS DE ACTUACIÓN**, en particular en los ámbitos judicial, médico legal, policial, **de salud,** social y de los centros y servicios de información y atención integral a las mujeres.

2. Los objetivos de los protocolos para una intervención coordinada hacia la violencia de género deben:

b) Garantizar la atención coordinada de la Administración andaluza, entes locales, agentes sociales y de los servicios que se desprenden, y delimitar los ámbitos de actuación que pueden intervenir en las diferentes situaciones de violencia hacia las mujeres.

c) Establecer los mecanismos de coordinación y cooperación que permitan una transmisión de información continuada y fluida entre organismos implicados.

d) Diseñar circuitos de atención adecuados a las diferentes situaciones de violencia y las necesidades concretas derivadas de estas situaciones.

e) Establecer un modelo único y consensuado de recogida de datos para garantizar el conocimiento de la realidad.

3. Los protocolos deben prever la participación de los ámbitos directamente relacionados con el tratamiento de este tipo de violencia, como son las entidades y asociaciones de mujeres que trabajan en los diferentes territorios a partir de un modelo de intervención compatible con el que establece esta Ley.

4. La elaboración de los protocolos será impulsada por el Instituto Andaluz de la Mujer estableciendo la concreción y el procedimiento de las actuaciones, así como las responsabilidades de los sectores implicados en el tratamiento de la violencia contra las mujeres, con el objeto de garantizar la prevención, la atención eficaz y personalizada, y la recuperación de las mujeres que se encuentran en situación de riesgo o que son víctimas de la violencia de género."

Andalucía cuenta con un protocolo para la Actuación Sanitaria ante la Violencia de Género tanto en el ámbito de atención primaria como de atención especializada, así como uno específico para Urgencias. El objetivo no es otro que proporcionar a las y los profesionales sanitarios unas pautas de actuación homogéneas en los casos de violencia contra las mujeres, tanto en la atención y seguimiento, como en la prevención y diagnóstico precoz de estas situaciones.

La atención sanitaria se oferta fundamentalmente a mujeres que presentan signos o síntomas de sufrir malos tratos en el ámbito familiar o por parte de su pareja o ex-pareja, así como mujeres que refieren haber sido agredidas sexualmente, con el objetivo de detectar situaciones de riesgo y contribuir a la erradicación de la violencia, en el marco del Plan de Actuación del Gobierno Andaluz para Avanzar en la Erradicación de la Violencia contra las Mujeres.

El protocolo específico del ámbito sanitario contempla además proporcionar información a las mujeres sobre el derecho a presentar denuncia, de la existencia de centros específicos para la mujer donde puede ser informada, facilitando la llamada al Teléfono de Información a la Mujer (900 200 999), la posibilidad de derivación a la Unidad de Trabajo Social del centro sanitario, para la oportuna intervención, la valoración del estado de salud y de situaciones de riesgo, el registro en la historia clínica de las actuaciones con la mujer, y por último, la cumplimentación del parte judicial.

2.5.2. El Plan Estratégico de Formación Integral del Sistema Sanitario Público de Andalucía (PEFISSPA)

No en el marco exclusivo de la violencia de género pero sí en general, existe EL Plan Estratégico de Formación Integral del Sistema Sanitario Público de Andalucía (PEFISSPA) Dentro de la formación, **la formación continuada y postgrado en el entorno del Servicio Andaluz de Salud está experimentando una adaptación y mejora en su calidad orientada en todo caso a la prestación de** un mejor servicio a la ciudadanía.

La formación ha pasado a nivel estratégico tras la redacción y puesta en marcha del Plan Estratégico de Formación Integral del SSPA, Se está produciendo también un impulso notable en la calidad de la formación que reciben nuestros profesionales, procediéndose de manera progresiva a la acreditación de las actividades y de los proveedores de formación (tanto internos como externos) que coordinan los programas formativos atendiendo a criterios de ACSA (Agencia de Calidad Sanitaria de

Andalucía). Para que la totalidad de formación ofrecida a profesionales sanitarios sea acreditada.

Dentro del programa de Formación continua uno de los conocimientos clave es la formación en desigualdades donde nos encontramos **la violencia de género.**

2.5.3. Red FORMMA

El programa formativo del Sistema Sanitario Público de Andalucía se completa con la creación de la **Red FORMMA (Red Andaluza de Formación contra el Maltrato a las Mujeres).** Red FORMMA lo constituyen un grupo multidisciplinar de profesionales del Sistema Sanitario Público Andaluz.

Nace en el año 2008 por iniciativa de la Secretaría General de Salud Pública y Participación de la Consejería de Salud, para dar cumplimiento a la normativa vigente en relación a la formación del personal de salud (Ley Orgánica 1/2004 de Medidas de protección integral contra la violencia de género, artículo 15 y en Andalucía la Ley 13/2007 de Medidas de prevención y protección integral contra la violencia de género, artículo 24). El proyecto está coordinado por la Escuela Andaluza de Salud Pública.

Esta Red incluye actividades de sensibilización dirigidas a todo el personal del sistema sanitario público andaluz y desarrollándose en los propios centros sanitarios en horario de formación continuada; Son cursos de formación básica en el abordaje del maltrato contra las mujeres dirigido a colectivos profesionales preferentes por su implicación en la atención a las mujeres que viven situaciones de maltrato; y un programa de formador de formadores, dirigido a personal con conocimientos previos en el tema.

Estos cursos están destinados a la capacitación en docencia de personal sanitario con implicación y motivación ante la violencia de género. Red FORMMA está dentro del Contrato Programa Consejería Salud-SSPE para la implementación de protocolos de actuación ante la Violencia de género. (El Contrato Programa es un instrumento que permite orientar a los proveedores sanitarios públicos sobre los criterios de actuación, basados en la demanda de servicios y en función de los objetivos de salud descritos en el Plan Andaluz de Salud y en los criterios del Plan de Calidad) Y se utiliza RED FORMMA para su implantación, en la formación sobre violencia de género, con una serie de objetivos.

Lo que Red FORMMA ofrece son pautas de actuación para la detección precoz y atención integral a las mujeres que viven una situación de violencia de género, cuáles son los indicadores de sospecha y la importancia de realizar una valoración biopsicosocial para establecer un plan de atención a la mujer según la situación en la que se encuentre.

También incluye la actuación desde los servicios de urgencias, la actuación ante agresiones sexuales, qué implica la cumplimentación del parte judicial y una guía de recursos disponibles, con información sobre los recursos y servicios de los distintos ámbitos de competencias (Igualdad, Seguridad, Justicia y Atención Social).

Es un espacio creado para posibilitar:

– La difusión del Programa de Formación del personal del Sistema Sanitario Público de Andalucía, en el abordaje del maltrato a las mujeres.

– La comunicación entre profesionales.

Es un lugar para aprender y para el encuentro e intercambio de conocimientos, reflexiones y vivencias, entre el personal de salud que conforma esta Red. Y un espacio de información para toda aquella persona que tenga interés en ella.

Dispone de un **espacio abierto** a todas las personas que la visitan, con información y enlaces a otras páginas web sobre temas importantes relacionados contra el maltrato a las mujeres y su adecuada atención y prevención. Asimismo tiene un **espacio restringido** para quienes componen la Red, como canal de comunicación para el intercambio de información y documentación entre las y los profesionales de la Red, a través de foros, chats y otros recursos.

Tema **8**

Régimen Jurídico del Personal

Régimen de incompatibilidades del Personal al servicio de las Administraciones Públicas. Ley 55/2003, de 16 de diciembre, del Estatuto Marco del Personal Estatutario de los Servicios de Salud: Clasificación del personal estatutario; Derechos y deberes; Jornadas de trabajo, permisos y licencias; Régimen disciplinario; Derechos de representación, participación y negociación colectiva

Ramón Vidal Ramírez
Licenciado en Derecho

Fisioterapeutas Servicio Andaluz de Salud (SAS)

Temario común

Índice esquemático

1. RÉGIMEN JURÍDICO DEL PERSONAL. RÉGIMEN DE INCOMPATIBILIDADES DEL PERSONAL AL SERVICIO DE LAS ADMINISTRACIONES PÚBLICAS

La Ley 55/2003, de 16 de diciembre, del Estatuto Marco del personal estatutario de los servicios de salud, dedica su Capítulo XIII al régimen de incompatibilidades del personal estatutario, distinguiendo entre el régimen general y las normas específicas que establece en su artículo 77.

1.1. Régimen general

Resultará de aplicación al personal estatutario el régimen de incompatibilidades establecido con carácter general para los funcionarios públicos, con las normas específicas que se determinan en el apartado siguiente. En relación al régimen de compatibilidad entre las funciones sanitarias y docentes, se estará a lo que establezca la legislación vigente.

1.2. Normas específicas

Será compatible el disfrute de becas y ayudas de ampliación de estudios concedidas en régimen de concurrencia competitiva al amparo de programas oficiales de formación y perfeccionamiento del personal, siempre que para participar en tales acciones se requiera la previa propuesta favorable del servicio de salud en el que se esté destinado y que las bases de la convocatoria no establezcan lo contrario.

En el ámbito de cada servicio de salud se establecerán las disposiciones oportunas para posibilitar la renuncia al complemento específico por parte del personal licenciado sanitario. A estos efectos, los servicios de salud regularán los supuestos, requisitos, efectos y procedimientos para dicha solicitud.

La percepción de pensión de jubilación por un régimen público de Seguridad Social será compatible con la situación del personal emérito. Las retribuciones del personal emérito, sumadas a su pensión de jubilación, no podrán superar las retribuciones que el interesado percibía antes de su jubilación, consideradas, todas ellas, en cómputo anual.

La percepción de pensión de jubilación parcial será compatible con las retribuciones derivadas de una actividad a tiempo parcial.

2. LA LEY 53/1984, DE 26 DE DICIEMBRE, DE INCOMPATIBILIDADES DEL PERSONAL AL SERVICIO DE LAS ADMINISTRACIONES PÚBLICAS

La regulación de las incompatibilidades contenida en la Ley 53/1984 parte, como principio fundamental, de la dedicación del personal al servicio de las Administraciones Públicas a un solo puesto de trabajo, sin mas excepciones que las que demande el propio servicio publico, respetando el ejercicio de las actividades privadas que no puedan impedir o menoscabar el estricto cumplimiento de sus deberes o comprometer su imparcialidad o independencia.

2.1. Principios generales

El personal comprendido en el ámbito de aplicación de la Ley 53/1984 no podrá compatibilizar sus actividades con el desempeño, por sí o mediante sustitución, de un segundo puesto de trabajo, cargo o actividad en el sector público, salvo en los supuestos previstos en la misma.

A los solos efectos de la Ley 53/1984, se considerará actividad en el sector público la desarrollada por los miembros electivos de las Asambleas Legislativas de las Comunidades Autónomas y de las Corporaciones Locales, por los altos cargos y restante personal de los órganos constitucionales y de todas las Administraciones Públicas, incluida la Administración de Justicia, y de los Entes, Organismos y Empresas de ellas dependientes, entendiéndose comprendidas las Entidades colaboradoras y las concertadas de la Seguridad Social en la prestación sanitaria.

Además, no se podrá percibir, salvo en los supuestos previstos en la Ley 53/1984, más de una remuneración con cargo a los presupuestos de las Administraciones Públicas y de los Entes, Organismos y Empresas de ellas dependientes o con cargo a los de los órganos constitucionales, o que resulte de la aplicación de arancel, ni ejercer opción por percepciones correspondientes a puestos incompatibles.

A los efectos del párrafo anterior, se entenderá por remuneración cualquier derecho de contenido económico derivado, directa o indirectamente, de una prestación o servicio personal, sea su cuantía fija o variable y su devengo periódico u ocasional.

En cualquier caso, el desempeño de un puesto de trabajo por el personal incluido en el ámbito de aplicación de la Ley 53/1984 será incompatible con el ejercicio de cualquier cargo, profesión o actividad, público o privado, que pueda impedir o menoscabar el estricto cumplimiento de sus deberes o comprometer su imparcialidad o independencia.

2.2. Ámbito de aplicación

La Ley 53/1984 será de aplicación a:

a) El personal civil y militar al servicio de la Administración del Estado y de sus Organismos Públicos.

b) El personal al servicio de las Administraciones de las Comunidades Autónomas y de los Organismos de ellas dependientes, así como de sus Asambleas Legislativas y órganos institucionales.

c) El personal al servicio de las Corporaciones Locales y de los Organismos de ellas dependientes.

d) El personal al servicio de Entes y Organismos públicos exceptuados de la aplicación de la Ley de Entidades Estatales Autónomas.

e) El personal que desempeñe funciones públicas y perciba sus retribuciones mediante arancel.

f) El personal al servicio de la Seguridad Social, de sus Entidades Gestoras y de cualquier otra Entidad u Organismo de la misma.

g) El personal al servicio de entidades, corporaciones de derecho público, fundaciones y consorcios cuyos presupuestos se doten ordinariamente en más de un 50 por cien con subvenciones u otros ingresos procedentes de las Administraciones Públicas.

h) El personal que preste servicios en Empresas en que la participación del capital, directa o indirectamente, de las Administraciones Públicas sea superior al 50 por 100.

i) El personal al servicio del Banco de España y de las instituciones financieras públicas.

j) El restante personal al que resulte de aplicación el régimen estatutario de los funcionarios públicos.

En el ámbito delimitado en el párrafo anterior se entenderá incluido todo el personal, cualquiera que sea la naturaleza jurídica de la relación de empleo.

2.3. Actividades públicas

El personal comprendido en el ámbito de aplicación de la Ley 53/1984 sólo podrá desempeñar un segundo puesto de trabajo o actividad en el sector público en los supuestos previstos en la misma para las funciones docente y sanitaria, en los casos que se excepcionan en la misma ley y en los que, por razón de interés público, se determinen por el Consejo de Ministros, mediante Real Decreto, u órgano de gobierno de la Comunidad Autónoma, en el ámbito de sus respectivas competencias; en este último supuesto la actividad sólo podrá prestarse en régimen laboral, a tiempo parcial y con duración determinada, en las condiciones establecidas por la legislación laboral.

Para el ejercicio de la segunda actividad será indispensable la previa y expresa autorización de compatibilidad, que no supondrá modificación de jornada de trabajo y horario de los dos puestos y que se condiciona a su estricto cumplimiento en ambos.

En todo caso la autorización de compatibilidad se efectuará en razón del interés público.

El desempeño de un puesto de trabajo en el sector público delimitado en la Ley 53/1984, es incompatible con la percepción de pensión de jubilación o retiro por Derechos Pasivos o por cualquier régimen de Seguridad Social público y obligatorio.

La percepción de las pensiones indicadas quedará en suspenso por el tiempo que dure el desempeño de dicho puesto, sin que ello afecte a sus actualizaciones.

Por excepción, en el ámbito laboral, será compatible la pensión de jubilación parcial con un puesto de trabajo a tiempo parcial.

Podrá autorizarse la compatibilidad, cumplidas las restantes exigencias de la Ley 53/1984, para el desempeño de un puesto de trabajo en la esfera docente como Profesor universitario asociado en régimen de dedicación no superior a la de tiempo parcial y con duración determinada.

Al personal docente e investigador de la Universidad podrá autorizarse, cumplidas las restantes exigencias de la Ley 53/1984, *la compatibilidad para el desempeño de un segundo puesto de trabajo en el sector público sanitario o de carácter exclusivamente investigador en centros de investigación del sector público, incluyendo el ejercicio de funciones de dirección científica dentro de un centro o estructura de investigación, dentro del área de especialidad de su departamento universitario, y siempre que los dos puestos vengan reglamentariamente autorizados como de prestación a tiempo parcial.*

Recíprocamente, a quienes desempeñen uno de los definidos como segundo puesto en el párrafo anterior, podrá autorizarse la compatibilidad para desempeñar uno de los puestos docentes universitarios a que se hace referencia.

Asimismo a los Profesores titulares de Escuelas Universitarias de Enfermería podrá autorizarse la compatibilidad para el desempeño de un segundo puesto de trabajo y en el sector público sanitario en los términos y condiciones indicados en los párrafos anteriores.

Igualmente a los Catedráticos y Profesores de Música que presten servicio en los Conservatorios Superiores de Música y en los Conservatorios Profesionales de Música, podrá autorizarse la compatibilidad para el desempeño de un segundo puesto de trabajo en el sector público cultural en los términos y condiciones indicados en los párrafos anteriores.

La dedicación del profesorado universitario será en todo caso compatible con la realización de los trabajos a que se refiere el artículo 11 de la Ley de Reforma Universitaria, en los términos previstos en la misma.

Por excepción, el personal incluido en el ámbito de aplicación de la Ley 53/1984 podrá compatibilizar sus actividades con el desempeño de los cargos electivos siguientes:

a) Miembros de las Asambleas Legislativas de las Comunidades Autónomas, salvo que perciban retribuciones periódicas por el desempeño de la función o que por las mismas se establezca la incompatibilidad.

b) Miembros de las Corporaciones locales, salvo que desempeñen en las mismas cargos retribuidos en régimen de dedicación exclusiva.

En los supuestos comprendidos en este párrafo sólo podrá percibirse la retribución correspondiente a una de las dos actividades, sin perjuicio de las dietas, indemnizaciones o asistencias que correspondan por la otra. No obstante, en los supuestos de miembros de las Corporaciones locales en la situación de dedicación parcial a que hace referencia el artículo 75.2 de la Ley 7/1985, de 2 de abril, Reguladora de las Bases del Régimen Local, se podrán percibir retribuciones por tal dedicación, siempre que la desempeñen fuera de su jornada de trabajo en la Administración, y sin superar en ningún caso los límites que con carácter general se establezcan, en su caso. La Administración en la que preste sus servicios un miembro de una Corporación local en régimen de dedicación parcial y esta última deberán comunicarse recíprocamente su jornada en cada una de ellas y las retribuciones que perciban, así como cualquier modificación que se produzca en ellas.

Excepcionalmente podrá autorizarse al personal incluido en el ámbito de la Ley 53/1984 *la compatibilidad para el ejercicio de actividades de investigación de carácter no permanente, o de asesoramiento científico o técnico en supuestos concretos, que no correspondan a las funciones del personal adscrito a las respectivas Administraciones Públicas. Dicha excepción se acreditará por la asignación del encargo en concurso público, o por requerir especiales calificaciones que sólo ostenten personas afectadas por el ámbito de aplicación de esta ley.*

El personal investigador al servicio de los Organismos Públicos de Investigación, de las Universidades públicas y de otras entidades de investigación dependientes de las Administraciones Públicas, podrá ser autorizado a prestar servicios en sociedades creadas o participadas por los mismos en los términos establecidos en la Ley 53/1984 *y en la Ley 14/2011, de 1 de junio, de la Ciencia, la Tecnología y la Innovación, por el Ministerio de la Presidencia o por los órganos competentes de las Universidades públicas o de las Administraciones Públicas.*

Será requisito necesario para autorizar la compatibilidad de actividades públicas el que la cantidad total percibida por ambos puestos o actividades no supere la remuneración prevista en los Presupuestos Generales del Estado para el cargo de Director general, ni supere la correspondiente al principal, estimada en régimen de dedicación ordinaria, incrementada en:

- Un 30 por 100, para los funcionarios del grupo A o personal de nivel equivalente.
- Un 35 por 100, para los funcionarios del grupo B o personal de nivel equivalente.
- Un 40 por 100, para los funcionarios del grupo C o personal de nivel equivalente.
- Un 45 por 100, para los funcionarios del grupo D o personal equivalente.
- Un 50 por 100, para los funcionarios del grupo E o personal equivalente.

La superación de estos límites, en cómputo anual, requiere en cada caso acuerdo expreso del Gobierno, órgano competente de las Comunidades Autónomas o Pleno de las Corporaciones Locales en base a razones de especial interés para el servicio.

Los servicios prestados en el segundo puesto o actividad no se computarán a efectos de trienios ni de derechos pasivos, pudiendo suspenderse la cotización a este último efecto. Las pagas extraordinarias, así como las prestaciones de carácter familiar, sólo podrán percibirse por uno de los puestos, cualquiera que sea su naturaleza.

El personal incluido en el ámbito de aplicación de la Ley 53/1984 que en representación del sector público pertenezca a Consejos de Administración u órganos de gobierno de Entidades o Empresas públicas o privadas, sólo podrá percibir las dietas o indemnizaciones que correspondan por su asistencia a los mismos, ajustándose en su cuantía al régimen general previsto para las Administraciones Públicas. Las cantidades devengadas por cualquier otro concepto serán ingresadas directamente por la Entidad o Empresa en la Tesorería pública que corresponda.

No se podrá pertenecer a más de dos Consejos de Administración u órganos de gobierno a que se refiere el párrafo anterior, salvo que excepcionalmente se autorice para supuestos concretos mediante acuerdo del Gobierno, órgano competente de la Comunidad Autónoma o Pleno de la Corporación Local correspondiente.

La autorización o denegación de compatibilidad para un segundo puesto o actividad en el sector público corresponde al Ministerio de la Presidencia, a propuesta de la Subsecretaría del Departamento correspondiente, al órgano competente de la Comunidad Autónoma o al Pleno de la Corporación Local a que figure adscrito el puesto principal, previo informe, en su caso, de los Directores de los Organismos, Entes y Empresas públicas.

Dicha autorización requiere además el previo informe favorable del órgano competente de la Comunidad Autónoma o Pleno de la Corporación Local, conforme a la adscripción del segundo puesto. Si los dos puestos correspondieran a la Administración del Estado, emitirá este informe la Subsecretaría del Departamento al que corresponda el segundo puesto.

Quienes accedan por cualquier título a un nuevo puesto del sector público que con arreglo a esta Ley resulte incompatible con el que vinieran desempeñando, habrán de optar por uno de ellos dentro del plazo de toma de posesión.

A falta de opción en el plazo señalado se entenderá que optan por el nuevo puesto, pasando a la situación de excedencia voluntaria en los que vinieran desempeñando.

Si se tratara de puestos susceptibles de compatibilidad, previa autorización, deberán instarla en los diez primeros días del aludido plazo de toma de posesión, entendiéndose éste prorrogado en tanto recae resolución.

2.4. Actividades privadas

El personal comprendido en el ámbito de aplicación de la Ley 53/1984 no podrá ejercer, por sí o mediante sustitución, actividades privadas, incluidas las de carácter profesional, sean por cuenta propia o bajo la dependencia o al servicio de Entidades o particulares que se relacionen directamente con las que desarrolle el Departamento, Organismo o Entidad donde estuviera destinado.

Se exceptúan de dicha prohibición las actividades particulares que, en ejercicio de un derecho legalmente reconocido, realicen para sí los directamente interesados.

El Gobierno, por Real Decreto, podrá determinar, con carácter general, las funciones, puestos o colectivos del sector público, incompatibles con determinadas profesiones o actividades privadas, que puedan comprometer la imparcialidad o independencia del personal de que se trate, impedir o menoscabar el estricto cumplimiento de sus deberes o perjudicar los intereses generales.

En todo caso, el personal comprendido en el ámbito de aplicación de la Ley 53/1984 no podrá ejercer las actividades siguientes:

a) El desempeño de actividades privadas, incluidas las de carácter profesional, sea por cuenta propia o bajo la dependencia o al servicio de Entidades o particulares, en los asuntos en que esté interviniendo, haya intervenido en los dos últimos años o tenga que intervenir por razón del puesto público. Se incluyen en especial en esta incompatibilidad las actividades profesionales prestadas a personas a quienes se esté obligado a atender en el desempeño del puesto público.

b) La pertenencia a Consejos de Administración u órganos rectores de Empresas o Entidades privadas, siempre que la actividad de las mismas esté directamente relacionada con las que gestione el Departamento, Organismo o Entidad en que preste sus servicios el personal afectado.

c) El desempeño, por sí o persona interpuesta, de cargos de todo orden en Empresas o Sociedades concesionarias, contratistas de obras, servicios o suministros, arrendatarias o administradoras de monopolios, o con participación o aval del sector público, cualquiera que sea la configuración jurídica de aquéllas.

d) La participación superior al 10 por 100 en el capital de las Empresas o Sociedades a que se refiere el párrafo anterior.

Las actividades privadas que correspondan a puestos de trabajo que requieran la presencia efectiva del interesado durante un horario igual o superior a la mitad de la jornada semanal ordinaria de trabajo en las Administraciones Públicas sólo podrán autorizarse cuando la actividad pública sea una de las enunciadas en esta Ley como de prestación a tiempo parcial.

No podrá reconocerse compatibilidad alguna para actividades privadas a quienes se les hubiera autorizado la compatibilidad para un segundo puesto o actividad públicos, siempre que la suma de jornadas de ambos sea igual o superior a la máxima en las Administraciones Públicas.

El ejercicio de actividades profesionales, laborales, mercantiles o industriales fuera de las Administraciones Públicas requerirá el previo reconocimiento de compatibilidad.

La resolución motivada reconociendo la compatibilidad o declarando la incompatibilidad, que se dictará en el plazo de dos meses, corresponde al Ministerio de la Presidencia, a propuesta del Subsecretario del Departamento correspondiente; al órgano competente de la Comunidad Autónoma o al Pleno de la Corporación Local, previo informe, en su caso, de los Directores de los Organismos, Entes y Empresas públicas.

Los reconocimientos de compatibilidad no podrán modificar la jornada de trabajo y horario del interesado y quedarán automáticamente sin efecto en caso de cambio de puesto en el sector público.

Quienes se hallen autorizados para el desempeño de un segundo puesto o actividad públicos deberán instar el reconocimiento de compatibilidad con ambos.

El personal a que se refiere esta Ley no podrá invocar o hacer uso de su condición pública para el ejercicio de actividad mercantil, industrial o profesional.

2.5. Disposiciones comunes

No podrá autorizarse o reconocerse compatibilidad al personal funcionario, al personal eventual y al personal laboral cuando las retribuciones complementarias que tengan derecho a percibir incluyan el factor de incompatibilidad, al retribuido por arancel y al personal directivo, incluido el sujeto a la relación laboral de carácter especial de alta dirección.

A estos efectos, la dedicación del profesorado universitario a tiempo completo tiene la consideración de especial dedicación.

Se exceptúan de la prohibición enunciada anteriormente las autorizaciones de compatibilidad para ejercer como Profesor universitario asociado, así como para realizar las actividades de investigación o asesoramiento, salvo para el personal docente universitario a tiempo completo.

Asimismo, por excepción, podrá reconocerse compatibilidad para el ejercicio de actividades privadas al personal que desempeñe puestos de trabajo que comporten la percepción de complementos específicos, o concepto equiparable, cuya cuantía no supere el 30 por 100 de su retribución básica, excluidos los conceptos que tengan su origen en la antigüedad.

Los Delegados del Gobierno en las Comunidades Autónomas, en relación al personal de los servicios periféricos de ámbito regional, y los Gobernadores civiles respecto al de los servicios periféricos provinciales, ejercerán las facultades que esta Ley atribuye a los Subsecretarios de los Departamentos respecto del personal de la Administración Civil del Estado y sus Organismos autónomos y de la Seguridad Social.

Las referencias a las facultades que la Ley 53/1984 atribuye a las Subsecretarías y órganos competentes de las Comunidades Autónomas se entenderán referidas al Rector de cada Universidad, en relación al personal al servicio de la misma, en el marco del respectivo Estatuto.

Todas las resoluciones de compatibilidad para desempeñar un segundo puesto o actividad en el sector público o el ejercicio de actividades privadas se inscribirán en los Registros de Personal correspondientes. Este requisito será indispensable, en el primer caso, para que puedan acreditarse haberes a los afectados por dicho puesto o actividad.

Quedan exceptuadas del régimen de incompatibilidades de la Ley 53/1984 las actividades siguientes:

a) Las derivadas de la administración del patrimonio personal o familiar.

b) La dirección de seminarios o el dictado de cursos o conferencias en Centros oficiales destinados a la formación de funcionarios o profesorado, cuando no tengan carácter permanente o habitual ni supongan más de setenta y cinco horas al año, así como la preparación para el acceso a la función pública en los casos y formas que reglamentariamente se determine.

c) La participación en Tribunales calificadores de pruebas selectivas para ingreso en las Administraciones Públicas.

d) La participación del personal docente en exámenes, pruebas o evaluaciones distintas de las que habitualmente les corresponda, en la forma reglamentariamente establecida.

e) El ejercicio del cargo de Presidente, Vocal o miembro de Juntas rectoras de Mutualidades o Patronatos de Funcionarios, siempre que no sea retribuido.

f) La producción y creación literaria, artística, científica y técnica, así como las publicaciones derivadas de aquéllas siempre que no se originen como consecuencia de una relación de empleo o de prestación de servicios.

g) La participación ocasional en coloquios y programas en cualquier medio de comunicación social; y

h) La colaboración y la asistencia ocasional a Congresos, seminarios, conferencias o cursos de carácter profesional.

El incumplimiento de lo dispuesto anteriormente será sancionado conforme al régimen disciplinario de aplicación, sin perjuicio de la ejecutividad de la incompatibilidad en que se haya incurrido.

El ejercicio de cualquier actividad compatible no servirá de excusa al deber de residencia, a la asistencia al lugar de trabajo que requiera su puesto o cargo, ni al atraso, negligencia o descuido en el desempeño de los mismos. Las correspondientes faltas serán calificadas y sancionadas conforme a las normas que se contengan en el régimen disciplinario aplicable, quedando automáticamente revocada la autorización o reconocimiento de compatibilidad si en la resolución correspondiente se califica de falta grave o muy grave.

Los órganos a los que competa la dirección, inspección o jefatura de los diversos servicios cuidarán bajo su responsabilidad de prevenir o corregir, en su caso, las incompatibilidades en que pueda incurrir el personal. Corresponde a la Inspección General de Servicios de la Administración Pública, además de su posible intervención directa, la coordinación e impulso de la actuación de los órganos de inspección mencionados en materia de incompatibilidades, dentro del ámbito de la Administración del Estado, sin perjuicio de una recíproca y adecuada colaboración con las inspecciones o unidades de personal correspondientes de las Comunidades Autónomas y de las Corporaciones locales.

2.6. Real Decreto 598/1985, de 30 de abril, sobre incompatibilidades del personal al servicio de la Administración del Estado, de la Seguridad Social y de los Entes, Organismos y Empresas dependientes

La Ley 53/1984, de 26 de diciembre, de incompatibilidades del personal al servicio de las Administraciones Públicas, requería el desarrollo reglamentario de determinados preceptos, entre los que se encuentran los relativos a procedimiento y plazos, así como otros referentes a la forma y condiciones de los reconocimientos de compatibilidad de actividades privadas. Ello se hizo mediante el Real Decreto 598/1985.

2.6.1. Ámbito de aplicación

El ámbito de aplicación del Real Decreto 598/1985 es el determinado en la Ley 53/1984, de 26 de diciembre, de Incompatibilidades del personal al servicio de las Administraciones Públicas, a excepción del personal de las Fuerzas Armadas a que se refiere la citada Ley y del que desempeñe, como única o principal, una actividad pública al servicio de una Comunidad Autónoma o Corporación Local.

2.6.2. Compatibilidad de actividades en el sector público

A los efectos exclusivos del régimen de incompatibilidades, se entenderán entidades colaboradoras y concertadas de la Seguridad Social en la prestación sanitaria, incluidas en el sector público que delimita la Ley 53/1984, aquellas entidades de carácter hospitalario o que realicen actividades propias de estos centros, que mantengan concierto o colaboración con alguna de las Entidades gestoras de la Seguridad Social, siendo su objeto precisamente la asistencia sanitaria que éstas están obligadas a prestar a los beneficiarios de cualquiera de los regímenes de la Seguridad Social.

Al personal sujeto al ámbito de aplicación del Real Decreto 598/1985 podrá autorizársele la compatibilidad para el desempeño de un puesto de Profesor universitario asociado en los casos y con los requisitos establecidos en la Ley 53/1984.

A los Profesores universitarios sujetos al ámbito del Real Decreto 598/1985 podrá autorizárseles la compatibilidad para un puesto de trabajo en el sector público sanitario o de carácter investigador en centros públicos de investigación, en los casos y con los requisitos establecidos.

Al personal sujeto al ámbito de aplicación del Real Decreto 598/1985 podrá autorizársele la compatibilidad para actividades de investigación de carácter no permanente o de asesoramiento en supuestos concretos, en los términos establecidos en la Ley 53/1984.

En los supuestos en que sea posible la autorización de compatibilidad de actividades públicas, ésta se entenderá condicionada a la aplicación de las limitaciones retributivas previstas en la Ley 53/1984.

Las solicitudes de autorización de compatibilidad de un segundo puesto en el sector público, que formule el personal sometido al ámbito de aplicación del Real Decreto 598/1985, serán resueltas por el Ministerio de la Presidencia en el plazo de tres meses a contar desde la fecha de presentación de la solicitud (*en la actualidad se sustituye "Ministerio de la Presidencia", por "Ministerio para las Administraciones Públicas"*). El expresado plazo podrá prorrogarse, mediante resolución motivada, por un período de tiempo no superior a un mes.

Toda autorización de compatibilidad requiere informe favorable de la autoridad correspondiente al segundo puesto.

Si los dos puestos corresponden a la Administración del Estado, el informe será emitido, según proceda, por la Subsecretaría del Departamento correspondiente, el Delegado del Gobierno, el Gobernador Civil o el Rector de la Universidad.

Si se trata de compatibilizar puestos en el ámbito de Administraciones Públicas diferentes, el informe habrá de ser emitido, según los casos: por el Ministerio de la Presidencia, oído, según proceda, la Subsecretaría del Departamento correspondiente, el Delegado del Gobierno, el Gobernador civil o el Rector de la Universidad; por el Órgano competente de la Comunidad Autónoma, o por el Pleno de la Corporación Local (en la actualidad se sustituye «Ministerio de la Presidencia», por «Ministerio para las Administraciones Públicas»).

2.6.3. Compatibilidades con actividades privadas

La obtención del reconocimiento de compatibilidad será requisito previo imprescindible para que el personal sometido al ámbito de aplicación del Real Decreto 598/1985 pueda comenzar la realización de las actividades privadas a que se refiere la Ley 53/1984.

De acuerdo con lo dispuesto en la Ley 53/1984, no será posible el reconocimiento de compatibilidad con actividades privadas, incluidas las de carácter profesional, cuyo contenido se relacione directamente con los asuntos sometidos a informe, decisión, ayuda financiera o control en el Departamento, Organismo, Ente o Empresa públicos a los que el interesado esté adscrito o preste sus servicios.

No podrá reconocerse compatibilidad para la realización de actividades privadas a quien desempeñe dos actividades en el sector público, salvo en el caso de que la jornada semanal de ambas actividades en su conjunto sea inferior a cuarenta horas.

En aplicación de lo previsto en la Ley 53/1984, no podrá reconocerse compatibilidad para el desempeño de las actividades privadas que, en cada caso se expresan, al personal que se enumera en los apartados siguientes:

1. El personal que realice cualquier clase de funciones en la Administración, con el desempeño de servicios de gestoría administrativa, ya sea como titular, ya como empleado en tales oficinas.

2. El personal que realice cualquier clase de funciones en la Administración, con el ejercicio de la profesión de Procurador o con cualquier actividad que pueda requerir presencia ante los Tribunales durante el horario de trabajo.

3. El personal que realice funciones de informe, gestión o resolución, con la realización de servicios profesionales, remunerados o no, a los que se pueda tener acceso como consecuencia de la existencia de una relación de empleo o servicio en cualquier Departamento, Organismo, Entidad o Empresa públicos, cualquiera que sea la persona que los retribuya y la naturaleza de la retribución.

4. Los Jefes de Unidades de Recursos y los funcionarios que ocupen puestos de trabajo reservados en exclusiva a Cuerpos de Letrados, con el ejercicio de la Abogacía en defensa de intereses privados o públicos frente a la Administración del Estado o de la Seguridad Social o en asuntos que se relacionen con las competencias del Departamento, Organismos, Entes o Empresas en que presten sus servicios. Tendrán la misma incompatibilidad los Letrados de la Banca Oficial, Instituciones financieras, Organismos, Entes y Empresas públicas y Seguridad Social.

5. El personal destinado en unidades de contratación o adquisiciones, con el desempeño de actividades en empresas que realicen suministros de bienes, prestación de servicios o ejecución de obras gestionadas por dichas unidades.

6. Los Arquitectos, Ingenieros y otros titulados, respecto de las actividades que correspondan al título profesional que posean y cuya realización esté sometida a autorización, licencia, permiso, ayuda financiera o control del Departamento, Organismo, Ente o Empresa en que estén destinados o al que estén adscritos.

7. Los Arquitectos, Ingenieros y otros titulados y demás personal incluido en el ámbito de aplicación del Real Decreto 598/1985, respecto de toda actividad, ya sea de dirección de obra, de explotación o cualquier otra que pueda suponer coincidencia de horario, aunque sea esporádica, con su actividad en el sector público.

8. El personal sanitario comprendido en la Ley 53/1984, con el ejercicio de actividades de colaboración o concierto con la Seguridad Social en la prestación sanitaria que no tengan carácter de públicas según lo establecido en el Real Decreto 598/1985.

El reconocimiento de compatibilidad para el ejercicio con carácter general de actividades privadas de índole profesional correspondientes a Arquitectos, Ingenieros u otros titulados, deberá completarse con otro específico para cada proyecto o trabajo técnico que requiera licencia o resolución administrativa o visado colegial. En este último caso la resolución deberá dictarse en el plazo de un mes, sin que sea necesaria propuesta por parte del Departamento afectado.

2.6.4. Disposiciones comunes

En la diligencia de toma de posesión o en el acto de la firma del contrato del personal sujeto al ámbito de aplicación del Real Decreto 598/1985, deberá hacerse constar la manifestación del interesado de no venir desempeñando ningún puesto o actividad en el sector público delimitado por el artículo primero de la Ley 53/1984, indicando asimismo que no realiza actividad privada incompatible o sujeta a reconocimiento de compatibilidad.

La citada manifestación hará referencia también a la circunstancia de si el interesado se encuentra o no percibiendo pensión de jubilación, retiro u orfandad, por derechos pasivos o por cualquier régimen de Seguridad Social público y obligatorio, a los efectos previstos en la Ley 53/1984.

Si el interesado viniere desempeñando ya otro puesto o actividad en el sector público se deberá proceder en la forma que determina la Ley 53/1984.

Si el que accede a un puesto público viniere realizando una actividad privada que requiera el reconocimiento de compatibilidad, deberá obtener ésta o cesar en la realización de la actividad privada antes de comenzar el ejercicio de sus funciones públicas. Si solicita la compatibilidad en los diez primeros días del plazo posesorio se prorrogará éste hasta que recaiga la resolución correspondiente.

Si sólo se trata de cambio de puesto de trabajo y existiere un anterior reconocimiento de compatibilidad con actividad privada, bastará que se solicite nuevo reconocimiento con carácter previo a la toma de posesión en el nuevo puesto.

En todos los supuestos en que la Ley 53/1984, de 26 de diciembre, o el Real Decreto 598/1985 se refieren a puestos de trabajo con jornada a tiempo parcial, se ha de entender por tal aquella que no supere las treinta horas semanales.

El personal docente universitario con dedicación a tiempo completo no podrá ser autorizado para la realización de otras actividades en el sector público o privado, sin perjuicio de lo dispuesto en los artículos once de la Ley de Reforma Universitaria y diecinueve de la Ley 53/1984.

El resto del personal incluido en el ámbito del Real Decreto 598/1985, si desempeña un puesto de trabajo que comporte la percepción de complemento específico o concepto equiparable, o se trata de personal retribuido por arancel, sólo podrá ser autorizado para ejercer como Profesor universitario asociado en los términos de la Ley 53/1984, y para realizar las actividades de investigación y asesoramiento previstas en la misma.

La autoridad que imponga sanciones disciplinarias por faltas de asistencia al trabajo, negligencia o descuido en el desempeño de sus funciones al personal al que haya sido autorizada o reconocida la compatibilidad de actividades públicas o privadas, cuando tales faltas hayan sido calificadas como graves o muy graves deberá comunicar dicha sanción al órgano que concedió la autorización o reconocimiento, para que proceda a la revocación de aquélla.

La preparación para el acceso a la función pública, que implicará en todo caso incompatibilidad para formar parte de órganos de selección de personal en los términos que prevé el artículo 12.3 del Real Decreto 2223/1984, de 19 de diciembre, sólo se considerará actividad exceptuada del régimen de incompatibilidades cuando no suponga una dedicación superior a setenta y cinco horas anuales y no pueda implicar incumplimiento del horario de trabajo.

Cuando no concurran los requisitos exigidos por la Ley 53/1984, para considerar a alguna de las actividades como exceptuada del régimen de incompatibilidades, deberá solicitarse la correspondiente autorización o reconocimiento de compatibilidad en la forma establecida con carácter general.

2.7. Decreto 524/2008, de 16 de diciembre, por el que se regulan las competencias y el procedimiento en materia de incompatibilidades del personal al servicio de la Administración de la Junta de Andalucía y del Sector Público Andaluz

La Comunidad Autónoma de Andalucía, según lo dispuesto en el artículo 76 del Estatuto de Autonomía para Andalucía, ostenta las competencias de desarrollo legislativo y ejecución en materia de función pública en los términos del artículo 149.1.18.ª de la Constitución, y le corresponde la competencia compartida sobre el régimen estatutario, del personal al servicio de las Administraciones andaluzas. Asimismo, el artículo 47.1.1.ª del referido texto estatutario le atribuye la competencia exclusiva sobre el procedimiento administrativo derivado de las especialidades de la organización propia de la Comunidad Autónoma.

La Ley 53/1984, de 26 de diciembre, sobre Incompatibilidades del personal al servicio de las Administraciones Públicas, que constituye la normativa básica estatal en la materia, consagró el principio fundamental de la dedicación del personal a un solo puesto o actividad pública, salvo las excepciones establecidas, respetando el ejercicio de las actividades privadas que no impidan o menoscaben el estricto cumplimiento de sus deberes o comprometan su imparcialidad o independencia. Por otra parte, de conformidad con la disposición adicional sexta de la citada Ley, las Comunidades Autónomas dictarán las normas precisas para la ejecución de la misma, asegurando la necesaria coordinación y uniformidad de criterios y procedimientos.

El Decreto 524/2008 tiene por objeto regular las competencias y el procedimiento en materia de autorización y reconocimiento de compatibilidad del personal comprendido en su ámbito de aplicación que pretenda ejercer una segunda actividad pública o privada.

El Decreto 524/2008 será de aplicación a:

a) El personal al servicio de la Administración General de la Junta de Andalucía y de sus agencias y demás entidades de Derecho Público.

b) El personal al servicio de las sociedades mercantiles del sector público andaluz.

c) El personal de los consorcios y fundaciones cuyos presupuestos se doten ordinariamente en más de un 50 por 100 con subvenciones u otros ingresos procedentes de la Administración de la Junta de Andalucía o de sus agencias y demás entidades de Derecho Público.

d) El personal docente y sanitario al servicio de la Administración de la Junta de Andalucía, así como el personal dependiente de las Universidades Públicas de Andalucía.

e) El personal al servicio de la Administración de Justicia, perteneciente a los Cuerpos de Médicos Forenses, de Gestión Procesal y Administrativa, de Tramitación Procesal y Administrativa y de Auxilio Judicial, que preste sus servicios en el ámbito de la Comunidad Autónoma de Andalucía.

En el ámbito delimitado en el párrafo anterior, se entenderá incluido todo el personal, cualquiera que sea la naturaleza jurídica de la relación de empleo.

El ejercicio de una segunda actividad pública o privada requerirá, con carácter previo a su inicio, autorización o reconocimiento de compatibilidad por el órgano competente, salvo las actividades exceptuadas del régimen de incompatibilidades en la Ley 53/1984, de 26 de diciembre, sobre Incompatibilidades del personal al servicio de las Administraciones Públicas.

El reconocimiento de la compatibilidad para el ejercicio con carácter genérico de actividades privadas de Arquitectura, Ingeniería u otras titulaciones, deberá completarse con otro específico para cada proyecto, trabajo técnico o intervención profesional que requiera licencia o resolución administrativa o visado colegial.

De acuerdo con lo previsto en la Ley 53/1984, de 26 de diciembre, los reconocimientos de compatibilidad no podrán modificar la jornada de trabajo y horario de la persona interesada y quedarán automáticamente sin efecto en caso de cambio de puesto en el sector público.

2.7.1. Competencias del Consejo de Gobierno

Corresponderá al Consejo de Gobierno de la Junta de Andalucía ejercer las competencias siguientes:

a) Determinar mediante Decreto los supuestos en los que por razón de interés público el personal incluido en el ámbito de aplicación de la Ley 53/1984, de 26 de diciembre, podrá desempeñar un segundo puesto de trabajo o actividad en el sector público.

b) Autorizar mediante acuerdo expreso la superación de los límites que, en cómputo anual, se establecen para las remuneraciones en la Ley 53/1984, de 26 de diciembre, por razones de especial interés para el servicio.

c) Autorizar excepcionalmente para supuestos concretos, mediante acuerdo, la pertenencia a más de dos Consejos de Administración u órganos de Gobierno a que se refiere la Ley 53/1984, de 26 de diciembre.

d) Determinar con carácter general, en el ámbito de su competencia, los puestos del trabajo del sector público sanitario susceptibles de prestación a tiempo parcial, en tanto se proceda a la regulación de esta materia por norma con rango de Ley.

e) Determinar con carácter general, en el ámbito de su competencia, los puestos de carácter exclusivamente investigador de los centros públicos de investigación susceptibles de prestación a tiempo parcial.

2.7.2. Competencias de la persona titular de la Consejería de Justicia y Administración Pública

La autorización, reconocimiento o denegación de la compatibilidad genérica o de la específica, del personal incluido en el ámbito de aplicación del Decreto 524/2008, para desempeñar un segundo puesto o actividad pública o privada, corresponderá a la persona titular de la Consejería de Justicia y Administración Pública.

2.7.3. Competencias en las Universidades Públicas de Andalucía

La competencia para autorizar, reconocer o denegar la compatibilidad del personal cuyo primer puesto de trabajo dependa de las Universidades Públicas de Andalucía, corresponderá a la persona titular del Rectorado, conforme a lo establecido en la disposición adicional decimoquinta de la Ley 7/1996, de 31 de julio, del Presupuesto de la Comunidad Autónoma de Andalucía para 1996.

2.7.4. Procedimiento

2.7.4.1. Instrucción de los procedimientos

Las solicitudes de compatibilidad genérica y específica se cumplimentarán en los modelos normalizados que figuran como Anexos al Decreto 524/2008 y se presentarán, preferentemente, en el Registro telemático único de la Administración de la Junta de Andalucía, a través del acceso al portal www.juntadeandalucia.es, sin perjuicio de que las mismas puedan también presentarse en los demás lugares establecidos en el artículo 38.4 de la Ley 30/1992, de 26 de noviembre, de Régimen Jurídico de las Administraciones Públicas y del Procedimiento Administrativo Común. Para la presentación en el Registro telemático único, las personas interesadas deberán disponer de la firma electrónica reconocida, regulada en el artículo 3.3 de la Ley 59/2003, de 19 de diciembre, de Firma Electrónica.

La instrucción de los procedimientos corresponderá a la Inspección General de Servicios de la Junta de Andalucía.

Los órganos responsables de la gestión de personal de las Consejerías, organismos, entidades o centros en que la persona interesada desempeñe su primer puesto o actividad, facilitarán la tramitación a la persona solicitante de la autorización o reconocimiento de compatibilidad.

2.7.4.2. Informe y propuesta de resolución

Cuando los puestos o actividades públicas dependan de la Administración de la Junta de Andalucía o de cualquiera de sus organismos, entidades y centros, el informe preceptivo, al que se refiere la Ley 53/1984, de 26 de diciembre, corresponderá al Inspector o a la Inspectora General de Servicios responsable de la tramitación de los expedientes de incompatibilidad y la propuesta a la persona titular de la Dirección General competente en materia de incompatibilidades.

La información necesaria para elaborar dichas propuestas e informes, se obtendrá a través del Sistema Integrado de Recursos Humanos (SIRhUS) y, en su caso, de las

Consejerías, organismos, entidades y centros a los que estén adscritos ambos puestos, que deberán facilitarla en el plazo de diez días desde que sea recabada.

Cuando el primer puesto o actividad pública dependa de otra Administración Pública y el segundo puesto o actividad esté adscrito a la Administración de la Junta de Andalucía, el informe preceptivo y favorable, al que se refiere la Ley 53/1984, de 26 de diciembre, para la concesión, en su caso, de la autorización de compatibilidad, corresponderá al Inspector o a la Inspectora General de Servicios responsable de la tramitación de los expedientes de incompatibilidad.

2.7.4.3. Plazos de resolución

Las solicitudes de compatibilidad para el desempeño de un segundo puesto o actividad en el sector público serán resueltas y notificadas en el plazo de tres meses.

Las solicitudes de compatibilidad referidas a actividades privadas serán resueltas y notificadas en el plazo de dos meses.

El reconocimiento específico de compatibilidad para cada proyecto, trabajo técnico o intervención, se resolverá y notificará en el plazo de un mes.

2.7.4.4. Silencio administrativo

Sin perjuicio de la obligación de dictar y notificar resolución expresa, las solicitudes de compatibilidad podrán entenderse desestimadas por silencio administrativo si, transcurrido el plazo máximo establecido, no se hubiera dictado y notificado la resolución, de conformidad con lo establecido en el artículo 2.1 y el Anexo II de la Ley 9/2001, de 12 de julio, por la que se establece el sentido del silencio administrativo y los plazos de determinados procedimientos como garantías procedimentales para los ciudadanos.

Cuando el personal comprendido en el ámbito de aplicación del Decreto 524/2008 acceda por cualquier título a un nuevo puesto del sector público, deberá formular declaración de las actividades públicas y privadas que viniere desempeñando.

De conformidad con la Ley 53/1984, de 26 de diciembre, quienes accedan a un nuevo puesto del sector público por cualquier título que con arreglo a la citada Ley resulte incompatible con el que vinieran desempeñando, habrán de optar por uno de ellos dentro del plazo de toma de posesión. A falta de opción en el plazo señalado, se entenderá que optan por el nuevo puesto, pasando en el puesto que vinieran desempeñando a la situación que en cada caso corresponda de acuerdo con la normativa aplicable.

Si se tratara de puestos susceptibles de compatibilidad, previa autorización, deberán instarla en los diez primeros días del plazo de toma de posesión, entendiéndose éste prorrogado en tanto se notifique la resolución de compatibilidad.

De conformidad con lo establecido en la Ley 53/1984, de 26 de diciembre, los órganos a los que competa la dirección, inspección o jefatura de los diversos servicios en las Consejerías, organismos, entidades y centros docentes y sanitarios públicos dependientes de la Administración de la Junta de Andalucía, cuidarán bajo su responsabilidad de velar por el cumplimiento de la normativa sobre incompatibilidades en que pueda incurrir el personal a su cargo. Todo ello sin perjuicio de la intervención de la Inspección General de Servicios de la Junta de Andalucía en la coordinación e impulso del control de las incompatibilidades.

De conformidad con lo previsto en la Ley 53/1984, de 26 de diciembre, el incumplimiento de lo dispuesto en la citada Ley será sancionado conforme al régimen disciplinario de aplicación, sin perjuicio de la ejecutividad de la incompatibilidad en que se haya incurrido.

De conformidad la Ley 53/1984, de 26 de diciembre, las resoluciones de compatibilidad que se concedan se comunicarán, por la Dirección General competente en materia de incompatibilidades, a la Dirección General de la Función Pública de la Consejería de Justicia y Administración Pública, para su inscripción en el Registro General de Personal, la cual será requisito indispensable, en los casos de desempeño de un segundo puesto o actividad en el sector público, para que puedan acreditarse haberes por dicho puesto o actividad. Asimismo, comunicará dichas resoluciones a la Consejería, organismo, entidad, centro o Administración Pública en que la persona interesada desempeñe el primer puesto o actividad y, en su caso, aquélla en la que vaya a desempeñar el segundo puesto o actividad.

3. LEY 55/2003, DE 16 DE DICIEMBRE, DEL ESTATUTO MARCO DEL PERSONAL ESTATUTARIO DE LOS SERVICIOS DE SALUD

3.1. Clasificación del personal estatutario

3.1.1. Criterios de clasificación del personal estatutario

El personal estatutario de los servicios de salud se clasifica atendiendo a la función desarrollada, al nivel del título exigido para el ingreso y al tipo de su nombramiento.

3.1.2. Atendiendo a la función desarrollada

Atendiendo a la función desarrollada, el personal estatutario se clasifica en personal estatutario sanitario y personal estatutario de gestión y servicios

Es personal estatutario sanitario el que ostenta esta condición en virtud de nombramiento expedido para el ejercicio de una profesión o especialidad sanitaria.

Es personal estatutario de gestión y servicios quien ostenta tal condición en virtud de nombramiento expedido para el desempeño de funciones de gestión o para el desarrollo de profesiones u oficios que no tengan carácter sanitario.

3.1.3. Atendiendo al nivel académico del título exigido para el ingreso

Atendiendo al nivel académico del título exigido para el ingreso, el personal estatutario sanitario se clasifica de la siguiente forma:

a) Personal de formación universitaria: quienes ostentan la condición de personal estatutario en virtud de nombramiento expedido para el ejercicio de una profesión sanitaria que exija una concreta titulación de carácter universitario, o un título de tal carácter acompañado de un título de especialista. Este personal se divide en:

1.º Licenciados con título de especialista en Ciencias de la Salud.

2.º Licenciados sanitarios.

3.º Diplomados con título de Especialista en Ciencias de la Salud.

4.º Diplomados sanitarios.

b) Personal de formación profesional: quienes ostenten la condición de personal estatutario en virtud de nombramiento expedido para el ejercicio de profesiones o actividades profesionales sanitarias, cuando se exija una concreta titulación de formación profesional. Este personal se divide en:

1.º Técnicos superiores.

2.º Técnicos.

La clasificación del personal estatutario de gestión y servicios se efectúa, en función del título exigido para el ingreso, de la siguiente forma:

a) Personal de formación universitaria. Atendiendo al nivel del título requerido, este personal se divide en:

1.º Licenciados universitarios o personal con título equivalente.

2.º Diplomados universitarios o personal con título equivalente.

b) Personal de formación profesional. Atendiendo al nivel del título requerido, este personal se divide en:

1.º Técnicos superiores o personal con título equivalente.

2.º Técnicos o personal con título equivalente.

c) Otro personal: categorías en las que se exige certificación acreditativa de los años cursados y de las calificaciones obtenidas en la Educación Secundaria Obligatoria, o título o certificado equivalente.

3.1.4. Atendiendo al tipo de nombramiento

Atendiendo al tipo de nombramiento el personal estatutario se clasifica en personal estatutario fijo y personal estatutario temporal

Es personal estatutario fijo el que, una vez superado el correspondiente proceso selectivo, obtiene un nombramiento para el desempeño con carácter permanente de las funciones que de tal nombramiento se deriven.

Por razones de necesidad, de urgencia o para el desarrollo de programas de carácter temporal, coyuntural o extraordinario, los servicios de salud podrán nombrar personal estatutario temporal.

Los nombramientos de personal estatutario temporal podrán ser de interinidad, de carácter eventual o de sustitución.

El nombramiento de carácter interino se expedirá para el desempeño de una plaza vacante de los centros o servicios de salud, cuando sea necesario atender las correspondientes funciones.

Se acordará el cese del personal estatutario interino cuando se incorpore personal fijo, por el procedimiento legal o reglamentariamente establecido, a la plaza que desempeñe, así como cuando dicha plaza resulte amortizada.

El nombramiento de carácter eventual se expedirá en los siguientes supuestos:

a) Cuando se trate de la prestación de servicios determinados de naturaleza temporal, coyuntural o extraordinaria.

b) Cuando sea necesario para garantizar el funcionamiento permanente y continuado de los centros sanitarios.

c) Para la prestación de servicios complementarios de una reducción de jornada ordinaria.

Se acordará el cese del personal estatutario eventual cuando se produzca la causa o venza el plazo que expresamente se determine en su nombramiento, así como cuando se supriman las funciones que en su día lo motivaron.

Si se realizaran más de dos nombramientos para la prestación de los mismos servicios por un período acumulado de 12 o más meses en un período de dos años, procederá el estudio de las causas que lo motivaron, para valorar, en su caso, si procede la creación de una plaza estructural en la plantilla del centro.

El nombramiento de sustitución se expedirá cuando resulte necesario atender las funciones de personal fijo o temporal, durante los períodos de vacaciones, permisos y demás ausencias de carácter temporal que comporten la reserva de la plaza.

Se acordará el cese del personal estatutario sustituto cuando se reincorpore la persona a la que sustituya, así como cuando ésta pierda su derecho a la reincorporación a la misma plaza o función.

Al personal estatutario temporal le será aplicable, en cuanto sea adecuado a la naturaleza de su condición, el régimen general del personal estatutario fijo.

3.2. Derechos y deberes

Derechos

Derechos individuales

El personal estatutario de los servicios de salud ostenta los siguientes derechos:

a) A la estabilidad en el empleo y al ejercicio o desempeño efectivo de la profesión o funciones que correspondan a su nombramiento.

b) A la percepción puntual de las retribuciones e indemnizaciones por razón del servicio en cada caso establecidas.

c) A la formación continuada adecuada a la función desempeñada y al reconocimiento de su cualificación profesional en relación a dichas funciones.

d) A recibir protección eficaz en materia de seguridad y salud en el trabajo, así como sobre riesgos generales en el centro sanitario o derivados del trabajo habitual, y a la información y formación específica en esta materia conforme a lo dispuesto en la Ley 31/1995, de 8 de noviembre, de Prevención de Riesgos Laborales.

e) A la movilidad voluntaria, promoción interna y desarrollo profesional, en la forma en que prevean las disposiciones en cada caso aplicables.

f) A que sea respetada su dignidad e intimidad personal en el trabajo y a ser tratado con corrección, consideración y respeto por sus jefes y superiores, sus compañeros y sus subordinados.

g) Al descanso necesario, mediante la limitación de la jornada, las vacaciones periódicas retribuidas y permisos en los términos que se establezcan.

h) A recibir asistencia y protección de las Administraciones públicas y servicios de salud en el ejercicio de su profesión o en el desempeño de sus funciones.

i) Al encuadramiento en el Régimen General de la Seguridad Social, con los derechos y obligaciones que de ello se derivan.

j) A ser informado de las funciones, tareas, cometidos, programación funcional y objetivos asignados a su unidad, centro o institución, y de los sistemas establecidos para la evaluación del cumplimiento de los mismos.

k) A la no discriminación por razón de nacimiento, raza, sexo, religión, opinión, orientación sexual o cualquier otra condición o circunstancia personal o social.

l) A la jubilación en los términos y condiciones establecidas en las normas en cada caso aplicables.

m) A la acción social en los términos y ámbitos subjetivos que se determinen en las normas, acuerdos o convenios aplicables.

El régimen de derechos establecido en el anteriormente será aplicable al personal temporal, en la medida en que la naturaleza del derecho lo permita.

Derechos colectivos

El personal estatutario ostenta, en los términos establecidos en la Constitución y en la legislación específicamente aplicable, los siguientes derechos colectivos:

a) A la libre sindicación.

b) A la actividad sindical.

c) A la huelga, garantizándose en todo caso el mantenimiento de los servicios que resulten esenciales para la atención sanitaria a la población.

d) A la negociación colectiva, representación y participación en la determinación de las condiciones de trabajo.

e) A la reunión.

f) A disponer de servicios de prevención y de órganos representativos en materia de seguridad laboral.

Deberes

El personal estatutario de los servicios de salud viene obligado a:

a) Respetar la Constitución, el Estatuto de Autonomía correspondiente y el resto del ordenamiento jurídico.

b) Ejercer la profesión o desarrollar el conjunto de las funciones que correspondan a su nombramiento, plaza o puesto de trabajo con lealtad, eficacia y con observancia de los principios técnicos, científicos, éticos y deontológicos que sean aplicables.

c) Mantener debidamente actualizados los conocimientos y aptitudes necesarios para el correcto ejercicio de la profesión o para el desarrollo de las funciones que correspondan a su nombramiento, a cuyo fin los centros sanitarios facilitarán el desarrollo de actividades de formación continuada.

d) Cumplir con diligencia las instrucciones recibidas de sus superiores jerárquicos en relación con las funciones propias de su nombramiento, y colaborar leal y activamente en el trabajo en equipo.

e) Participar y colaborar eficazmente, en el nivel que corresponda en función de su categoría profesional, en la fijación y consecución de los objetivos cuantitativos y cualitativos asignados a la institución, centro o unidad en la que preste servicios.

f) Prestar colaboración profesional cuando así sea requerido por las autoridades como consecuencia de la adopción de medidas especiales por razones de urgencia o necesidad.

g) Cumplir el régimen de horarios y jornada, atendiendo a la cobertura de las jornadas complementarias que se hayan establecido para garantizar de forma permanente el funcionamiento de las instituciones, centros y servicios.

h) Informar debidamente, de acuerdo con las normas y procedimientos aplicables en cada caso y dentro del ámbito de sus competencias, a los usuarios y pacientes sobre su proceso asistencial y sobre los servicios disponibles.

i) Respetar la dignidad e intimidad personal de los usuarios de los servicios de salud, su libre disposición en las decisiones que le conciernen y el resto de los derechos que les reconocen las disposiciones aplicables, así como a no realizar discriminación alguna por motivos de nacimiento, raza, sexo, religión, opinión o cualquier otra circunstancia personal o social, incluyendo la condición en virtud de la cual los usuarios de los centros e instituciones sanitarias accedan a los mismos.

j) Mantener la debida reserva y confidencialidad de la información y documentación relativa a los centros sanitarios y a los usuarios obtenida, o a la que tenga acceso, en el ejercicio de sus funciones.

k) Utilizar los medios, instrumental e instalaciones de los servicios de salud en beneficio del paciente, con criterios de eficiencia, y evitar su uso ilegítimo en beneficio propio o de terceras personas.

l) Cumplimentar los registros, informes y demás documentación clínica o administrativa establecidos en la correspondiente institución, centro o servicio de salud.

m) Cumplir las normas relativas a la seguridad y salud en el trabajo, así como las disposiciones adoptadas en el centro sanitario en relación con esta materia.

n) Cumplir el régimen sobre incompatibilidades.

o) Ser identificados por su nombre y categoría profesional por los usuarios del Sistema Nacional de Salud.

3.3. Adquisición y pérdida de la condición de personal estatutario fijo

Adquisición de la condición de personal estatutario fijo

La condición de personal estatutario fijo se adquiere por el cumplimiento sucesivo de los siguientes requisitos:

a) Superación de las pruebas de selección.

b) Nombramiento conferido por el órgano competente.

c) Incorporación, previo cumplimiento de los requisitos formales en cada caso establecidos, a una plaza del servicio, institución o centro que corresponda en el plazo determinado en la convocatoria.

A efectos de lo dispuesto en el párrafo b) del apartado anterior, no podrán ser nombrados, y quedarán sin efecto sus actuaciones, quienes no acrediten, una vez superado el proceso selectivo, que reúnen los requisitos y condiciones exigidos en la convocatoria.

La falta de incorporación al servicio, institución o centro dentro del plazo, cuando sea imputable al interesado y no obedezca a causas justificadas, producirá el decaimiento de su derecho a obtener la condición de personal estatutario fijo como consecuencia de ese concreto proceso selectivo.

Pérdida de la condición de personal estatutario

Son causas de extinción de la condición de personal estatutario fijo:

a) La renuncia.

b) La pérdida de la nacionalidad tomada en consideración para el nombramiento.

c) La sanción disciplinaria firme de separación del servicio.

d) La pena principal o accesoria de inhabilitación absoluta y, en su caso, la especial para empleo o cargo público o para el ejercicio de la correspondiente profesión.

e) La jubilación. La incapacidad permanente, en los términos previstos en esta ley.

La renuncia a la condición de personal estatutario tiene el carácter de acto voluntario y deberá ser solicitada por el interesado con una antelación mínima de 15 días a la fecha en que se desee hacer efectiva. La renuncia será aceptada en dicho plazo, salvo que el interesado esté sujeto a expediente disciplinario o haya sido dictado contra él auto de procesamiento o de apertura de juicio oral por la presunta comisión de un delito en el ejercicio de sus funciones.

La renuncia a la condición de personal estatutario no inhabilita para obtener nuevamente dicha condición a través de los procedimientos de selección establecidos.

La pérdida de la nacionalidad española, o de la de otro Estado tomada en consideración para el nombramiento, determina la pérdida de la condición de personal estatutario, salvo que simultáneamente se adquiera la nacionalidad de otro Estado que otorgue el derecho a acceder a tal condición.

La sanción disciplinaria de separación del servicio, cuando adquiera carácter firme, supone la pérdida de la condición de personal estatutario.

La pena de inhabilitación absoluta, cuando hubiera adquirido firmeza, produce la pérdida de la condición de personal estatutario. Igual efecto tendrá la pena de inhabilitación especial para empleo o cargo público si afecta al correspondiente nombramiento.

Supondrá la pérdida de la condición de personal estatutario la pena de inhabilitación especial para la correspondiente profesión, siempre que ésta exceda de seis años.

La Jubilación

La jubilación puede ser forzosa o voluntaria.

La jubilación forzosa se declarará al cumplir el interesado la edad de 65 años.

No obstante, el interesado podrá solicitar voluntariamente prolongar su permanencia en servicio activo hasta cumplir, como máximo, los 70 años de edad, siempre que quede acreditado que reúne la capacidad funcional necesaria para ejercer la profesión o desarrollar las actividades correspondientes a su nombramiento. Esta prolongación deberá ser autorizada por el servicio de salud correspondiente, en función de las necesidades de la organización articuladas en el marco de los planes de ordenación de recursos humanos.

Procederá la prórroga en el servicio activo, a instancia del interesado, cuando, en el momento de cumplir la edad de jubilación forzosa, le resten seis años o menos de cotización para causar pensión de jubilación.

Esta prórroga no podrá prolongarse más allá del día en el que el interesado complete el tiempo de cotización necesario para causar pensión de jubilación, sea cual sea el importe de la misma, y su concesión estará supeditada a que quede acreditado que reúne la capacidad funcional necesaria para ejercer la profesión o desarrollar las actividades correspondientes a su nombramiento.

Podrá optar a la jubilación voluntaria, total o parcial, el personal estatutario que reúna los requisitos establecidos en la legislación de Seguridad Social.

Los órganos competentes de las comunidades autónomas podrán establecer mecanismos para el personal estatutario que se acoja a esta jubilación como consecuencia de un plan de ordenación de recursos humanos.

La incapacidad permanente, cuando sea declarada en sus grados de incapacidad permanente total para la profesión habitual, absoluta para todo trabajo o gran invalidez conforme a las normas reguladoras del Régimen General de la Seguridad Social, produce la pérdida de la condición de personal estatutario.

Recuperación de la condición de personal estatutario fijo

En el caso de pérdida de la condición de personal estatutario como consecuencia de pérdida de la nacionalidad, el interesado podrá recuperar dicha condición si acredita la desaparición de la causa que la motivó.

Procederá también la recuperación de la condición de personal estatutario cuando se hubiera perdido como consecuencia de incapacidad, si ésta es revisada conforme a las normas reguladoras del Régimen General de la Seguridad Social.

Si la revisión se produce dentro de los dos años siguientes a la fecha de la declaración de incapacidad, el interesado tendrá derecho a incorporarse a plaza de la misma categoría y área de salud en que prestaba sus servicios.

La recuperación de la condición de personal estatutario, salvo en el caso previsto en el párrafo anterior, supondrá la simultánea declaración del interesado en la situación de excedencia voluntaria. El interesado podrá reincorporarse al servicio a través de los procedimientos de reingreso al servicio activo, sin que sea exigible tiempo mínimo de permanencia en la situación de excedencia voluntaria.

3.4. Provisión de plazas, selección y promoción interna

Provisión de plazas

Se denominan de provisión de plazas a los distintos procedimientos o sistemas que hacen posible que una plaza libre, u ocupada con carácter temporal, sea ocupada.

Criterios generales de provisión

La provisión de plazas del personal estatutario se regirá por los siguientes principios básicos:

a) Igualdad, mérito, capacidad y publicidad en la selección, promoción y movilidad del personal de los servicios de salud.

b) Planificación eficiente de las necesidades de recursos y programación periódica de las convocatorias.

c) Integración en el régimen organizativo y funcional del servicio de salud y de sus instituciones y centros.

d) Movilidad del personal en el conjunto del Sistema Nacional de Salud.

e) Coordinación, cooperación y mutua información entre las Administraciones sanitarias públicas.

f) Participación, a través de la negociación en las correspondientes mesas, de las organizaciones sindicales especialmente en la determinación de las condiciones y procedimientos de selección, promoción interna y movilidad, del número de las plazas convocadas y de la periodicidad de las convocatorias.

La provisión de plazas del personal estatutario se realizará por los sistemas de selección de personal, de promoción interna y de movilidad, así como por reingreso al servicio activo en los supuestos y mediante el procedimiento que en cada servicio de salud se establezcan.

En cada servicio de salud se determinarán los puestos que puedan ser provistos mediante libre designación.

Los supuestos y procedimientos para la provisión de plazas que estén motivados o se deriven de reordenaciones funcionales, organizativas o asistenciales se establecerán en cada servicio de salud conforme a las normas aplicables en cada uno de ellos. En todo caso, el personal podrá ser adscrito a los centros o unidades ubicados dentro del ámbito que en su nombramiento se precise.

Selección

Convocatorias de selección y requisitos de participación

La selección del personal estatutario fijo se efectuará, con carácter periódico, en el ámbito que en cada servicio de salud se determine, a través de convocatoria pública y mediante procedimientos que garanticen los principios constitucionales de igualdad, mérito y capacidad, así como el de competencia. Las convocatorias se anunciarán en el boletín o diario oficial de la correspondiente Administración pública.

Los procedimientos de selección, sus contenidos y pruebas se adecuarán a las funciones a desarrollar en las correspondientes plazas incluyendo, en su caso, la acreditación del conocimiento de la lengua oficial de la respectiva comunidad autónoma en la forma que establezcan las normas autonómicas de aplicación.

Las convocatorias y sus bases vinculan a la Administración, a los tribunales encargados de juzgar las pruebas y a quienes participen en las mismas.

Las convocatorias y sus bases, una vez publicadas, solamente podrán ser modificadas con sujeción estricta a las normas de la Ley 30/1992, de 26 de noviembre, de Régimen Jurídico de las Administraciones Públicas y del Procedimiento Administrativo Común.

Las convocatorias deberán identificar las plazas convocadas indicando, al menos, su número y características, y especificarán las condiciones y requisitos que deben reunir los aspirantes, el plazo de presentación de solicitudes, el contenido de las pruebas de selección, los baremos y programas aplicables a las mismas y el sistema de calificación.

Para poder participar en los procesos de selección de personal estatutario fijo será necesario reunir los siguientes requisitos:

a) Poseer la nacionalidad española o la de un Estado miembro de la Unión Europea o del Espacio Económico Europeo, u ostentar el derecho a la libre circulación de trabajadores conforme al Tratado de la Unión Europea o a otros tratados ratificados por España, o tener reconocido tal derecho por norma legal.

b) Estar en posesión de la titulación exigida en la convocatoria o en condiciones de obtenerla dentro del plazo de presentación de solicitudes.

c) Poseer la capacidad funcional necesaria para el desempeño de las funciones que se deriven del correspondiente nombramiento.

d) Tener cumplidos 18 años y no exceder de la edad de jubilación forzosa.

e) No haber sido separado del servicio, mediante expediente disciplinario, de cualquier servicio de salud o Administración pública en los seis años anteriores a la convocatoria, ni hallarse inhabilitado con carácter firme para el ejercicio de funciones públicas ni, en su caso, para la correspondiente profesión.

f) En el caso de los nacionales de otros Estados mencionados en el párrafo a), no encontrarse inhabilitado, por sanción o pena, para el ejercicio profesional o para el acceso a funciones o servicios públicos en un Estado miembro, ni haber sido separado, por sanción disciplinaria, de alguna de sus Administraciones o servicios públicos en los seis años anteriores a la convocatoria.

En las convocatorias para la selección de personal estatutario se reservará un cupo no inferior al cinco por ciento, o al porcentaje que se encuentre vigente con carácter general para la función pública, de las plazas convocadas para ser cubiertas entre personas con discapacidad de grado igual o superior al 33 por ciento, de modo que progresivamente se alcance el dos por ciento de los efectivos totales de cada servicio de salud, siempre que superen las pruebas selectivas y que, en su momento, acrediten el indicado grado de discapacidad y la compatibilidad con el desempeño de las tareas y funciones correspondientes.

El acceso a la condición de personal estatutario de las personas con discapacidad se inspirará en los principios de igualdad de oportunidades, no discriminación y compensación de desventajas, procediéndose, en su caso, a la adaptación de las pruebas de selección a las necesidades específicas y singularidades de estas personas.

Sistemas de selección

La selección del personal estatutario fijo se efectuará con carácter general a través del sistema de concurso-oposición.

La selección podrá realizarse a través del sistema de oposición cuando así resulte más adecuado en función de las características socio-profesionales del colectivo que pueda acceder a las pruebas o de las funciones a desarrollar.

Cuando las peculiaridades de las tareas específicas a desarrollar o el nivel de cualificación requerida así lo aconsejen, la selección podrá realizarse por el sistema de concurso.

La oposición consiste en la celebración de una o más pruebas dirigidas a evaluar la competencia, aptitud e idoneidad de los aspirantes para el desempeño de las correspondientes funciones, así como a establecer su orden de prelación.

La convocatoria podrá establecer criterios o puntuaciones para superar la oposición o cada uno de sus ejercicios.

El concurso consiste en la evaluación de la competencia, aptitud e idoneidad de los aspirantes para el desempeño de las correspondientes funciones a través de la valoración con arreglo a baremo de los aspectos más significativos de los correspondientes currículos, así como a establecer su orden de prelación.

La convocatoria podrá establecer criterios o puntuaciones para superar el concurso o alguna de sus fases.

Los baremos de méritos en las pruebas selectivas para el acceso a nombramientos de personal sanitario se dirigirán a evaluar las competencias profesionales de los aspirantes a través de la valoración, entre otros aspectos, de su currículo profesional y formativo, de los más significativos de su formación pregraduada, especializada y continuada acreditada, de la experiencia profesional en centros sanitarios y de las actividades científicas, docentes y de investigación y de cooperación al desarrollo o ayuda humanitaria en el ámbito de la salud.

El concurso-oposición consistirá en la realización sucesiva, y en el orden que la convocatoria determine, de los dos sistemas anteriores.

Los servicios de salud determinarán los supuestos en los que será posible, con carácter extraordinario y excepcional, la selección del personal a través de un concurso, o un concurso-oposición, consistente en la evaluación no baremada de la competencia profesional de los aspirantes, evaluación que realizará un tribunal, tras la exposición y defensa pública por los interesados de su currículo profesional, docente, discente e investigador, de acuerdo con los criterios señalados anteriormente para los baremos de méritos.

Si así se establece en la convocatoria, y como parte del proceso selectivo, aspirantes seleccionados en la oposición, concurso o concurso-oposición deberán superar un período formativo, o de prácticas, antes de obtener nombramiento como personal estatutario fijo. Durante dicho período, que no será aplicable a las categorías o grupos profesionales para los que se exija título académico o profesional específico, los interesados ostentarán la condición de aspirantes en prácticas.

En el ámbito de cada servicio de salud se regulará la composición y funcionamiento de los órganos de selección, que serán de naturaleza colegiada y actuarán de acuerdo con criterios de objetividad, imparcialidad, agilidad y eficacia. Sus miembros deberán ostentar la condición de personal funcionario de carrera o estatutario fijo de las Administraciones públicas o de los servicios de salud, o de personal laboral de los centros vinculados al Sistema Nacional de Salud, en plaza o categoría para la que se exija poseer titulación del nivel académico igual o superior a la exigida para el ingreso. Les será de aplicación lo dispuesto en la normativa reguladora de los órganos colegiados y de la abstención y recusación de sus miembros.

Nombramientos de personal estatutario fijo

Los nombramientos como personal estatutario fijo serán expedidos a favor de los aspirantes que obtengan mayor puntuación en el conjunto de las pruebas y evaluaciones.

Los nombramientos serán publicados en la forma que se determine en cada servicio de salud.

En el nombramiento se indicará expresamente el ámbito al que corresponde, conforme a lo previsto en la convocatoria y en las disposiciones aplicables en cada servicio de salud.

Selección de personal temporal

La selección del personal estatutario temporal se efectuará a través de procedimientos que permitan la máxima agilidad en la selección, procedimientos que se basarán en los principios de igualdad, mérito, capacidad, competencia y publicidad y que serán establecidos previa negociación en las mesas correspondientes.

En todo caso, el personal estatutario temporal deberá reunir los requisitos establecidos para poder participar en los procesos de selección de personal estatutario fijo.

El personal estatutario temporal podrá estar sujeto a un período de prueba, durante el que será posible la resolución de la relación estatutaria a instancia de cualquiera de las partes.

El período de prueba no podrá superar los tres meses de trabajo efectivo en el caso de personal de formación universitaria, y los dos meses para el resto del personal. En ningún caso el período de prueba podrá exceder de la mitad de la duración del nombramiento, si ésta está precisada en el mismo. Estará exento del período de prueba quien ya lo hubiera superado con ocasión de un anterior nombramiento temporal para la realización de funciones de las mismas características en el mismo servicio de salud en los dos años anteriores a la expedición del nuevo nombramiento.

Promoción interna

Los servicios de salud facilitarán la promoción interna del personal estatutario fijo a través de las convocatorias previstas en el Estatuto Marco y en las normas correspondientes del servicio de salud.

El personal estatutario fijo podrá acceder, mediante promoción interna y dentro de su servicio de salud de destino, a nombramientos correspondientes a otra categoría, siempre que el título exigido para el ingreso sea de igual o superior nivel académico que el de la categoría de procedencia, y sin perjuicio del número de niveles existentes entre ambos títulos.

Los procedimientos para la promoción interna se desarrollarán de acuerdo con los principios de igualdad, mérito y capacidad y por los sistemas de oposición, concurso o concurso-oposición. Podrán realizarse a través de convocatorias específicas si así lo aconsejan razones de planificación o de eficacia en la gestión.

Para participar en los procesos selectivos para la promoción interna será requisito ostentar la titulación requerida y estar en servicio activo, y con nombramiento como personal estatutario fijo durante, al menos, dos años en la categoría de procedencia.

No se exigirá el requisito de titulación para el acceso a las categorías de personal de formación profesional de gestión y servicios, salvo que sea necesaria una titulación, acreditación o habilitación profesional específica para el desempeño de las nuevas funciones, siempre que el interesado haya prestado servicios durante cinco años en la categoría de origen y ostente la titulación exigida en el grupo inmediatamente inferior al de la categoría a la que aspira a ingresar.

El personal seleccionado por el sistema de promoción interna tendrá preferencia para la elección de plaza respecto del personal seleccionado por el sistema de acceso libre.

Promoción interna temporal

Por necesidades del servicio y en los supuestos y bajo los requisitos que al efecto se establezcan en cada servicio de salud, se podrá ofrecer al personal estatutario fijo el desempeño temporal, y con carácter voluntario, de funciones correspondientes a nombramientos de una categoría del mismo nivel de titulación o de nivel superior, siempre que ostente la titulación correspondiente. Estos procedimientos serán objeto de negociación en las mesas correspondientes.

Durante el tiempo en que realice funciones en promoción interna temporal, el interesado se mantendrá en servicio activo en su categoría de origen, y percibirá las retribuciones correspondientes a las funciones efectivamente desempeñadas, con excepción de los trienios, que serán los correspondientes a su nombramiento original.

El ejercicio de funciones en promoción interna temporal no supondrá la consolidación de derecho alguno de carácter retributivo o en relación con la obtención de nuevo nombramiento, sin perjuicio de su posible consideración como mérito en los sistemas de promoción interna previstos para acceder a la condición de personal estatutario fijo.

3.5. Movilidad del personal

Movilidad por razón del servicio

El personal estatutario, previa resolución motivada y con las garantías que en cada caso se dispongan, podrá ser destinado a centros o unidades ubicadas fuera del ámbito previsto en su nombramiento de conformidad con lo que establezcan las normas o los planes de ordenación de recursos humanos de su servicio de salud, negociadas en las mesas correspondientes.

Movilidad voluntaria

Con el fin de garantizar la movilidad en términos de igualdad efectiva del personal estatutario en el conjunto del Sistema Nacional de Salud, el Ministerio de Sanidad y Consumo, con el informe de la Comisión de Recursos Humanos del Sistema Nacional de Salud, procederá, con carácter previo, a la homologación de las distintas clases o categorías funcionales de personal estatutario, en cuanto resulte necesario para articular dicha movilidad entre los diferentes servicios de salud.

Los procedimientos de movilidad voluntaria, que se efectuarán con carácter periódico, preferentemente cada dos años, en cada servicio de salud, estarán abiertos a la participación del personal estatutario fijo de la misma categoría y especialidad, así como, en su caso, de la misma modalidad, del resto de los servicios de salud, que participarán en tales procedimientos con las mismas condiciones y requisitos que el personal estatutario del servicio de salud que realice la convocatoria. Se resolverán mediante el sistema de concurso, previa convocatoria pública y de acuerdo con los principios de igualdad, mérito y capacidad.

Cuando de un procedimiento de movilidad se derive cambio en el servicio de salud de destino, el plazo de toma de posesión será de un mes a contar desde el día del cese en el destino anterior, que deberá tener lugar en los tres días siguientes a la notificación o publicación del nuevo destino adjudicado.

Los destinos obtenidos mediante sistemas de movilidad voluntaria son irrenunciables, salvo que dicha renuncia esté motivada por la obtención de plaza en virtud de la resolución de un procedimiento de movilidad voluntaria convocado por otra Administración pública.

Se entenderá que solicita la excedencia voluntaria por interés particular como personal estatutario, y será declarado en dicha situación por el servicio de salud en que prestaba servicios, quien no se incorpore al destino obtenido en un procedimiento de movilidad voluntaria dentro de los plazos establecidos o de las prórrogas de los mismos que legal o reglamentariamente procedan.

No obstante, si existen causas suficientemente justificadas, así apreciadas, previa audiencia del interesado, por el servicio de salud que efectuó la convocatoria, podrá dejarse sin efecto dicha situación. En tal caso, el interesado deberá incorporarse a su nuevo destino tan pronto desaparezcan las causas que en su momento lo impidieron.

Coordinación y colaboración en las convocatorias

En las distintas convocatorias de provisión, selección y movilidad, cuando tales convocatorias afecten a más de un servicio de salud, deberá primar el principio de colaboración entre todos los servicios de salud, para lo cual la Comisión de Recursos Humanos del Sistema Nacional de Salud establecerá los criterios y principios que resulten procedentes en orden a la periodicidad y coordinación de tales convocatorias.

Comisiones de servicio

Por necesidades del servicio, y cuando una plaza o puesto de trabajo se encuentre vacante o temporalmente desatendido, podrá ser cubierto en comisión de servicios, con carácter temporal, por personal estatutario de la correspondiente categoría y especialidad.

En este supuesto, el interesado percibirá las retribuciones correspondientes a la plaza o puesto efectivamente desempeñado, salvo que sean inferiores a las que correspondan por la plaza de origen, en cuyo caso se percibirán éstas.

El personal estatutario podrá ser destinado en comisión de servicios, con carácter temporal, al desempeño de funciones especiales no adscritas a una determinada plaza o puesto de trabajo.

En este supuesto, el interesado percibirá las retribuciones de su plaza o puesto de origen.

Quien se encuentre en comisión de servicios tendrá derecho a la reserva de su plaza o puesto de trabajo de origen.

3.6. Carrera profesional

Criterios generales de la carrera profesional

Las comunidades autónomas, previa negociación en las mesas correspondientes, establecerán, para el personal estatutario de sus servicios de salud, mecanismos de carrera profesional de acuerdo con lo establecido con carácter general en las normas aplicables al personal del resto de sus servicios públicos, de forma tal que se posibilite el derecho a la promoción de este personal conjuntamente con la mejor gestión de las instituciones sanitarias.

La carrera profesional supondrá el derecho de los profesionales a progresar, de forma individualizada, como reconocimiento a su desarrollo profesional en cuanto a conocimientos, experiencia y cumplimiento de los objetivos de la organización a la cual prestan sus servicios.

La Comisión de Recursos Humanos del Sistema Nacional de Salud establecerá los principios y criterios generales de homologación de los sistemas de carrera profesional de los diferentes servicios de salud, a fin de garantizar el reconocimiento mutuo de los grados de la carrera, sus efectos profesionales y la libre circulación de dichos profesionales en el conjunto del Sistema Nacional de Salud.

Los criterios generales del sistema de desarrollo profesional recogidos en la Ley de Ordenación de las Profesiones Sanitarias se acomodarán y adaptarán a las condiciones y características organizativas, sanitarias y asistenciales del servicio de salud o de cada uno de sus centros, sin detrimento de los derechos ya establecidos. Su repercusión en la carrera profesional se negociará en las mesas correspondientes.

3.7. Retribuciones

Criterios generales

El sistema retributivo del personal estatutario se estructura en retribuciones básicas y retribuciones complementarias, responde a los principios de cualificación técnica y profesional y asegura el mantenimiento de un modelo común en relación con las retribuciones básicas.

Las retribuciones complementarias se orientan prioritariamente a la motivación del personal, a la incentivación de la actividad y la calidad del servicio, a la dedicación y a la consecución de los objetivos planificados.

La cuantía de las retribuciones se adecuará a lo que dispongan las correspondientes leyes de presupuestos. Elemento fundamental en este apartado es, en cualquier caso, la evaluación del desempeño del personal estatutario que los servicios de salud deberán establecer a través de procedimientos fundados en los principios de igualdad, objetividad y transparencia. La evaluación periódica deberá tenerse en cuenta a efectos de determinación de una parte de estas retribuciones complementarias, vinculadas precisamente a la productividad, al rendimiento y, en definitiva, al contenido y alcance de la actividad que efectivamente se realiza.

Los servicios de salud de las comunidades autónomas y entes gestores de asistencia sanitaria establecerán los mecanismos necesarios, como la ordenación de puestos de trabajo, la ordenación de las retribuciones complementarias, la desvinculación de plazas docentes u otros, que garanticen el pago de la actividad realmente realizada.

El personal estatutario no podrá percibir participación en los ingresos normativamente atribuidos a los servicios de salud como contraprestación de cualquier servicio.

Sin perjuicio de la sanción disciplinaria que, en su caso, pueda corresponder, la parte de jornada no realizada por causas imputables al interesado dará lugar a la deducción proporcional de haberes, que no tendrá carácter sancionador.

Quienes ejerciten el derecho de huelga no devengarán ni percibirán las retribuciones correspondientes al tiempo en que hayan permanecido en esa situación, sin que la deducción de haberes que se efectúe tenga carácter de sanción disciplinaria ni afecte al régimen de sus prestaciones sociales.

Retribuciones básicas

Las retribuciones básicas son:

a) El sueldo asignado a cada categoría en función del título exigido para su desempeño.

b) Los trienios, que consisten en una cantidad determinada para cada categoría en función de lo previsto en el párrafo anterior, por cada tres años de servicios. La cuantía de cada trienio será la establecida para la categoría a la que pertenezca el interesado el día en que se perfeccionó.

c) Las pagas extraordinarias serán dos al año y se devengarán preferentemente en los meses de junio y diciembre. El importe de cada una de ellas será, como mínimo, de una mensualidad del sueldo y trienios, al que se añadirá la catorceava parte del importe anual del complemento de destino.

Las retribuciones básicas y las cuantías del sueldo y los trienios a que se refiere el párrafo anterior serán iguales en todos los servicios de salud y se determinarán, cada año, en las correspondientes Leyes de Presupuestos. Dichas cuantías de sueldo y trienios coincidirán igualmente con las establecidas cada año en las correspondientes Leyes de Presupuestos Generales del Estado para los funcionarios públicos.

Retribuciones complementarias

Las retribuciones complementarias son fijas o variables, y van dirigidas a retribuir la función desempeñada, la categoría, la dedicación, la actividad, la productividad y cumplimiento de objetivos y la evaluación del rendimiento y de los resultados, determinándose sus conceptos, cuantías y los criterios para su atribución en el ámbito de cada servicio de salud.

Las retribuciones complementarias podrán ser:

a) Complemento de destino correspondiente al nivel del puesto que se desempeña. El importe anual del complemento de destino se abonará en 14 pagas.

b) Complemento específico, destinado a retribuir las condiciones particulares de algunos puestos en atención a su especial dificultad técnica, dedicación, responsabilidad, incompatibilidad, peligrosidad o penosidad. En ningún caso podrá asignarse más de un complemento específico a cada puesto por una misma circunstancia.

c) Complemento de productividad, destinado a retribuir el especial rendimiento, el interés o la iniciativa del titular del puesto, así como su participación en programas o actuaciones concretas y la contribución del personal a la consecución de los objetivos programados, previa evaluación de los resultados conseguidos.

d) Complemento de atención continuada, destinado a remunerar al personal para atender a los usuarios de los servicios sanitarios de manera permanente y continuada.

e) Complemento de carrera, destinado a retribuir el grado alcanzado en la carrera profesional cuando tal sistema de desarrollo profesional se haya implantado en la correspondiente categoría.

Retribuciones del personal temporal

El personal estatutario temporal percibirá la totalidad de las retribuciones básicas y complementarias que, en el correspondiente servicio de salud, correspondan a su nombramiento, con excepción de los trienios (esta excepción de no percibir trienios para el personal temporal debe entenderse derogada por el artículo 25.2 de la Ley 7/2007, de 12 de abril, del Estatuto Básico del empleado público.

Retribuciones de los aspirantes en prácticas

En el ámbito de cada servicio de salud se fijarán las retribuciones de los aspirantes en prácticas que, como mínimo, corresponderán a las retribuciones básicas, excluidos trienios, del grupo al que aspiren ingresar.

3.8. Jornadas de trabajo, permisos y licencias

Tiempo de trabajo y régimen de descansos

Objeto y definiciones

Las normas referidas a tiempo de trabajo y régimen de descansos del Estatuto Marco tienen por objeto el establecimiento de las disposiciones mínimas para la protección de la seguridad y salud del personal estatutario en materia de ordenación del tiempo de trabajo.

Conforme a ello, las definiciones relativas a período nocturno, trabajo a turnos y personal nocturno y por turnos se establecen a los efectos exclusivos de la aplicación de las normas en materia de tiempo de trabajo y régimen de descansos, sin que tengan influencia en materia de compensaciones económicas u horarias, materia en la que se estará a lo dispuesto específicamente en las normas, pactos o acuerdos que, en cada caso, resulten aplicables.

A estos efectos, se entenderá por:

a) Centro sanitario: los centros e instituciones a los que se refiere el artículo 29 de la Ley 14/1986, de 25 de abril, General de Sanidad.

b) Personal: los que, siendo personal estatutario, prestan servicios en un centro sanitario.

c) Tiempo de trabajo: el período en el que el personal permanece en el centro sanitario, a disposición del mismo y en ejercicio efectivo de su actividad y funciones. Su cómputo se realizará de modo que tanto al comienzo como al final de cada jornada el personal se encuentre en su puesto de trabajo y en el ejercicio de su actividad y funciones. Se considerará, asimismo, tiempo de trabajo los servicios prestados fuera del centro sanitario, siempre que se produzcan como consecuencia del modelo de organización asistencial o deriven de la programación funcional del centro.

d) Período de localización: período de tiempo en el que el personal se encuentra en situación de disponibilidad que haga posible su localización y presencia inmediata para la prestación de un trabajo o servicios efectivo cuando fuera llamado para atender las necesidades asistenciales que eventualmente se puedan producir.

e) Período de descanso: todo período de tiempo que no sea tiempo de trabajo.

f) Período nocturno: el período nocturno se definirá en las normas, pactos o acuerdos que sean aplicables a cada centro sanitario. Tendrá una duración mínima de siete horas e incluirá necesariamente el período comprendido entre las cero y las cinco horas de cada día natural. En ausencia de tal definición, se considerará período nocturno el comprendido entre las 23 horas y las seis horas del día siguiente.

g) Personal nocturno: el que realice normalmente, durante el período nocturno, una parte no inferior a tres horas de su tiempo de trabajo diario. Asimismo, tendrá la consideración de personal nocturno el que pueda realizar durante el período nocturno un tercio de su tiempo de trabajo anual.

h) Trabajo por turnos: toda forma de organización del trabajo en equipo por la que el personal ocupe sucesivamente las mismas plazas con arreglo a un ritmo determinado, incluido el ritmo rotatorio, que podrá ser de tipo continuo o discontinuo, implicando para el personal la necesidad de realizar su trabajo en distintas horas a lo largo de un período dado de días o de semanas.

i) Personal por turnos: el personal cuyo horario de trabajo se ajuste a un régimen de trabajo por turnos.

j) Programación funcional del centro: las instrucciones que, en uso de su capacidad de organización y de dirección del trabajo, se establezcan por la gerencia o la dirección del centro sanitario en orden a articular, coordinadamente y en todo momento, la actividad de los distintos servicios y del personal de cada uno de ellos para el adecuado cumplimiento de las funciones sanitario-asistenciales.

Jornada ordinaria de trabajo

La jornada ordinaria de trabajo en los centros sanitarios se determinará en las normas, pactos o acuerdos, según en cada caso resulte procedente.

A través de la programación funcional del correspondiente centro se podrá establecer la distribución irregular de la jornada a lo largo del año.

Mediante el Decreto 522/2012, de 20 de noviembre, por el que se modifica el Decreto 175/1992, de 29 de septiembre, sobre materia retributiva y condiciones de trabajo del personal de centros e instituciones sanitarias del Servicio Andaluz de Salud, se establece la duración máxima de la jornada ordinaria de trabajo anual en el servicio Andaluz de Salud, en los siguientes términos: *"La jornada ordinaria de trabajo máxima anual se fija en 1.645 horas para el turno diurno, en 1.470 horas para el turno fijo nocturno y en 1.530 horas para el turno rotatorio, que es el que incluye turnos noc-*

turnos. En función del número de turnos nocturnos incluidos en el turno rotatorio, se ponderará la jornada establecida para dicho turno".

Por medio de la Resolución de la Dirección General de Profesionales del S.A.S. 71/2014, de 23 de abril, se establece la ponderación a aplicar en la jornada del turno rotatorio del personal estatutario del S.A.S.: *"1. Atendiendo a la inclusión de turnos nocturnos en el turno rotatorio, la ponderación de la jornada anual se hará disminuyendo las 1530 horas anuales a razón de 35 minutos menos por cada noche que exceda de la noche 42, según cuadrante de turnos anual, a partir del 1 de enero de 2015............2. Para el año 2014, desde el 1 de enero hasta el 31 de diciembre, la ponderación de la jornada anual se hará disminuyendo las 1.530 horas anuales a razón de 38 minutos menos por cada noche que exceda de la noche 52, según cuadrante de turnos anual.........."*

Jornada complementaria

Cuando se trate de la prestación de servicios de atención continuada y con el fin de garantizar la adecuada atención permanente al usuario de los centros sanitarios, el personal de determinadas categorías o unidades de los mismos desarrollará una jornada complementaria en la forma en que se establezca a través de la programación funcional del correspondiente centro.

La realización de la jornada complementaria sólo será de aplicación al personal de las categorías o unidades que con anterioridad a la entrada en vigor del Estatuto Marco venían realizando una cobertura de la atención continuada mediante la realización de guardias u otro sistema análogo, así como para el personal de aquellas otras categorías o unidades que se determinen previa negociación en las mesas correspondientes.

La duración máxima conjunta de los tiempos de trabajo correspondientes a la jornada complementaria y a la jornada ordinaria será de 48 horas semanales de trabajo efectivo de promedio en cómputo semestral, salvo que mediante acuerdo, pacto o convenio colectivo se establezca otro cómputo.

No serán tomados en consideración para la indicada duración máxima los períodos de localización, salvo que el interesado sea requerido para la prestación de un trabajo o servicio efectivo, caso en que se computará como jornada tanto la duración del trabajo desarrollado como los tiempos de desplazamiento.

La jornada complementaria no tendrá en ningún caso la condición ni el tratamiento establecido para las horas extraordinarias. En consecuencia, no estará afectada por las limitaciones que respecto a la realización de horas extraordinarias establecen o puedan establecer otras normas y disposiciones, y su compensación o retribución específica se determinará independientemente en las normas, pactos o acuerdos que, en cada caso, resulten de aplicación.

Régimen de jornada especial

Cuando las previsiones de los párrafos anteriores fueran insuficientes para garantizar la adecuada atención continuada y permanente, y siempre que existan razones organizativas o asistenciales que así lo justifiquen, previa oferta expresa del centro sanitario, podrá superarse la duración máxima conjunta de la jornada ordinaria y la jornada complementaria cuando el personal manifieste, por escrito, individualizada y libremente, su consentimiento en ello. En este supuesto, los excesos de jornada del límite establecido anteriormente de 48 horas semanales, tendrán el carácter de jornada complementaria y un límite máximo de 150 horas al año.

Los centros sanitarios podrán establecer previamente los requisitos para otorgar por parte del personal el consentimiento previsto en el párrafo anterior, especialmente en lo relativo a la duración mínima del compromiso. En estos supuestos, el centro sanitario deberá asegurar que:

a) Nadie sufra perjuicio alguno por el hecho de no prestar el consentimiento, sin que pueda ser considerado perjuicio a estos efectos un menor nivel retributivo derivado de un menor nivel de dedicación.

b) Existan registros actualizados del personal que desarrolle este régimen de jornada, que estarán a disposición de las autoridades administrativas o laborales competentes, que podrán prohibir o limitar, por razones de seguridad o salud del personal, los excesos sobre la duración máxima de la jornada semanal de 48 horas.

c) Se respeten los principios generales de protección de la seguridad y salud.

Pausa en el trabajo

Siempre que la duración de una jornada exceda de seis horas continuadas, deberá establecerse un período de descanso durante la misma de duración no inferior a 15 minutos. El momento de disfrute de este período se supeditará al mantenimiento de la atención de los servicios.

Mediante la Resolución 479/2013, 23 septiembre de 2013, de la Dirección General de Profesionales del S.A.S., por la que se aprueba el Manual de normas y procedimientos en materia de vacaciones, permisos y licencias del personal de centros e instituciones sanitarias del Servicio Andaluz de Salud , se establece la pausa en el trabajo y descansos en el mismo, en los siguientes términos: *"De conformidad con el artículo 50 de la Ley 55/2003, siempre que la duración de la jornada exceda de seis horas continuadas, deberá establecerse un periodo de descanso durante la misma. Este descanso será de un mínimo de 20 minutos, según la duración y horario de cada turno."*

Jornada y descanso diarios

El tiempo de trabajo correspondiente a la jornada ordinaria no excederá de 12 horas ininterrumpidas.

No obstante, mediante la programación funcional de los centros se podrán establecer jornadas de hasta 24 horas para determinados servicios o unidades sanitarias, con carácter excepcional y cuando así lo aconsejen razones organizativas o asistenciales. En estos casos, los periodos mínimos de descanso ininterrumpido deberán ser ampliables de acuerdo con los resultados de los correspondientes procesos de negociación sindical en los servicios de salud y con la debida progresividad para hacerlos compatibles con las posibilidades de los servicios y unidades afectados por las mismas.

El personal tendrá derecho a un período mínimo de descanso ininterrumpido de 12 horas entre el fin de una jornada y el comienzo de la siguiente.

El descanso entre jornadas de trabajo previsto en el párrafo anterior se reducirá, en los términos que exija la propia causa que lo justifica, en los siguientes supuestos:

a) En el caso de trabajo a turnos, cuando el personal cambie de equipo y no pueda disfrutar del período de descanso diario entre el final de la jornada de un equipo y el comienzo de la jornada del siguiente.

b) Cuando se sucedan, en un intervalo inferior a 12 horas, tiempos de trabajo correspondientes a jornada ordinaria, jornada complementaria o, en su caso, jornada especial.

En los supuestos previstos en el párrafo anterior, será de aplicación el régimen de compensación por medio de descansos alternativos.

Descanso semanal

El personal tendrá derecho a un período mínimo de descanso ininterrumpido con una duración media de 24 horas semanales, período que se incrementará con el mínimo de descanso diario previsto de 12 horas entre el final de una jornada y el comienzo de la siguiente.

El período de referencia para el cálculo del período de descanso establecido en el párrafo anterior será de dos meses.

En el caso de que no se hubiera disfrutado del tiempo mínimo de descanso semanal en el período establecido en el párrafo anterior, se producirá una compensación a través del régimen de descansos alternativos.

Vacaciones anuales

Anualmente, el personal tendrá derecho a una vacación retribuida cuya duración no será inferior a 30 días naturales, o al tiempo que proporcionalmente corresponda en función del tiempo de servicios.

El período o períodos de disfrute de la vacación anual se fijará conforme a lo que prevea al respecto la programación funcional del correspondiente centro.

El período de vacación anual sólo podrá ser sustituido por una compensación económica en el caso de finalización de la prestación de servicios.

En la Resolución 479/2013, de 23 septiembre, de la Dirección General de Profesionales, por la que se aprueba el Manual de normas y procedimientos en materia de vacaciones, permisos y licencias del personal de centros e instituciones sanitarias del Servicio Andaluz de Salud , se establece la duración de las vacaciones anuales para el personal estatutario: *"Las vacaciones anuales retribuidas tendrán una duración de un mes natural o de veintidós días hábiles, por año completo de servicio o de los días que correspondan proporcionalmente si el tiempo de servicio durante el año fue menor. Exclusivamente a efectos de vacaciones no se consideran hábiles los sábados, salvo en los turnos que tuvieran programadas actividades en ese día en cuyo caso se contabilizaran 26 días laborables, contando los sábados."*

Régimen de descansos alternativos

Cuando no se hubiera disfrutado de los períodos mínimos de descanso diario establecidos en el Estatuto Marco, se tendrá derecho a su compensación mediante descansos alternativos cuya duración total no podrá ser inferior a la reducción experimentada.

La compensación señalada en el párrafo anterior se entenderá producida cuando se haya disfrutado, en cómputo trimestral, un promedio semanal de 96 horas de descanso, incluyendo los descansos semanales disfrutados, computando para ello todos los períodos de descanso de duración igual o superior a 12 horas consecutivas.

El disfrute de los descansos compensatorios previstos anteriormente no podrá ser sustituido por compensación económica, salvo en los casos de finalización de la relación de servicios o de las circunstancias que pudieran derivar del hecho insular.

Personal nocturno

El tiempo de trabajo correspondiente a la jornada ordinaria del personal nocturno no excederá de 12 horas ininterrumpidas.

No obstante, mediante la programación funcional de los centros se podrán establecer jornadas de hasta 24 horas en determinados servicios o unidades sanitarias, cuando así lo aconsejen razones organizativas o asistenciales.

Personal a turnos

El régimen de jornada del personal a turnos será el establecido en la jornada ordinaria, complementaria o especial, según proceda.

El personal a turnos disfrutará de los períodos de pausa y de descanso establecidos.

El personal a turnos disfrutará de un nivel de protección de su seguridad y salud que será equivalente, como mínimo, al aplicable al restante personal del centro sanitario.

Determinación de los períodos de referencia

Siempre que se menciona un período de tiempo semanal, mensual o anual, se entenderá referido a semanas, meses o años naturales.

Cuando la mención se efectúa a un período de tiempo semestral, se entenderá referida al primero o al segundo de los semestres de cada año natural.

Carácter de los períodos de descanso

La pausa en el trabajo tendrá la consideración de tiempo de trabajo efectivo en la forma que esté establecido por norma, pacto o acuerdo, según corresponda.

Los periodos de descanso diario y semanal, y en su caso los descansos alternativos, no tendrán el carácter ni la consideración de trabajo efectivo, ni podrán ser, en ningún caso, tomados en consideración para el cumplimiento de la jornada ordinaria de trabajo.

El período de vacación anual retribuida y los períodos de baja por enfermedad, serán neutros para el cálculo de los promedios.

Medidas especiales en materia de salud pública

Las disposiciones relativas a jornadas de trabajo y períodos de descanso podrán ser transitoriamente suspendidas cuando las autoridades sanitarias adopten medidas excepcionales sobre el funcionamiento de los centros sanitarios conforme a lo previsto en el artículo 29.3 de la Ley 14/1986, de 25 de abril, General de Sanidad, siempre que tales medidas así lo justifiquen y exclusivamente por el tiempo de su duración.

La adopción de estas medidas se comunicará a los órganos de representación del personal.

Las disposiciones del Estatuto Marco relativas a jornadas de trabajo y periodos de descanso podrán ser suspendidas en un determinado centro, por el tiempo imprescindible y mediante resolución motivada adoptada previa consulta con los representantes del personal, cuando las circunstancias concretas que concurran en el centro imposibiliten el mantenimiento de la asistencia sanitaria a la población con los recursos humanos disponibles.

En este caso, se elaborará un plan urgente de captación de recursos humanos que permita restituir la normalidad en el mantenimiento de la asistencia sanitaria.

Estas medidas especiales no podrán afectar al personal que se encuentre en situación de permiso por maternidad o licencia por riesgo durante el embarazo o por riesgo durante la lactancia natural.

Jornadas parciales, fiestas y permisos

Jornada de trabajo a tiempo parcial

Los nombramientos de personal estatutario, fijo o temporal, podrán expedirse para la prestación de servicios en jornada completa o para la prestación a dedicación parcial, en el porcentaje, días y horario que, en cada caso y atendiendo a las circunstancias organizativas, funcionales y asistenciales, se determine.

Las comunidades autónomas, en el ámbito de sus competencias, determinarán la limitación máxima de la jornada a tiempo parcial respecto a la jornada completa, con el límite máximo del 75 por ciento de la jornada ordinaria, en cómputo anual, o del que proporcionalmente corresponda si se trata de nombramiento temporal de menor duración.

Cuando se trate de nombramientos de dedicación parcial, se indicará expresamente tal circunstancia en las correspondientes convocatorias de acceso o de movilidad voluntaria y en los procedimientos de selección de personal temporal.

Resultarán aplicables al personal estatutario los supuestos de reducciones de jornada establecidas para los funcionarios públicos en las normas aplicables en la correspondiente comunidad autónoma, para la conciliación de la vida familiar y laboral.

Régimen de fiestas y permisos

El personal estatutario tendrá derecho a disfrutar del régimen de fiestas y permisos que se establezca en el ámbito de cada una de las comunidades autónomas.

En la Comunidad Autónoma de Andalucía se regula esta materia mediante la Resolución 479/2013, de 23 septiembre, de la Dirección General de Profesionales, por la que se aprueba el Manual de normas y procedimientos en materia de vacaciones, permisos y licencias del personal de centros e instituciones sanitarias del Servicio Andaluz de Salud.

El personal estatutario tendrá derecho a disfrutar del régimen de permisos y licencias, incluida la licencia por riesgo durante el embarazo, establecido para los funcionarios públicos por la Ley 39/1999, de 5 de noviembre, sobre conciliación de la vida familiar y laboral de las personas trabajadoras y por la ley orgánica para la igualdad efectiva de mujeres y hombres.

Las comunidades autónomas, en el ámbito de sus competencias, podrán conceder permisos retribuidos o con retribución parcial, con motivo de la realización de estudios o para la asistencia a cursos de formación o especialización que tengan relación directa con las funciones de los servicios sanitarios e interés relevante para el servicio de salud. Podrá exigirse como requisito previo para su concesión el compromiso del interesado de continuar prestando servicios en la misma institución, centro, área o servicio de salud, durante los plazos que se establezcan, a contar desde la finalización del permiso. El incumplimiento de dicho compromiso implicará la devolución por el interesado de la parte proporcional que resulte procedente de las retribuciones percibidas durante el permiso.

Las comunidades autónomas, en el ámbito de sus competencias, podrán conceder permisos no retribuidos o con retribución parcial, para la asistencia a cursos o seminarios de formación o para participar en programas acreditados de cooperación internacional o en actividades y tareas docentes o de investigación sobre materias relacionadas con la actividad de los servicios de salud.

3.9. Situaciones del personal estatutario

El régimen general de situaciones del personal estatutario fijo comprende las siguientes:

a) Servicio activo.

b) Servicios especiales.

c) Servicios bajo otro régimen jurídico.

d) Excedencia por servicios en el sector público.

e) Excedencia voluntaria.

f) Suspensión de funciones.

Las comunidades autónomas podrán establecer los supuestos de concesión y el régimen relativo a las situaciones de expectativa de destino, excedencia forzosa y excedencia voluntaria incentivada, así como los de otras situaciones administrativas aplicables a su personal estatutario dirigidas a optimizar la planificación de sus recursos humanos.

Será aplicable al personal estatutario la situación de excedencia para el cuidado de familiares establecida para los funcionarios públicos por la Ley 39/1999, de 5 de noviembre, de conciliación de la vida familiar y laboral de las personas trabajadoras.

Servicio activo

El personal estatutario se hallará en servicio activo cuando preste los servicios correspondientes a su nombramiento como tal, o cuando desempeñe funciones de gestión clínica, cualquiera que sea el servicio de salud, institución o centro en el que se encuentre destinado, así como cuando desempeñe puesto de trabajo de las relaciones de puestos de las Administraciones públicas abierto al personal estatutario.

El personal que se encuentre en situación de servicio activo goza de todos los derechos y queda sometido a todos los deberes inherentes a su condición, y se regirá por esta ley y las normas correspondientes al personal estatutario del servicio de salud en que preste servicios.

Se mantendrán en la situación de servicio activo, con los derechos que en cada caso correspondan, quienes estén en comisión de servicios, disfruten de vacaciones o permisos o se encuentren en situación de incapacidad temporal, así como quienes reciban el encargo temporal de desempeñar funciones correspondientes a otro nombramiento.

Se mantendrán en servicio activo, con las limitaciones de derechos que se establecen en la Ley 55/2003 y las demás que legalmente correspondan, quienes sean declarados en suspensión provisional de funciones.

Servicios especiales

El personal estatutario será declarado en situación de servicios especiales en los supuestos establecidos con carácter general para los funcionarios públicos, así como cuando acceda a plaza de formación sanitaria especializada mediante residencia o a puesto directivo de las organizaciones internacionales, de las Administraciones públicas, de los servicios de salud o de instituciones o centros sanitarios del Sistema Nacional de Salud. Quien se encuentre en la situación de servicios especiales prevista en este párrafo tendrá derecho al cómputo de tiempo a efectos de antigüedad y carrera, en su caso, al percibo de trienios y a la reserva de la plaza de origen.

También será declarado en situación de servicios especiales el personal estatutario que sea autorizado por la Administración pública competente, por periodos superiores a seis meses, para prestar servicios o colaborar con organizaciones no gubernamentales que desarrollen programas de cooperación, o para cumplir misiones en programas de cooperación nacional o internacional. Quien se encuentre en la situación de servicios especiales prevista en este párrafo tendrá derecho al cómputo de tiempo a efectos de antigüedad y a la reserva de la plaza de origen.

Servicios bajo otro régimen jurídico

Pasarán a la situación de servicios bajo otro régimen jurídico quienes acepten la oferta de cambio de su relación de empleo que efectúen los servicios de salud al personal estatutario fijo, para prestar servicios en un centro cuya gestión sea asumida bien por una entidad creada o participada en un mínimo de la mitad de su capital por el propio servicio de salud o comunidad autónoma, bien por otras entidades surgidas al amparo de nuevas fórmulas de gestión promovidas por el servicio de salud o comunidad autónoma y creadas al amparo de la normativa que las regule.

El personal en situación de servicios bajo otro régimen jurídico tendrá derecho al cómputo de tiempo a efectos de antigüedad. Durante los tres primeros años se ostentará derecho para la reincorporación al servicio activo en la misma categoría y área de salud de origen o, si ello no fuera posible, en áreas limítrofes con aquélla.

Servicios de gestión clínica

Se declarará en la situación de servicios de gestión clínica al personal estatutario fijo que acepte voluntariamente el cambio en su relación de empleo que se le oferte por los servicios de salud para acceder a estas funciones, cuando la naturaleza de las instituciones donde se desarrollen las funciones de gestión clínica no permitan que preste sus servicios como personal estatutario fijo en activo. En esta situación, este personal tendrá derecho al cómputo del tiempo a efectos de antigüedad, así como a la reserva de su plaza de origen.

Excedencia por prestar servicios en el sector público

Procederá declarar al personal estatutario en excedencia por prestación de servicios en el sector público:

a) Cuando presten servicios en otra categoría de personal estatutario, como funcionario o como personal laboral, en cualquiera de las Administraciones públicas, salvo que hubiera obtenido la oportuna autorización de compatibilidad.

b) Cuando presten servicios en organismos públicos y no les corresponda quedar en otra situación.

A los efectos de lo previsto en el párrafo anterior, deben considerarse incluidas en el sector público aquellas entidades en las que la participación directa o indirecta de las Administraciones públicas sea igual o superior al 50 por ciento o, en todo caso, cuando las mismas posean una situación de control efectivo.

El personal estatutario excedente por prestación de servicios en el sector público no devengará retribuciones, y el tiempo de permanencia en esta situación les será reconocido a efectos de trienios y carrera profesional, en su caso, cuando reingresen al servicio activo.

Excedencia voluntaria

La situación de excedencia voluntaria se declarará de oficio o a solicitud del interesado, según las reglas siguientes:

a) Podrá concederse la excedencia voluntaria al personal estatutario cuando lo solicite por interés particular. Para obtener el pase a esta situación será preciso haber prestado servicios efectivos en cualquiera de las Administraciones públicas durante los cinco años inmediatamente anteriores. La concesión de la excedencia voluntaria por interés particular quedará subordinada a las necesidades del servicio, debiendo motivarse, en su caso, su denegación. No podrá concederse la excedencia voluntaria por interés particular a quien esté sometido a un expediente disciplinario.

b) Se concederá la excedencia voluntaria por agrupación familiar al personal estatutario que así lo solicite y cuyo cónyuge resida en otra localidad fuera del ámbito del nombramiento del interesado, por haber obtenido y estar desempeñando plaza con carácter fijo como personal del Sistema Nacional de Salud, como funcionario de carrera o personal laboral de cualquier Administración pública.

c) Procederá declarar de oficio en excedencia voluntaria al personal estatutario cuando, finalizada la causa que determinó el pase a una situación distinta a la de activo, incumplan la obligación de solicitar el reingreso al servicio activo en el plazo que se determine en cada servicio de salud.

En los supuestos previstos en los párrafos a) y c) anteriores, el tiempo mínimo de permanencia en la situación de excedencia voluntaria será de dos años.

El personal estatutario en situación de excedencia voluntaria no devengará retribuciones, ni le será computable el tiempo que permanezca en tal situación a efectos de carrera profesional o trienios.

El personal estatutario podrá ser declarado en la situación de excedencia temporal en los términos y con los efectos establecidos por la Ley 14/2011, de 1 de junio, de la Ciencia, la Tecnología y la Innovación.

Suspensión de funciones

El personal declarado en la situación de suspensión firme quedará privado durante el tiempo de permanencia en la misma del ejercicio de sus funciones y de todos los derechos inherentes a su condición.

La suspensión firme determinará la pérdida del puesto de trabajo cuando exceda de seis meses.

La suspensión firme se impondrá en virtud de sentencia dictada en causa criminal o en virtud de sanción disciplinaria.

La suspensión por condena criminal se impondrá como pena, en los términos acordados en la sentencia.

La suspensión firme por sanción disciplinaria no podrá exceder de seis años.

El personal declarado en la situación de suspensión firme de funciones no podrá prestar servicios en ninguna Administración pública, ni en los organismos públicos o en las entidades de derecho público dependientes o vinculadas a ellas, ni en las entidades públicas sujetas a derecho privado o fundaciones sanitarias, durante el tiempo de cumplimiento de la pena o sanción.

Reingreso al servicio activo

Con carácter general, el reingreso al servicio activo será posible en cualquier servicio de salud a través de los procedimientos de movilidad voluntaria a que se refiere la Ley 55/2003.

El reingreso al servicio activo también procederá en el servicio de salud de procedencia del interesado, con ocasión de vacante y carácter provisional, en el ámbito territorial y en las condiciones que en cada servicio de salud se determinen. La plaza desempeñada con carácter provisional será incluida en la primera convocatoria para la movilidad voluntaria que se efectúe.

Cuando las circunstancias que concurran así lo aconsejen, a criterio de cada servicio de salud, institución o centro de destino se podrá facilitar al profesional reincorporado al servicio activo la realización de un programa específico de formación complementaria o de actualización de los conocimientos, técnicas, habilidades y aptitudes necesarias para ejercer adecuadamente su profesión o desarrollar las actividades y funciones derivadas de su nombramiento. El seguimiento de este programa no afectará a la situación ni a los derechos económicos del interesado

3.10. Régimen disciplinario

Régimen disciplinario

Responsabilidad disciplinaria

El personal estatutario incurrirá en responsabilidad disciplinaria por las faltas que cometa.

Principios de la potestad disciplinaria

El régimen disciplinario responderá a los principios de tipicidad, eficacia y proporcionalidad en todo el Sistema Nacional de Salud, y su procedimiento, a los de inmediatez, economía procesal y pleno respeto de los derechos y garantías correspondientes.

Los órganos competentes de cada servicio de salud ejercerán la potestad disciplinaria por las infracciones que cometa su personal estatutario, sin perjuicio de la responsabilidad patrimonial, civil o penal que pueda derivarse de tales infracciones.

La potestad disciplinaria corresponde al servicio de salud en el que el interesado se encuentre prestando servicios en el momento de comisión de la falta, con independencia del servicio de salud en el que inicialmente obtuvo su nombramiento. Las sanciones que, en su caso, se impongan tendrán validez y eficacia en todos los servicios de salud.

Cuando de la instrucción de un expediente disciplinario resulte la existencia de indicios fundados de criminalidad, se suspenderá su tramitación poniéndolo en conocimiento del Ministerio Fiscal.

Los hechos declarados probados por resoluciones judiciales firmes vinculan a los servicios de salud.

Sólo podrán sancionarse las acciones u omisiones que, en el momento de producirse, constituyan infracción disciplinaria. Las normas definidoras de infracciones y sanciones no serán susceptibles de aplicación analógica.

Entre la infracción cometida y la sanción impuesta deberá existir la adecuada proporcionalidad.

La cancelación de las sanciones disciplinarias impedirá la apreciación de reincidencia.

Clases y prescripción de las faltas

Las faltas disciplinarias pueden ser muy graves, graves o leves.

Son faltas muy graves:

a) El incumplimiento del deber de respeto a la Constitución o al respectivo Estatuto de Autonomía en el ejercicio de sus funciones.

b) Toda actuación que suponga discriminación por razones ideológicas, morales, políticas, sindicales, de raza, lengua, género, religión o circunstancias económicas, personales o sociales, tanto del personal como de los usuarios, o por la condición en virtud de la cual éstos accedan a los servicios de las instituciones o centros sanitarios.

c) El quebranto de la debida reserva respecto a datos relativos al centro o institución o a la intimidad personal de los usuarios y a la información relacionada con su proceso y estancia en las instituciones o centros sanitarios.

d) El abandono del servicio.

e) La falta de asistencia durante más de cinco días continuados o la acumulación de siete faltas en dos meses sin autorización ni causa justificada.

f) El notorio incumplimiento de sus funciones o de las normas reguladoras del funcionamiento de los servicios.

g) La desobediencia notoria y manifiesta a las órdenes o instrucciones de un superior directo, mediato o inmediato, emitidas por éste en el ejercicio de sus funciones, salvo que constituyan una infracción manifiesta y clara y terminante de un precepto de una ley o de otra disposición de carácter general.

h) La notoria falta de rendimiento que comporte inhibición en el cumplimiento de sus funciones.

i) La negativa a participar activamente en las medidas especiales adoptadas por las Administraciones públicas o servicios de salud cuando así lo exijan razones sanitarias de urgencia o necesidad.

j) El incumplimiento de la obligación de atender los servicios esenciales establecidos en caso de huelga.

k) La realización de actuaciones manifiestamente ilegales en el desempeño de sus funciones, cuando causen perjuicio grave a la Administración, a las instituciones y centros sanitarios o a los ciudadanos.

l) El incumplimiento de las normas sobre incompatibilidades, cuando suponga el mantenimiento de una situación de incompatibilidad.

m) La prevalencia de la condición de personal estatutario para obtener un beneficio indebido para sí o para terceros, y especialmente la exigencia o aceptación de compensación por quienes provean de servicios o materiales a los centros o instituciones.

n) Los actos dirigidos a impedir o coartar el libre ejercicio de los derechos fundamentales, las libertades públicas y los derechos sindicales. ñ) La realización de actos encaminados a coartar el libre ejercicio del derecho de huelga o a impedir el adecuado funcionamiento de los servicios esenciales durante la misma.

o) La grave agresión a cualquier persona con la que se relacionen en el ejercicio de sus funciones.

p) El acoso sexual, cuando suponga agresión o chantaje.

q) La exigencia de cualquier tipo de compensación por los servicios prestados a los usuarios de los servicios de salud.

r) La utilización de los locales, instalaciones o equipamiento de las instituciones, centros o servicios de salud para la realización de actividades o funciones ajenas a dichos servicios.

s) La inducción directa, a otro u otros, a la comisión de una falta muy grave, así como la cooperación con un acto sin el cual una falta muy grave no se habría cometido.

t) El exceso arbitrario en el uso de autoridad que cause perjuicio grave al personal subordinado o al servicio.

u) La negativa expresa a hacer uso de los medios de protección disponibles y seguir las recomendaciones establecidas para la prevención de riesgos laborales, así como la negligencia en el cumplimiento de las disposiciones sobre seguridad y salud en el trabajo por parte de quien tuviera la responsabilidad de hacerlas cumplir o de establecer los medios adecuados de protección.

Tendrán consideración de faltas graves:

a) La falta de obediencia debida a los superiores.

b) El abuso de autoridad en el ejercicio de sus funciones.

c) El incumplimiento de sus funciones o de las normas reguladoras del funcionamiento de los servicios cuando no constituya falta muy grave.

d) La grave desconsideración con los superiores, compañeros, subordinados o usuarios.

e) El acoso sexual, cuando el sujeto activo del acoso cree con su conducta un entorno laboral intimidatorio, hostil o humillante para la persona que es objeto del mismo.

f) Los daños o el deterioro en las instalaciones, equipamiento, instrumental o documentación, cuando se produzcan por negligencia inexcusable.

g) La falta de rendimiento que afecte al normal funcionamiento de los servicios y no constituya falta muy grave.

h) El incumplimiento de los plazos u otras disposiciones de procedimiento en materia de incompatibilidades, cuando no suponga el mantenimiento de una situación de incompatibilidad.

i) El incumplimiento injustificado de la jornada de trabajo que, acumulado, suponga más de 20 horas al mes.

j) Las acciones u omisiones dirigidas a evadir los sistemas de control de horarios o a impedir que sean detectados los incumplimientos injustificados de la jornada de trabajo.

k) La falta injustificada de asistencia durante más de tres días continuados, o la acumulación de cinco faltas en dos meses, computados desde la primera falta, cuando no constituyan falta muy grave.

l) La aceptación de cualquier tipo de contraprestación por los servicios prestados a los usuarios de los servicios de salud.

m) La negligencia en la utilización de los medios disponibles y en el seguimiento de las normas para la prevención de riesgos laborales, cuando haya información y formación adecuadas y los medios técnicos indicados, así como el descuido en el cumplimiento de las disposiciones sobre seguridad y salud en el trabajo por parte de quien no tuviera la responsabilidad de hacerlas cumplir o de establecer los medios adecuados de protección.

n) El encubrimiento, consentimiento o cooperación con cualquier acto a la comisión de faltas muy graves, así como la inducción directa, a otro u otros, a la comisión de una falta grave y la cooperación con un acto sin el cual una falta grave no se habría cometido.

Tendrán consideración de faltas leves:

a) El incumplimiento injustificado del horario o jornada de trabajo, cuando no constituya falta grave.

b) La falta de asistencia injustificada cuando no constituya falta grave o muy grave.

c) La incorrección con los superiores, compañeros, subordinados o usuarios.

d) El descuido o negligencia en el cumplimiento de sus funciones cuando no afecte a los servicios de salud, Administración o usuarios.

e) El descuido en el cumplimiento de las disposiciones expresas sobre seguridad y salud. El incumplimiento de sus deberes u obligaciones, cuando no constituya falta grave o muy grave.

f) El encubrimiento, consentimiento o cooperación con cualquier acto a la comisión de faltas graves.

Las comunidades autónomas podrán, por norma con rango de ley, establecer otras faltas además de las tipificadas en los párrafos anteriores.

Las faltas muy graves prescribirán a los cuatro años, las graves a los dos años y las leves a los seis meses. El plazo de prescripción comenzará a contarse desde que la falta se hubiera cometido y se interrumpirá desde la notificación del acuerdo de iniciación del procedimiento disciplinario, volviendo a correr de nuevo si éste estuviera paralizado más de tres meses por causa no imputable al interesado.

Clases, anotación, prescripción y cancelación de las sanciones

Las faltas serán corregidas con las siguientes sanciones:

a) Separación del servicio. Esta sanción comportará la pérdida de la condición de personal estatutario y sólo se impondrá por la comisión de faltas muy graves. Durante los seis años siguientes a su ejecución, el interesado no podrá concurrir a las pruebas de selección para la obtención de la condición de personal estatutario fijo, ni prestar servicios como personal estatuario temporal. Asimismo, durante dicho período, no podrá prestar servicios en ninguna Administración pública ni en los organismos públicos o en las entidades de derecho público dependientes o vinculadas a ellas ni en las entidades públicas sujetas a derecho privado y fundaciones sanitarias.

b) Traslado forzoso con cambio de localidad, sin derecho a indemnización y con prohibición temporal de participar en procedimientos de movilidad para reincorporarse a la localidad de procedencia hasta un máximo de cuatro años. Esta sanción sólo podrá imponerse como consecuencia de faltas muy graves.

c) Suspensión de funciones. Cuando esta sanción se imponga por faltas muy graves, no podrá superar los seis años ni será inferior a los dos años. Si se impusiera por faltas graves, no superará los dos años. Si la suspensión no supera los seis meses, el interesado no perderá su destino.

d) Traslado forzoso a otra institución o centro sin cambio de localidad, con prohibición temporal, hasta un máximo de dos años, de participar en procedimientos de movilidad para reincorporarse al centro de procedencia. Esta sanción sólo podrá imponerse como consecuencia de faltas graves.

e) Apercibimiento, que será siempre por escrito, y sólo se impondrá por faltas leves.

Las comunidades autónomas, por la norma que en cada caso proceda, podrán establecer otras sanciones o sustituir las indicadas en el apartado anterior.

La determinación concreta de la sanción, dentro de la graduación que se establece, se efectuará tomando en consideración el grado de intencionalidad, descuido o negligencia que se revele en la conducta, el daño al interés público, cuantificándolo en términos económicos cuando sea posible, y la reiteración o reincidencia.

Las sanciones impuestas por faltas muy graves prescribirán a los cuatro años, las impuestas por faltas graves a los dos años y a los seis meses las que correspondan a faltas leves. El plazo de prescripción comenzará a contarse desde la firmeza de la resolución sancionadora o desde que se quebrante el cumplimiento de la sanción cuando su ejecución ya hubiera comenzado. Se interrumpirá cuando se inicie, con conocimiento del interesado, el procedimiento de ejecución de la sanción impuesta y volverá a correr de nuevo si el procedimiento se paraliza durante más de seis meses por causa no imputable al interesado.

Las sanciones disciplinarias firmes que se impongan al personal estatutario se anotarán en su expediente personal. Las anotaciones se cancelaran de oficio conforme a los siguientes periodos, computados desde el cumplimiento de la sanción:

a) Seis meses para las sanciones impuestas por faltas leves.

b) Dos años para las sanciones impuestas por faltas graves.

c) Cuatro años para las sanciones impuestas por faltas muy graves.

En ningún caso se computarán a efectos de reincidencia las anotaciones canceladas.

Procedimiento disciplinario

No podrá imponerse sanción por la comisión de faltas muy graves o graves, sino mediante el procedimiento establecido en la correspondiente Administración pública.

Para la imposición de sanciones por faltas leves no será preceptiva la previa instrucción del procedimiento a que se refiere el párrafo anterior, salvo el trámite de audiencia al inculpado, que deberá evacuarse en todo caso.

El procedimiento disciplinario se ajustará, en todos los servicios de salud, a los principios de celeridad, inmediatez y economía procesal, y deberá garantizar al interesado, además de los reconocidos en el artículo 35 de la Ley 30/1992, de 26 de noviembre, de Régimen Jurídico de las Administraciones Públicas y del Procedimiento Administrativo Común, los siguientes derechos:

a) A la presunción de inocencia.

b) A ser notificado del nombramiento de instructor y, en su caso, secretario, así como a recusar a los mismos.

c) A ser notificado de los hechos imputados, de la infracción que constituyan y de las sanciones que, en su caso, puedan imponerse, así como de la resolución sancionadora.

d) A formular alegaciones en cualquier fase del procedimiento.

e) A proponer cuantas pruebas sean adecuadas para la determinación de los hechos.

f) A ser asesorado y asistido por los representantes sindicales.

g) A actuar asistido de letrado.

Medidas provisionales

Como medida cautelar, y durante la tramitación de un expediente disciplinario por falta grave o muy grave o de un expediente judicial, podrá acordarse mediante resolución motivada la suspensión provisional de funciones del interesado.

Cuando la suspensión provisional se produzca como consecuencia de expediente disciplinario, no podrá exceder de seis meses, salvo paralización del procedimiento imputable al interesado.

Durante la suspensión provisional, el interesado percibirá las retribuciones básicas. No se le acreditará haber alguno en caso de incomparecencia en el procedimiento.

Si el expediente finaliza con la sanción de separación del servicio o con la de suspensión de funciones, sus efectos se retrotraerán a la fecha de inicio de la suspensión provisional.

Si el expediente no finaliza con la suspensión de funciones ni se produce la separación del servicio, el interesado se reincorporará al servicio activo en la forma en que se establezca en la correspondiente resolución y tendrá derecho a la percepción de las retribuciones dejadas de percibir, tanto básicas como complementarias, incluidas las de carácter variable que hubieran podido corresponder.

Se podrá acordar la suspensión provisional, como medida cautelar, cuando se hubiera dictado auto de procesamiento o de apertura de juicio oral conforme a las normas procesales penales, cualquiera que sea la causa del mismo. En este caso, la duración de la suspensión provisional se extenderá, como máximo, hasta la resolución del procedimiento y el interesado tendrá derecho a la percepción de las retribuciones básicas en las condiciones previstas en el apartado anterior.

Procederá la declaración de la suspensión provisional, sin derecho a la percepción de retribuciones, con motivo de la tramitación de un procedimiento judicial y durante el tiempo que se extienda la prisión provisional u otras medidas decretadas por el juez, siempre que determinen la imposibilidad de desempeñar las funciones derivadas del nombramiento durante más de cinco días consecutivos.

Las comunidades autónomas, mediante la norma que resulte procedente, podrán establecer otras medidas provisionales.

3.11. Derechos de representación, participación y negociación colectiva

Criterios generales

Resultarán de aplicación al personal estatutario, en materia de representación, participación y negociación colectiva para la determinación de sus condiciones de trabajo, las normas generales contenidas en la Ley 9/1987, de 12 de junio, de órganos de representación, determinación de las condiciones de trabajo y de participación del personal al servicio de las Administraciones públicas, y disposiciones de desarrollo, (esta mención debe entenderse hecha a la Ley 7/2007, de 12 de abril, del Estatuto Básico del empleado público), con las peculiaridades que se establecen en la ley 55/2003.

Mesas sectoriales de negociación

La negociación colectiva de las condiciones de trabajo del personal estatutario de los servicios de salud se efectuará mediante la capacidad representativa reconocida a las organizaciones sindicales en la Constitución y en la Ley Orgánica 11/1985, de 2 de agosto, de Libertad Sindical.

En el ámbito de cada servicio de salud se constituirá una mesa sectorial de negociación, en la que estarán presentes los representantes de la correspondiente Administración pública o servicio de salud y las organizaciones sindicales más representativas en el nivel estatal y de la comunidad autónoma, así como las que hayan obtenido el 10 por ciento o más de los representantes en la elecciones para delegados y juntas de personal en el servicio de salud.

Pactos y acuerdos

En el seno de las mesas de negociación, los representantes de la Administración o servicio de salud y los representantes de las organizaciones sindicales podrán concertar pactos y acuerdos.

Los pactos, que serán de aplicación directa al personal afectado, versarán sobre materias que correspondan al ámbito competencial del órgano que los suscriba.

Los acuerdos se referirán a materias cuya competencia corresponda al órgano de gobierno de la correspondiente Administración pública y, para su eficacia, precisarán la previa, expresa y formal aprobación del citado órgano de gobierno.

Deberán ser objeto de negociación, en los términos previstos en el capítulo III de la Ley 9/1987, de 12 de junio, (esta mención debe entenderse hecha a la Ley 7/2007, de 12 de abril, del Estatuto Básico del empleado público), las siguientes materias:

a) La determinación y aplicación de las retribuciones del personal estatutario.

b) Los planes y fondos de formación.

c) Los planes de acción social.

d) Las materias relativas a la selección de personal estatutario y a la provisión de plazas, incluyendo la oferta global de empleo del servicio de salud.

e) La regulación de la jornada laboral, tiempo de trabajo y régimen de descansos.

f) El régimen de permisos y licencias.

g) Los planes de ordenación de recursos humanos.

h) Los sistemas de carrera profesional.

i) Las materias relativas a la prevención de riesgos laborales.

j) Las propuestas sobre la aplicación de los derechos sindicales y de participación.

k) En general, cuantas materias afecten a las condiciones de trabajo y al ámbito de relaciones del personal estatutario y sus organizaciones sindicales con la Administración pública o el servicio de salud.

La negociación colectiva estará presidida por los principios de buena fe y de voluntad negociadora, debiendo facilitarse las partes la información que resulte necesaria para la eficacia de la negociación.

Quedan excluidas de la obligatoriedad de negociación las decisiones de la Administración pública o del servicio de salud que afecten a sus potestades de organización, al ejercicio de derechos por los ciudadanos y al procedimiento de formación de los actos y disposiciones administrativas.

Cuando las decisiones de la Administración o servicio de salud que afecten a sus potestades de organización puedan tener repercusión sobre las condiciones de trabajo del personal estatutario, procederá la consulta a las organizaciones sindicales presentes en la correspondiente mesa sectorial de negociación.

Corresponderá al Gobierno, o a los Consejos de Gobierno de las comunidades autónomas, en sus respectivos ámbitos, establecer las condiciones de trabajo del personal estatutario cuando no se produzca acuerdo en la negociación o no se alcance la aprobación expresa y formal.

Tema **9**

Autonomía del paciente

Derechos y obligaciones en materia de información y documentación clínica. Ley 41/2002, de 14 de noviembre, Básica reguladora de la Autonomía del Paciente y de derechos y obligaciones en materia de información y documentación clínica: El derecho de información sanitaria; El derecho a la intimidad; El respeto de la autonomía del paciente; La historia clínica. El consentimiento informado. Tarjeta sanitaria

Fisioterapeutas Servicio Andaluz de Salud (SAS)

Temario común

Noelia Díez Herrero
Licenciada en Derecho

Índice esquemático

1. AUTONOMÍA DEL PACIENTE Y DERECHOS Y OBLIGACIONES EN MATERIA DE INFORMACIÓN Y DOCUMENTACIÓN CLÍNICA

1.1. La Autonomía del paciente a nivel internacional

A nivel internacional debe destacarse, por su capital importancia el "**Convenio del Consejo de Europa para la protección de los Derechos Humanos y la Dignidad del Ser Humano respecto de las Aplicaciones de la Biología y de la Medicina**", más conocido como **Convenio de Oviedo,** que entró en vigor en España el 1 de enero del 2000, pasando desde entonces a formar parte del ordenamiento jurídico español (según establece el artículo 96 de nuestra Constitución Española). El Convenio de Oviedo hace del principio de la autonomía del paciente, su objetivo primordial.

No podemos olvidar tampoco, la **Carta de Derechos Fundamentales de la Unión Europea** - sobre todo desde que ha entrado en vigor el Tratado de Lisboa- en cuyo artículo 3, titulado "Derecho a la integridad de la persona", tras proclamar que toda persona tiene derecho a su integridad física y psíquica, se señala que en el marco de la medicina y la biología se respetará en particular "el consentimiento libre e informado de la persona de que se trate, de acuerdo con las modalidades establecidas en la ley".

También es importante tener en cuenta, la Declaración Universal sobre bioética y derechos humanos, aprobada por la **Conferencia General de la UNESCO el 19 de octubre de 2005,** determina en su artículo 5 que se habrá de respetar la autonomía de la persona en lo que se refiere a la facultad de adoptar decisiones.

1.2. En la Constitución

El artículo 149.1.16ª de la Constitución Española (CE) atribuye al Estado, la competencia exclusiva en materia de bases y coordinación general de la sanidad.

Ciertamente aunque en el tema que nos ocupa se entrecruzan una multiplicidad de intereses y derechos, y en la Constitución a lo largo de su articulado encontramos muchas referencias relacionadas con este tema, señalamos algunos:

- El derecho a la salud del **artículo 43 CE.**
- El derecho a la intimidad personal y familiar del **artículo. 18.1 CE.**
- El derecho a la vida del **art**ículo 15 CE.
- El derecho a la igualdad del **artículo 14 CE.**
- El derecho a la protección de datos de carácter personal del **artículo 18.4 CE.**

(Según ha sido diseñado por la sentencia 292/2000, de 30 de noviembre, del Tribunal Constitucional de acuerdo con los textos internacionales sobre la materia, **consiste en un poder de disposición y de control sobre los datos personales que le faculta para decidir sobre ellos.** Ese poder de disposición se articula a través de un contenido esencial que incluye el derecho a que se requiera el previo consentimiento para la recogida y uso de los datos personales, el derecho a saber y ser informado sobre el destino y uso de esos datos y el derecho a acceder, rectificar y cancelar dichos datos. En definitiva el poder de control sobre esos datos (con todo su contenido esencial) constituye un derecho fundamental que gozará por lo tanto de la más alta protección en nuestro ordenamiento. Su desarrollo se contiene en **la Ley Orgánica 15/1999, de 13 de diciembre, de protección de datos de carácter personal** que recoge el régimen general de la protección de los datos personales y que constituye una de las referencias legislativas a tener en cuenta.)

–   Artículo 10 CE: La dignidad de la persona, los derechos inviolables que le son inherentes, el libre desarrollo de la personalidad, el respeto a la ley y a los derechos de los demás son fundamento del orden político y de la paz social. Las normas relativas a los derechos fundamentales y a las libertades que la Constitución reconoce se interpretarán de conformidad con la Declaración Universal de Derechos Humanos y los tratados y acuerdos internacionales sobre las mismas materias ratificados por España.

1.3. En la Ley General de Sanidad

LA LEY 14/1986 DE 25 DE ABRIL, GENERAL DE SANIDAD (LGS en sucesivo), tuvo como objetivo, fijar los principios de una nueva relación médico-enfermo, apartándose del carácter paternalista existente hasta el momento, para ir hacia una relación basada en el principio de autonomía de la persona.

El ciudadano así se convierte en usuario de los servicios sanitarios, y deja de ser considerado simplemente un enfermo. Esto se aprecia en los artículos 9 y 10 de la LGS:

"Los poderes públicos deberán informar a los usuarios de los servicios del sistema sanitario público, o vinculados a él, de sus derechos y deberes."

Y el artículo 10 manifiesta:

"Todos tienen los siguientes derechos con respecto a las distintas administraciones públicas sanitarias:

1. *Al respeto a su personalidad, dignidad humana e intimidad, sin que pueda ser discriminado por su origen racial o étnico, por razón de género y orientación sexual, de discapacidad o de cualquier otra circunstancia personal o social. Apartado 1 del artículo 10 redactado por el apartado uno del artículo 6 de la Ley 26/2011, de 1 de agosto, de adaptación normativa a la Convención Internacional sobre los Derechos de las Personas con Discapacidad («B.O.E.» 2 agosto).*

2. *A la información sobre los servicios sanitarios a que puede acceder y sobre los requisitos necesarios para su uso. La información deberá efectuarse en formatos adecuados, siguiendo las reglas marcadas por el principio de diseño para todos, de manera que resulten accesibles y comprensibles a las personas con discapacidad. (Apartado 2 del artículo 10 redactado por el apartado uno del artículo*

6 de la Ley 26/2011, de 1 de agosto, de adaptación normativa a la Convención Internacional sobre los Derechos de las Personas con Discapacidad)

3. *A la confidencialidad de toda la información relacionada con su proceso y con su estancia en instituciones sanitarias públicas y privadas que colaboren con el sistema público.*

4. *A ser advertido de si los procedimientos de pronóstico, diagnóstico y terapéuticos que se le apliquen pueden ser utilizados en función de un proyecto docente o de investigación, que, en ningún caso, podrá comportar peligro adicional para su salud. En todo caso será imprescindible la previa autorización y por escrito del paciente y la aceptación por parte del médico y de la Dirección del correspondiente Centro Sanitario.*

Los apartados 5, 6, 7, 8, y 9 están derogados por *la disposición derogatoria única de la Ley 41/2002, de 14 de noviembre, básica reguladora de la autonomía del paciente y de derechos y obligaciones en materia de información y documentación clínica*

10. *A participar, a través de las instituciones comunitarias, en las actividades sanitarias, en los términos establecidos en esta Ley y en las disposiciones que la desarrollen.*

11. *...*

Apartado 11 del artículo 10 derogado por la disposición derogatoria única de la Ley 41/2002, de 14 de noviembre, básica reguladora de la autonomía del paciente y de derechos y obligaciones en materia de información y documentación clínica

12. *A utilizar las vías de reclamación y de propuesta de sugerencias en los plazos previstos. En uno u otro caso deberá recibir respuesta por escrito en los plazos que reglamentariamente se establezcan.*

13. *A elegir el médico y los demás sanitarios titulados de acuerdo con las condiciones contempladas en esta Ley, en las disposiciones que se dicten para su desarrollo y en las que regulen el trabajo sanitario en los Centros de Salud.*

14. *A obtener los medicamentos y productos sanitarios que se consideren necesarios para promover, conservar o restablecer su salud, en los términos que reglamentariamente se establezcan por la Administración del Estado.*

15. *Respetando el particular régimen económico de cada servicio sanitario, los derechos contemplados en los apartados 1, 3, 4, 5, 6, 7, 9 y 11 de este artículo serán ejercidos también con respecto a los servicios sanitarios privados."*

Así mismo, el artículo 11 establece:

*"Serán **obligaciones de los ciudadanos** con las instituciones y organismos del sistema sanitario:*

1. Cumplir las prescripciones generales de naturaleza sanitaria comunes a toda la población, así como las específicas determinadas por los Servicios Sanitarios.

2. Cuidar las instalaciones y colaborar en el mantenimiento de la habitabilidad de las Instituciones Sanitarias.

3. Responsabilizarse del uso adecuado de las prestaciones ofrecidas por el sistema sanitario, fundamentalmente en lo que se refiere a la utilización de servicios, procedimientos de baja laboral o incapacidad permanente y prestaciones terapéuticas y sociales."

1.4. En el ámbito de la Comunidad Autonoma de Andalucía

1.4.1. En el Estatuto de Autonomía de Andalucía

El artículo 32 dispone que:

"Se garantiza el derecho de todas las personas al acceso, corrección y cancelación de sus datos personales en poder de las Administraciones públicas andaluzas."

El artículo 22 también debe ser tenido en cuenta en este tema pues establece que:

"**1.** *Se garantiza el derecho constitucional previsto en el artículo 43 de la Constitución Española a la protección de la salud mediante un sistema sanitario público de carácter universal.*

2. *Los pacientes y usuarios del sistema andaluz de salud tendrán derecho a:*

a) *Acceder a todas las prestaciones del sistema.*

b) ***A libre elección de médico y de centro sanitario.***

c) ***La información sobre los servicios y prestaciones del sistema, así como de los derechos que les asisten.***

d) ***Ser adecuadamente informados sobre sus procesos de enfermedad y antes de emitir el consentimiento para ser sometidos a tratamiento médico.***

e) ***El respeto a su personalidad, dignidad humana e intimidad.***

f) *El consejo genético y la medicina predictiva*

g) *La garantía de un tiempo máximo para el acceso a los servicios y tratamientos.*

h) *Disponer de una segunda opinión facultativa sobre sus procesos.*

i) *El acceso a cuidados paliativos.*

j) ***La confidencialidad de los datos relativos a su salud y sus características genéticas, así como el acceso a su historial clínico.***

k) *Recibir asistencia geriátrica especializada.*

3. *Las personas con enfermedad mental, las que padezcan enfermedades crónicas e invalidantes y las que pertenezcan a grupos específicos reconocidos sanitariamente como de riesgo, tendrán derecho a actuaciones y programas sanitarios especiales y preferentes.*

4. *Con arreglo a la ley se establecerán los términos, condiciones y requisitos del ejercicio de los derechos previstos en los apartados anteriores.* "

Además el artículo 55 en el tema de las competencias señala que:

"**1.** *Corresponde a la Comunidad Autónoma* **la competencia exclusiva** *sobre organización, funcionamiento interno, evaluación, inspección y control de centros, servicios y establecimientos sanitarios, así como en el marco del artículo 149.1.16ª de la Constitución la ordenación farmacéutica. Igualmente le corresponde la investigación con fines terapéuticos, sin perjuicio de la coordinación general del Estado sobre esta materia.*

*2. Corresponde a la Comunidad Autónoma de Andalucía **la competencia compartida** en materia de sanidad interior y, en particular y sin perjuicio de la competencia exclusiva que le atribuye el artículo 61, la ordenación, planificación, determinación, regulación y ejecución de los servicios y prestaciones sanitarias, sociosanitarias y de salud mental de carácter público en todos los niveles y para toda la población, la ordenación y la ejecución de las medidas destinadas a preservar, proteger y promover la salud pública en todos los ámbitos, incluyendo la salud laboral, la sanidad animal con efecto sobre la salud humana, la sanidad alimentaria, la sanidad ambiental y la vigilancia epidemiológica, el régimen estatutario y la formación del personal que presta servicios en el sistema sanitario público, así como la formación sanitaria especializada y la investigación científica en materia sanitaria.*

3. Corresponde a Andalucía la ejecución de la legislación estatal en materia de productos farmacéuticos.

4. La Comunidad Autónoma participa en la planificación y la coordinación estatal en materia de sanidad y salud pública con arreglo a lo previsto en el Título IX"

También debemos tener en cuenta, artículos como el artículo 20.1 que señala el derecho a declarar la voluntad vital anticipada, que deberá respetarse en los términos que establezca la Ley. El mismo artículo 20 establece en su apartado segundo que todas las personas tienen derecho a recibir un adecuado tratamiento del dolor y cuidados paliativos integrales y a la plena dignidad en el proceso de su muerte.

El artículo 38 del Estatuto de Autonomía para Andalucía establece que la prohibición de discriminación del artículo 14 y los derechos reconocidos en el Capítulo II vinculan a todos los poderes públicos andaluces y, dependiendo de la naturaleza de cada derecho, a los particulares, debiendo ser interpretados en el sentido más favorable a su plena efectividad. El Parlamento aprobará las correspondientes leyes de desarrollo, que respetarán, en todo caso, el contenido de los mismos establecido por el Estatuto de Autonomía y determinarán las prestaciones y servicios vinculados, en su caso, al ejercicio de estos derechos.

1.4.2. En la Ley de Salud de Andalucía

La Ley 2/1998 de 15 de junio, de Salud de Andalucía, (LSA en adelante) dispone en los apartados 3 y 11 de su artículo 2, que las actuaciones sobre protección de la salud se inspirarán en los principios de «concepción integral de la salud» y «mejora continua de la calidad de los servicios, con un enfoque especial a la atención personal y a la confortabilidad del paciente y sus familiares».

El artículo 6 de la LSA, **es de especial importancia en relación con este tema, ya que dispone que:**

"1. Los ciudadanos, al amparo de esta Ley, son titulares y disfrutan, con respecto a los servicios sanitarios públicos en Andalucía, de los siguientes derechos:

a) *A las prestaciones y servicios de salud individual y colectiva, de conformidad con lo dispuesto en la normativa vigente.*

b) Al **respeto a su personalidad, dignidad humana e intimidad**, *sin que puedan ser discriminados por razón alguna.*

c) *A la* **información sobre los factores, situaciones y causas de riesgo** *para la salud individual y colectiva.*

d) *A la* **información sobre los servicios y prestaciones sanitarios** *a que pueden acceder y sobre los requisitos necesarios para su uso.*

e) *A disponer* **de información sobre el coste económico** *de las prestaciones y servicios recibidos.*

f) *A* **la confidencialidad** *de toda la información relacionada con su proceso y su estancia en cualquier centro sanitario.*

g) *A ser* **advertidos de si los procedimientos de pronóstico, diagnóstico y tratamiento** *que se les apliquen pueden ser utilizados en función de un proyecto docente o de investigación que, en ningún caso, podrá comportar peligro adicional para su salud.*

 En todo caso, **será imprescindible la previa autorización y por escrito del paciente y la aceptación por parte del médico y de la dirección del correspondiente centro sanitario.**

h) A que se le dé *información ADECUADA y comprensible sobre su proceso*, incluyendo el diagnóstico, el pronóstico, así como los riesgos, beneficios y alternativas de tratamiento. Letra h) del número 1 del artículo 6 redactada por Disposición Final 1.ª de Ley [ANDALUCÍA] 2/2010, 8 abril, de Derechos y Garantías de la Dignidad de la Persona en el Proceso de la Muerte

i) *A que se les extienda* **certificado acreditativo de su estado de salud**, *cuando así lo soliciten.*

j) *A que* **quede constancia por escrito o en soporte técnico** *adecuado de todo su proceso. Al finalizar la estancia en una institución sanitaria, el paciente, familiar o persona a él allegada recibirá su informe de alta.*

k) *Al* **acceso a su historial clínico**.

l) *A la* **libre elección de médico,** *otros profesionales sanitarios, servicio y centro sanitario en los términos que reglamentariamente estén establecidos.*

m) *A que se les garantice, en el ámbito territorial de Andalucía,* **que tendrán acceso a las prestaciones sanitarias en un tiempo máximo**, *en los términos y plazos que reglamentariamente se determinen.*

n) *A que* **se les asigne un médico,** *cuyo nombre se les dará a conocer, que será su interlocutor principal con el equipo asistencial. En caso de ausencia, otro facultativo del equipo asumirá tal responsabilidad.*

ñ) **A que se respete su libre decisión sobre la atención sanitaria** *que se le dispense, previo consentimiento informado, excepto en los siguientes casos:*

 1. Cuando exista un riesgo para la salud pública a causa de razones sanitarias establecidas por la Ley. En todo caso, una vez adoptadas las medidas pertinentes, de conformidad con lo establecido en la Ley Orgánica 3/1986, de 14 de abril, de Medidas Especiales en Materia de Salud Pública, se comuni-

carán a la autoridad judicial en el plazo máximo de 24 horas, siempre que dispongan el internamiento obligatorio de personas.

2. Cuando exista riesgo inmediato grave para la integridad física o psíquica de la persona enferma y no es posible conseguir su autorización, consultando, cuando las circunstancias lo permitan, lo dispuesto en su declaración de voluntad vital anticipada y, si no existiera esta, a sus familiares o a las personas vinculadas de hecho a ella.

Letra ñ) del número 1 del artículo 6 redactada por Disposición Final 1ª de Ley [ANDALUCÍA] 2/2010, 8 abril, de Derechos y Garantías de la Dignidad de la Persona en el Proceso de la Muerte

o) *A disponer de una **segunda opinión facultativa** sobre su proceso, en los términos en que reglamentariamente esté establecido.*

p) ***A negarse al tratamiento**, excepto en los casos señalados en el epígrafe ñ) 1. º de este artículo y previo cumplimiento de lo dispuesto en el artículo 8, apartado 6 de esta Ley.*

q) *A la **participación en los servicios y actividades sanitarios**, a través de los cauces previstos en esta Ley y en cuantas disposiciones la desarrollen.*

r) *A **la utilización de las vías de reclamación y de propuesta de sugerencias**, así como a recibir respuesta por escrito en los plazos que reglamentariamente estén establecidos.*

s) *A disponer, en todos los centros y establecimientos sanitarios, **de una carta de derechos y deberes por los que ha de regirse su relación con los mismos**.*

*2. Los niños, los ancianos, los enfermos mentales, las personas que padecen enfermedades crónicas e invalidantes y las que pertenezcan a grupos específicos reconocidos sanitariamente como de riesgo, **tienen derecho a actuaciones y programas sanitarios especiales y preferentes**.*

3. Sin perjuicio de lo dispuesto en la legislación básica del Estado, los niños, en relación con los servicios de salud de Andalucía, disfrutarán de todos los derechos generales contemplados en la presente Ley y de los derechos específicos contemplados en el artículo 9 de la Ley 1/1998 de 20 de abril, de los Derechos y la Atención al Menor.

4. Los enfermos mentales, sin perjuicio de los derechos señalados en los apartados anteriores y de conformidad con lo previsto en el Código Civil, tendrán los siguientes derechos:

a) *A que por el centro se solicite la correspondiente autorización judicial en los supuestos de ingresos involuntarios sin autorización judicial previa, y cuando, habiéndose producido voluntariamente el ingreso, desapareciera la plenitud de facultades del paciente durante el internamiento.*

b) *A que por el centro se reexamine, al menos trimestralmente, la necesidad del internamiento forzoso. De dicho examen periódico se informará a la autoridad judicial correspondiente.*

5. Sin perjuicio de la libertad de empresa y respetando el peculiar régimen económico de cada servicio sanitario, los derechos contemplados en el apartado 1, epígrafes b), d), *e), f), g), h), i), j), k), n), ñ), o), p), q), r), s), y en los apartados 3 y 4 del presente artículo, **rigen también en los servicios sanitarios de carácter privado y son plenamente ejercitables.**"*

Además el artículo 8. 6 de la Ley de Salud de Andalucía, dispone que los ciudadanos, respecto de los servicios sanitarios en Andalucía, tienen los siguientes deberes individuales:

"Firmar, en caso de negarse a las actuaciones sanitarias, el documento pertinente, en el que quedará expresado con claridad que el paciente ha quedado suficientemente informado y rechaza el tratamiento sugerido."

Por su parte el artículo 9 manifiesta que:

*"**1.** La Administración de la Junta de Andalucía garantizará a los ciudadanos información suficiente, adecuada y comprensible sobre sus derechos y deberes respecto a los servicios sanitarios en Andalucía, y sobre los servicios y prestaciones sanitarias disponibles en el Sistema Sanitario Público de Andalucía, su organización, procedimientos de acceso, uso y disfrute, y demás datos de utilidad.*

***2.** El Consejo de Gobierno de la Junta de Andalucía garantizará a los ciudadanos el pleno ejercicio del régimen de derechos y obligaciones recogidos en esta Ley, para lo que establecerá reglamentariamente el alcance y contenido específico de las condiciones de las mismas.*

***3.** Todo el personal sanitario y no sanitario de los centros y servicios sanitarios públicos y privados implicados en los procesos asistenciales a los pacientes queda obligado a no revelar datos de su proceso, con excepción de la información necesaria en los casos y con los requisitos previstos expresamente en la legislación vigente."*

Asimismo el artículo 10 dispone:

"Los centros y establecimientos sanitarios, públicos y privados, deberán disponer y, en su caso, tener permanentemente a disposición de los usuarios:

1. *Información accesible, suficiente y comprensible sobre los derechos y deberes de los usuarios.*

2. *Formularios de sugerencias y reclamaciones.*

3. *Personal y locales bien identificados para la atención de la información, reclamaciones y sugerencias del público."*

1.4.3. En la Ley de Salud Pública de Andalucía

La Ley 16/2011 de 23 de diciembre, de salud pública de Andalucía en su artículo 9 con el título "Derecho a la información" dispone que:

"Los ciudadanos, directamente o a través de las organizaciones en que se agrupen o que los representen, tienen derecho a ser informados, con las garantías y, en su caso, con las limitaciones previstas en la normativa vigente, en materia de salud pública por las Administraciones públicas de Andalucía. Este derecho comprende, en todo caso, los siguientes:

a) *A recibir información sobre los derechos que les otorga esta ley, así como sobre las vías para ejercitar tales derechos.*

b) *A recibir información sobre las actuaciones y prestaciones de salud pública, su contenido y la forma de acceder a las mismas.*

c) *A recibir información sobre los condicionantes de salud como factores que influyen en el nivel de salud de la población y, en particular, sobre los riesgos biológicos, químicos, físicos, medioambientales, climáticos, o de otro carácter, relevantes para la salud de la población, y sobre su impacto. Si el riesgo es inmediato, la información se proporcionará con carácter urgente.*

d) *A recibir información sobre programas y calendario vacunal.*

e) *A recibir información fluida y sistemática en los supuestos de epidemias y pandemias."*

Además el artículo 20 de la ley de Salud pública establece respecto **al acceso a la información:**

*"**1.** Sin perjuicio de las disposiciones vigentes sobre el acceso a los documentos oficiales, las Administraciones públicas de Andalucía promoverán una información de salud pública de calidad, fiable y accesible a la población mediante las siguientes actuaciones:*

a) *Facilitando el acceso a la información sobre la salud pública.*

b) *Poniendo a disposición de las personas la información sobre salud pública que soliciten, en los términos establecidos en la legislación vigente, de acuerdo con los principios de agilidad en la tramitación y resolución de las solicitudes.*

c) *Garantizando el acceso de la población a los servicios electrónicos de salud por medio de un sistema multicanal y estableciendo una interoperabilidad de los mecanismos de comunicación entre las Administraciones públicas de Andalucía que permita compartir e intercambiar información, de manera que ofrezca una visión unificada.*

d) *Facilitando la adecuación de la información y sus soportes a los diferentes niveles educativos, a las diferentes edades y a las discapacidades, de manera que se asegure su comprensión.*

e) *Colaborando con los agentes sociales para contribuir a la difusión de la información de salud pública.*

*ated **2.** Mediante orden de la persona titular de la Consejería competente en materia de salud, se establecerán las medidas necesarias para facilitar y hacer efectivo el ejercicio del derecho de accesibilidad a la información sobre salud pública, determinando los responsables de la información los lugares en donde se encuentra, la forma de acceder y la metodología para la creación y mantenimiento de medios de consulta de la información que se solicite.*

***3.** Las decisiones, acciones y omisiones que impidan o limiten la accesibilidad a la información de salud pública se podrán impugnar en los términos que reglamentariamente se determinen."*

1.4.4. Otras leyes andaluzas

También nos parece muy importante señalar en el ámbito de la Comunidad Autónoma de Andalucía, la Ley 5/2003, de 9 de octubre, **de declaración de voluntad vital anticipada, publicada en BOJA el 31 de octubre de 2003,** como cauce del ejercicio por la persona de su derecho a decidir sobre las actuaciones sanitarias de que pueda ser objeto en el futuro, en el supuesto de que llegado el momento no goce de capacidad para consentir por sí misma. Así como del Decreto 59/2012, de 13 de marzo, por el que se regula la organización y funcionamiento del Registro de Voluntades Vitales Anticipadas de Andalucía.

Es fundamental en relación con el tema de la Autonomía del Paciente, **la ley 2/2010, de 8 de abril, de Derechos y Garantías de la Dignidad de la Persona en el Proceso de la Muerte**. Ley pionera en España.

De estas leyes hablaremos más a lo largo del tema.

Por tanto, en conclusión, cómo podemos observar la Autonomía del paciente y derechos y obligaciones en materia de información y documentación clínica, está dispersa por multitud de normativa internacional, comunitaria, estatal y a nivel autonómico; mezclándose además con conceptos como intimidad, derecho a la dignidad de la persona…..etc.

Sin embargo en materia de protección de datos sanitarios habrá que prestar especial atención, a **la Ley Orgánica 15/1999 de 13 de diciembre de Protección de Datos de Carácter Personal que regula las reglas generales de los tratamientos de datos,** y a la **Ley 41/2002 DE 14 DE NOVIEMBRE, BÁSICA REGULADORA DE LA AUTONOMÍA DEL PACIENTE Y DE DERECHOS Y OBLIGACIONES EN MATERIA DE INFORMACIÓN Y DOCUMENTACIÓN CLÍNICA, (también conocida como Ley de Autonomía del paciente)** que además de regular cuestiones puramente sanitarias, específica para el campo sanitario la legislación general de protección de datos contenida en la Ley Orgánica. Ambas constituyen el marco normativo interno de los datos sobre la salud y su tratamiento.

En este apartado, además señalamos que una de las medidas que ha puesto en marcha el SAS (Servicio Andaluz de Salud) es el PLAN DE SENSIBILIZACIÓN EN MATERIA DE PROTECCIÓN DE DATOS. Los contenidos de este plan, se centran en el cumplimiento de la Ley Orgánica de Protección de Datos, la aplicación del Reglamento de Medidas de Seguridad, la Ley de Autonomía del Paciente, el conocimiento del Manual del Empleado Público de la Junta de Andalucía en el uso de los sistemas informáticos y redes de comunicaciones, así como la difusión de las instrucciones internas de la organización relacionadas con estas materias

2. LEY 41/2002, DE 14 DE NOVIEMBRE, BÁSICA REGULADORA DE LA AUTONOMÍA DEL PACIENTE Y DE DERECHOS Y OBLIGACIONES EN MATERIA DE INFORMACIÓN Y DOCUMENTACIÓN CLÍNICA

2.1. Introducción

Esta ley, a diferencia de la LOPD, es específicamente sanitaria. Tiene la condición de básica, de conformidad con lo establecido en el artículo 149.1.1ª y 16ª de la Constitución.

"El Estado tiene competencia exclusiva sobre las siguientes materias:

1ª La regulación de las condiciones básicas que garanticen la igualdad de todos los españoles en el ejercicio de los derechos y en el cumplimiento de los deberes constitucionales.

16ª Sanidad exterior. Bases y coordinación general de la sanidad. Legislación sobre productos farmacéuticos."

2.2. Estructura de la Ley

Tiene 23 artículos

Estructura interna:

Seis Capítulos:

Capítulo I - Principios generales

Capítulo II - El derecho de información sanitaria

Capítulo III - Derecho a la intimidad

Capítulo IV - El respeto de la autonomía del paciente

Capítulo V - La historia clínica

Capítulo VI - Informe de alta y otra documentación clínica

Disposiciones adicionales (6)

Disposiciones transitorias (1)

Disposiciones derogatorias (1)

Disposiciones finales (1)

2.3. Ámbito de aplicación y objeto de la ley

La presente Ley tiene por objeto **la regulación de los derechos y obligaciones de los pacientes, usuarios y profesionales,** así como de los centros y servicios sanitarios, públicos y privados, en materia de autonomía del paciente y de información y documentación clínica. (Art. 1)

2.4. Principios básicos

El artículo 2 manifiesta que:

"1. La dignidad de la persona humana, el respeto a la autonomía de su voluntad y a su intimidad orientarán toda la actividad encaminada a obtener, utilizar, archivar, custodiar y transmitir la información y la documentación clínica.

2. Toda actuación en el ámbito de la sanidad requiere, con carácter general, el previo consentimiento de los pacientes o usuarios. El consentimiento, que debe obtenerse después de que el paciente reciba una información adecuada, se hará por escrito en los supuestos previstos en la Ley.

*3. El paciente o usuario tiene **derecho a decidir libremente**, después de recibir la información adecuada, entre las opciones clínicas disponibles.*

*4. Todo paciente o usuario tiene **derecho a negarse al tratamiento**, excepto en los casos determinados en la Ley. Su negativa al tratamiento constará por escrito.*

*5. Los pacientes o usuarios tienen **el deber de facilitar los datos sobre su estado físico o sobre su salud de manera leal y verdadera**, así como el de colaborar en su obtención, especialmente cuando sean necesarios por razones de interés público o con motivo de la asistencia sanitaria.*

6. Todo profesional que interviene en la actividad asistencial está obligado no sólo a la correcta prestación de sus técnicas, sino al cumplimiento de los deberes de información y de documentación clínica, y al respeto de las decisiones adoptadas libre y voluntariamente por el paciente.

7. La persona que elabore o tenga acceso a la información y la documentación clínica está obligada a guardar la reserva debida."

2.5. Las definiciones legales

El artículo 3 dispone que a efectos de esta Ley se entiende por:

Centro sanitario: el conjunto organizado de profesionales, instalaciones y medios técnicos que realiza actividades y presta servicios para cuidar la salud de los pacientes y usuarios.

Certificado médico: la declaración escrita de un médico que da fe del estado de salud de una persona en un determinado momento.

Consentimiento informado: la conformidad libre, voluntaria y consciente de un paciente, manifestada en el pleno uso de sus facultades después de recibir la información adecuada, para que tenga lugar una actuación que afecta a su salud.

Documentación clínica: el soporte de cualquier tipo o clase que contiene un conjunto de datos e informaciones de carácter asistencial.

Historia clínica: el conjunto de documentos que contienen los datos, valoraciones e informaciones de cualquier índole sobre la situación y la evolución clínica de un paciente a lo largo del proceso asistencial.

Información clínica: todo dato, cualquiera que sea su forma, clase o tipo, que permite adquirir o ampliar conocimientos sobre el estado físico y la salud de una persona, o la forma de preservarla, cuidarla, mejorarla o recuperarla.

Informe de alta médica: el documento emitido por el médico responsable en un centro sanitario al finalizar cada proceso asistencial de un paciente, que especifica los datos de éste, un resumen de su historial clínico, la actividad asistencial prestada, el diagnóstico y las recomendaciones terapéuticas.

Intervención en el ámbito de la sanidad: toda actuación realizada con fines preventivos, diagnósticos, terapéuticos, rehabilitadores o de investigación.

Libre elección: la facultad del paciente o usuario de optar, libre y voluntariamente, entre dos o más alternativas asistenciales, entre varios facultativos o entre centros asistenciales, en los términos y condiciones que establezcan los servicios de salud competentes, en cada caso.

Médico responsable: el profesional que tiene a su cargo coordinar la información y la asistencia sanitaria del paciente o del usuario, con el carácter de interlocutor principal del mismo en todo lo referente a su atención e información durante el proceso asistencial, sin perjuicio de las obligaciones de otros profesionales que participan en las actuaciones asistenciales.

Paciente: la persona que requiere asistencia sanitaria y está sometida a cuidados profesionales para el mantenimiento o recuperación de su salud.

Servicio sanitario: la unidad asistencial con organización propia, dotada de los recursos técnicos y del personal cualificado para llevar a cabo actividades sanitarias.

Usuario: la persona que utiliza los servicios sanitarios de educación y promoción de la salud, de prevención de enfermedades y de información sanitaria.

3. EL DERECHO DE INFORMACIÓN SANITARIA

El derecho de información sanitaria lo regula la Ley 41/2002, de 14 de noviembre en su Capítulo II, en concreto en los artículos 4 a 6, cuyo contenido pasamos a exponer:

El artículo 4 de la Ley bajo la denominación de "Derecho a la información asistencial" manifiesta que:

*"**1.** Los pacientes tienen derecho a conocer, con motivo de cualquier actuación en el ámbito de su salud, **toda la información disponible sobre la misma**, salvando los supuestos exceptuados por la Ley. Además, toda persona tiene derecho a que se respete su voluntad de no ser informada. La información, que como regla general se proporcionará **verbalmente d**ejando constancia en la historia clínica, comprende, **como mínimo, la finalidad y la naturaleza de cada intervención, sus riesgos y sus consecuencias.**

2. La información clínica forma parte de todas las actuaciones asistenciales, será verdadera, se comunicará al paciente de forma comprensible y adecuada a sus necesidades y le ayudará a tomar decisiones de acuerdo con su propia y libre voluntad.

3. El médico responsable del paciente le garantiza el cumplimiento de su derecho a la información. **Los profesionales que le atiendan** durante el proceso asistencial o le apliquen una técnica o un procedimiento concreto también serán responsables de informarle."*

El artículo 5 de establece como titular del derecho a la información al PACIENTE, en los siguientes términos:

"1. El titular del derecho a la información ES EL PACIENTE. También serán informadas las personas vinculadas a él, por razones familiares o de hecho, en la medida que el paciente lo permita de manera expresa o tácita.

2. El paciente será informado, incluso en caso de incapacidad, de *modo adecuado a sus posibilidades de comprensión, cumpliendo con el deber de informar también a su representante legal.*

3. Cuando el paciente, según el criterio del médico que le asiste, carezca de capacidad para entender la información a causa de su estado físico o psíquico, la información se pondrá en conocimiento de las personas vinculadas a él por razones familiares o de hecho.

4. El derecho a la información sanitaria de los pacientes **puede limitarse por la existencia acreditada de un estado de necesidad terapéutica**. *Se entenderá por necesidad terapéutica la facultad del médico para actuar profesionalmente sin informar antes al paciente, cuando por razones objetivas el conocimiento de su propia situación pueda perjudicar su salud de manera grave. Llegado este caso, el médico dejará constancia razonada de las circunstancias en la historia clínica y comunicará su decisión a las personas vinculadas al paciente por razones familiares o de hecho."*

Además el artículo 6 dispone que los ciudadanos tenemos derecho a **Derecho a la información epidemiológica** en los siguientes términos:

"Los CIUDADANOS tienen derecho a conocer los problemas sanitarios de la colectividad cuando impliquen un riesgo para la salud pública o para su salud individual, y el derecho a que esta información se difunda en términos verdaderos, comprensibles y adecuados para la protección de la salud, de acuerdo con lo establecido por la Ley."

Remitiéndonos a lo expuesto anteriormente, sobre la Ley 16 /2011 de 23 de diciembre de Salud Pública de Andalucía, y en lo que se refiere a la información Pública en concreto el artículo Derechos y obligaciones en relación con la salud pública el artículo 9 y 20 Titulado "Derecho a la información".

3.1. Información en el Sistema Nacional de Salud

El artículo 12 de la Ley 41/2002 de 24 de noviembre señala:

"1. Además de los derechos reconocidos en los artículos anteriores, los pacientes y los usuarios del Sistema Nacional de Salud tendrán derecho a recibir información sobre los servicios y unidades asistenciales disponibles, su calidad y los requisitos de acceso a ellos.

2. Los servicios de salud dispondrán en los centros y servicios sanitarios de una guía o carta de los servicios en la que se especifiquen los derechos y obligaciones de los usuarios, las prestaciones disponibles, las características asistenciales del centro o del servicio, y sus dotaciones de personal, instalaciones y medios técnicos. Se facilitará a todos los usuarios información sobre las guías de participación y sobre sugerencias y reclamaciones.

3. Cada servicio de salud regulará los procedimientos y los sistemas para garantizar el efectivo cumplimiento de las previsiones de este artículo."

3.2. Derecho a la información para la elección de médico y de centro

El artículo 13 Ley 41/2002 establece que los usuarios y pacientes del Sistema Nacional de Salud, tanto en la atención primaria como en la especializada, tendrán derecho a la información previa correspondiente para elegir médico, e igualmente centro, con arreglo a los términos y condiciones que establezcan los servicios de salud competentes.

Además hay que señalar que la Disposición adicional quinta señala que la información, la documentación y la publicidad relativas a los medicamentos y productos sanitarios, así como el régimen de las recetas y de las órdenes de prescripción correspondientes, se regularán por su normativa específica, sin perjuicio de la aplicación de las reglas establecidas en esta Ley en cuanto a la prescripción y uso de medicamentos o productos sanitarios durante los procesos asistenciales. Y *Disposición adicional segunda* **Aplicación supletoria, manifiesta que l**as normas de esta Ley relativas a la información asistencial, la información para el ejercicio de la libertad de elección de médico y de centro, el consentimiento informado del paciente y la documentación clínica, serán de aplicación supletoria en los proyectos de investigación médica, en los procesos de extracción y trasplante de órganos, en los de aplicación de técnicas de reproducción humana asistida y en los que carezcan de regulación especial.

Para terminar y en relación al derecho de información el artículo 23 de la Ley 41/2002, manifiesta que:

"Los profesionales sanitarios, además de las obligaciones señaladas en materia de información clínica, tienen el deber de cumplimentar los protocolos, registros, informes, estadísticas y demás documentación asistencial o administrativa, que guarden relación con los procesos clínicos en los que intervienen, y los que requieran los centros o servicios de salud competentes y las autoridades sanitarias, comprendidos los relacionados con la investigación médica y la información epidemiológica."

4. EL DERECHO A LA INTIMIDAD

El derecho a la intimidad se regula en la Ley 41/2002, de 14 de noviembre, en su Capítulo III en concreto en el artículo 7 que dispone:

"1. Toda persona tiene derecho a que se respete el carácter confidencial de los datos referentes a su salud, y a que nadie pueda acceder a ellos sin previa autorización amparada por la Ley.

2. Los centros sanitarios **adoptarán las medidas oportunas** *para garantizar los derechos a que se refiere el apartado anterior, y elaborarán, cuando proceda, las* **normas y los procedimientos protocolizad**os *que garanticen el acceso legal a los datos de los pacientes."*

5. EL RESPETO DE LA AUTONOMÍA DEL PACIENTE: EL CONSENTIMIENTO INFORMADO

El principio general que inspira la Ley 41/2002 y que debe estar presente en cualquier atención sanitaria es el respeto a la autonomía del paciente, **que consiste en reconocer validez y eficacia jurídica a las decisiones que libre, reflexionada y voluntariamente ha tomado éste sobre los tratamientos sanitarios que quiere permitir o rechazar.** Y en este sentido, recuérdese que las decisiones tomadas en ejercicio de la autonomía privada deben ser respetadas por los profesionales sanitarios (art. 2.6).

El Capítulo IV de la Ley está dedicado al **respeto de la autonomía del paciente artículos del 8 al 13 cuyo contenido pasamos a exponer y a comentar.**

5.1. Consentimiento informado

El consentimiento informado, de acuerdo con la definición prevista en el art. 3, consiste en:

"La conformidad libre, voluntaria y consciente de un paciente, manifestada en el pleno uso de sus facultades después de recibir la información adecuada, para que tenga lugar una actuación que afecta a su salud"

Los requisitos de libertad y voluntariedad son reiterados por el artículo 8 de la ley 41/2002 de 14 de noviembre que dispone:

"1. Toda actuación en el ámbito de la salud de un paciente **necesita el consentimiento libre y voluntario del afectado,** *una vez que, recibida la información prevista en el artículo 4, haya valorado las opciones propias del caso.*

2. El consentimiento SERÁ VERBAL POR REGLA GENERAL. Sin embargo, se prestará **por escrito** *en los casos siguientes:*

- intervención quirúrgica,
- procedimientos diagnósticos y terapéuticos invasores y
- en general, aplicación de procedimientos que suponen riesgos o inconvenientes de notoria y previsible repercusión negativa sobre la salud del paciente.

3. El consentimiento escrito del paciente será necesario para cada una de las actuaciones especificadas en el punto anterior de este artículo, dejando a salvo la posibilidad de incorporar anejos y otros datos de carácter general, y tendrá información suficiente sobre el procedimiento de aplicación y sobre sus riesgos.

4. Todo paciente o usuario tiene derecho a ser advertido sobre la posibilidad de utilizar los procedimientos de pronóstico, diagnóstico y terapéuticos que se le apliquen en un *proyecto docente o de investigación, que en ningún caso podrá comportar riesgo adicional para su salud.*

5. El paciente puede REVOCAR LIBREMENTE POR ESCRITO su consentimiento en cualquier momento."

5.2. Límites del consentimiento informado y consentimiento por representación

El artículo 9 (cuyos números 4 y 5 son redactados por la disposición final segunda de la L.O. 2/2010, de 3 de marzo, de salud sexual y reproductiva y de la interrupción voluntaria del embarazo) establece que:

"1. La renuncia del paciente a recibir información está limitada *por el interés de la salud del propio paciente, de terceros, de la colectividad y por las exigencias terapéuticas del caso. Cuando el paciente manifieste expresamente su deseo de no ser informado, se respetará su voluntad haciendo constar su renuncia documentalmente, sin perjuicio de la obtención de su consentimiento previo para la intervención.*

2. Los facultativos podrán llevar a cabo las intervenciones clínicas indispensables en favor de la salud del paciente, sin necesidad de contar con su consentimiento, en los siguientes casos:

a) *Cuando existe riesgo para la salud pública a causa de razones sanitarias establecidas por la Ley. En todo caso, una vez adoptadas las medidas pertinentes, de conformidad con lo establecido en la Ley Orgánica 3/1985, se comunicarán a la autoridad judicial en el plazo máximo de 24 horas siempre que dispongan el internamiento obligatorio de personas.*

b) *Cuando existe riesgo inmediato grave para la integridad física o psíquica del enfermo y no es posible conseguir su autorización, consultando, cuando las circunstancias lo permitan, a sus familiares o a las personas vinculadas de hecho a él.*

3. Se otorgará el *CONSENTIMIENTO POR REPRESENTACIÓN en los siguientes supuestos:*

a) *Cuando el paciente no sea capaz de tomar decisiones, a criterio del médico responsable de la asistencia, o su estado físico o psíquico no le permita hacerse cargo de su situación. Si el paciente carece de representante legal, el consentimiento lo prestarán las personas vinculadas a él por razones familiares o de hecho.* (**Incapaces naturales**: se trata de aquellos pacientes que, a criterio del médico responsable, no pueden prestar válidamente el consentimiento por razones físicas o psíquicas que son de naturaleza esencialmente transitoria, motivo por el que no se ha establecido mecanismo alguno de defensa de su persona y patrimonio).

b) *Cuando el paciente esté incapacitado legalmente.*(**incapaces legales***).*

c) *Cuando el paciente **menor de edad** no sea capaz intelectual ni emocionalmente de comprender el alcance de la intervención. En este caso, el consentimiento lo dará el representante legal del menor después de haber escuchado su opinión si tiene doce años cumplidos. Cuando se trate de menores no incapaces ni incapacitados, pero emancipados o con dieciséis años cumplidos, no cabe prestar el consentimiento por representación. Sin embargo, en caso de actuación de grave riesgo, según el criterio del facultativo, los padres serán informados y su opinión será tenida en cuenta para la toma de la decisión correspondiente.*

4. La práctica de ensayos clínicos y de técnicas de reproducción humana asistida se rige por lo establecido con carácter general sobre la mayoría de edad y por las disposiciones especiales de aplicación.

5. La prestación del consentimiento por representación será adecuada a las circunstancias y proporcionada a las necesidades que haya que atender, siempre en favor del paciente y con respeto a su dignidad personal. El paciente participará en la medida de lo posible en la toma de decisiones a lo largo del proceso sanitario. Si el paciente es una persona con discapacidad, se le ofrecerán las medidas de apoyo pertinentes, incluida la información en formatos adecuados, siguiendo las reglas marcadas por el principio del diseño para todos de manera que resulten accesibles y comprensibles a las personas con discapacidad, para favorecer que pueda prestar por sí su consentimiento."

5.3. Condiciones de la información y consentimiento por escrito

El artículo 10 de la Ley 41/2002 de 14 de noviembre, manifiesta:

"1. El facultativo proporcionará al paciente, antes de recabar su consentimiento escrito, *la información básica siguiente*:

a) *Las consecuencias relevantes o de importancia que la intervención origina con seguridad.*

b) *Los riesgos relacionados con las circunstancias personales o profesionales del paciente.*

c) *Los riesgos probables en condiciones normales, conforme a la experiencia y al estado de la ciencia o directamente relacionados con el tipo de intervención.*

d) *Las contraindicaciones.*

2. El médico responsable deberá ponderar en cada caso que cuanto más dudoso sea el resultado de una intervención más necesario resulta el previo consentimiento por escrito del paciente."

5.4. Instrucciones previas o declaración de voluntad vital anticipada

El documento de instrucciones previas, constituye la institución mediante la cual una persona expresa las instrucciones relativas a los cuidados y tratamientos de su salud que quiere que se sigan cuando no se encuentre en condiciones de expresarlas personalmente.

Algunas legislaciones autonómicas denominan esta institución "documento de voluntades anticipadas" como ANDALUCÍA, también es conocida comúnmente como "testamento vital" pues presenta características comunes al testamento propiamente

Las instrucciones previas o declaración de voluntad vital anticipada, responden a la necesidad de que las personas puedan mostrar de forma anticipada cuáles son sus opciones, valores e instrucciones que, en todo caso, deberán respetarse en el ámbito de la atención sanitaria cuando no puedan expresar personalmente su voluntad.

Por su parte, la Ley 41/2002 de 14 de noviembre, regula en su artículo 11 el documento de instrucciones previas. En virtud de este documento, una persona mayor de edad, capaz y libre, manifiesta anticipadamente su voluntad, con objeto de que ésta se cumpla en el momento en que llegue a situaciones en cuyas circunstancias no sea capaz de expresarla personalmente, sobre los cuidados y el tratamiento de su salud o, una vez llegado el fallecimiento, sobre el destino de su cuerpo o de los órganos del mismo. Con el fin de asegurar la eficacia en todo el territorio nacional de las instrucciones previas, el Real Decreto 124/2007, de 2 de febrero, reguló el Registro nacional de instrucciones previas y el correspondiente fichero automatizado de datos de carácter personal.

El artículo 11 de la ley dispone que:

"1. Por el documento de instrucciones previas, una ***persona mayor de edad, capaz y libre**, manifiesta anticipadamente su voluntad, con objeto de que ésta se cumpla en el momento en que llegue a situaciones en cuyas circunstancias no sea capaz de expresarlos personalmente, sobre los cuidados y el tratamiento de su salud o, una vez llegado el fallecimiento, sobre el destino de su cuerpo o de los órganos del mismo. El otorgante del documento puede designar, además, **un representante** para que, llegado el caso, **sirva como interlocutor suyo con el médico o el equipo sanitario para procurar el cumplimiento de las instrucciones previas.***

2. Cada servicio de salud regulará el procedimiento adecuado para que, llegado el caso, se garantice el cumplimiento de las instrucciones previas de cada persona, que deberán constar *siempre por escrito*.

3. NO SERÁN APLICADAS las instrucciones previas contrarias al ordenamiento jurídico, a la «lex artis», ni las que no se correspondan con el supuesto de hecho que el interesado haya previsto en el momento de manifestarlas. *En la historia clínica del paciente quedará constancia razonada de las anotaciones relacionadas con estas previsiones.*

4. Las instrucciones previas PODRÁN REVOCARSE LIBREMENTE en cualquier momento dejando constancia por *ESCRITO*.

5. Con el fin de asegurar la eficacia en todo el territorio nacional de las instrucciones previas manifestadas por los pacientes y formalizadas de acuerdo con lo dispuesto en la legislación de las respectivas Comunidades Autónomas, se creará en el Ministerio de Sanidad y Consumo el Registro nacional de instrucciones previas que se regirá

© Ediciones Rodio

321

por las normas que reglamentariamente se determinen, previo acuerdo del Consejo Interterritorial del Sistema Nacional de Salud."

En el ámbito de la Comunidad Autónoma de Andalucía, en muchos casos pionera en estos campos, se han dictado leyes como la **Ley 5/2003 de 9 de octubre , de declaración de voluntad vital anticipada**, regula, según su artículo 1, la declaración de voluntad vital anticipada, como cauce del ejercicio por la persona de su derecho a decidir sobre las actuaciones sanitarias de que pueda ser objeto en el futuro, en el supuesto de que llegado el momento, no goce de capacidad para consentir por sí misma.

A los efectos de esta Ley, se entiende por declaración de voluntad vital anticipada la manifestación escrita hecha para ser incorporada al Registro que esta Ley crea, por una persona capaz que, consciente y libremente, expresa las opciones e instrucciones que deben respetarse en la asistencia sanitaria que reciba en el caso de que concurran circunstancias clínicas en las cuales no pueda expresar personalmente su voluntad.

Además el artículo 3 de la Ley 5/2003 de 9 de octubre, establece el contenido de la declaración manifestando:

"En la declaración de voluntad vital anticipada, su autor podrá manifestar:

1. *Las **opciones e instrucciones, expresas y previas**, que, ante circunstancias clínicas que le impidan manifestar su voluntad, deberá respetar el personal sanitario responsable de su asistencia sanitaria.*

2. *La **designación de un representante**, plenamente identificado, que será quien le sustituya en el otorgamiento del consentimiento informado, en los casos en que éste proceda.*

3. *Su **decisión respecto de la donación de sus órganos** o de alguno de ellos en concreto, en el supuesto que se produzca el fallecimiento, de acuerdo con lo establecido en la legislación general en la materia.*

4. *Los **valores vitales que sustenten sus decisiones** y preferencias."*

Para que la declaración de voluntad vital anticipada sea considerada válidamente emitida, además de la capacidad exigida al autor, **se requiere que conste por escrito**, con la **identificación del autor, su firma, así como la fecha y el lugar del otorgamiento y que se inscriba en el Registro de Voluntades Vitales Anticipadas de Andalucía**.

Dicho **Registro de Voluntades Vitales Anticipadas de Andalucía** se crea en virtud de lo previsto en el artículo 9 de la Ley 5/2003 de 9 de octubre, para la custodia, conservación y accesibilidad de las declaraciones de voluntad vital anticipada emitidas en el territorio de la Comunidad Autónoma de Andalucía. **DECRETO 59/2012, DE 13 DE MARZO, POR EL QUE SE REGULA LA ORGANIZACIÓN Y FUNCIONAMIENTO DEL REGISTRO DE VOLUNTADES VITALES ANTICIPADAS DE ANDALUCÍA** determina su organización y funcionamiento que tiene por finalidad la custodia, la conservación y la accesibilidad de las declaraciones de voluntad vital anticipada emitidas en el territorio de la Comunidad Autónoma de Andalucía

El Registro de voluntades Vitales Anticipadas de Andalucía, tiene como **objetivo** contribuir a garantizar el derecho a decidir sobre actuaciones sanitarias futuras, en el supuesto de que la persona, no pueda expresarse por sí mismo, mediante dos acciones fundamentales

1. La inscripción de la voluntad vital anticipada en el Registro por las personas que así lo decidan.
2. El acceso del profesional sanitario al contenido de la voluntad vital cuando sea necesario.

Para cumplir con este objetivo se basa en una serie de **valores como** son:

La transparencia, compromiso con el servicio público, respeto a los valores de las personas, a la intimidad, la confidencialidad de los datos y a las decisiones sanitarias de las personas.

En caso de fallecimiento, el acceso a la declaración de Voluntad Vital Anticipada podrá realizarse por las personas vinculadas a la persona fallecida, por razones familiares o de hecho, en los mismos términos establecidos en la legislación vigente para el acceso al historia clínica de personas fallecidas, salvo que el titular de la declaración lo hubiese prohibido expresamente y así se acredite.

Además está la **Ley 2/2010, de 8 de abril, de derechos y garantías de la dignidad de la persona en el proceso de la muerte**, que regula el ejercicio de los derechos del paciente durante la última etapa de la vida para asegurar su autonomía y el respeto a su voluntad, así como los deberes de los profesionales encargados de la atención y las funciones de las instituciones y centros sanitarios. Se trata de la primera ley sobre muerte digna aprobada en España.

La ley establece derechos y garantías jurídicas para los pacientes y los profesionales en la buena práctica médica ante el final de la vida. Explicita que el paciente puede rechazar tratamientos médicos (También se recoge este derecho en la Ley 41/2002 de 14 de noviembre)

Además no se puede olvidar que con carácter más general, **el Estatuto de Autonomía para Andalucía reconoce en su artículo 20.1** el derecho a declarar la voluntad vital anticipada, que deberá respetarse en los términos que establezca la Ley. En este sentido, la **Ley 2/1998 de 15 de junio, de Salud de Andalucía, en su artículo 6.1.ñ)**, reconoce el derecho de las personas a que se respete su libre decisión sobre la atención sanitaria que se le dispense, previo consentimiento informado, exceptuado el caso en el que exista riesgo inmediato grave para la integridad física o psíquica de la persona enferma y no sea posible conseguir su autorización, consultando, cuando las circunstancias lo permitan, lo dispuesto en su declaración de voluntad vital anticipada y, si no existiera ésta, a sus familiares o a las personas vinculadas de hecho a ella.

6. DOCUMENTACIÓN CLÍNICA- LA HISTORIA CLÍNICA

6.1. Definición y archivo de la historia clínica

Dentro de la Ley 41/2002 de 14 de noviembre el Capítulo V se dedica a la HISTORIA CLÍNICA en concreto entre los artículos 14 a 19.

El artículo 3 de la citada ley lo define como:

"Historia clínica: el conjunto de documentos que contienen los datos, valoraciones e informaciones de cualquier índole sobre la situación y la evolución clínica de un paciente a lo largo del proceso asistencial."

La Historia Clínica es el instrumento sanitario en el que convergen todos los elementos citados anteriormente, esto es, datos sanitarios, derechos y prestación asistencial.

El Artículo 14 de la ley 41/2002, por su parte manifiesta que:

"*1. La historia clínica comprende el conjunto de los documentos relativos a los procesos asistenciales de cada paciente, con la identificación de los médicos y de los demás profesionales que han intervenido en ellos, con objeto de obtener la máxima integración posible de la documentación clínica de cada paciente, al menos, en el ámbito de cada centro.*

2. Cada centro archivará las historias clínicas de sus pacientes, cualquiera que sea el soporte papel, audiovisual, informático o de otro tipo en el que consten, de manera que queden garantizadas su seguridad, su correcta conservación y la recuperación de la información.

3. Las Administraciones sanitarias establecerán los mecanismos que garanticen la autenticidad del contenido de la historia clínica y de los cambios operados en ella, así como la posibilidad de su reproducción futura."

(**La Ley Orgánica de protección de datos** ya prevé estas garantías para la protección de datos de carácter personal relativos a la salud, por lo que los centros sanitarios han de establecer los mecanismos adecuados para garantizar este derecho.

Su artículo 8 sobre los datos relativos a la salud establece:

"Sin perjuicio de lo que se dispone en el artículo 11 respecto de la cesión, las instituciones y los centros sanitarios públicos y privados y los profesionales correspondientes podrán proceder al tratamiento de los datos de carácter personal relativos a la salud de las personas que a ellos acudan o hayan de ser tratados en los mismos, de acuerdo con lo dispuesto en la legislación estatal o autonómica sobre sanidad."

El apartado 45 de la Memoria Explicativa del Convenio 108 del Consejo de Europa viene a definir la noción de 'datos de carácter personal relativos a la salud', considerando que su concepto abarca 'las informaciones concernientes a la salud pasada, presente y futura, física o mental, de un individuo', pudiendo tratarse de informaciones sobre un individuo de buena salud, enfermo o fallecido. Añade el citado apartado 45 que 'debe entenderse que estos datos comprenden igualmente las informaciones relativas al abuso del alcohol o al consumo de drogas'.

En este mismo sentido, la Recomendación nº R (97) 5, del Comité de Ministros del Consejo de Europa, referente a la protección de datos médicos, afirma que 'la expresión datos médicos hace referencia a todos los datos de carácter personal relativos a la salud de una persona. Afecta igualmente a los datos manifiesta y estrechamente relacionados con la salud, así como con las informaciones genéticas'. De lo anteriormente señalado se puede desprender, en principio, que los datos indicados por las personas en la medida en que pueden ser datos relacionados con la salud serán datos médicos y les será de aplicación las medidas de protección de nivel alto.

Hay que tener en cuenta que se contemplan algunas excepciones en casos de urgencia y cuando se trate de casos en que se pone en riesgo la salud pública)

Sigue diciendo el artículo 14.4 que:

"4. Las Comunidades Autónomas aprobarán las disposiciones necesarias para que los centros sanitarios puedan adoptar las medidas técnicas y organizativas adecuadas para archivar y proteger las historias clínicas y evitar su destrucción o su pérdida accidental."

6.2. Contenido de la historia clínica de cada paciente

Según el tenor literal del artículo 15 de la Ley 41/2002 de 14 de noviembre:

"1. La historia clínica incorporará la información que se considere trascendental para el conocimiento veraz y actualizado del estado de salud del paciente. Todo paciente o usuario tiene derecho a que quede constancia, por escrito o en el soporte técnico más adecuado, de la información obtenida en todos sus procesos asistenciales, realizados por el servicio de salud tanto en el ámbito de atención primaria como de atención especializada.

2. La historia clínica tendrá como fin principal facilitar la asistencia sanitaria, dejando constancia de todos aquellos datos que, bajo criterio médico, permitan el conocimiento veraz y actualizado del estado de salud. El contenido mínimo de la historia clínica será el siguiente:

a) *La documentación relativa a la hoja clínicoestadística.*

b) *La autorización de ingreso.*

c) *El informe de urgencia.*

d) *La anamnesis y la exploración física.*

e) *La evolución.*

f) *Las órdenes médicas.*

g) *La hoja de interconsulta.*

h) *Los informes de exploraciones complementarias.*

i) *El consentimiento informado.*

j) *El informe de anestesia.*

k) *El informe de quirófano o de registro del parto.*

l) *El informe de anatomía patológica.*

m) *La evolución y planificación de cuidados de enfermería.*

n) *La aplicación terapéutica de enfermería.*

ñ) *El gráfico de constantes.*

o) *El informe clínico de alta.*

*Los párrafos b), c), i), j), k), l), ñ) y o) **sólo serán exigibles** en la cumplimentación de la historia clínica **cuando se trate de procesos de hospitalización** o así se disponga.*

3. La cumplimentación de la historia clínica, en los aspectos relacionados con la asistencia directa al paciente, **será responsabilidad de los profesionales** *que intervengan en ella.*

4. La historia clínica *se llevará con criterios de unidad y de integración, en cada institución asistencial como mínimo, para facilitar el mejor y más oportuno conocimiento por los facultativos de los datos de un determinado paciente en cada proceso asistencial."*

6.3. Usos de la historia clínica

El artículo 16 de la Ley 41/2002, cuyo número 3 está redactado por la disposición final tercera de la Ley 33/2011, de 4 de octubre, General de Salud Pública dispone lo siguiente:

*"**1.** La historia clínica es un instrumento destinado fundamentalmente a garantizar una asistencia adecuada al paciente. Los profesionales asistenciales del centro que realizan el diagnóstico o el tratamiento del paciente tienen acceso a la historia clínica de éste como instrumento fundamental para su adecuada asistencia.*

2. Cada centro establecerá los métodos que posibiliten en todo momento el acceso a la historia clínica de cada paciente por los profesionales que le asisten.

*3. El acceso a la historia clínica con fines judiciales, epidemiológicos, de salud pública, de investigación o de docencia, se rige por lo dispuesto en la **Ley Orgánica 15/1999 de 13 de diciembre, de Protección de Datos de Carácter Personal**, y en **la Ley 14/1986 de 25 de abril, General de Sanidad**, y demás normas de aplicación en cada caso. El acceso a la historia clínica con estos fines obliga a preservar los datos de identificación personal del paciente, separados de los de carácter clínicoasistencial, de manera que, como regla general, quede asegurado el anonimato, salvo que el propio paciente haya dado su consentimiento para no separarlos.*

Se exceptúan los supuestos de investigación de la autoridad judicial en los que se considere imprescindible la unificación de los datos identificativos con los clínicoasistenciales, en los cuales se estará a lo que dispongan los jueces y tribunales en el proceso correspondiente. El acceso a los datos y documentos de la historia clínica queda limitado estrictamente a los fines específicos de cada caso.

*Cuando ello sea necesario para la prevención de un riesgo o peligro grave para la salud de la población, las Administraciones sanitarias a las que se refiere **la Ley 33/2011, General de Salud Pública**, podrán acceder a los datos **identificativos de los pacientes por razones epidemiológicas o de protección de la salud pública**. El acceso habrá de realizarse, en todo caso, por un profesional sanitario sujeto al secreto profesional o por* *otra persona sujeta, asimismo, a una obligación equivalente de secreto, previa motivación por parte de la Administración que solicitase el acceso a los datos.*

__4.__ El personal de administración y gestión de los centros sanitarios sólo puede acceder a los datos de la historia clínica relacionados con sus propias funciones.

__5.__ El personal sanitario debidamente acreditado que ejerza funciones de inspección, evaluación, acreditación y planificación, tiene acceso a las historias clínicas en el cumplimiento de sus funciones de comprobación de la calidad de la asistencia, el respeto de los derechos del paciente o cualquier otra obligación del centro en relación con los pacientes y usuarios o la propia Administración sanitaria.

__6.__ El personal que accede a los datos de la historia clínica en el ejercicio de sus funciones queda sujeto al deber de secreto.

__7.__ Las Comunidades Autónomas regularán el procedimiento para que quede constancia del acceso a la historia clínica y de su uso."

6.4. La conservación de la documentación clínica

El artículo 17 dispone respecto al archivo y custodia de la historia y documentación clínicas que

__"1.__ Los centros sanitarios tienen la obligación de conservar la documentación clínica en condiciones que garanticen su correcto mantenimiento y seguridad, aunque no necesariamente en el soporte original, para la debida asistencia al paciente durante el tiempo adecuado a cada caso y, __como mínimo, cinco años contados desde la fecha del alta de cada proceso asistencial__.

__2.__ La documentación clínica también se conservará a efectos judiciales de conformidad con la legislación vigente. Se conservará, asimismo, cuando existan razones epidemiológicas, de investigación o de organización y funcionamiento del Sistema Nacional de Salud. Su tratamiento se hará de forma que se evite en lo posible la identificación de las personas afectadas.

__3.__ Los profesionales sanitarios tienen el deber de cooperar en la creación y el mantenimiento de una documentación clínica ordenada y secuencial del proceso asistencial de los pacientes.

__4.__ __La gestión de la historia clínica__ por los centros con pacientes hospitalizados, o por los que atiendan a un número suficiente de pacientes bajo cualquier otra modalidad asistencial, según el criterio de los servicios de salud, __se realizará a través de la unidad de admisión y documentación clínica, encargada de integrar en un solo archivo las historias clínicas__. La custodia de dichas historias clínicas estará bajo la responsabilidad de la dirección del centro sanitario.

__5.__ Los profesionales sanitarios que desarrollen su actividad de manera individual son responsables de la gestión y de la custodia de la documentación asistencial que generen.

*6. Son de aplicación a la documentación clínica las medidas **técnicas de seguridad** establecidas por la legislación reguladora de la conservación de los ficheros que contienen datos de carácter personal y, en general, por la Ley Orgánica 15/1999, de Protección de Datos de Carácter Personal. "*

Todo tratamiento de datos de carácter personal se rige por la citada **Ley Orgánica 15/1999 de 13 de diciembre,** y su Reglamento de desarrollo aprobado por el Real Decreto 1720/2007 de 21 de diciembre, con el objeto de garantizar y proteger las libertades públicas y los derechos fundamentales de las personas físicas y, especialmente, el honor e intimidad personal y familiar de las mismas.

Además la Ley 41/2002 a lo largo de su articulado hace referencia a la custodia y conservación de la historia clínica por ejemplo:

- Los centros son los encargados de archivar las historias clínicas de sus pacientes (art. 14.2).
- El soporte de las historias puede ser cualquiera que garantice su seguridad, correcta conservación y recuperación de la información (art. 14.2).
- La Ley 41/2002 expresamente cita el soporte papel, el audiovisual o el informático.
- La dirección del centro sanitario es la responsable de la custodia de las historias clínicas (art. 17.4).

Asimismo, sobre el personal que accede a los datos de la historia clínica recae un deber de secreto (art. 16.6), cuya violación puede constituir, incluso, un ilícito penal (art. 197 Código Penal).

6.5. Derechos relacionados con la custodia de la historia clínica

Por su parte el artículo 19 establece el paciente tiene derecho a que los centros sanitarios establezcan un mecanismo de custodia activa y diligente de las historias clínicas. Dicha custodia permitirá la recogida, la integración, la recuperación y la comunicación de la información sometida al principio de confidencialidad con arreglo a lo establecido por el artículo 16 de la presente Ley.

6.6. Derechos de acceso a la historia clínica

Según el tenor literal del artículo 18 de la Ley 41/2002

*"1. El paciente tiene el **derecho de acceso**, con las reservas señaladas en el apartado 3 de este artículo, a la documentación de la historia clínica **y a obtener copia de los datos** que figuran en ella. Los centros sanitarios regularán el procedimiento que garantice la observancia de estos derechos.*

2. El derecho de acceso del paciente a la historia clínica puede ejercerse también por representación debidamente acreditada.

*3. El derecho al acceso del paciente a la documentación de la historia clínica **no puede ejercitarse** en perjuicio del derecho de terceras personas a la confidencialidad de los datos que constan en ella recogidos en interés terapéutico del paciente, ni en perjuicio del derecho de los profesionales participantes en su elaboración, los cuales pueden oponer al derecho de acceso la reserva de sus anotaciones subjetivas.*

*4. Los centros sanitarios y los facultativos de ejercicio individual sólo facilitarán el acceso a la historia clínica de los pacientes fallecidos a **las personas vinculadas a él, por razones familiares o de hecho, salvo que el fallecido lo hubiese prohibido expresamente y así se acredite.** En cualquier caso el acceso de un tercero a la historia clínica motivado por un riesgo para su salud se limitará a los datos pertinentes. No se facilitará información que afecte a la intimidad del fallecido ni a las anotaciones subjetivas de los profesionales, ni que perjudique a terceros."*

*Señalamos además que la **Disposición adicional tercera** de la Ley 41/2002* establece que el Ministerio de Sanidad y Consumo (Hoy en día Sanidad, servicios sociales e Igualdad), en coordinación y con la colaboración de las Comunidades Autónomas competentes en la materia, promoverá, con la participación de todos los interesados, la implantación de un sistema de compatibilidad que, atendida la evolución y disponibilidad de los recursos técnicos, y la diversidad de sistemas y tipos de historias clínicas, posibilite su uso por los centros asistenciales de España que atiendan a un mismo paciente, en evitación de que los atendidos en diversos centros se sometan a exploraciones y procedimientos de innecesaria repetición.

En último término, hay que destacar el papel de la historia clínica en los casos de responsabilidad sanitaria, pues en ella se incorpora el consentimiento informado y se describen los procedimientos y técnicas seguidas, como se ha encargado de remarcar la más reciente jurisprudencia. Las limitaciones teleológicas de acceso previstas por el art. 18.3, citado anteriormente, no deben impedir que la historia clínica del paciente esté a su disposición en un eventual procedimiento de responsabilidad.

7. OTRAS DOCUMENTACIONES CLÍNICAS

El Capítulo VI de la Ley 41/2002 se dedica al informe de alta y otra documentación en los artículos 20,21, 22, 23.

El artículo 20 respecto al INFORME DE ALTA manifiesta que todo paciente, familiar o persona vinculada a él, en su caso, tendrá el derecho a recibir del centro o servicio sanitario, una vez finalizado el proceso asistencial, un informe de alta con los contenidos mínimos que determina el artículo 3. Las características, requisitos y condiciones de los informes de alta se determinarán reglamentariamente por las Administraciones sanitarias autonómicas.

El informe de alta hoy está regulado en el **Real Decreto 1093/2010, de 3 de septiembre, por el que se aprueba el conjunto mínimo de datos de los informes clínicos en el Sistema Nacional de Salud.**

Así mismo el artículo 21 nos habla del ALTA DEL PACIENTE en los siguientes términos:

*"**1.** En caso de no aceptar el tratamiento prescrito, se propondrá al paciente o usuario **la firma del alta voluntaria.** Si no la firmara, la dirección del centro sanitario, a propuesta del médico responsable, podrá disponer el alta forzosa en las condiciones reguladas por la Ley. El hecho de no aceptar el tratamiento prescrito no dará lugar al alta forzosa cuando existan tratamientos alternativos, aunque tengan carácter paliativo, siempre que los preste el centro sanitario y el paciente acepte recibirlos. Estas circunstancias quedarán debidamente documentadas.*

***2.** En el caso de que el paciente no acepte el alta, la dirección del centro, previa comprobación del informe clínico correspondiente, oirá al paciente y, si persiste en su negativa, lo pondrá en conocimiento del juez para que confirme o revoque la decisión."*

El artículo 22 dispone en relación a la EMISIÓN DE CERTIFICADOS MEDICOS que:

"Todo paciente o usuario tiene derecho a que se le faciliten los certificados acreditativos de su estado de salud. Éstos serán gratuitos cuando así lo establezca una disposición legal o reglamentaria."

Por Ultimo en relación a la Ley 41/2002 la Disposición adicional cuarta dispone que el Estado y las Comunidades Autónomas, dentro del ámbito de sus respectivas competencias, dictarán las disposiciones precisas para garantizar a los pacientes o usuarios con necesidades especiales, asociadas a la discapacidad, los derechos en materia de autonomía, información y documentación clínica regulados en esta Ley. Y en la **Disposición adicional sexta** que las infracciones de lo dispuesto por la presente Ley quedan sometidas al régimen sancionador previsto en el capítulo VI del Título I de la Ley 14/1986, General de Sanidad, sin perjuicio de la responsabilidad civil o penal y de la responsabilidad profesional o estatutaria procedentes en derecho.

8. LA TARJETA SANITARIA

8.1. Idea general. Concepto

El artículo 57 de la Ley 16/2003 de 28 de mayo de de cohesión y calidad del Sistema Nacional de Salud define la tarjeta sanitaria individual en los siguientes términos:

*"**1.** El acceso de los ciudadanos a las prestaciones de la atención sanitaria que proporciona el Sistema Nacional de Salud se facilitará a través de la tarjeta sanitaria individual, como documento administrativo que acredita determinados datos de su titular, a los que se refiere el apartado siguiente. La tarjeta sanitaria individual atenderá a los criterios establecidos con carácter general en la Unión Europea.*

***2.** Sin perjuicio de su gestión en el ámbito territorial respectivo por cada comunidad autónoma y de la gestión unitaria que corresponda a otras Administraciones públicas en razón de determinados colectivos, las tarjetas incluirán, de manera normalizada,* *los datos básicos de identificación del titular de la tarjeta, del derecho que le asiste en relación con la prestación farmacéutica y del servicio de salud o entidad responsable de la asistencia sanitaria. Los dispositivos que las tarjetas incorporen para almacenar la información básica y las aplicaciones que la traten deberán permitir que la lectura y comprobación de los datos sea técnicamente posible en todo el territorio del Estado y para todas las Administraciones públicas. Para ello, el Ministerio de Sanidad y Consumo, en colaboración con las comunidades autónomas y demás Administraciones públicas competentes, establecerá los requisitos y los estándares necesarios.*

3. Con el objetivo de poder generar el código de identificación personal único, el Ministerio de Sanidad y Consumo (hoy de Sanidad, Servicios Sociales e Igualdad) desarrollará una base de datos que recoja la información básica de asegurados del Sistema Nacional de Salud, de tal manera que los servicios de salud dispongan de un servicio de intercambio de información sobre la población protegida, mantenido y actualizado por los propios integrantes del sistema. Este servicio de intercambio permitirá la depuración de titulares de tarjetas.

4. Conforme se vaya disponiendo de sistemas electrónicos de tratamiento de la información clínica, la tarjeta sanitaria individual deberá posibilitar el acceso a aquélla de los profesionales debidamente autorizados, con la finalidad de colaborar a la mejora de la calidad y continuidad asistenciales.

5. Las tarjetas sanitarias individuales deberán adaptarse, en su caso, a la normalización que pueda establecerse para el conjunto de las Administraciones públicas y en el seno de la Unión Europea."

8.2. El Real Decreto 183/2004, de 30 de enero, por el que se regula la tarjeta sanitaria individual

El Real Decreto 183/2004, de 30 de enero, por el que se regula la tarjeta sanitaria individual (ha sido modificado recientemente por R.D. 702/2013, de 20 de septiembre, por el que se modifica el R.D. 183/2004, de 30 de enero, por el que se regula la tarjeta sanitaria individual), en desarrollo del artículo 57 expuesto anteriormente, regula y desarrolla, la emisión y validez de la tarjeta sanitaria individual, los datos básicos comunes que de forma normalizada deberán incorporar, el código de identificación personal del Sistema Nacional de Salud y la base de datos de población protegida de dicho sistema.

Este real decreto se dicta al amparo del artículo 149.1.16ª y 17ª de la Constitución Española, y de acuerdo con lo previsto en el artículo 57 de la ley 16/2003 de 28 de mayo, de cohesión y calidad del Sistema Nacional de Salud.

8.2.1. Emisión y validez de la tarjeta sanitaria individual

El artículo 2 del RD 183/204 de 30 de enero dispone que:

"1. Las Administraciones sanitarias autonómicas y el Instituto Nacional de Gestión Sanitaria emitirán una tarjeta sanitaria individual con soporte informático a

las personas residentes en su ámbito territorial que tengan acreditado el derecho a la asistencia sanitaria pública.

2. La tarjeta sanitaria individual emitida por cualquiera de las Administraciones sanitarias competentes será válida en todo el Sistema Nacional de Salud, y permitirá el acceso a los centros y servicios sanitarios del sistema en los términos previstos por la legislación vigente."

8.2.2. Datos básicos comunes y especificaciones técnicas de la tarjeta sanitaria individual

Según el artículo 3 del RD 183/2004 *(redactado por el número uno del artículo único del R.D. 702/2013, de 20 de septiembre, por el que se modifica el R.D. 183/2004, de 30 de enero, por el que se regula la tarjeta sanitaria individual)*

"1. Con objeto de disponer de datos normalizados de cada persona, en su condición de usuaria del Sistema Nacional de Salud, independientemente del título por el que accede al derecho a la asistencia sanitaria y de la administración sanitaria emisora, *todas las tarjetas sanitarias incorporarán una serie de datos básicos comunes y estarán vinculadas a un código de identificación personal único para cada ciudadano en el Sistema Nacional de Salud.*

2. Los datos básicos a incluir en el anverso de la tarjeta sanitaria son:

a) Identidad institucional de la comunidad autónoma o entidad que la emite.

b) Los rótulos de "Sistema Nacional de Salud de España" y "Tarjeta Sanitaria".

c) Código de identificación personal asignado por la administración sanitaria emisora de la tarjeta (CIP-AUT).

d) Nombre y apellidos del titular de la tarjeta.

e) Código de identificación personal único del Sistema Nacional de Salud (CIP-SNS).

f) Código de identificación de la administración sanitaria emisora de la tarjeta.

3. En los supuestos en los que así lo autorice la ley, atendidas las necesidades de gestión de las diferentes administraciones sanitarias emisoras, *podrán incorporarse* además a la tarjeta sanitaria el número del Documento Nacional de Identidad de su titular o, en el caso de extranjeros, el número de identidad de extranjeros, el número de la Seguridad Social, la fecha de caducidad de la tarjeta para determinados colectivos o el número de teléfono de atención de urgencias sanitarias, todos ellos en formato normalizado. Igualmente se podrá incluir una fotografía del titular de la tarjeta sanitaria.

4. A instancia de parte, o de oficio en aquellas administraciones sanitarias que así lo prevean en su normativa, en el ángulo inferior derecho de la tarjeta sanitaria se grabarán, *en braille*, los caracteres de las iniciales de Tarjeta Sanitaria Individual *(TSI).*

5. El Ministerio de Sanidad, Servicios Sociales e Igualdad, de acuerdo con las comunidades autónomas y demás administraciones públicas competentes, establecerá los requisitos y los estándares necesarios sobre los dispositivos que las tarjetas incorporen para almacenar la información básica, y las aplicaciones que las traten deberán permitir que la lectura y comprobación de los datos sea técnicamente posible en todo el territorio del Estado.

6. Las características específicas, los datos normalizados y la estructura de la banda magnética de la Tarjeta Sanitaria Individual se adaptarán a las especificaciones que figuran en el anexo.

ANEXO introducido por *R.D. 702/2013, de 20 de septiembre,*

1. Anverso

Modelo sin fotografía

Modelo con fotografía

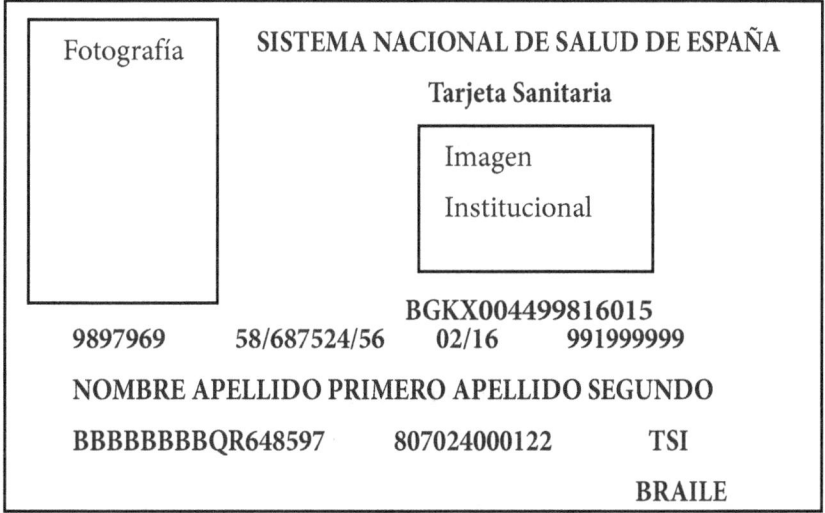

Descripción: A nivel informativo en este temario:

– Ángulo superior izquierdo: imagen institucional de la administración sanitaria emisora o fotografía del titular de la tarjeta sanitaria.

Franja superior o universal:

__1.__ª línea (a la derecha): SISTEMA NACIONAL DE SALUD DE ESPAÑA (Arial Narrow, 9 pt, negrita). Rótulo.

__2.__ª línea (a la derecha): Tarjeta Sanitaria (TNRoman, 10 pt, negrita). Rótulo.

Franja media:

Entre la segunda línea de la franja superior y la primera línea de la franja inferior se incluirá la imagen institucional de la administración sanitaria emisora de la tarjeta en el caso que en el ángulo superior izquierdo se sitúe la fotografía del titular.

Franja inferior

__1.__ª línea: BGKX004499816015 (TNRoman, 11 pt, negrita).

(Código de identificación personal asignado por la administración sanitaria que emite la tarjeta)

__2.__ª línea: Adicionales

DNI

Nº SS

Fecha de caducidad.

Teléfono de urgencias.

(TNRoman, 9 pt, normal)

- Formato DNI: ocho dígitos y letra de control.

- Formato NIE: letra inicial, siete dígitos y letra final de control.

- Formato Número Seguridad Social: doce dígitos, dos de provincia, ocho de orden y dos de control.

- Formato Fecha de caducidad: mm/aa.

- Formato Teléfono: máximo nueve dígitos.

__3.__ª línea: NOMBRE APELLIDO PRIMERO APELLIDO SEGUNDO

(TNRoman, 9 pt, negrita).

(Hasta 40 caracteres, si tiene más el punto de truncado sería el último carácter. De ser necesarios más caracteres se minorará el tipo de letra respetando en todo caso la inclusión de los datos en una única línea).

CIPSNS CITE TSI

__4.__ª línea: BBBBBBBBQR648597 80724000122 Braille

(Ambos códigos NTRoman, 9 pt, negrita) (si procede).

CIPSNS: 16 caracteres alfanuméricos.

CITE (Código administración sanitaria emisora de la tarjeta): once dígitos (según norma UNE- EN 1387:1997) en el siguiente orden:

- 2 dígitos: área de actividad (80).

– 3 dígitos: código país norma ISO 3166.

– 5 dígitos: código de la entidad que emite la tarjeta.

– 1 dígito de control.

Ángulo inferior derecho: A instancia de parte, o de oficio en aquellas administraciones sanitarias que así lo prevean en su normativa, se grabarán en Braille los caracteres de las iniciales de Tarjeta Sanitaria Individual, siguiendo la norma UNE-EN 1332.1:2010, en su parte 5 de marzo de 2006.

2. Reverso:

Banda magnética con tres pistas:

Pista 1 alfanumérica:

– CIP-xx asignado por la administración sanitaria emisora de la tarjeta.

– CIP-SNS único asignado por el Sistema Nacional de Salud.

– Código de la administración sanitaria emisora (dos dígitos, el software de lectura convertirá este código al CITE que figura en el anverso de la tarjeta).

– Nombre y apellidos del titular.

Pista 2 numérica: libre.

Pista 3 regrabable.

3. Características específicas:

Tamaño de la tarjeta: ID1 siguiendo los estándares ISO 7810 de 1985.

Si la tarjeta incorpora chip su ubicación se atendrá a la norma UNE-EN 1387:1997.

Banda magnética, de alta coercitividad, de lectura-escritura, con tres pistas, norma ISO 7811 de 1985.

8.2.3. Código de identificación personal del sistema nacional de salud

El artículo 4 del RD 183/2004 establece que:

"1. La asignación del código de identificación personal del Sistema Nacional de Salud se realizará en el momento de inclusión de los datos relativos a cada ciudadano en la base de datos de población protegida por el Sistema Nacional de Salud, desarrollada por el Ministerio de Sanidad y Consumo (hoy Ministerio de Sanidad, Servicios Sociales e Igualdad), y actuará como clave de vinculación de los diferentes códigos de identificación personal autonómicos que cada persona pueda tener asignado a lo largo de su vida.

*2. El código de identificación personal del Sistema Nacional de Salud **tendrá carácter irrepetible y será único a lo largo de la vida de cada persona**, independientemente de la Administración sanitaria competente en su atención sanitaria en cada momento.*

*3. Dicho código de identificación **facilitará la búsqueda de la información sanitaria de un paciente que pueda encontrarse dispersa en el Sistema Nacional de Sa-**

*lud, con el fin de que pueda ser localizada y consultada por los profesionales sanitarios, exclusivamente cuando ello redunde en la mejora de la atención sanitaria, con pleno respeto a lo dispuesto en la Ley **Orgánica 15/1999 de 13 de diciembre, de Protección de Datos de Carácter Personal, y en la Ley 41/2002 de 14 de noviembre,** básica reguladora de la autonomía del paciente y de los derechos y obligaciones en materia de información y documentación clínica, garantizando asimismo la confidencialidad e integridad de la información."*

8.2.4. Base de datos de población protegida del Sistema Nacional de Salud

El artículo 5 del RD 183/2004 dispone respecto a la base de datos de población protegida por el Sistema Nacional de Salud (BDU) que:

*"**1.** Con el fin de proceder a la generación del código de identificación personal del Sistema Nacional de Salud, el Ministerio de Sanidad y Consumo, a través del Instituto de Información Sanitaria, desarrollará una base datos que recoja la información básica de los usuarios del Sistema Nacional de Salud, así como el fichero histórico de las situaciones de aseguramiento y de la adscripción de la persona, en su caso, a diferentes Administraciones sanitarias a lo largo de su vida.*

***2.** Para facilitar la gestión de la población protegida, su movilidad y el acceso a los servicios sanitarios, dicha base actuará como un sistema de intercambio de información entre las Administraciones sanitarias. La información que recoja deberá posibilitar la coherencia de los datos de aseguramiento, evitar la adscripción simultánea a distintos servicios de salud y obtener la mayor rentabilidad posible en los cruces de datos entre los ficheros oficiales necesarios para su correcto mantenimiento.*

***3.** La base de datos de población protegida del Sistema Nacional de Salud será mantenida por las Administraciones sanitarias emisoras de la tarjeta sanitaria individual. Dichas Administraciones serán las competentes para la inclusión en aquélla de las personas protegidas en su ámbito territorial. Del mismo modo, serán las responsables del tratamiento de los datos, actuales e históricos, de su población protegida.*

***4.** Dicha base de datos respetará el modelo de funcionamiento y de gestión de las bases de datos de tarjeta sanitaria individual de cada Administración sanitaria.*

En Andalucía la ORDEN de 27 de febrero de 2002, por la que se establece la efectividad del carácter individual de la libre elección de médico y su gestión por la base de datos de usuarios del Sistema Sanitario Público de Andalucía

***5.** La base de datos incorporará información del sistema de Seguridad Social y del mutualismo administrativo, con el fin de suministrar a las Administraciones sanitarias datos permanentemente actualizados que permitan la correcta gestión de las situaciones de las personas respecto a altas, bajas, cobertura de prestaciones y movilidad de pacientes en la Unión Europea, de acuerdo con los reglamentos comunitarios vigentes en esta materia.*

***6.** El plan de explotación estadística de la base de datos será acordado por el Consejo Interterritorial del Sistema Nacional de Salud, y la información obtenida se pondrá a*

disposición de las Administraciones sanitarias. En todo caso, la información que se facilite a estos fines será previamente objeto de disociación.

7. El Ministerio de Sanidad y Consumo atenderá con los medios de que disponga el funcionamiento de la base de datos."

8.2.5. Seguridad y accesos

La relación de agentes del sistema sanitario autorizados para el acceso a la base de datos y sus capacidades de operación con esta base serán acordadas por el Consejo Interterritorial del Sistema Nacional de Salud.

Sin perjuicio de las competencias atribuidas a la Agencia Española de Protección de Datos, el Ministerio de Sanidad y Consumo determinará las medidas de índole técnica y organizativa que hayan de imponerse en relación con la base de datos de población protegida del Sistema Nacional de Salud y que sean necesarias para garantizar tanto la seguridad como la disponibilidad de los datos de carácter personal, evitando su alteración, pérdida, tratamiento y, en especial, el acceso no autorizado a aquélla. En todo caso, dichas medidas se atendrán a lo establecido en la legislación vigente en materia de protección de datos personales.

El Ministerio de Sanidad, Servicios Sociales e Igualdad, como responsable de la base de datos, aplicará las medidas de seguridad y accesos de conformidad con lo dispuesto en la Ley Orgánica 15/1999 de 13 de diciembre de Protección de Datos de Carácter Personal, y en el Real Decreto 263/1996 de 16 de febrero, por el que se regula la utilización de las técnicas electrónicas informáticas y telemáticas por la Administración General del Estado.

8.2.6. Cesión de datos

El Consejo Interterritorial del Sistema Nacional de Salud, en caso de considerar necesaria la cesión de los datos de esta base, recabará la asistencia de la Agencia Española de Protección de Datos, a fin de que por ésta se determinen los supuestos bajo los que podrá efectuarse la cesión a terceros. Dicha cesión se atendrá, en todo caso, a la normativa vigente en materia de protección de datos personales.

8.2.7. Colectivos asegurados a través de regímenes especiales

El Artículo 8 del RD 183/2004 redactado por el número dos del artículo único del R.D. 702/2013, de 20 de septiembre, por el que se modifica el R.D. 183/2004, de 30 de enero, por el que se regula la tarjeta sanitaria individual establece:

A cada titular y beneficiario asegurado a través de regímenes especiales le será expedida una tarjeta sanitaria, con las adecuaciones derivadas de las características de estos regímenes de aseguramiento, con soporte informático, con las características básicas que se definen en este real decreto incluida la asignación de un código de identificación personal del Sistema Nacional de Salud. Los datos de dicha tarjeta sanitaria se incorporarán al sistema de intercambio de información que proporciona la base de datos de población protegida del Sistema Nacional de Salud.

8.3. LA TARJETA SANITARIA EN ANDALUCÍA

8.3.1. Introducción

Pueden disponer de la tarjeta sanitaria las personas residentes en Andalucía y los andaluces y andaluzas en el exterior como veremos

Hay que distinguir entre:

- TARJETA SANITARIA DE LAS PERSONAS RESIDENTES EN ANDALUCÍA.
- TARJETA SANITARIA DE LOS ANDALUCES Y ANDALUZAS EN EL EXTERIOR.
- TARJETA SANITARIA EUROPEA(para toda España)

8.3.2. Tarjeta sanitaria de las personas residentes en Andalucía

8.3.2.1. Conceptos básicos

La Tarjeta Sanitaria es el documento que identifica individualmente a los usuarios ante el Sistema Sanitario Público de Andalucía. Cada persona, independientemente de su edad, debe disponer de su tarjeta sanitaria individual. Es importante que los niños tengan su propia tarjeta, desde el nacimiento.

Para utilizar los servicios personales de la **Oficina Virtual** del Sistema Sanitario de Andalucía es necesario identificarse mediante el número de tarjeta sanitaria.

Además sirve para facilitar el acceso a la historia clínica electrónica en determinados casos, para prescribir mediante receta electrónica y para retirar los medicamentos en la farmacia.

También es necesario solicitar una nueva tarjeta cuando la anterior se ha perdido o deteriorado, al igual que si alguno de los datos impresos en el exterior de la tarjeta son incorrectos (por ejemplo, un DNI equivocado, apellidos o nombre incorrecto).

8.3.2.2. Tipos de solicitud

La solicitud puede ser:

A) Solicitud presencial

Solicitar tarjeta por primera vez, supone normalmente el registro del solicitante en la Base de Datos de Usuarios (BDU). En este caso, la solicitud debe realizarse en un Centro de Atención Primaria y aportarse la documentación que acredita la identidad y el derecho a la asistencia.

Documentos a presentar para solicitar tarjeta por primera vez:

- DNI del titular.
- DNI de los beneficiarios mayores de 14 años y Libro de Familia si hay algún beneficiario menor de esa edad.
- Acreditación del derecho a la cobertura sanitaria pública: Documento acreditativo de la condición de asegurado o beneficiario de un asegurado expedido por el Instituto Nacional de la Seguridad Social.
- Acreditación de la residencia en Andalucía mediante certificado de empadronamiento

Para solicitar una nueva tarjeta en caso de pérdida es suficiente con rellenar un formulario de solicitud y presentar DNI. Si la tarjeta está deteriorada, deberá entregarse al solicitar una nueva tarjeta.

B) Solicitud de tarjeta a través de internet

La solicitud de tarjeta en InterS@S se dirige a aquellas personas que, siendo usuarias del Sistema Sanitario Público de Andalucía según consta en la Base de Datos de Usuarios (BDU), no disponen de tarjeta física por alguna razón (no les ha llegado a su domicilio o bien la tenían pero ha desaparecido o se ha deteriorado).

Para solicitar tarjeta el primer paso es identificarse en el sistema (a través de datos personales o con certificado digital) e indicar el motivo de la solicitud ("Pérdida o robo", "Deterioro" y "No recibida). Una vez realizada la solicitud, aparece un mensaje confirmando que se ha realizado con éxito y se muestra un resguardo que puede imprimirse.

La tarjeta se envía por correo a la dirección que consta en el momento de la solicitud en la BDU y deberá recibirse en el plazo de unos 15 días.

En algunas ocasiones puede ser conveniente entregar la solicitud en el centro, por ejemplo quienes no disponen de certificado digital y han cambiado recientemente de domicilio deben indicar el cambio de dirección a través del formulario en papel para que la tarjeta le llegue a la dirección correcta. En este caso, el formulario de solicitud debe entregarse en un centro de atención primaria.

Las personas que utilicen certificado digital pueden hacer el cambio de domicilio directamente en Internet. Para proteger la información de los usuarios de accesos no deseados, la consulta o cambio de domicilio en InterS@S no está disponible en caso de identificación por datos personales.

Causas de denegación y limitaciones de la solicitud a través de Internet

InterS@S permite la solicitud de tarjeta sanitaria a personas que ya son usuarias del Sistema Sanitario Público de Andalucía, por lo que al solicitar tarjeta por primera vez es necesario realizar la gestión en el centro.

Por otra parte, existen una serie de requisitos que deben cumplirse para que se llegue a gestionar la solicitud. Los más básicos son:

- que en la Base de Datos de Usuarios figure el domicilio del usuario.

- que haya pasado más de un mes desde la emisión de una tarjeta.

- que no se haya devuelto una tarjeta anterior por problemas de correo.

Si existe algún problema, InterS@S muestra un mensaje específico para explicar la situación y orientar al usuario en la solución.

La Tarjeta Sanitaria de Andalucía tiene varios modelos vigentes y todos ellos son igualmente válidos tanto para identificar a su titular como para permitir el acceso a la información que consta en la Base de Datos de Usuarios del Sistema Sanitario Público de Andalucía.

Cuando cambia la situación de la persona titular de una tarjeta (por ejemplo si cambia la aportación sobre los medicamentos que le corresponde) no es necesario cambiar la tarjeta sanitaria, ya que la actualización se realiza en la mencionada base de datos (en el caso de la aportación farmacéutica con la información facilitada por Seguridad Social).

El centro de atención telefónica SALUD RESPONDE (902 505 060) atiende las consultas generales y personales sobre la tarjeta sanitaria de Andalucía.

Normativa en Andalucía: ORDEN de 27 de febrero de 2002, por la que se establece la efectividad del carácter individual de la libre elección de médico y su gestión por la base de datos de usuarios del Sistema Sanitario Público de Andalucía.(BOJA núm. 28 de 7 de marzo de 2002)(45 KB).

8.3.3. Tarjeta sanitaria de los andaluces y andaluzas en el exterior

En Andalucía se ha dictado la Orden de 7 de noviembre de 2011, por la que se establece el procedimiento de expedición y activación de la tarjeta sanitaria de Andalucía a los andaluces y andaluzas en el exterior

Constituye el objeto de la presente Orden establecer el procedimiento para la expedición y activación de la tarjeta sanitaria andaluza, como documento identificativo ante el Sistema Sanitario Público de Andalucía, de los andaluces y andaluzas en el exterior que retornen a Andalucía o en sus desplazamientos temporales, siempre que no tengan cobertura de asistencia sanitaria de acuerdo con lo dispuesto en los Reglamentos Comunitarios, en la legislación reguladora de la Seguridad Social, en la del Estado de procedencia o en los convenios internacionales de Seguridad Social establecidos al efecto.

8.3.4. Tarjeta Sanitaria Europea

La Disposición adicional única del RD 183/2004 señala que:

En la medida en que se establezcan por la Unión Europea criterios de normalización que faciliten la circulación y mejora de la asistencia sanitaria de pacientes en el ámbito comunitario, las tarjetas sanitarias individuales del Sistema Nacional de Salud deberán adaptarse a aquéllos.

Hoy existe la Tarjeta Sanitaria Europea (TSE).

La Tarjeta Sanitaria Europea (TSE) es el documento personal e intransferible que acredita el derecho a recibir las prestaciones sanitarias que resulten necesarias, desde un punto de vista médico, durante una estancia temporal en el territorio del Espacio Económico Europeo o Suiza, teniendo en cuenta la naturaleza de las prestaciones y la duración de la estancia prevista, de acuerdo con la legislación del país de estancia, independientemente de que el objeto de la estancia sea el turismo, una actividad profesional o los estudios.

La Tarjeta Sanitaria Europea (TSE) no es válida cuando el desplazamiento tenga la finalidad de recibir tratamiento médico, en cuyo caso es necesario que el Instituto Nacional de la Seguridad Social (INSS), o el Instituto Social de la Marina (ISM), emita el formulario correspondiente, previo informe favorable del Servicio de Salud. Tampoco es el documento válido si usted traslada su residencia al territorio de otro Estado miembro.

En algunos casos, deberá asumir una cantidad fija o un porcentaje de los gastos derivados de la asistencia sanitaria, en igualdad de condiciones con los asegurados del Estado al que se desplaza. Estos importes no son reintegrables.

Temario común

Fisioterapeutas *Servicio Andaluz de Salud (SAS)*

Referencias

Rodio
ediciones

Ley 16/2011 de 23 de diciembre, de salud pública de Andalucía

Decreto 59/2012, de 13 de marzo, por el que se regula la organización y funcionamiento del Registro de Voluntades Vitales Anticipadas de Andalucía

Ley 2/2010, de 8 de abril, de Derechos y Garantías de la Dignidad de la Persona en el Proceso de la Muerte

R.D. 702/2013, de 20 de septiembre, por el que se modifica el R.D. 183/2004, de 30 de enero, por el que se regula la tarjeta sanitaria individual)

Real Decreto 1093/2010, de 3 de septiembre, por el que se aprueba el conjunto mínimo de datos de los informes clínicos en el Sistema Nacional de Salud.

Decreto 283/1995, de 21 de noviembre, por el que se aprueba el reglamento de residuos de la comunidad autónoma de Andalucía. Boja 161/1995, de 19 de diciembre.

Decreto 34/2008, de 5 de febrero, por el que se aprueban los estatutos del IAPRL.

Gruendeman, B. y Mangum, S (2002). *Prevención de la infección en áreas quirúrgicas.* Madrid. Ed. Elsevier.

Japón, D. (2006) Evaluación cualitativa de la formación continuada en los Hospitales del SAS. Universidad de Sevilla. Servicio de publicaciones.

Junta de Andalucía. S.I.G.A. Sistema Integrado de Gestión Ambiental del S.S.P.A. Laborales del SAS.

Ley 10/2006, de 26 de diciembre, del Instituto Andaluz de Prevención de Riesgos Laborales.

Ley de Prevención de Riesgos Laborales (Ley 31/1995, de 8 de noviembre B.O.E. nº 269, de 10 de noviembre).

Orden conjunta de las Consejerías de Empleo y Desarrollo Tecnológico y de Salud, por la que se crean las Unidades de Prevención en los Centros Asistenciales del Servicio Andaluz de Salud (Orden de 11 de marzo de 2004, BOJA n.53 de 17 de marzo).

R. D. 39/1997 Reglamento de los Servicios de Prevención de Riesgos laborales.

R. D. 664/1997 Protección de los trabajadores frente a riesgos biológicos.

R. D. 39/1997, de 17 de enero, por el que se aprueba el reglamento servicios de prevención de riesgos laborales (B.O.E. nº 27, de 31 de enero).

R. D. 488/1997, de 14 de abril, sobre disposiciones mínimas de seguridad y salud, relativas al trabajo con equipos que incluyen pantallas de visualización.

S.G.P.R.L. Sistema de Gestión de la Prevención de los Riesgos.

Servicio Andaluz de Salud
(SAS)

Test

Fisioterapeutas *Servicio Andaluz de Salud (SAS)*

Temario común

Rodio
ediciones

Servicio Andaluz de Salud
(SAS)

Test del Tema 1

Fisioterapeutas *Servicio Andaluz de Salud (SAS)*

Temario común

Rodio
ediciones

1. **En el plazo máximo de detención preventiva, el detenido:**
   a) Deberá ser puesto a disposición de la autoridad judicial.
   b) Deberá ser internado en prisión provisional.
   c) Deberá ser puesto en libertad.
   d) Las respuestas a y c son correctas.

2. **¿Cuántas Disposiciones Adicionales tiene la Constitución?**
   a) Una.
   b) Dos.
   c) Cuatro.
   d) Nueve.

3. **Es un fundamento del orden político y de la paz social:**
   a) La libertad de la persona.
   b) El respeto a la ley y a los derechos de los demás.
   c) El libre desarrollo de las libertades públicas.
   d) Todas las respuestas son correctas.

4. **¿Qué reconoce y garantiza la Constitución?**
   a) La igualdad y la solidaridad de las regiones que integran el Estado.
   b) La solidaridad entre las nacionalidades y regiones que integran el Estado.
   c) La igualdad y la autonomía de las nacionalidades que integran el Estado.
   d) La solidaridad y la autonomía entre las nacionalidades que integran el Estado.

5. **Todas las personas tienen derecho a obtener, en el ejercicio de sus derechos e intereses legítimos:**
   a) Tutela efectiva de los poderes públicos.
   b) Tutela, aunque pueda producirse indefensión.
   c) Tutela efectiva de los jueces y tribunales.
   d) Tutela efectiva de letrado.

6. **¿A quién corresponde la gestión de la Seguridad Social?**
   a) Al Estado, la legislación básica y régimen económico.
   b) A Estado, en su régimen de organización.
   c) A la Comunidad Autónoma, la ejecución de sus servicios.
   d) Las respuestas a y c son correctas.

7. **¿Cuál es la forma política del Estado español?**
   a) El Estado social y democrático de Derecho.
   b) La monarquía parlamentaria.
   c) La indisoluble unidad de la nación española.
   d) La soberanía nacional reside en el pueblo.

8. **Según la Constitución, ¿a qué tiene derecho toda persona?**
   a) A la libertad y a la seguridad.
   b) A la libertad y a la justicia.
   c) A la asistencia de abogado predeterminado por la ley.
   d) Todas las respuestas son correctas.

9. **Los extranjeros gozarán en España de las libertades públicas del Título l:**
   a) De igual forma que los españoles.
   b) En los términos que establezcan los tratados y la ley.
   c) Con criterios de reciprocidad en las elecciones generales.
   d) Atendiendo a criterios de reciprocidad para el sufragio activo y pasivo en elecciones generales.

10. **¿Cuántos Títulos tiene la Constitución?**
    a) Ocho.   b) Nueve.   c) Diez.   d) Once.

11. **¿Cuál de las siguientes proposiciones no es un derecho garantizado por la Constitución?**
    a) El derecho a la fama.
    b) El derecho a la intimidad personal.
    c) El derecho al honor.
    d) El derecho a la propia imagen.

12. **¿Qué reconoce y garantiza la Constitución en su artículo 2?**
    a) El derecho de las nacionalidades y regiones que la integran.
    b) El derecho a la autodeterminación de las nacionalidades y regiones que la integran.
    c) El derecho a la autonomía de las comunidades y regiones que la integran.
    d) El derecho a la autonomía de las nacionalidades y regiones que la integran.

13. **¿Qué determina la Constitución sobre las asociaciones secretas y las de carácter paramilitar?**
    a) Deben inscribirse en un registro.
    b) Están prohibidas.
    c) Son ilegales.
    d) Están reconocidas por la Constitución.

14. **La Constitución fue:**
    a) Ratificada por las Cortes Generales el 6 de diciembre de 1978.
    b) Sancionada por las Cortes Generales el 27 de diciembre de 1978.
    c) Aprobada por las Cortes Generales el 29 de diciembre de 1978.
    d) Ninguna respuesta es correcta.

15. **Las libertades de información y expresión encuentran límites especiales:**
    a) En el secreto de las comunicaciones.
    b) En el derecho a la fama.
    c) En la protección de la juventud y de la infancia.
    d) No tienen ningún límite.

16. **¿Quién podrá tutelar las libertades y derechos reconocidos en el artículo 14?**
    a) El Defensor del Pueblo.
    b) Los Tribunales ordinarios.
    c) El Tribunal Supremo, en única instancia.
    d) El Tribunal Constitucional, exclusivamente.

17. **¿Qué se prestará a los disminuidos físicos, sensoriales y psíquicos?**
    a) La atención especializada que requieran.
    b) La promoción de su bienestar.
    c) Ayuda de previsión, tratamiento y rehabilitación.
    d) La atención necesaria para el disfrute de derechos.

18. **La riqueza de las distintas modalidades lingüísticas de España:**
    a) Es una riqueza patrimonial.
    b) Es un patrimonio cultural.
    c) Será protegida por el Estado.
    d) Será objeto del patrimonio cultural.

19. **¿Qué ocurrió el día 6 de diciembre de1978?**
    a) La Constitución fue ratificada en referéndum.
    b) La Constitución fue aprobada en referéndum.
    c) La Constitución fue sancionada en referéndum.
    d) Todas las respuestas son correctas.

20. **¿Tienen derecho los ciudadanos a acceder a las funciones y cargos públicos?**
    a) Sí, en condiciones de igualdad.
    b) Sí, según su mérito y capacidad.
    c) Sí, con los requisitos de igualdad y capacidad.
    d) Las respuestas a y b son correctas.

21. **¿Cuál de las siguientes respuestas no podemos considerarla una característica de nuestra Constitución?**
    a) Ser original.
    b) Ser rígida.
    c) Ser extensa.
    d) Ser consensuada.

22. **Según la Constitución, ¿qué expresan los partidos políticos?**
    a) La soberanía popular, del que emanan los poderes del Estado.
    b) El pluralismo político.
    c) Los valores superiores del ordenamiento jurídico.
    d) La participación política para la formación de la voluntad popular.

23. **¿Qué característica de la Constitución procede del acuerdo de las distintas fuerzas políticas parlamentarias en las Cortes constituyentes?**
    a) Ser ambigua.   c) Ser extensa.
    b) Ser jurídica.   d) Ser consensuada.

24. **¿Quién aprobó el actual texto constitucional?**
    a) El Rey.   c) El pueblo español.
    b) Las Cortes Generales. d) Todos ellos.

25. **¿Dónde reside la soberanía nacional?**
    a) En la ley, como expresión de la voluntad del pueblo.
    b) En la monarquía parlamentaria.
    c) En el pueblo, del que emanan los poderes del estado.
    d) En las Cortes Generales.

26. **Las «Garantías de las Libertades y Derechos Fundamentales» viene recogidas en el Capítulo:**
    a) II.   b) VII.   c) V.   d) IV.

27. **¿Qué parte de la Constitución es considerada una declaración de intenciones?**
    a) El preámbulo.
    b) La parte orgánica.
    c) La parte dogmática.
    d) Todas ellas.

28. **¿Qué parte del articulado contiene una declaración de principios inspiradores del sistema político, así como el reconocimiento y garantía de los derechos fundamentales?**
    a) El preámbulo.
    b) La parte orgánica.
    c) La parte dogmática.
    d) Son correctas las respuestas b y c.

29. **¿De qué trata el Título VII de la Constitución?**
    a) De las relaciones del Gobierno y las Cortes Generales.
    b) De la Economía y Hacienda.

c) Del Poder Judicial.

d) Del Gobierno y la Administración.

30. **¿Cuántas disposiciones finales tiene la Constitución?**

a) Una.

b) Nueve.

c) Cuatro.

d) Dos.

Solución al test del tema 1

1. d) Las respuestas a y c son correctas.

2. c) Cuatro.

3. b) El respeto a la ley y a los derechos de los demás.

4. b) La solidaridad entre las nacionalidades y regiones que integran el Estado.

5. c) Tutela efectiva de los jueces y tribunales.

6. d) Las respuestas a y c son correctas.

7. b) La monarquía parlamentaria.

8. a) A la libertad y a la seguridad.

9. b) En los términos que establezcan los tratados y la ley.

10. d) Once.

11. a) El derecho a la fama.

12. d) El derecho a la autonomía de las nacionalidades y regiones que la integran.

13. b) Están prohibidas.

14. d) Ninguna respuesta es correcta.

15. c) En la protección de la juventud y de la infancia.

16. b) Los Tribunales ordinarios.

17. a) La atención especializada que requieran.

18. b) Es un patrimonio cultural.

19. a) La Constitución fue ratificada en referéndum.

20. a) Sí, en condiciones de igualdad.

21. a) Ser original.

22. b) El pluralismo político.

23. d) Ser consensuada.

24. b) Las Cortes Generales.

25. c) En el pueblo, del que emanan los poderes del estado.

26. d) IV.

27. a) El preámbulo.

28. c) La parte dogmática.

29. b) De la Economía y Hacienda.

30. a) Una.

Servicio Andaluz de Salud
(SAS)

Temario común

Fisioterapeutas *Servicio Andaluz de Salud (SAS)*

Test del Tema 2

Rodio
ediciones

1. **La Constitución Española reconoce dos vías fundamentales de acceso a la Autonomía de las Comunidades Autónomas:**
   a) La vía del artículo 143 y la del 153.
   b) La vía del artículo 141 y la del 153.
   c) La vía del artículo 140 y la del 151.
   d) La vía del artículo 143 y la del 151.

2. **El Estatuto de Autonomía de Andalucía:**
   a) Fue aprobado por la Ley Orgánica 12/80, de 30 de diciembre y reformado el 18 de febrero de 2007.
   b) Fue aprobado por la Ley Orgánica 6/81, de 30 de diciembre y reformado el 12 de febrero de 2007.
   c) Fue aprobado por la Ley Orgánica 6/81, de 30 de diciembre y reformado el 18 de febrero de 2007.
   d) Fue aprobado por la Ley Orgánica 13/80, de 30 de diciembre y reformado el 18 de febrero de 2007.

3. **El referéndum para la autonomía andaluza se celebró el día:**
   a) 4 de diciembre de 1977.
   b) 28 de febrero de 1978.
   c) 28 de febrero de 1980.
   d) 23 de febrero de 1981.

4. **¿Qué procedimiento es más rápido para la elaboración de los Estatutos de Autonomía de las Comunidades Autónomas?**
   a) El del artículo 4 de la Constitución.
   b) El del artículo 151 de la Constitución.
   c) El del artículo 143 de la Constitución.
   d) El del artículo 158 de la Constitución.

5. **Iniciado el procedimiento para la elaboración de un Estatuto de Autonomía por la vía del artículo 151, y una vez el proyecto de Estatuto ha sido aprobado en cada provincia, ¿cuál es el siguiente trámite?**
   a) Elevarlo al Gobierno de la Nación.
   b) Someterlo a la sanción por el Rey.
   c) Elevarlo a las Cortes Generales.
   d) Elevarlo al Presidente del Gobierno para su aprobación.

6. **¿Cuál es la norma institucional básica de la Comunidad Autónoma?**
   a) La Constitución Autonómica.
   b) El Estatuto de Autonomía.

c) La Ley Orgánica que al respecto dicte cada Comunidad Autónoma.

d) Ninguna, pues se somete a todas y cada una de las leyes del Estado.

7. **¿De cuántos Títulos consta el Estatuto de Autonomía para Andalucía?**

a) Seis.

b) Ocho.

c) Diez.

d) Once.

8. **El Título del Estatuto de Autonomía de Andalucía que trata sobre "El Poder Judicial en Andalucía" es el:**

a) II.

b) V.

c) IX.

d) VII.

9. **Una vez aprobado un Estatuto de Autonomía por las Cortes Generales ¿a quién corresponderá su sanción?**

a) Al Presidente del Gobierno.

b) Al Consejo de Ministros.

c) Al Rey.

d) Al Poder Judicial.

10. **El Título Preliminar comprende los artículos;**

a) Del 1 al 11.

b) Del 1 al 10.

c) Del 1 al 91.

d) Del 1 al 5.

11. **Los objetivos básicos de la Comunidad Autónoma de Andalucía se recogen en el artículo:**

a) 36.

b) 2.

c) 12.

d) 10.

12. **Uno de los siguientes no es un objetivo básico de la Comunidad Autónoma de Andalucía:**

a) La formación de unas Fuerzas Armadas andaluzas.

b) La consecución del pleno empleo.

c) El afianzamiento de la conciencia de identidad y de la cultura andaluza.

d) La convergencia con el resto del Estado y de la Unión Europea.

13. **Uno de los siguientes no es un objetivo básico de la Comunidad Autónoma de Andalucía:**

a) El acceso de todos los andaluces a una educación permanente y de calidad que les permita su realización personal y social.

b) La consecución del empleo inestable en todos los sectores de la producción

c) La creación de las condiciones indispensables para hacer posible el retorno de los andaluces en el exterior que lo deseen y para que contribuyan con su trabajo al bienestar colectivo del pueblo andaluz..

d) La realización de un eficaz sistema de comunicaciones que potencie los intercambios humanos, culturales y económicos, en especial mediante un sistema de vías de alta capacidad y a través de una red ferroviaria de alta velocidad.

14. **Los derechos sociales, deberes y políticas públicas se tratan específicamente en el Título I del Estatuto, que lleva dicha denominación y comprende los artículos:**

a) 15 al 20.

b) 8 al 30.

c) 12 al 41.

d) 10 al 20.

15. **¿A través de qué procedimiento constitucional obtuvo Andalucía su autonomía?**

a) El del artículo 143.

b) El del artículo 146.

c) El del artículo 151.

d) El del artículo 160.

16. **¿De cuántos artículos consta el Estatuto de Andalucía?**

a) De 155.

b) De 95.

c) De 250.

d) De 200.

17. **El Estatuto de Autonomía para Andalucía fue aprobado por:**

a) La Ley Orgánica 2/2007, de 19 de marzo.

b) El Real Decreto 400/1984, de 22 de febrero.

c) La Ley Orgánica 2/2007, de 19 de mayo.

d) La Ley Orgánica 4/1981, de 30 de noviembre.

18. **El derecho a las viviendas de promoción pública y a las ayudas para las mismas aparece recogido en el Estatuto en su artículo :**
    a) 10.
    b) 20.
    c) 25.
    d) 30.

19. **El artículo 33 del Estatuto de Autonomía de Andalucía trata sobre el derecho:**
    a) Al disfrute de los recursos naturales, del entorno y del paisaje.
    b) A la cultura y al disfrute de los bienes patrimoniales, artísticos y paisajísticos.
    c) Al empleo público.
    d) A la igualdad de oportunidades entre hombres y mujeres.

20. **El artículo 22 del Estatuto de Autonomía de Andalucía declara que se garantiza el derecho constitucional previsto en el artículo 43 de la Constitución Española a la protección de la salud mediante un sistema sanitario público de carácter universal. Los pacientes y usuarios del sistema andaluz de salud tendrán derecho a (indique la proposición errónea):**
    a) El acceso a cuidados paliativos.
    b) Recibir asistencia geriátrica especializada.
    c) La garantía de un tiempo mínimo para el acceso a los servicios y tratamientos.
    d) La libre elección de médico y de centro sanitario.

21. **Toda persona tiene derecho a que se respete su orientación sexual y su identidad de género. Los poderes públicos promoverán políticas para garantizar el ejercicio de este derecho. Hemos enunciado el artículo:**
    a) 35.
    b) 45.
    c) 34.
    d) 23.2.

22. **Es un deber según el Estatuto de Autonomía de Andalucía:**
    a) Contribuir al sostenimiento del gasto público en función de sus ingresos.
    b) Cuidar y proteger el patrimonio público, especialmente el de carácter histórico-artístico y natural.
    c) Conservar el medio ambiente.
    d) Todos lo son.

23. **Las competencias en materia de salud viene recogidas en el Estatuto en su artículo:**
    a) 50, denominado: Salud, sanidad y cuidados.
    b) 55, denominado: Cuidados sanitarios.

c) 55, denominado: Salud, sanidad y farmacia.

d) 45, denominado: sanidad, salud y farmacia.

24. Los poderes de la Comunidad Autónoma de Andalucía, según su Estatuto de Autonomía, emanan de:

a) El Rey.

b) El Presidente del Gobierno.

c) La Constitución y el pueblo andaluz.

d) El Gobierno de la Nación.

25. La sede del Tribunal Superior de Justicia de Andalucía es la ciudad de:

a) Sevilla.

b) Granada.

c) Cádiz.

d) Córdoba.

26. Indicar cuál es la respuesta acertada: ¿El Derecho estatal será supletorio del Derecho de las Comunidades Autónomas?

a) A veces.

b) Sólo en materias con competencias concurrentes.

c) Sólo en materias de competencia exclusiva del Estado.

d) Sí, en todo caso.

27. ¿Cuántos tipos de procedimientos prevé la Constitución para que las Comunidades accedan a la autonomía?

a) Tres.

b) Dos.

c) Uno.

d) Cuatro.

28. Las Relaciones Institucionales de la Comunidad Autónoma de Andalucía vienen reguladas en el siguiente título del Estatuto de Autonomía:

a) Título III.

b) Título VI.

c) Título IX.

d) Título IV.

29. La reforma del Estatuto de Andalucía viene regulada:

a) En su Título V.

b) En su Título X.

c) En su Título VIII.

d) En su Título II.

30. **¿Cuántas Disposiciones transitorias contiene el Estatuto de Autonomía de Andalucía?**

a) Cinco.

b) Cuatro.

c) Tres.

d) Dos.

Solución al test del tema 2

1. d) La vía del artículo 143 y la del 151.

2. c) Fue aprobado por la Ley Orgánica 6/81, de 30 de diciembre y reformado el 18 de febrero de 2007.

3. c) 28 de febrero de 1980.

4. b) El del artículo 151 de la Constitución.

5. c) Elevarlo a las Cortes Generales.

6. b) El Estatuto de Autonomía.

7. d) Once.

8. b) V

9. c) Al Rey.

10. a) Del 1 al 11.

11. d) 10

12. a) La formación de unas Fuerzas Armadas andaluzas.

13. b) La consecución del empleo inestable en todos los sectores de la producción

14. c) 12 al 41.

15. c) El del artículo 151.

16. c) De 250.

17. a) La Ley Orgánica 2/2007, de 19 de marzo.

18. c) 25.

19. b) A la cultura y al disfrute de los bienes patrimoniales, artísticos y paisajísticos.

20. c) La garantía de un tiempo mínimo para el acceso a los servicios y tratamientos.

21. a) 35.

22. d) Todos lo son.

23. c) 55, denominado: Salud, sanidad y farmacia.

24. c) La Constitución y el pueblo andaluz.

25. b) Granada.

26. d) Sí, en todo caso.

27. b) Dos.

28. c) Título IX.

29. b) En su Título X.

30. d) Dos.

Fisioterapeutas *Servicio Andaluz de Salud (SAS)*

Temario común

Test del Tema 3

Rodio
ediciones

1. **Según la Ley General de Sanidad son titulares del derecho a la protección de la salud y a la atención sanitaria:**
   a) Todos los españoles y los ciudadanos extranjeros que tengan establecida su residencia en el territorio nacional.
   b) Sólo los españoles que tengan establecida su residencia en el territorio nacional.
   c) Todos los españoles y los ciudadanos extranjeros que tengan establecida su residencia en Andalucía.
   d) Todos los españoles, residan en territorio nacional o no.

2. **Según la Ley General de Sanidad, los medios y actuaciones del sistema sanitario estarán orientados prioritariamente a:**
   a) La promoción de las enfermedades y la prevención de la salud.
   b) La promoción y prevención de las enfermedades.
   c) La promoción y prevención de la salud.
   d) La promoción de la salud y a la prevención de las enfermedades.

3. **En la Ley General de Sanidad se considera como actividad fundamental del sistema sanitario:**
   a) Sólo la realización de los estudios epidemiológicos necesarios para orientar con mayor eficacia la prevención de los riesgos para la salud.
   b) Únicamente la planificación y evaluación sanitaria.
   c) La realización de los estudios epidemiológicos necesarios para orientar con mayor eficacia la prevención de los riesgos para la salud, así como la planificación y evaluación sanitaria.
   d) Todo aquello que pueda incidir sobre el ámbito propio de la Veterinaria de Salud Pública.

4. **Es un derecho establecido en la Ley General de Sanidad:**
   a) El respeto a su personalidad, dignidad humana e intimidad.
   b) La información sobre los servicios sanitarios a que puede acceder y sobre los requisitos necesarios para su uso.
   c) La confidencialidad de toda la información relacionada con su proceso y con su estancia en instituciones sanitarias públicas y privadas que colaboren con el sistema público.
   d) Todas las respuestas son correctas.

5. **Según la Ley General de Sanidad, serán obligaciones de los ciudadanos con las instituciones y organismos del sistema sanitario:**
   a) Cuidar las instalaciones y colaborar en el mantenimiento de la habitabilidad de las Instituciones Sanitarias.
   b) Cuidar las instalaciones y colaborar en el mantenimiento de los edificios.
   c) Obtener los medicamentos y productos sanitarios que se consideren necesarios para promover, conservar o restablecer su salud.
   d) Todas las respuestas son correctas.

6. **La Ley General de Sanidad, establece que el Gobierno aprobará las normas precisas para:**
   a) Ordenar el intrusismo profesional.
   b) Regular la mala práctica.
   c) Evitar el intrusismo profesional y la mala práctica.
   d) Regular el intrusismo profesional y la mala práctica

7. **Según la Ley General de Sanidad, se podrá elegir médico en la Atención Primaria del Área de Salud:**
   a) En los núcleos de población de más de 250.000 habitantes se podrá elegir en el conjunto de la ciudad.
   b) En los núcleos de población de más de 300.000 habitantes se podrá elegir en el conjunto de la ciudad.
   c) En los núcleos de población de más de 300.000 habitantes se podrá elegir en el conjunto de la provincia.
   d) En los núcleos de población de más de 250.000 habitantes se podrá elegir en el conjunto de la provincia.

8. **Los usuarios sin derecho a la asistencia de los Servicios de Salud, así como los que no tengan recursos económicos podrán acceder a los servicios sanitarios:**
   a) Siempre que acrediten suficiencia de recursos económicos.
   b) Con la consideración de pacientes privados.
   c) Con la misma consideración que los usuarios con derecho a la asistencia.
   d) Este tipo de usuarios no puede acceder a los servicios sanitarios.

9. **Son competencia exclusiva del Estado:**
   a) La sanidad interior y las relaciones y acuerdos internacionales.
   b) La sanidad exterior y las relaciones y acuerdos sanitarios internacionales.
   c) La sanidad exterior y los acuerdos nacionales.
   d) La sanidad interior.

10. **Las actividades y funciones de sanidad exterior se regularán por:**
    a) Real Decreto.
    b) Decreto.
    c) Ley Orgánica.
    d) Real decreto Ley.

11. **Las Comunidades Autónomas ejercerán las competencias:**
    a) Asumidas en sus Estatutos y las que el Estado les transfiera o, en su caso, les delegue.
    b) Asumidas en sus Estatutos y las que el Estado les ordene.
    c) De sanidad exterior.
    d) De relaciones internacionales en materia de sanidad.

12. **Las Corporaciones Locales:**

a) No podrán participar en los órganos de dirección de las Áreas de Salud.

b) Participarán en los órganos de dirección de los centros de salud.

c) Participarán en los órganos de dirección de las Áreas de Salud.

d) Participarán en los órganos de dirección de las Zonas Básicas de Salud.

13. **Los Ayuntamientos, sin perjuicio de las competencias de las demás Administraciones Públicas, tendrán las siguientes responsabilidades mínimas en relación al obligado cumplimiento de las normas y planes sanitarios:**

a) Control sanitario de los cementerios y policía sanitaria mortuoria.

b) Elaboración de informes generales sobre la salud pública y la asistencia sanitaria.

c) Establecimiento de sistemas de información sanitaria.

d) Realización de estadísticas de interés general.

14. **El Sistema Nacional de Salud es:**

a) Todas las Administraciones Públicas con competencia en materia de salud.

b) Todos los centros sanitarios públicos o privados.

c) Todos los centros sanitarios públicos y algunos privados.

d) El conjunto de los Servicios de Salud de la Administración del Estado y de los Servicios de Salud de las Comunidades Autónomas en los términos establecidos en la Ley General de Sanidad.

15. **Las Áreas de Salud son:**

a) Los centros de participación efectiva de los ciudadanos.

b) Las Zonas Básicas de Salud y los Centros de Salud.

c) Las estructuras fundamentales del sistema sanitario.

d) Las estructuras fundamentales del sistema administrativo.

16. **Según la Ley General de Sanidad, como regla general, y sin perjuicio de las excepciones a que hubiera lugar, el Área de Salud extenderá su acción a una población:**

a) No inferior a 300.000 habitantes ni superior a 350.000.

b) No inferior a 400.000 habitantes ni superior a 500.000.

c) No inferior a 200.000 habitantes ni superior a 250.000.

d) No inferior a 300.000 habitantes ni superior a 400.000.

17. **La Ley 2/1998, de 15 de junio, de Salud de Andalucía, tiene por objeto:**

a) La regulación general de las actuaciones, que permitan hacer efectivo el derecho a la protección de la salud, previsto en la Constitución Española.

b) La ordenación general de las actividades sanitarias de las entidades públicas y privadas en Andalucía.

c) La definición, el respeto y el cumplimiento de los derechos y obligaciones de los ciudadanos respecto de los servicios sanitarios en Andalucía.

d) Todas las respuestas anteriores son correctas.

18. **Las actuaciones sobre protección de la salud, en los términos previstos en la Ley de Salud de Andalucía, se inspirarán en los siguientes principios:**

a) Concepción integral de la salud, incluyendo actuaciones de promoción, educación sanitaria, prevención, asistencia y rehabilitación.

b) Consecución de la igualdad económica.

c) Integración funcional de todos los recursos sanitarios públicos y privados.

d) Todas las respuestas anteriores son correctas.

19. **Sin perjuicio de lo previsto en la Ley General de Sanidad, son titulares de los derechos, que, la Ley de Salud de Andalucía y la restante normativa reguladora del Sistema Sanitario Público de Andalucía, efectivamente defina y reconozca como tales, los siguientes:**

a) Los españoles y los extranjeros residentes en cualesquiera de los municipios del estado español.

b) Los españoles y los extranjeros residentes en cualesquiera de los municipios de Andalucía.

c) Sólo los españoles residentes en cualesquiera de los municipios de Andalucía.

d) Los españoles residentes en España y los extranjeros residentes en cualesquiera de los municipios de Andalucía.

20. **Las prestaciones sanitarias ofertadas por el Sistema Sanitario Público de Andalucía serán:**

a) Como máximo, las establecidas en cada momento para el Sistema Nacional de Salud.

b) Las establecidas por el Consejo de Gobierno de la Junta de Andalucía.

c) Como mínimo, las establecidas en cada momento para el Sistema Nacional de Salud.

d) Las establecidas por la Consejería de Presidencia de la Junta de Andalucía.

21. **Los ciudadanos, al amparo de la Ley de Salud de Andalucía, son titulares y disfrutan, con respecto a los servicios sanitarios públicos en Andalucía, de los siguientes derechos:**

a) A las prestaciones y servicios de salud individual y colectiva, de conformidad con lo dispuesto en la normativa vigente.

b) Al respeto a su personalidad, dignidad humana e intimidad, sin que puedan ser discriminados por razón alguna.

c) A la información sobre los factores, situaciones y causas de riesgo para la salud individual y colectiva.

d) Todas las respuestas son correctas.

22. Los niños, los ancianos, los enfermos mentales, las personas que padecen enfermedades crónicas e invalidantes y las que pertenezcan a grupos específicos reconocidos sanitariamente como de riesgo, tienen derecho a:

a) Actuaciones y programas sanitarios especiales y preferentes.

b) Actuaciones exclusivas.

c) Programas sanitarios prioritarios.

d) Todas las respuestas son correctas.

23. Rigen también en los servicios sanitarios de carácter privado y son plenamente ejercitables:

a) Todos los derechos establecidos en la Ley General de Sanidad.

b) Todos los derechos establecidos en la Ley de Salud de Andalucía.

c) Las prestaciones y servicios de salud individual y colectiva.

d) El respeto a su personalidad, dignidad humana e intimidad, sin que puedan ser discriminados por razón alguna.

24. Los ciudadanos, respecto de los servicios sanitarios en Andalucía, tienen los siguientes deberes individuales:

a) Mantener el debido respeto a las normas establecidas en cada centro, así como al personal que preste servicios en los mismos.

b) Firmar, en caso de negarse a las actuaciones sanitarias, el documento pertinente, en el que quedará expresado con claridad que el paciente ha quedado suficientemente informado y rechaza el tratamiento sugerido.

c) Responsabilizarse del uso adecuado de los recursos ofrecidos por el sistema de salud, fundamentalmente en lo que se refiere a la utilización de los servicios, procedimientos de incapacidad laboral y prestaciones.

d) Todas las respuestas anteriores son correctas.

25. Garantizará a los ciudadanos el pleno ejercicio del régimen de derechos y obligaciones recogidos en la Ley de Salud de Andalucía:

a) El Consejo de Gobierno de la Junta de Andalucía.

b) La Administración de la Junta de Andalucía.

c) La Consejería de Igualdad, Salud y Políticas Sociales.

d) La Consejería de Salud.

26. Garantizará a los ciudadanos información suficiente, adecuada y comprensible sobre sus derechos y deberes respecto a los servicios sanitarios en Andalucía:

a) La Administración de la Junta de Andalucía.

b) La Consejería de Igualdad, Salud y Políticas Sociales.

c) La Consejería de Salud.

d) El Consejo de Gobierno de la Junta de Andalucía.

27. El Consejo de Gobierno aprobó el IV Plan Andaluz de Salud:
a) El 2 de enero de 2012.
b) El 4 de abril de 2013.
c) El 22 de octubre de 2013.
d) El 2 de diciembre de 2012.

28. El IV Plan andaluz de Salud se organiza en:
a) 4 compromisos.
b) 6 compromisos.
c) 8 compromisos.
d) 10 compromisos.

29. Aumentar la esperanza de vida en buena salud, según el IV Plan andaluz de Salud, es:
a) Un compromiso.
b) Una meta.
c) Un objetivo.
d) Un compromiso y una meta.

30. Fomentar la gestión del conocimiento e incorporación de tecnologías con criterios de sostenibilidad para mejorar la salud de la población, es:
a) Un compromiso.
b) Una meta.
c) Un objetivo.
d) Un compromiso y una meta.

Solución al test del tema 3

1. a) Todos los españoles y los ciudadanos extranjeros que tengan establecida su residencia en el territorio nacional.

2. d) La promoción de la salud y a la prevención de las enfermedades.

3. c) La realización de los estudios epidemiológicos necesarios para orientar con mayor eficacia la prevención de los riesgos para la salud, así como la planificación y evaluación sanitaria.

4. d) Todas las respuestas son correctas.

5. a) Cuidar las instalaciones y colaborar en el mantenimiento de la habitabilidad de las Instituciones Sanitarias.

6. c) Evitar el intrusismo profesional y la mala práctica.

7. a) En los núcleos de población de más de 250.000 habitantes se podrá elegir en el conjunto de la ciudad.

8. b) Con la consideración de pacientes privados.

9. b) La sanidad exterior y las relaciones y acuerdos sanitarios internacionales.

10. a) Real Decreto.

11. a) Asumidas en sus Estatutos y las que el Estado les transfiera o, en su caso, les delegue.

12. c) Participarán en los órganos de dirección de las Áreas de Salud.

13. a) Control sanitario de los cementerios y policía sanitaria mortuoria.

14. d) El conjunto de los Servicios de Salud de la Administración del Estado y de los Servicios de Salud de las Comunidades Autónomas en los términos establecidos en la Ley General de Sanidad.

15. c) Las estructuras fundamentales del sistema sanitario.

16. c) No inferior a 200.000 habitantes ni superior a 250.000.

17. d) Todas las respuestas anteriores son correctas.

18. a) Concepción integral de la salud, incluyendo actuaciones de promoción, educación sanitaria, prevención, asistencia y rehabilitación.

19. b) Los españoles y los extranjeros residentes en cualesquiera de los municipios de Andalucía.

20. c) Como mínimo, las establecidas en cada momento para el Sistema Nacional de Salud.

21. d) Todas las respuestas son correctas.

22. a) Actuaciones y programas sanitarios especiales y preferentes.

23. d) El respeto a su personalidad, dignidad humana e intimidad, sin que puedan ser discriminados por razón alguna.

24. d) Todas las respuestas anteriores son correctas.

25. a) El Consejo de Gobierno de la Junta de Andalucía.

26. a) La Administración de la Junta de Andalucía.

27. c) El 22 de octubre de 2013.

28. b) 6 compromisos.

29. a) Un compromiso.

30. a) Un compromiso.

Servicio Andaluz de Salud
(SAS)

Test del Tema 4

Fisioterapeutas Servicio Andaluz de Salud (SAS)

Temario común

Rodio
ediciones

1. **La ejecución de las directrices y los criterios generales de la política de salud, planificación y asistencia sanitaria, corresponde a:**
   a) La Consejería de Salud.
   b) La Consejería de Presidencia.
   c) La consejería de Innovación, Ciencia y Empleo.
   d) La Consejería de Igualdad, Salud y Políticas Sociales.

2. **La Secretaría General de Políticas Sociales depende orgánicamente de:**
   a) De la Consejería de la Presidencia.
   b) De la Consejería de Innovación, Ciencia y Empleo.
   c) De la Viceconsejería de Igualdad, Salud y Políticas Sociales.
   d) De la Consejería de Gobernación.

3. **El Servicio Andaluz de Salud de Salud está adscrito funcionalmente a:**
   a) La Consejería de la Presidencia.
   b) La Consejería de Innovación, Ciencia y Empleo.
   c) La Viceconsejería de Igualdad, Salud y Políticas Sociales.
   d) La Consejería de Gobernación.

4. **En caso de ausencia, vacante o enfermedad de las personas titulares de las Direcciones Generales del Servicio Andaluz de Salud, estas serán suplidas por:**
   a) Quien designe la persona titular de la Dirección Gerencia.
   b) Las personas titulares de las Subdirecciones Generales correspondientes.
   c) Los Secretarios Generales.
   d) Los Secretarios Generales Técnicos.

5. **Ostenta la jefatura superior de todo el personal de la Consejería de Igualdad, Salud y Políticas Sociales:**
   a) La persona titular de la Consejería.
   b) La persona titular de la Secretaría General.
   c) La persona titular de la Secretaría General Técnica.
   d) La persona titular de la Viceconsejería.

6. **A la persona titular de la Dirección General de Personas con Discapacidad le corresponden las siguientes funciones:**
   a) El diseño, la realización y la evaluación de los servicios y programas específicos dirigidos a las personas con discapacidad.
   b) El desarrollo de planes dirigidos a la promoción de la autonomía personal de las personas con discapacidad.
   c) El desarrollo de actuaciones encaminadas a la valoración, orientación e integración de las personas con discapacidad.
   d) Todas las respuestas anteriores son correctas.

7. **El Servicio Andaluz de Salud, bajo la supervisión y control de la Consejería de Igualdad, Salud y Políticas Sociales, desarrollará las siguientes funciones:**
   a) La gestión de los derechos de contenido económico de los Sistemas Públicos Sanitario y de Servicios Sociales de Andalucía.
   b) El seguimiento y control de los instrumentos que reconocen y garantizan el derecho a la atención sanitaria y a las políticas sociales en la Comunidad Autónoma de Andalucía.
   c) La gestión y administración de los centros y de los servicios sanitarios adscritos al mismo, y que operen bajo su dependencia orgánica y funcional.
   d) Todas las respuestas anteriores son correctas.

8. **El Servicio Andaluz de Salud es:**
   a) Un Organismo Autónomo.
   b) Una Agencia Administrativa.
   c) Una Agencia Pública Empresarial.
   d) Un Área de Gestión Sanitaria.

9. **La representación legal del Servicio Andaluz de Salud, corresponde a la persona titular de:**
   a) La Consejería de Igualdad, Salud y Políticas Sociales.
   b) La Viceconsejería de Igualdad, Salud y Políticas Sociales.
   c) La Presidencia de la Junta de Andalucía.
   d) La Dirección Gerencia del Servicio Andaluz de Salud.

10. **A la persona titular de la Dirección General de Profesionales, le corresponden las atribuciones previstas en el artículo 30 de la Ley 9/2007, de 22 de octubre (relativo a las distintas Direcciones Generales) y, en especial, las siguientes:**
    a) La aplicación de la gestión por valores y por competencias, así como la evaluación del desempeño profesional.
    b) La propuesta, implantación, seguimiento y evaluación de los criterios de distribución de la financiación en los centros del Servicio Andaluz de Salud.
    c) La coordinación general, planificación, gestión, seguimiento y evaluación de la contratación administrativa realizada en el Servicio Andaluz de Salud.
    d) La definición, dirección, seguimiento de la ejecución y evaluación de la política de compras y logística integral desarrollada por los centros del Servicio Andaluz de Salud.

11. **Los Distritos de Atención Primaria:**
    a) Lo forman los Centros de Salud y los consultorios locales.
    b) Están formados por consultorios locales y auxiliares.
    c) Están integrados por Centros de Salud y consultorios locales y auxiliares.
    d) Constituyen las estructuras organizativas para la planificación operativa, dirección, gestión y administración en el ámbito de la atención primaria.

12. **La Zona Básica de Salud es:**
    a) El marco territorial para la prestación de la atención primaria de salud.
    b) El territorio para la prestación de atención especializada.
    c) La integración de Distritos de Atención Primaria y Especializada.
    d) Todas las respuestas anteriores son correctas.

13. **La delimitación territorial de las zonas básicas de salud y de los distritos en los que se integran se realizará:**
    a) Mediante Orden.
    b) Por Decreto.
    c) Por Ley.
    d) Por medio del Mapa de Atención Primaria de Salud.

14. **La Dirección Gerencia del Distrito de Atención Primaria es un órgano:**
    a) De asesoramiento.
    b) Colegiado.
    c) Directivo.
    d) De consulta.

15. **Son órganos directivos de los Distritos de Atención Primaria:**
    a) La Dirección de Cuidados de Enfermería.
    b) La Gerencia.
    c) La Dirección Económico Administrativa.
    d) La Dirección de Servicios Generales.

16. **La Comisión de Dirección del Distrito de Atención Primaria es un órgano:**
    a) Directivo.
    b) Unipersonal.
    c) De carácter asesor.
    d) Técnico.

17. **La Comisión de Calidad y Procesos Asistenciales del Distrito, es una comisión:**
    a) Técnica.
    b) Asesora.
    c) De dirección.
    d) Ejecutiva.

18. **La estructura organizativa responsable de la atención primaria de salud a la población es:**
    a) El Centro de Salud.
    b) El Consultorio local.

c) El Consultorio auxiliar.

d) La unidad de gestión clínica de atención primaria de salud.

19. **La Coordinación de cuidados de Enfermería es:**
   a) Un puesto básico.
   b) Un puesto directivo.
   c) Un Cargo Intermedio.
   d) Es un encargo complementario de funciones.

20. **La duración del Acuerdo de Gestión Clínica será de:**
   a) Cuatro años.
   b) Cinco años.
   c) Seis años.
   d) Dos años.

21. **La relación de zonas básicas de salud y municipios que las conforman y la relación de distritos y zonas básicas de salud que los conforman, se establece en:**
   a) El Decreto 140/2013, de 1 de octubre, por el que se establece la estructura orgánica, la organización y competencias de la Consejería de Igualdad, Salud y Políticas Sociales y del Servicio Andaluz de Salud.
   b) La Ley 2/1998, de 15 de junio, de Salud de Andalucía.
   c) La Ley de creación del Servicio Andaluz de Salud.
   d) La Orden de 7 de junio de 2002, por la que se actualiza el Mapa de Atención Primaria de Salud de Andalucía.

22. **La demarcación geográfica para la gestión y administración de la asistencia sanitaria especializada, se denomina:**
   a) Distrito de Atención Primaria.
   b) Zona Básica de Salud.
   c) Área Hospitalaria.
   d) Área de Gestión Sanitaria.

23. **Las Áreas Hospitalarias se delimitarán con arreglo a:**
   a) Criterios geográficos, demográficos, de accesibilidad de la población y la eficiencia para la prestación de la asistencia especializada.
   b) Criterios territoriales y sociológicos.
   c) Criterios de eficiencia de la atención primaria.
   d) Criterios demográficos y sociológicos.

24. **Los hospitales se clasifican en:**
   a) Hospitales Básicos y Hospitales Especiales.
   b) Hospitales Generales Básicos y Hospitales Generales de Especialidades.
   c) Hospitales Provinciales y Hospitales Comarcales.
   d) Hospitales Comarcales Y Hospitales Locales.

25. **El puesto de Subdirector-Gerente de Hospital podrá crearse:**
    a) Excepcionalmente.
    b) En los Hospitales Generales de Especialidades.
    c) En los Hospitales Generales Básicos.
    d) En todos los hospitales.

26. **La Dirección Económica- Administrativa del hospital, es un órgano:**
    a) Asesor.
    b) Colegiado.
    c) Unipersonal de Dirección.
    d) Unipersonal Técnico.

27. **Desarrollar las funciones de gestión de personal del hospital, es una función del:**
    a) Director-Gerente.
    b) Director Médico.
    c) Director de Servicios Generales.
    d) Director Económico Administrativo.

28. **En los Hospitales Generales Básicos:**
    a) Existirá siempre una dirección de servicios Generales.
    b) Cuando las necesidades lo aconsejen, podrá existir una Dirección de Servicios Generales.
    c) Existirá una Dirección de Desarrollo Profesional.
    d) Existirá una Dirección de Gestión Económica.

29. **Las Área de Gestión Sanitarias:**
    a) Se instituyen como responsables de la gestión unitaria de los centros y establecimientos del Servicio Andaluz de Salud en una demarcación territorial específica.
    b) Se instituyen únicamente como responsables de la atención primaria en una demarcación territorial específica.
    c) Se instituyen únicamente como responsables de la atención especializada en una demarcación territorial específica.
    d) Son Agencias Públicas empresariales.

30. **Una visión continua y compartida del trabajo asistencial en la que intervienen múltiples profesionales y distintos centros de trabajo, se denomina:**
    a) Atención Primaria.
    b) Asistencia Especializada.
    c) Atención Preferente.
    d) Continuidad Asistencial.

Solución al test del tema 4

1. d) La Consejería de Igualdad, Salud y Políticas Sociales.

2. c) De la Viceconsejería de Igualdad, Salud y Políticas Sociales.

3. c) La Viceconsejería de Igualdad, Salud y Políticas Sociales.

4. a) Quien designe la persona titular de la Dirección Gerencia.

5. d) La persona titular de la Viceconsejería.

6. d) Todas las respuestas anteriores son correctas.

7. c) La gestión y administración de los centros y de los servicios sanitarios adscritos al mismo, y que operen bajo su dependencia orgánica y funcional.

8. b) Una Agencia Administrativa.

9. d) La Dirección Gerencia del Servicio Andaluz de Salud.

10. a) La aplicación de la gestión por valores y por competencias, así como la evaluación del desempeño profesional.

11. d) Constituyen las estructuras organizativas para la planificación operativa, dirección, gestión y administración en el ámbito de la atención primaria.

12. a) El marco territorial para la prestación de la atención primaria de salud.

13. d) Por medio del Mapa de Atención Primaria de Salud.

14. c) Directivo.

15. a) La Dirección de Cuidados de Enfermería.

16. c) De carácter asesor.

17. a) Técnica.

18. d) La unidad de gestión clínica de atención primaria de salud.

19. c) Un Cargo Intermedio.

20. a) Cuatro años.

21. d) La Orden de 7 de junio de 2002, por la que se actualiza el Mapa de Atención Primaria de Salud de Andalucía.

22. c) Área Hospitalaria.

23. a) Criterios geográficos, demográficos, de accesibilidad de la población y la eficiencia para la prestación de la asistencia especializada.

24. b) Hospitales Generales Básicos y Hospitales Generales de Especialidades.

25. a) Excepcionalmente.

26. c) Unipersonal de Dirección.

27. d) Director Económico Administrativo.

28. b) Cuando las necesidades lo aconsejen, podrá existir una Dirección de Servicios Generales.

29. a) Se instituyen como responsables de la gestión unitaria de los centros y establecimientos del Servicio Andaluz de Salud en una demarcación territorial específica.

30. d) Continuidad Asistencial.

Servicio Andaluz de Salud
(SAS)

Test del Tema 5

Fisioterapeutas *Servicio Andaluz de Salud (SAS)*

Temario común

Rodio
ediciones

1. **La disposición legal que regula actualmente la Protección de datos de carácter personal es:**
   a) Ley Orgánica 15/1992 de 29 de octubre, de Regulación del tratamiento automatizado de datos de carácter personal.
   b) El Real Decreto 20/1992 de 22 de octubre, de protección de datos de carácter personal.
   c) El Real Decreto 15/1999 de 13 de diciembre, de protección de datos de carácter personal.
   d) Ley Orgánica 15/1999 de 13 de diciembre de protección de datos de carácter personal.

2. **Según lo dispuesto por Ley Orgánica 15/1999, de 13 de diciembre, de Protección de Datos de Carácter Personal, la creación, modificación o supresión de los ficheros de las Administraciones Públicas sólo podrá hacerse:**
   a) Mediante norma con rango de ley publicada en el Boletín Oficial del Estado o Diario Oficial correspondiente.
   b) Mediante disposición general publicada en el Boletín Oficial del Estado o Diario Oficial correspondiente.
   c) Mediante Resolución de la persona titular del centro directivo competente por razón de la materia sin que sea necesaria su publicación.
   d) Ninguna de las respuestas es correcta.

3. **De acuerdo con lo dispuesto en el artículo 6 de la Ley Orgánica 15/1999 de 13 de diciembre, de Protección de Datos de Carácter Personal, el tratamiento de Datos de carácter personal requerirá consentimiento inequívoco del afectado salvo:**
   a) Que legal o reglamentariamente se determine otra cosa.
   b) Cuando así lo decida el responsable del tratamiento.
   c) Cuando los datos de carácter personal se recojan para el ejercicio de las funciones propias de las Administraciones Públicas.
   d) Ninguna de las respuestas es correcta.

4. **Los ficheros de datos referidos a la ideología, creencias o afiliación sindical deberán ser dotados con medidas de protección de nivel:**
   a) Medio, si sólo se usan para transferir dinero a una entidad de la que es miembro el interesado.
   b) Alto, aun cuando sólo se usen para transferir dinero a una entidad de la que es miembro el interesado.
   c) Básico, si sólo se usan para transferir dinero a una entidad de la que es miembro el interesado.
   d) Superior, en todo caso.

5. **Según la Ley Orgánica 15/1999 de 13 de diciembre, de Protección de Datos de Carácter Personal, el régimen de Protección de los Datos de Carácter Personal que se establece en la Citada Ley, no será de aplicación:**

   a) A los ficheros mantenidos por personas físicas en el ejercicio de actividades exclusivamente personales o domésticas.

   b) A los ficheros creados por las Administraciones Públicas para el ejercicio de sus competencias.

   c) A los ficheros establecidos para la investigación de cualquier tipo de delitos.

   d) Las tres respuestas son ciertas.

6. **A efectos de la Ley Orgánica de protección de datos de carácter personal se entiende por "datos de carácter personal":**

   a) Cualquier información concerniente a personas físicas y jurídicas.

   b) Cualquier información concerniente a personas físicas identificadas o identificables.

   c) Solo los daos relativos a la edad, religión sexo, raza y opinión.

   d) Ninguna de las anteriores es correcta.

7. **Mediante el Derecho de acceso:**

   a) Podrá obtenerse información sobre los propios datos de carácter personal sometidos a tratamiento, pero sólo una vez al mes.

   b) Podrá obtenerse información escrita únicamente.

   c) El interesado está facultado para obtener gratuitamente información sobre el origen de sus propios datos de carácter personal.

   d) Ninguna de las respuestas es cierta.

8. **El régimen de protección de datos de carácter personal que se establece en la Ley Orgánica 15/1999 de 13 de diciembre, de Protección de Datos de Carácter Personal, según prescribe su artículo 22, no será de aplicación a:**

   a) Los ficheros regulados por la legislación de régimen electoral.

   b) Los derivados del Registro Civil y del Registro Central de Penados y Rebeldes.

   c) A y b son respuestas correctas.

   d) Los ficheros sometidos a la normativa sobre protección de materias clasificadas.

9. **La necesaria protección de datos de carácter personal prevista en la Constitución ha sido desarrollada a nivel de:**

   a) Ley Orgánica.

   b) Ley Ordinaria.

   c) Real Decreto.

   d) Orden Ministerial.

10. **Los datos de carácter personal que hagan referencia al origen racial, a la salud y a la vida sexual sólo podrán ser recabados, tratados y cedidos cuando:**
   a) Por razones de interés general, así lo disponga una ley o el afectado consienta expresamente.
   b) Nunca una ley puede disponer sobre recopilación de datos sobre origen racial de salud o que hagan referencia a la vida sexual.
   c) Nunca pueden ser recabados porque son datos de alto nivel de protección.
   d) Pueden ser cedidos a registros religiosos, o de salud porque son datos de nivel medido de protección.

11. **A Efectos de la Ley Orgánica de Protección de Datos de Carácter Personal se entenderá por Consentimiento del interesado:**
   a) Toda manifestación de voluntad por la que el interesado consiente al tratamiento de datos personales.
   b) Toda manifestación, que siendo informada consiente por escrito al tratamiento de sus datos personales.
   c) Cualquier manifestación que autorice a tratar sus datos personales.
   d) Toda manifestación de voluntad, libre, inequívoca, específica e informada, mediante la que el interesado consiente el tratamiento de datos personales que le conciernen.

12. **La clasificación en niveles de las medidas de seguridad establecidas en el artículo 80 del Real decreto 1720/2007 de 21 de diciembre, por el que se aprueba el Reglamento de desarrollo de la Ley Orgánica 15/1999 de 13 de diciembre, de protección de datos de carácter personal es:**
   a) Básico, medio y alto.
   b) En el rango de 1 a 5.
   c) De 4 niveles según el grado de complejidad.
   d) En la escala 1 a 10 (mínimo, máximo exigible respectivamente)

13. **El principio del consentimiento del afectado supone:**
   a) Que en todo caso ha de ser inequívoco en el tratamiento de los datos de carácter personal.
   b) Que será inequívoco, a no ser que una ley disponga otra cosa.
   c) Que una vez otorgado de forma inequívoca, es irrevocable.
   d) Que en todo caso ha de ser irrevocable en el tratamiento de los datos de carácter personal.

14. **Los datos especialmente protegidos:**
   a) Son aquéllos que se encuentran recogidos en ficheros salvaguardados por medios materiales y humanos de especial relevancia.
   b) Son los datos de carácter personal pertenecientes a personalidades políticas de las más altas instancias.

c) Son los datos de carácter personal que revelen ideología, afiliación sindical, religión y creencias.

d) Son aquéllos que se encuentran recogidos en ficheros salvaguardados por medios materiales y humanos que no tengan especial relevancia.

15. El deber de secreto en el tratamiento de los datos de carácter personal:

a) Obliga sólo al encargado del fichero.

b) Obliga al responsable del fichero y a todos los que intervengan en cualquier fase del tratamiento de los datos.

c) Obliga a estos últimos hasta que finalice su relación con el titular del fichero y con el responsable del mismo.

d) B y c son correctas.

16. El Derecho de consulta al Registro de Protección de Datos:

a) Es público y gratuito.

b) No comprende la consulta sobre la identidad del responsable del tratamiento.

c) Su ejercicio es público aunque hay que abonar la tasa correspondiente.

d) Es público pero no gratuito.

17. Mediante el Derecho de acceso:

a) Podrá obtenerse información sobre los propios datos de carácter personal sometidos a tratamiento, pero sólo una vez al mes.

b) Podrá obtenerse información escrita únicamente.

c) El interesado está facultado para obtener gratuitamente información sobre el origen de sus propios datos de carácter personal.

d) Ninguna de las respuestas es cierta.

18. Por medio del Derecho de rectificación:

a) El responsable del tratamiento está obligado a hacerlo efectivo en un plazo no superior a treinta días.

b) Cuando los datos resulten inexactos o incompletos serán rectificados, si así lo determina una Resolución de la Agencia Española de Protección de Datos o una Sentencia firme.

c) El responsable del tratamiento está obligado a llevarlo a cabo en el plazo de diez días.

d) El responsable del tratamiento está obligado a hacerlo efectivo en un plazo no superior a veinte días.

19. La Ley Orgánica 15/1999, de Protección de Datos:

a) Establece en su Título III los procedimientos para el ejercicio de los derechos de oposición, acceso, rectificación y cancelación.

b) Dispone que estos procedimientos serán establecidos reglamentariamente.

c) No habla del procedimiento a seguir, por lo que habrá que acudir al juicio declarativo ordinario.

d) Todas las respuestas son correctas.

20. **Cuando a un interesado se le deniegue el ejercicio de los derechos de oposición, acceso, rectificación o cancelación:**

a) Podrá ponerlo en conocimiento de la Agencia Española de Protección de Datos.

b) Podrá interponer directamente el correspondiente recurso contencioso administrativo.

c) Tendrá que repetir la solicitud del ejercicio del derecho de que se trate y, si se le deniega nuevamente, podrá acudir a la justicia ordinaria.

d) A y b son correctas.

21. **Según el Reglamento del desarrollo de la Ley Orgánica 15/1999, de 13 de diciembre, de protección de datos de carácter personal, las medidas de seguridad exigibles a los ficheros que contengan datos derivados de actos de violencia de género son de:**

a) Nivel básico.

b) Nivel medio.

c) Nivel alto.

d) Nivel especial.

22. **Señale la respuesta correcta:**

a) El Director de la Agencia Española de Protección de Datos dirige la Agencia y ostenta su representación.

b) Será nombrado, de entre quienes componen el Consejo Consultivo, mediante Real Decreto.

c) Será nombrado por un período de cuatro años.

d) Todas las respuestas son correctas.

23. **Son funciones de la Agencia Española de Protección de Datos:**

a) Velar por el cumplimiento de la legislación sobre protección de datos y controlar su aplicación, en especial en lo relativo a los derechos de información, acceso, rectificación, oposición y cancelación de datos.

b) Emitir las autorizaciones previstas en la Ley o en sus disposiciones reglamentarias.

c) Dictar, en su caso, y sin perjuicio de las competencias de otros órganos, las instrucciones precisas para adecuar los tratamientos a los principios de la presente Ley.

d) Todas las respuestas son correctas.

24. **Las resoluciones de la Agencia Española de Protección de Datos se harán públicas:**

a) Antes de ser notificadas a los interesados.

b) Una vez hayan sido notificadas a los interesados.

c) La publicación se realizará preferentemente a través de medios informáticos o telemáticos.

d) B y c son correctas.

25. **Qué ocurre si la notificación realizada no se ajusta a los requisitos exigibles:**
    a) Que se producirá la inscripción, pero habrá que subsanarla en el plazo de dos meses.
    b) Que no se producirá la inscripción y el Registro pedirá los datos que falten o la subsanación de lo que sea necesario.
    c) Que se producirá la inscripción si no hay queja o reclamación por parte de las personas cuyos datos personales consten en el fichero.
    d) Ninguna de las respuestas anteriores es cierta.

26. **La notificación de la supresión de la inscripción de un fichero por responsable distinto del que figura inscrito en el Registro General de Protección de Datos:**
    a) Es imposible, pues no causará efecto alguno.
    b) Sólo es posible si el responsable inscrito ha fallecido.
    c) Deberá ir acompañada de documentación que justifique el cambio de titular.
    d) Todas las respuestas son incompletas.

27. **El principio de calidad de los datos:**
    a) Trata de evitar la recopilación masiva de datos de forma que se aparte de la necesidad y finalidad para las que pretenden ser utilizados y tratados.
    b) Pretende que sólo tengan entrada en el Registro los datos de carácter personal autorizados por fedatario público.
    c) Supone, entre otras cosas, que los datos personales, si han sido contrastados como de verdadera calidad, no podrán ser cancelados aunque ya hayan llenado la finalidad para la que se registraron.
    d) Trata de fomentar la recopilación masiva de datos de forma que se aparte de la necesidad y finalidad para las que pretenden ser utilizados y tratados.

28. **En derecho de información en la recogida de datos:**
    a) Supone un deber de información que ha de llevarse a cabo en el plazo máximo de treinta días desde su recogida.
    b) Ha de ser simultáneo a la solicitud de los datos.
    c) Significa que los interesados a los que se les soliciten los datos deberán previamente ser informados de modo expreso, preciso e inequívoco, entre otras cosas, de la identidad y dirección del responsable del tratamiento.
    d) Ha de ser posterior a la solicitud de los datos.

29. **Cuando los datos procedan de fuentes accesibles al público y se destinen a la publicidad:**
    a) En cada comunicación que se dirija al interesado se le informará únicamente de los derechos que le asisten.
    b) En cada comunicación que se dirija al interesado se le informará del origen de los datos, así como de los derechos que le asisten.

c) Es cierto lo anterior pero, además, se le informará sobre la identidad del responsable del tratamiento de los datos.

d) Todo lo anterior es falso.

30. **El documento de seguridad:**

a) Contendrá la normativa a implantar.

b) Será elaborado por el responsable del tratamiento.

c) Es exigible sólo para la aplicación de las medidas de seguridad de nivel alto.

d) Todas las respuestas son ciertas.

31. **El contenido del documento de seguridad:**

a) Se regula estrictamente en la Ley, marcando cuál debe ser su contenido exacto.

b) Deberá ser el marcado por la Ley, como mínimo.

c) Será configurable por el responsable de cada fichero, ya sea de titularidad pública o privada.

d) Deberá ser el marcado por la Ley como máximo.

32. **Si un fichero con datos de carácter personal contiene datos relativos a infracciones administrativas o penales, en relación con él se deberán adoptar las medidas de seguridad correspondientes al nivel o los niveles:**

a) Medio, exclusivamente.

b) Básico, y medio, dado que estas medidas tienen carácter acumulativo e incluyen los niveles inferiores.

c) Alto.

d) La ley Prohíbe almacenar este tipo de datos en soporte informático.

33. **De acuerdo con lo establecido en el Reglamento de desarrollo de la Ley Orgánica 15/1999 de Protección de datos de carácter personal, es necesario realizar auditorías sobre los ficheros automatizados que contengan datos de carácter personal:**

a) No, el Reglamento no indica nada al respecto, aunque es práctica común la realización de auditorías periódicas.

b) A partir del nivel básico, los sistemas de información e instalaciones de tratamiento y almacenamiento de datos se someterán, al menos cada dos años, a una auditoría interna o externa.

c) A partir del nivel medio, los sistemas de información e instalaciones de tratamiento y almacenamiento de datos se someterán, al menos cada dos años, a una auditoría interna o externa

d) Ninguna de las respuestas anteriores es cierta.

34. **En relación a la Ley Orgánica de protección de Datos de Carácter Personal, las medidas de seguridad pueden ser de nivel:**

a) Bajo, medio, alto y muy alto.

b) Básico, alto, y especialmente protegido.

c) Básico, medio y muy alto.

d) Ninguna de las anteriores es correcta.

35. **Del Consejo Consultivo de la Agencia Española de Protección de Datos no formará parte:**

a) Un miembro de la Real Academia de la Historia, propuesto por la misma.

b) Un Diputado o Diputada, propuesto por el Congreso de los Diputados.

c) El Director de la Agencia Española de Protección de Datos.

d) Un representante de la Administración Central, designado por el Gobierno.

36. **En el caso de que las Administraciones Públicas para recabar datos de carácter personal que ya obran en su poder, utilicen medios electrónicos y siempre que no existan restricciones será preciso:**

a) Que una Ley lo determine.

b) El consentimiento del afectado.

c) El consentimiento del afectado emitido siempre pro medios electrónicos.

d) A y b son correctas.

37. **En aplicación de la Ley Orgánica de Protección de Datos de Carácter Personal, para el tratamiento y cesión de datos de carácter personal de miembros del sindicato AFILIATE:**

a) Será siempre necesario recabar el consentimiento expreso del afectado.

b) No será necesario, en ningún caso recabar el consentimiento expreso del afectado.

c) No será necesario recabar el consentimiento expreso del afectado para el tratamiento pero sí para la cesión.

d) En cualquier caso será necesario recabar el consentimiento expreso y por escrito del afectado.

38. **Según determina la Ley Orgánica 15/1999 de 13 de diciembre, los datos de carácter personal de Marcel X que hagan referencia a su origen racial y a su vida sexual: Art. 7.3 LOPD**

a) En ningún caso podrán ser recabados.

b) Sólo podrán ser recabados, tratados y cedidos cuando por razones de interés general, así lo disponga una ley o el afectado consienta expresamente.

c) Podrán ser recabados y tratados pero no cedidos cuando por razones de interés general así lo disponga una ley.

d) Sólo podrán ser recabados cuando el interesado así lo consienta expresamente.

39. **El derecho de información en la recogida de datos:**

a) Supone un deber de información que ha de llevarse a cabo en el plazo máximo de treinta días desde su recogida.

b) Ha de ser simultáneo a la solicitud de los datos.

c) Significa que los interesados a los que se les soliciten los datos deberán previamente ser informados de modo expreso, preciso e inequívoco, entre otras cosas, de la identidad y dirección del responsable del tratamiento.

d) Ha de ser posterior a la solicitud de los datos.

40. Cuando los datos procedan de fuentes accesibles al público y se destinen a la publicidad:

a) En cada comunicación que se dirija al interesado se le informará únicamente de los derechos que le asisten.

b) En cada comunicación que se dirija al interesado se le informará del origen de los datos, así como de los derechos que le asisten.

c) Es cierto lo anterior pero, además, se le informará sobre la identidad del responsable del tratamiento de los datos.

d) Todo lo anterior es falso.

41. El deber de secreto en el tratamiento de los datos de carácter personal:

a) Obliga sólo al encargado del fichero.

b) Obliga al responsable del fichero y a todos los que intervengan en cualquier fase del tratamiento de los datos.

c) Obliga a estos últimos hasta que finalice su relación con el titular del fichero y con el responsable del mismo.

d) B y c son correctas.

42. Mediante el Derecho de acceso:

a) Podrá obtenerse información sobre los propios datos de carácter personal sometidos a tratamiento, pero sólo una vez al mes.

b) Podrá obtenerse información escrita únicamente.

c) El interesado está facultado para obtener gratuitamente información sobre el origen de sus propios datos de carácter personal.

d) Ninguna de las respuestas es cierta.

43. Por medio del Derecho de rectificación:

a) El responsable del tratamiento está obligado a hacerlo efectivo en un plazo no superior a treinta días.

b) Cuando los datos resulten inexactos o incompletos serán rectificados, si así lo determina una Resolución de la Agencia Española de Protección de Datos o una Sentencia firme.

c) El responsable del tratamiento está obligado a llevarlo a cabo en el plazo de diez días.

d) El responsable del tratamiento está obligado a hacerlo efectivo en un plazo no superior a veinte días.

44. No es un criterio de graduación:

a) La intencionalidad.

b) La reincidencia.

c) El volumen de los tratamientos efectuados.

d) Todos los anteriores lo son.

45. La recogida de datos en forma engañosa y fraudulenta es una infracción:

a) Leve.

b) Grave.

c) Muy grave.

d) Muy leve.

46. Proceder a la recogida de datos de carácter personal de los afectados sin proporcionarles la información que exige la ley se considera una infracción:

a) Leve.

b) Grave.

c) Muy grave.

d) Muy leve.

47. Proceder a la recogida de datos de carácter personal sin recabar el consentimiento expreso de los afectados en los casos en que sea exigible se considera una infracción:

a) Leve.

b) Grave.

c) Muy grave.

d) Muy Leve.

48. Según la Ley Orgánica 15/99 de Protección de Datos de Carácter Personal, no es necesario el consentimiento del interesado para la comunicación de datos cuando:

a) Cuando se trate de datos recogidos de fuentes accesibles al público.

b) Cuando la cesión está autorizada en una Ley.

c) Los datos son resultado de un procedimiento de disociación.

d) Todas las demás respuestas son correctas.

49. Según la Ley Orgánica 15/1999 de Protección de Datos de Carácter Personal, el ente encargado de velar por el Cumplimiento de la Legislación sobre Protección de Datos y controlar su aplicación es:

a) La Agencia Andaluza de Protección de Datos.

b) La Agencia Española de Protección de Datos.

c) La consejería de Innovación, Ciencia y Empresa.

d) El Instituto Andaluz de protección de Datos.

50. Un principio de la Protección de Datos de carácter personal es:

a) Los datos pueden ser cedidos a terceros sin el consentimiento del interesado.

b) Los datos de carácter personal podrán usarse para cualquier finalidad una vez recogidos.

c) La prohibición de recoger datos por medios fraudulentos, desleales o ilícitos.

d) Hay más de una respuesta correcta o ninguna de las anteriores lo es.

Solución al test del tema 5

1. d) Ley Orgánica 15/1999 de 13 de diciembre de protección de datos de carácter personal.

2. b) Mediante disposición general publicada en el Boletín Oficial del Estado o Diario Oficial correspondiente.

3. c) Cuando los datos de carácter personal se recojan para el ejercicio de las funciones propias de las Administraciones Públicas.

4. c) Básico, si sólo se usan para transferir dinero a una entidad de la que es miembro el interesado.

5. a) A los ficheros mantenidos por personas físicas en el ejercicio de actividades exclusivamente personales o domésticas.

6. b) Cualquier información concerniente a personas físicas identificadas o identificables.

7. c) El interesado está facultado para obtener gratuitamente información sobre el origen de sus propios datos de carácter personal.

8. d) Los ficheros sometidos a la normativa sobre protección de materias clasificadas.

9. a) Ley Orgánica.

10. a) Por razones de interés general, así lo disponga una ley o el afectado consienta expresamente.

11. d) Toda manifestación de voluntad, libre, inequívoca, específica e informada, mediante la que el interesado consiente el tratamiento de datos personales que le conciernen.

12. a) Básico, medio y alto.

13. b) Que será inequívoco, a no ser que una ley disponga otra cosa.

14. c) Son los datos de carácter personal que revelen ideología, afiliación sindical, religión y creencias.

15. b) Obliga al responsable del fichero y a todos los que intervengan en cualquier fase del tratamiento de los datos.

16. a) Es público y gratuito.

17. c) El interesado está facultado para obtener gratuitamente información sobre el origen de sus propios datos de carácter personal.

18. c) El responsable del tratamiento está obligado a llevarlo a cabo en el plazo de diez días.

19. b) Dispone que estos procedimientos serán establecidos reglamentariamente.

20. a) Podrá ponerlo en conocimiento de la Agencia Española de Protección de Datos.

21. c) Nivel alto.

22. d) Todas las respuestas son correctas.

23. d) Todas las respuestas son correctas.

24. d) B y c son correctas.

25. b) Que no se producirá la inscripción y el Registro pedirá los datos que falten o la subsanación de lo que sea necesario.

26. c) Deberá ir acompañada de documentación que justifique el cambio de titular.

27. a) Trata de evitar la recopilación masiva de datos de forma que se aparte de la necesidad y finalidad para las que pretenden ser utilizados y tratados.

28. c) Significa que los interesados a los que se les soliciten los datos deberán previamente ser informados de modo expreso, preciso e inequívoco, entre otras cosas, de la identidad y dirección del responsable del tratamiento.

29. c) Es cierto lo anterior pero, además, se le informará sobre la identidad del responsable del tratamiento de los datos.

30. a) Contendrá la normativa a implantar.

31. b) Deberá ser el marcado por la Ley, como mínimo.

32. b) Básico, y medio, dado que estas medidas tienen carácter acumulativo e incluyen los niveles inferiores.

33. c) A partir del nivel medio, los sistemas de información e instalaciones de tratamiento y almacenamiento de datos se someterán, al menos cada dos años, a una auditoría interna o externa

34. d) Ninguna de las anteriores es correcta.

35. c) El Director de la Agencia Española de Protección de Datos.

36. d) A y b son correctas.

37. c) No será necesario recabar el consentimiento expreso del afectado para el tratamiento pero sí para la cesión.

38. b) Sólo podrán ser recabados, tratados y cedidos cuando por razones de interés general, así lo disponga una ley o el afectado consienta expresamente.

39. c) Significa que los interesados a los que se les soliciten los datos deberán previamente ser informados de modo expreso, preciso e inequívoco, entre otras cosas, de la identidad y dirección del responsable del tratamiento.

40. c) Es cierto lo anterior pero, además, se le informará sobre la identidad del responsable del tratamiento de los datos.

41. b) Obliga al responsable del fichero y a todos los que intervengan en cualquier fase del tratamiento de los datos.

42. c) El interesado está facultado para obtener gratuitamente información sobre el origen de sus propios datos de carácter personal.

43. c) El responsable del tratamiento está obligado a llevarlo a cabo en el plazo de diez días.

44. d) Todos los anteriores lo son.

45. c) Muy grave.

46. a) Leve.

47. b) Grave.

48. d) Todas las demás respuestas son correctas.

49. b) La Agencia Española de Protección de Datos.

50. c) La prohibición de recoger datos por medios fraudulentos, desleales o ilícitos.

Servicio Andaluz de Salud
(SAS)

Test del Tema **6**

Rodio
ediciones

1. **La prevención de riesgos laborales.**
   a) Es una línea estratégica de la política de personal.
   b) Obedece a una necesidad no contrastado empíricamente.
   c) Es solo una obligación legal.
   d) A y c son ciertas.

2. **La falta de una visión unitaria en la política de prevención de riesgos laborales.**
   a) Constituye un problema fundamental de todos los servicios.
   b) Impulso la promulgación de la LPRL.
   c) No es un obstáculo para realizar acciones sistemáticas de Prevención.
   d) Es un factor importante en la defensa de los trabajadores.

3. **El riesgo laboral se define como:**
   a) La probabilidad de enfermar de canino al trabajo.
   b) La posibilidad de que un trabajador sufra un determinado daño derivado del trabajo.
   c) La probabilidad de sufrir un accidente de tráfico en día laborable
   d) La sucesión de peligros que se encuentran en la jornada laboral.

4. **En la LPRL se establecen los derechos y deberes de los trabajadores que podemos resumir como.**
   a) Derecho a participar en la resolución de problemas que afecten a la salud.
   b) Derecho a la protección frente a los riesgos laborales.
   c) Derecho a realizar procedimientos de PRL para uno mismo y para sus compañeros.
   d) Derecho a la formación en salud.

5. **Entre los principios generales de PRL que debe inspirar la actuación del empresario está:**
   a) Evitar todos los riesgos posibles.
   b) Parar inmediatamente la actividad cuando exista algún riesgo.
   c) Adaptar la persona al trabajo que realiza)
   d) Sustituir lo peligroso por lo que entrañe poco o ningún peligro.

6. **El plan de prevención de riesgos laborales:**
   a) Es un instrumento de evaluación de la PRL.
   b) Debe de ser elaborado por el empresario para saber exactamente su coste.
   c) Debe incluir los procesos y los recursos necesarios para realizar la acción de prevenir.
   d) Ha de marcar la política estratégica de la empresa.

7. **El derecho a participar en la Gestión de la prevención de RL del trabajador viene dado por:**
   a) Real Decreto 39/1997, de 17 de enero, por el que se aprueba el reglamento Servicios de Prevención de Riesgos laborales.
   b) La ley General de Sanidad.
   c) El Artículo 33/36 de la LPRL.
   d) A y c son ciertas.

8. **La defensa de los intereses de los trabajadores en materia de prevención de riesgos en el trabajo se debe:**
   a) A los Comités de Empresa.
   b) A los Delegados de Personal.
   c) A los representantes sindicales.
   d) Todas son ciertas.

9. **El Comité de Seguridad y Salud:**
   a) Se debe constituir en empresas de menos de 50 trabajadores.
   b) Se debe constituir en empresas de menos de 100 a 500 trabajadores.
   c) Se debe constituir en empresas de más de 50 trabajadores.
   d) Se debe constituir en empresas de menos de 25 trabajadores.

10. **Los Delegados de Prevención:**
    a) Gozan de inmunidad parlamentaria cuando traten temas relacionados con la PRL.
    b) No pueden ser despedidos por el empresario.
    c) Están por encima de los delegados sindicales.
    d) Son los representantes de los trabajadores con funciones específicas en materia de prevención de riesgos en el trabajo.

11. **El Instituto Andaluz de Prevención de Riesgos Laborales (IAPRL).**
    a) Es un órgano asesor del presidente de la Junta de Andalucía.
    b) Es un órgano de participación.
    c) Tiene un marcado carácter científico técnico.
    d) B y c son ciertas.

12. **En cuanto a riesgos laborales se refiere Tanto la administración de la Junta de Andalucía, como la Administración Laboral Autonómica, los agentes económicos y sociales. Están representados en:**
    a) Consejo Andaluz de Prevención de Riesgos Laborales.
    b) Consejo Andaluz de formación y gestión.
    c) Consejo Andaluz de participación ciudadana.
    d) Todas son falsas.

13. **La sede del Consejo Andaluz de Prevención de Riesgos Laborales es:**
    a) Sevilla.
    b) Málaga.
    c) Granada.
    d) Cualquier lugar del territorio de Andalucía designado al efecto.

14. **Realizar las actividades preventivas a fin de garantizar la adecuada protección de la seguridad y la salud de los trabajadores de la Junta de Andalucía es función:**
    a) De las unidades de III nivel.
    b) Del Servicio de Prevención de Riesgo Laborales.
    c) Consejo Andaluz de Prevención de Riesgos Laborales.
    d) Consejo Andaluz de participación.

15. **Las UPRL en Andalucía se produce a los solos efectos de:**
    a) Representación laboral en el SAS.
    b) Organización y gestión de la prevención de riesgos laborales en sus centros asistenciales en el Servicio Andaluz de Salud.
    c) Manipulación experimental de situaciones de riesgo.
    d) Todas son verdaderas.

16. **A nivel de Andalucía, el número de UPRL de III nivel que se han creado son:**
    a) Nueve.
    b) Ocho.
    c) Cuatro.
    d) Dieciséis.

17. **Las especialidades de prevención de riesgos laborales son:**
    a) Seguridad en el trabajo, higiene industrial y ergonomía y psicosociología.
    b) Seguridad social, higiene preventiva, ergonomía y psicosociología.
    c) Seguridad aplicada, higiene industrial y ergonomía y psicosociología.
    d) Todas son falsas.

18. **En las unidades de nivel III las especialidades-disciplinas preventivas serán desempeñadas:**
    a) La ergonomía y psicosociología aplicada contaran con el apoyo de un técnico de nivel intermedio en el nivel II.
    b) Cada una de ellas, por un técnico superior.
    c) Cada una de ellas por un técnico de nivel intermedio.
    d) A y b son ciertas.

19. Uno de los procedimientos más sencillos y que más éxitos ha aportado a la lucha contra las infecciones es:

a) La desinfección recurrente.

b) El aseo programado.

c) El lavado de manos.

d) El uso de guantes.

20. El lavado de manos ha de realizarse:

a) Siempre antes de acostarse.

b) Antes y después de tocar a un paciente.

c) Después de comer.

d) Antes de ir al aseo.

21. Esterilización por calor húmedo y calor seco.

a) Es adecuada para todos los materiales excepto vidrios, plásticos e instrumentos de cortes.

b) Se puede utilizar para esterilizar aparatos electrónicos.

c) Es muy adecuada para caucho y polietileno.

d) Todas son falsas.

22. Esterilización en frío se realiza a través de:

a) Medios químicos como el gas oxido de etileno y el peróxido de hidrogeno.

b) Medios físicos, como la fuerza o la gravedad.

c) Medios acuosos, como el chorro laminado.

d) Todas son falsas.

23. La Ergonomía trata fundamentalmente de:

a) Riesgos relacionados con la posibilidad de sufrir una lesión o alteración adversa e indeseada durante la realización del trabajo.

b) Riesgos relacionados con las pantallas de datos.

c) Riesgos relacionados con la forma de conducir.

d) A y b son ciertas.

24. La normativa específica sobre visualización de pantallas se contempla en.

a) Real Decreto 488/1997, de 14 de abril.

b) Procedimiento 27 de Prevención de Riesgos Laborales.

c) el Decreto 117/2000, de 11 de abril.

d) A y b son ciertas.

25. La limpieza se puede definir como:

a) La eliminación de materiales, manchas y materia orgánica ajena al objeto.

b) Devolver en lo posible su aspecto original al material.

c) Procedimiento que se realiza con la frotada agua y jabón aparatos mecánicos.

d) Todas son ciertas.

Solución al test del tema 6

1. a) Es una línea estratégica de la política de personal.

2. b) Impulso la promulgación de la LPRL.

3. b) La posibilidad de que un trabajador sufra un determinado daño derivado del trabajo.

4. b) Derecho a la protección frente a los riesgos laborales.

5. d) Sustituir lo peligroso por lo que entrañe poco o ningún peligro.

6. c) Debe incluir los procesos y los recursos necesarios para realizar la acción de prevenir.

7. d) A y c son ciertas.

8. c) A los representantes sindicales.

9. c) Se debe constituir en empresas de más de 50 trabajadores.

10. d) Son los representantes de los trabajadores con funciones específicas en materia de prevención de riesgos en el trabajo.

11. d) B y c son ciertas.

12. a) Consejo Andaluz de Prevención de Riesgos Laborales.

13. a) Sevilla.

14. b) Del Servicio de Prevención de Riesgo Laborales.

15. b) Organización y gestión de la prevención de riesgos laborales en sus centros asistenciales en el Servicio Andaluz de Salud.

16. a) Nueve.

17. a) Seguridad en el trabajo, higiene industrial y ergonomía y psicosociología.

18. b) Cada una de ellas, por un técnico superior.

19. c) El lavado de manos.

20. b) Antes y después de tocar a un paciente.

21. a) Es adecuada para todos los materiales excepto vidrios, plásticos e instrumentos de cortes.

22. a) Medios químicos como el gas oxido de etileno y el peróxido de hidrogeno.

23. a) Riesgos relacionados con la posibilidad de sufrir una lesión o alteración adversa e indeseada durante la realización del trabajo.

24. a) Real Decreto 488/1997, de 14 de abril.

25. d) Todas son ciertas.

Servicio Andaluz de Salud
(SAS)

Test del Tema 7

Fisioterapeutas Servicio Andaluz de Salud (SAS)

Temario común

Rodio
ediciones

1. **Según la Ley 12/2007, para la promoción de la igualdad de género en Andalucía, se entiende por transversalidad:**

   a) La adaptación de medidas para la eliminación de la discriminación.

   b) Aquella situación que garantice la presencia de mujeres y hombres en el conjunto de personas a que se refiera.

   c) El instrumento para integrar la perspectiva de género en las competencias de las distintas políticas y acciones públicas.

   d) La compatibilidad efectiva entre responsabilidades laborales y familiares.

2. **Según la Ley 12/2007, de 26 de noviembre, para la promoción de la igualdad de género en Andalucía, se entiende por discriminación directa por razón de sexo:**

   a) La situación en que la aplicación de una disposición, criterio o práctica aparentemente neutros pone a las personas de un sexo en desventaja particular con respecto a las personas del otro.

   b) La situación que no garantice la presencia de mujeres y hombres de forma que, en el conjunto de personas a que se refiera cada sexo, ni supere el 60 por ciento ni sea menos del 40 por ciento.

   c) La situación en que se encuentra una persona que sea, haya sido o pudiera ser tratada, en atención a su sexo, de manera menos favorable que otra en situación equiparable.

   d) La situación en que se produce un comportamiento relacionado con el sexo de una persona, con el propósito de atentar contra su dignidad y crear un entorno intimidatorio, hostil, degradante u ofensivo.

3. **De acuerdo con la Ley 12/2007 de 26 de noviembre, para la promoción de la igualdad de género el Plan estratégico para la igualdad de mujeres y hombres se aprobará:**

   a) Cada tres años.

   b) Cada cuatro años.

   c) Cada dos años.

   d) Cada diez años.

4. **La ley que taxativamente obliga a la Administración a garantizar el uso no sexista del lenguaje es:**

   a) La Ley Orgánica 1/2004 de 28 de diciembre, de medidas de Protección integral contra la Violencia de Género.

   b) La Ley Orgánica 3/2007 de 22 de marzo, para la igualdad efectiva de mujeres y hombres.

   c) La Ley 12/2007 de 26 de noviembre, para la promoción de la igualdad de género en Andalucía.

   d) La Ley 13/2007 de 26 de noviembre, de medidas de prevención y protección integral contra la violencia de género.

5. **De conformidad con la ley 12/2007 de 26 de noviembre, para la Protección de la Igualdad de Género en Andalucía, se entiende por representación equilibrada:**

a) Aquella situación que garantice la presencia de mujeres y hombres de forma que en el conjunto de personas a que se refiera cada sexo ni supere el setenta por ciento ni sea menos del treinta por ciento.

b) Aquella situación que garantice la presencia de mujeres y hombres de forma que en el conjunto de personas a que se refiera, cada sexo ni supere el sesenta por ciento ni sea menos del cuarenta por ciento.

c) Aquella situación que garantice la presencia de mujeres y hombres de forma que, en el conjunto de personas a que se refiera, cada sexo represente el cincuenta por ciento.

6. **En el ámbito de la igualdad de género, se define la discriminación directa como:**

a) Medidas especiales de carácter temporal encaminadas a acelerar la igualdad de hecho entre hombres y mujeres.

b) Actos u omisiones que produciendo un resultado perjudicial tienen como condicionante el factor discriminatorio que se trata de erradicar por la norma.

c) Cualquier disposición, criterio o práctica aparentemente neutra, que perjudica de modo desproporcionado a las personas de uno u otro sexo y no está objetivamente justificado por ninguna razón no vinculada al sexo de las personas.

d) Medidas para perjudicar a uno u otro sexo con carácter permanente al objeto de erradicar una conducta lesiva para el interés público.

7. **Conforme a la Ley 12/2007, de 26 de noviembre, para la igualdad de género en Andalucía: " La situación en que se encuentra una persona que sea, haya sido o pudiera ser tratada, en atención a su sexo, de manera menos favorable que otra en situación equiparable es la definición de:**

a) Acoso sexual.

b) Acoso por razón de sexo.

c) Discriminación directa por razón de sexo.

d) Discriminación indirecta por razón de sexo.

8. **La Ley 12/2007 de 26 de noviembre, para la promoción de la igualdad de género en Andalucía, desarrolla:**

a) Los artículos 9.3 y 14 de la Constitución Española y el artículo 15.18 del Estatuto de Autonomía de Andalucía.

b) Los artículos 9.2 y 14 de la Constitución Española y los artículos 15 y 38 del estatuto de Autonomía de Andalucía.

c) El artículo 14 de la Constitución Española y los artículos 15 y 18 del Estatuto de Autonomía de Andalucía.

d) Los artículos 14 y 15 de la Constitución Española, y los artículos 15 y 18 del Estatuto de autonomía de Andalucía.

9. **Para la consecución del objeto de la Ley 12/2007 de 26 de noviembre, <u>no serán</u> principios generales de actuación de los poderes públicos de Andalucía, en el marco de sus competencias:**
   a) La igualdad de trato entre mujeres y hombres, que supone la ausencia de toda discriminación, directa o indirecta por razón de sexo, en los ámbitos económico, político, social, laboral, cultural y educativo.
   b) La promoción del acceso a los recursos de todo tipo a las mujeres que viven en el medio rural y su participación plena, igualitaria y efectiva en la economía y en la sociedad.
   c) El impulso de la efectividad del principio de igualdad en las relaciones entre los particulares.
   d) Ninguna de las anteriores.

10. **Constituye acoso por razón de sexo:**
    a) Cualquier comportamiento, verbal o físico que tenga el propósito de atentar contra la dignidad de una persona.
    b) Cualquier comportamiento realizado en función del sexo de una persona, con el propósito o el efecto de atentar contra la dignidad y de crear un entorno intimidatorio, degradante u ofensivo.
    c) Utilizar el lenguaje no sexista.
    d) Todas las anteriores lo son.

11. **En el ámbito de la igualdad de género, se define la discriminación directa como:**
    a) Medidas especiales de carácter temporal encaminadas a acelerar la igualdad de hecho entre hombres y mujeres.
    b) Actos u omisiones que produciendo un resultado perjudicial tienen como condicionante el factor discriminatorio que se trata de erradicar por la norma.
    c) Cualquier disposición, criterio o práctica aparentemente neutra, que perjudica de modo desproporcionado a las personas de uno u otro sexo y no está objetivamente justificado por ninguna razón no vinculada al sexo de las personas.
    d) Medidas para perjudicar a uno u otro sexo con carácter permanente al objeto de erradicar una conducta lesiva para el interés público.

12. **Constituye acoso por razón de sexo:**
    a) Cualquier comportamiento, verbal o físico que tenga el propósito de atentar contra la dignidad de una persona.
    b) Cualquier comportamiento realizado en función del sexo de una persona, con el propósito o el efecto de atentar contra la dignidad y de crear un entorno intimidatorio, degradante u ofensivo.
    c) Utilizar el lenguaje no sexista.
    d) Todas las anteriores lo son.

13. **La necesidad de que todas las medidas legislativas y reglamentarias tengan en consideración la perspectiva de género motiva que en la tramitación de los proyectos de ley y reglamentos que apruebe el Consejo de Gobierno de la Comunidad Autónoma de Andalucía deban incluir:**

    a) Un informe de evaluación del impacto por razón de género.

    b) Una partida presupuestaria para hacer efectiva la igualdad de género.

    c) Recojan en su articulado programas para hacer efectiva la igualdad de género.

    d) Todas las respuestas son correctas.

14. **En materia de igualdad de oportunidades entre hombres y mujeres, mediante Acuerdo del Consejo de Gobierno, en Andalucía ha aprobado:**

    a) El III Plan Estratégico para la igualdad de Género 2010 – 2013.

    b) El Plan Estratégico para la Igualdad de Mujeres y Hombres en Andalucía 2010 – 2013.

    c) El II Plan Estratégico para la Igualdad de Mujeres y Hombres en Andalucía 2010 – 2013.

    d) El V Plan Estratégico para la no discriminación por razón de sexo en Andalucía 2011 – 2012.

15. **Según el artículo 4 de la ley 12/2007, de 26 de noviembre, para la promoción de la igualdad de género en Andalucía, no constituye un principio general de actuación de los poderes públicos de Andalucía, en el marco de sus competencias:**

    a) La integración de la perspectiva de género en el ejercicio de las competencias de las distintas políticas y acciones públicas, desde la consideración sistemática de la igualdad de género.

    b) La adopción de las medidas necesarias para la eliminación de la discriminación, y especialmente, aquellas que incidan en la creciente feminización de la pobreza.

    c) La incorporación del principio de igualdad de género y la coeducación en el sistema educativo.

16. **El Plan estratégico para la Igualdad de mujeres y hombres:**

    a) Se aprobará cada cinco años a partir del año siguiente al de entrada en vigor de la Ley 12/2007 de 26 de noviembre, por el Consejo de Gobierno, a propuesta de la Consejería competente en materia de igualdad.

    b) Se aprobará cada cuatro años a partir del año siguiente al de entrada en vigor de la Ley 12/2007 de 26 de noviembre, por el Consejo de Gobierno a propuesta de la Consejería competente en materia de igualdad.

    c) Se aprobará cada cuatro años a partir del año siguiente al de entrada en vigor de la Ley 12/2007 de 26 noviembre, por el Parlamento de Andalucía, a propuesta de la Consejería competente en materia de igualdad.

17. **La Constitución Española de 1978, establece de forma expresa el derecho a la igualdad y a la no discriminación por razón de sexo en:**
    a) Artículo 14.
    b) Artículo 25.
    c) Artículo 9.
    d) Todas las respuestas anteriores son correctas.

18. **En el Estatuto de Autonomía de Andalucía se recoge la " efectiva igualdad del hombre y la mujer andaluces en:**
    a) Artículo 14.
    b) Artículo 2.
    c) Artículo 10.2. y 15
    d) Ninguna de las respuestas anteriores es correcta.

19. **Entre los objetivos básicos de nuestra Comunidad Autónoma recogidos en el Estatuto de Autonomía encontramos:**
    a) La efectiva igualdad del hombre y de la mujer andaluces.
    b) La plena incorporación de la mujer en la vida social.
    c) La promoción de la democracia paritaria.
    d) Todas las respuestas anteriores son correctas.

20. **Entre los principios generales de la Ley para la Promoción de la Igualdad de Género en Andalucía encontramos:**
    a) El fomento de la corresponsabilidad entre mujeres y hombres y de la participación o composición equilibrada de mujeres y hombres.
    b) La adopción de las medidas específicas necesarias destinadas a eliminar las desigualdades de hecho por razón de sexo.
    c) El reconocimiento de la maternidad, biológica y no biológica, como un valor social.
    d) Todas las respuestas anteriores son correctas.

21. **La Ley para la Promoción de la igualdad de Género en Andalucía tiene como objetivo:**
    a) La consecución de la igualdad formal entre mujeres y hombres.
    b) La promoción de la igualdad formal entre mujeres y hombres.
    c) La consecución de la igualdad real y efectiva entre mujeres y hombres.
    d) Todas las respuestas anteriores son correctas.

22. **¿Quiénes tienen garantizados los derechos que la ley 13/2007, del 26 de Noviembre, de medidas de prevención y protección integral contra la violencia de género?:**
    a) Todas las mujeres que se encuentren en el territorio andaluz.
    b) Todas las mujeres que sean andaluza, ya se encuentren en territorio andaluz o fuera de él.

c) Todas las mujeres y los hombres que se encuentren en el territorio andaluz.

d) Toda persona que sea andaluza, ya se encuentren en territorio andaluz o fuera de él.

23. **La violencia a que se refiere la presente Ley comprende:**
    a) Cualquier acto de violencia basada en género que tenga como consecuencia amenazas de dichos actos, coerción o privaciones arbitrarias de su libertad en la vida pública.
    b) Cualquier acto de violencia basada en género tanto si se producen en la vida pública como privada.
    c) Cualquier acto de violencia basada en género que tenga como consecuencia perjuicio o sufrimiento en la salud física, sexual o psicológica de la mujer.
    d) Nada de lo anterior es cierto.

24. **¿Cada cuánto tiempo aprobará el Consejo de Gobierno un Plan integral de sensibilización y prevención contra la violencia de género en Andalucía?:**
    a) Se aprobará cada 3 años.
    b) Se aprobará cada 4 años.
    c) Se aprobará cada 5 años.
    d) Se aprobará cada 6 meses.

25. **Siguiendo con la pregunta anterior, el Plan integral de sensibilización y prevención contra la violencia de género en Andalucía será aprobado por el Consejo de Gobierno y:**
    a) Será coordinado por todas las Consejerías.
    b) Será coordinado por la Consejería competente en materia de igualdad.
    c) La Consejería competente sólo participará en la aprobación del mismo.
    d) Será coordinado por las Consejerías implicadas.

26. **El Sistema Sanitario Público de Andalucía prestará la atención sanitaria necesaria a las personas víctimas de violencia de género:**
    a) Con especial atención a la salud particular.
    b) Con especial atención a la recuperación integral.
    c) Con especial atención a la salud emocional.
    d) Con especial atención a la salud mental.

27. **La Ley 13/2007 de 26 de noviembre de medidas de prevención y protección integral contra la violencia de género, será de aplicación en todo el ámbito de la Comunidad Autónoma de Andalucía:**
    a) A las personas físicas y jurídicas públicas y privadas.
    b) A las personas físicas exclusivamente.
    c) A las personas jurídicas exclusivamente.
    d) Ninguna es correcta.

28. **Conforme al artículo 4 de la Ley 13/2007 de 26 de noviembre, de medidas de prevención y protección integral contra la violencia de género, serán principios rectores de actuación de los poderes públicos:**

    a) La Publicidad no sexista.

    b) Las medidas concretas de conciliación de la vida laboral, familiar y personal.

    c) Las garantías de igualdad de retribuciones por trabajo de igual valor.

    d) Ninguna respuesta es correcta.

29. **El concepto de violencia de género se establece:**

    a) En la Declaración del Milenio 2000.

    b) En el tratado de Roma en 1957.

    c) En el Artículo 1 de la Declaración de la Asamblea General de Naciones Unidad de 1993.

    d) En la IV Conferencia Mundial sobre la Mujer en Pekín (1995)

30. **De acuerdo con el artículo 8 de la Ley de medidas de prevención y protección integral contra la violencia de género, el Consejo de Gobierno aprobará un Plan integral de sensibilización y prevención contra la violencia de género en Andalucía cada:**

    a) 3 años.

    b) 4 años.

    c) 5 años.

    d) 6 años.

31. **Los tipos de violencia recogidos en la Ley de medidas de prevención y protección integral contra la violencia de género son:**

    a) La violencia física, psicológica, sexual y laboral.

    b) La violencia física, psicológica, ambiental y sexual.

    c) La violencia física, sexual, psicológica, instrumental.

    d) La violencia física, sexual, psicológica y económica.

32. **El condicionamiento de un derecho o de una expectativa de derecho a la aceptación de una situación constitutiva de acoso sexual o de acoso por razón de sexo se considera: Art. 3.4 Igualdad**

    a) Acoso por razón de sexo.

    b) Acto de discriminación por razón de sexo.

    c) Acoso sexual.

    d) Ninguna es cierta.

33. **De acuerdo con la Ley 13/2007 de 26 de noviembre, las estrategias de actuación que como mínimo desarrollará el Plan integral de sensibilización y prevención contra la violencia de género son:**
    a) Educación, comunicación, detección, atención y prevención de la violencia de género, formación y especialización de profesionales, coordinación y cooperación de los distintos operadores implicados.
    b) Educación, análisis de la situación detección atención y prevención de la violencia de género, formación y especialización de profesionales, coordinación y cooperación de los distintos operadores implicados.
    c) Educación, comunicación, detección, atención y prevención de la violencia de género, formación y especialización de profesionales y desarrollo de investigaciones.

34. **En Andalucía, las medidas de prevención y protección integral contra la violencia de género se contienen en:**
    a) En la Ley 9/2007 de 22 de octubre.
    b) En la Ley 12/2007 de 26 de noviembre.
    c) En la Ley 13/2007 de 26 de noviembre.
    d) En la Ley 30/2007 de 30 de octubre.

35. **Según el artículo 3.3 de la Ley 13/2007 de 26 de noviembre, de medidas de prevención y protección integral contra la violencia de género, se considera violencia de género:**
    a) La violencia física y la violencia psicológica.
    b) La violencia física y la violencia moral.
    c) La violencia física, la violencia moral y la violencia sexual.
    d) La violencia física y la violencia laboral.

36. **La Ley 13/2007, de 26 de noviembre, de Medidas de Prevención y Protección Integral contra la Violencia de Género:**
    a) Tiene por objeto actuar contra la violencia que como manifestación de la discriminación, la situación de desigualdad y las relaciones de poder de los hombres sobre las mujeres, se ejerce sobre éstas por el solo hecho de serlo.
    b) Es una ley estatal en materia de violencia de género.
    c) Tiene por objeto actuar contra la violencia doméstica.
    d) Las opciones a y b son correctas.

37. **En la Ley 13/2007 se establecen actuaciones:**
    a) De prevención de la violencia de género.
    b) De Protección integral contra la violencia de género.
    c) Las opciones a y b son correctas.
    d) Ninguna de las opciones es cierta.

38. Se entiende por violencia de género:

a) La violencia que se ejerce contra las mujeres en el ámbito doméstico.

b) La violencia que ejercen los hombres sobre las mujeres en el ámbito doméstico.

c) La violencia que como manifestación de la discriminación, la situación de desigualdad y las relaciones de poder de los hombres sobre las mujeres, se ejerce sobre éstas por el hecho de serlo.

d) Las opciones b y c son correctas.

39. Según la Ley 13/2007 de 26 de noviembre, de medidas de prevención y protección integral contra la violencia de género, no se considera violencia de género:

a) La violencia psicológica.

b) La violencia moral.

c) La violencia económica.

d) La violencia física.

40. La actuación de los poderes públicos de Andalucía tendente a la erradicación de la violencia de género deberá inspirarse en los siguientes fines y principios: (Señala la respuesta falsa)

a) Integrar el objetivo de la erradicación de la violencia de género y las necesidades y demandas de las mujeres afectadas por la misma, en la planificación, implementación y evaluación de los resultados de las políticas públicas.

b) Fortalecer acciones de sensibilización, formación e información con el fin de prevenir, atender y erradicar la violencia de género, mediante la dotación de instrumentos eficaces en cada ámbito de intervención.

c) Promover la cooperación y la participación de las entidades, instituciones, asociaciones de mujeres, agentes sociales y organizaciones sindicales que actúen a favor de la igualdad y contra la violencia de género, en las propuestas, seguimiento y evaluación de las políticas públicas destinadas a la erradicación de la violencia contra la mujer.

d) Reforzar hasta la consecución de los máximos exigidos por los objetivos de la ley los servicios sociales de información, de atención, de emergencia, de apoyo y de recuperación integral, así como establecer un sistema para la más eficaz coordinación de los servicios ya existentes a nivel municipal y autonómico.

41. Podemos definir acoso sexual:

a) Cualquier comportamiento verbal o no verbal de índole sexual, con el propósito atentar contra la dignidad de una persona.

b) Cualquier comportamiento físico de índole sexual, con el propósito atentar contra la dignidad de una persona.

c) Cuando el comportamiento que lo provoca crea un entorno intimidatorio, hostil, humillante.

d) Todas son ciertas.

42. **¿Qué es Red FORMMA?**

   a) Red Andaluza de Erradicación del Maltrato a las Mujeres

   b) Red Andaluza de Formación contra el Maltrato a las Mujeres y Hombres.

   c) Red Andaluza de Formación contra el Maltrato a las Mujeres

   d) Red Andaluza de Fomento contra el Maltrato a las Mujeres.

43. **Red FORMMA nace en el año:**

   a) 2008.

   b) 2009.

   c) 2010.

   d) 2007.

44. **Andalucía cuenta con:**

   a) Un protocolo para la Actuación Sanitaria ante la Violencia de Género tanto en el ámbito de atención primaria como de atención especializada

   b) Un protocolo específico para Urgencias.

   c) A y b son ciertas.

   d) Andalucía de momento no cuenta con Protocolos.

45. **Señale la respuesta correcta:**

   a) Los poderes públicos de Andalucía incorporarán la evaluación del impacto de género en el desarrollo de sus competencias, para garantizar la integración del principio de igualdad entre hombres y mujeres.

   b) Todos los proyectos de ley, disposiciones reglamentarias y planes que apruebe el Consejo de Gobierno incorporarán, de forma efectiva, el objetivo de la igualdad por razón de género.

   c) En el proceso de tramitación de esas decisiones, deberá emitirse, por parte de quien reglamentariamente corresponda, un informe de evaluación del impacto de género del contenido de las mismas.

   d) Todas las respuestas son ciertas.

46. **La Ley 12/2007 de 26 de noviembre es de aplicación:**

   a) A la Administración de la Junta de Andalucía y sus organismos autónomos, a las empresas de la Junta de Andalucía, a los consorcios, fundaciones y demás entidades con personalidad jurídica propia en los que sea mayoritaria la representación directa de la Junta de Andalucía.

   b) A las entidades que integran la Administración Local, sus organismos autónomos, consorcios, fundaciones y demás entidades con personalidad jurídica propia en los que sea mayoritaria la representación directa de dichas entidades.

   c) Al sistema universitario andaluz.

   d) Todas las respuestas son ciertas.

47. **En el Estatuto de Autonomía de Andalucía se garantiza la igualdad de oportunidades entre hombres y mujeres en todos los ámbitos en el artículo:**
    a) 14.
    b) 15.
    c) 13.
    d) 10.

48. **El Presupuesto de la Comunidad Autónoma de Andalucía:**
    a) Será un elemento pasivo en la consecución de forma efectiva del objetivo de la igualdad entre mujeres y hombres.
    b) La Comisión de Impacto de Género en los Presupuestos, dependiente de la Consejería de Economía y Hacienda, con participación del Instituto Andaluz de la Mujer, emitirá el informe de evaluación de impacto de género sobre el anteproyecto de Ley del Presupuesto.
    c) La Comisión de Impacto de Género en los Presupuestos impulsará y fomentará la preparación de Leyes y Planes con perspectiva de género en las diversas Consejerías y la realización de auditorías de género en las Consejerías, empresas y organismos de la Junta de Andalucía.
    d) Todas las respuestas son falsas.

49. **Según la Ley 12/2007 de 26 de noviembre ¿Quién garantizará un uso no sexista del lenguaje y un tratamiento igualitario en los contenidos e imágenes que utilicen en el desarrollo de las Políticas?**
    a) El Consejo de Gobierno.
    b) La Administración de la Junta de Andalucía.
    c) El Parlamento de Andalucía.
    d) Ninguno de los anteriores.

50. **Señale la respuesta correcta. Los poderes públicos de Andalucía, para garantizar de modo efectivo la integración de la perspectiva de género en su ámbito de actuación, deberán:**
    a) Incluir sistemáticamente la variable sexo en las estadísticas, encuestas y recogida de datos que realicen.
    b) Incorporar indicadores de género en las operaciones estadísticas que posibiliten un mejor conocimiento de las diferencias en los valores, roles, situaciones, condiciones, aspiraciones y necesidades de mujeres y hombres, su manifestación e interacción en la realidad que se vaya a analizar.
    c) Analizar los resultados desde la dimensión de género.
    d) Todas las respuestas son correctas.

Solución al test del tema 7

1. c) El instrumento para integrar la perspectiva de género en las competencias de las distintas políticas y acciones públicas.

2. c) La situación en que se encuentra una persona que sea, haya sido o pudiera ser tratada, en atención a su sexo, de manera menos favorable que otra en situación equiparable.

3. b) Cada cuatro años.

4. c) La Ley 12/2007 de 26 de noviembre, para la promoción de la igualdad de género en Andalucía.

5. b) Aquella situación que garantice la presencia de mujeres y hombres de forma que en el conjunto de personas a que se refiera, cada sexo ni supere el sesenta por ciento ni sea menos del cuarenta por ciento.

6. b) Actos u omisiones que produciendo un resultado perjudicial tienen como condicionante el factor discriminatorio que se trata de erradicar por la norma.

7. c) Discriminación directa por razón de sexo.

8. b) Los artículos 9.2 y 14 de la Constitución Española y los artículos 15 y 38 del estatuto de Autonomía de Andalucía.

9. d) Ninguna de las anteriores.

10. b) Cualquier comportamiento realizado en función del sexo de una persona, con el propósito o el efecto de atentar contra la dignidad y de crear un entorno intimidatorio, degradante u ofensivo.

11. b) Actos u omisiones que produciendo un resultado perjudicial tienen como condicionante el factor discriminatorio que se trata de erradicar por la norma.

12. b) Cualquier comportamiento realizado en función del sexo de una persona, con el propósito o el efecto de atentar contra la dignidad y de crear un entorno intimidatorio, degradante u ofensivo.

13. a) Un informe de evaluación del impacto por razón de género.

14. b) El Plan Estratégico para la Igualdad de Mujeres y Hombres en Andalucía 2010 – 2013.

15. a) La integración de la perspectiva de género en el ejercicio de las competencias de las distintas políticas y acciones públicas, desde la consideración sistemática de la igualdad de género.

16. b) Se aprobará cada cuatro años a partir del año siguiente al de entrada en vigor de la Ley 12/2007 de 26 de noviembre, por el Consejo de Gobierno a propuesta de la Consejería competente en materia de igualdad.

17. a) Artículo 14.

18. c) Artículo 10.2. y 15

19. d) Todas las respuestas anteriores son correctas.

20. d) Todas las respuestas anteriores son correctas.

21. c) La consecución de la igualdad real y efectiva entre mujeres y hombres.

22. a) Todas las mujeres que se encuentren en el territorio andaluz.

23. c) Cualquier acto de violencia basada en género que tenga como consecuencia perjuicio o sufrimiento en la salud física, sexual o psicológica de la mujer.

24. c) Se aprobará cada 5 años.

25. b) Será coordinado por la Consejería competente en materia de igualdad.

26. d) Con especial atención a la salud mental.

27. a) A las personas físicas y jurídicas públicas y privadas.

28. d) Ninguna respuesta es correcta.

29. d) En la IV Conferencia Mundial sobre la Mujer en Pekín (1995)

30. c) 5 años.

31. d) La violencia física, sexual, psicológica y económica.

32. b) Acto de discriminación por razón de sexo.

33. a) Educación, comunicación, detección, atención y prevención de la violencia de género, formación y especialización de profesionales, coordinación y cooperación de los distintos operadores implicados.

34. c) En la Ley 13/2007 de 26 de noviembre.

35. a) La violencia física y la violencia psicológica.

36. a) Tiene por objeto actuar contra la violencia que como manifestación de la discriminación, la situación de desigualdad y las relaciones de poder de los hombres sobre las mujeres, se ejerce sobre éstas por el solo hecho de serlo.

37. c) Las opciones a y b son correctas.

38. c) La violencia que como manifestación de la discriminación, la situación de desigualdad y las relaciones de poder de los hombres sobre las mujeres, se ejerce sobre éstas por el hecho de serlo.

39. b) La violencia moral.

40. d) Reforzar hasta la consecución de los máximos exigidos por los objetivos de la ley los servicios sociales de información, de atención, de emergencia, de apoyo y de recuperación integral, así como establecer un sistema para la más eficaz coordinación de los servicios ya existentes a nivel municipal y autonómico.

41. d) Todas son ciertas.

42. c) Red Andaluza de Formación contra el Maltrato a las Mujeres

43. a) 2008.

44. c) A y b son ciertas.

45. d) Todas las respuestas son ciertas.

46. d) Todas las respuestas son ciertas.

47. b) 15.

48. b) La Comisión de Impacto de Género en los Presupuestos, dependiente de la Consejería de Economía y Hacienda, con participación del Instituto Andaluz de la Mujer, emitirá el informe de evaluación de impacto de género sobre el anteproyecto de Ley del Presupuesto.

49. b) La Administración de la Junta de Andalucía.

50. d) Todas las respuestas son correctas.

Servicio Andaluz de Salud
(SAS)

Test del Tema 8

Fisioterapeutas Servicio Andaluz de Salud (SAS)

Temario común

Rodio
ediciones

1. **El personal estatutario de los servicios de salud se clasifica atendiendo a:**
   a) La función desarrollada, al nivel del título exigido para el ingreso y al tipo de su nombramiento.
   b) El tipo de contrato formalizado.
   c) Las retribuciones que perciba.
   d) La duración del nombramiento.

2. **Atendiendo a la función desarrollada el personal estatutario se clasifica en:**
   a) Personal estatutario sanitario y personal estatutario de gestión y servicios.
   b) Personal facultativo y personal sanitario.
   c) Personal facultativo, personal sanitario y personal no sanitario.
   d) Personal sanitario y personal no sanitario.

3. **Cuando se trate de la prestación de servicios determinados de naturaleza temporal, coyuntural o extraordinaria:**
   a) Se expedirá un contrato de carácter eventual.
   b) Se expedirá un nombramiento interino.
   c) Se expedirá un nombramiento de carácter eventual.
   d) Se expedirá un nombramiento de sustitución.

4. **Se acordará el cese del personal estatutario sustituto:**
   a) Cuando se reincorpore la persona a la que sustituya.
   b) Cuando se cumpla el plazo para el que fue nombrado.
   c) Cuando se incorpore personal fijo.
   d) Todas las respuestas anteriores son correctas.

5. **Los derechos individuales establecidos en el Estatuto Marco:**
   a) Son solo para el personal estatutario fijo.
   b) Son también para el personal estatutario temporal sin ningún tipo de limitaciones.
   c) Será aplicable al personal temporal, en la medida en que la naturaleza del derecho lo permita.
   d) Ninguna respuesta es correcta.

6. **Son causas de extinción de la condición de personal estatutario fijo:**
   a) La renuncia, siempre que se haga con cinco días de anticipación.
   b) La pena principal o accesoria de inhabilitación absoluta y, en su caso, la especial para empleo o cargo público o para el ejercicio de la correspondiente profesión.
   c) La Incapacidad Temporal.
   d) La Incapacidad Laboral Transitoria.

7. **Los aspirantes seleccionados en la oposición, concurso o concurso-oposición deberán superar un período formativo, o de prácticas, antes de obtener nombramiento como personal estatutario fijo:**
   a) Siempre habrá que superar el periodo de práctica.
   b) Sólo si así se determina en la convocatoria.
   c) El periodo de prácticas es exigible solo para el personal estatutario sanitario.
   d) El periodo de prácticas no existe.

8. **Por necesidades del servicio y en los supuestos y bajo los requisitos que al efecto se establezcan en cada servicio de salud, se podrá ofrecer al personal estatutario fijo el desempeño temporal, y con carácter voluntario, de funciones correspondientes a nombramientos de una categoría del mismo nivel de titulación o de nivel superior:**
   a) Siempre que ostente la titulación correspondiente.
   b) Además debe tener más de dos años de servicios prestados como personal estatutario fijo en la categoría de procedencia.
   c) Los dos años como personal estatutario fijo deben ser en el grupo de procedencia.
   d) Debe tener más de tres años de servicios prestados como personal estatutario fijo en la categoría de procedencia.

9. **Las retribuciones básicas del personal estatutario son:**
   a) El Sueldo, los Trienios y las pagas extraordinarias.
   b) El Complemento de Destino y El complemento Específico.
   c) El Sueldo y el Complemento de Destino.
   d) El Sueldo y el Complemento Específico.

10. **Resultará de aplicación al personal estatutario:**
    a) El régimen de incompatibilidades establecido con carácter general para los funcionarios públicos.
    b) El personal estatutario tiene un régimen propio e independiente en materia de incompatibilidades.
    c) En materia de incompatibilidades habrá que estar a lo que disponga el estatuto de los trabajadores.
    d) El personal estatutario no está sujeto al régimen de incompatibilidades.

11. **El que, una vez superado el correspondiente proceso selectivo, obtiene un nombramiento para el desempeño con carácter permanente de las funciones que de tal nombramiento se deriven:**
    a) Es personal estatutario de plantilla.
    b) Es personal estatutario con plaza en propiedad.
    c) Es personal estatutario fijo.
    d) Es personal estatutario temporal.

12. **El personal estatutario ostenta, en los términos establecidos en la Constitución y en la legislación específicamente aplicable, los siguientes derechos colectivos:**

   a) A la negociación colectiva, representación y participación en la determinación de las condiciones de trabajo.

   b) A disponer de servicios de prevención y de órganos representativos en materia de seguridad laboral.

   c) Todos los derechos enunciados anteriormente y algunos más.

   d) El personal estatutario no tiene derechos colectivos.

13. **Ser identificados por su nombre y categoría profesional por los usuarios del Sistema Nacional de Salud:**

   a) Es un derecho.

   b) Es un deber.

   c) Es una facultad.

   d) No es derecho ni deber.

14. **La falta de incorporación al servicio, institución o centro dentro del plazo, cuando sea imputable al interesado y no obedezca a causas justificadas, producirá el decaimiento del derecho a obtener la condición de personal estatutario fijo:**

   a) Como consecuencia de ese concreto proceso selectivo.

   b) No se podrá obtener la condición de personal estatutario fijo durante seis años.

   c) No se podrá obtener la condición de personal estatutario fijo nunca.

   d) No se podrá obtener la condición de personal estatutario fijo durante ocho años.

15. **La renuncia a la condición de personal estatutario deberá ser solicitada por el interesado:**

   a) Con una antelación mínima de 15 días a la fecha en que se desee hacer efectiva.

   b) Con una antelación mínima de 30 días a la fecha en que se desee hacer efectiva.

   c) Es necesario que se haga por escrito sin necesidad de observar plazo alguno.

   d) Con 20 días de antelación.

16. **La pérdida de la nacionalidad española, o de la de otro Estado tomada en consideración para el nombramiento:**

   a) No afecta a la condición de personal estatutario.

   b) Determina la pérdida de la condición de personal estatutario siempre.

   c) Determina la pérdida de la condición de personal estatutario, salvo que simultáneamente se adquiera la nacionalidad de otro Estado que otorgue el derecho a acceder a tal condición.

   d) Ninguna respuesta es correcta.

17. **Según el Estatuto Marco, los puestos que puedan ser provistos mediante libre designación:**
    a) Se determinarán en cada servicio de salud.
    b) El Estatuto Marco solo autoriza este sistema de provisión para puestos directivos.
    c) El Estatuto Marco autoriza este sistema de provisión para puestos directivos y cargos intermedios.
    d) Ningún puesto puede ser provisto por libre designación.

18. **Los principios y criterios generales de homologación de los sistemas de carrera profesional de los diferentes servicios de salud:**
    a) Los establecerá la Comisión de Recursos Humanos del Sistema Nacional de Salud.
    b) Los establecerá el Consejo Interterritorial del Sistema Nacional de Salud.
    c) Los establecerá el Consejo de Ministros.
    d) Los establecerá el Consejo de gobierno.

19. **El incumplimiento de las normas sobre incompatibilidades, cuando suponga el mantenimiento de una situación de incompatibilidad:**
    a) Es una falta leve.
    b) Es una falta grave.
    c) Es una falta muy grave.
    d) Puede ser falta leve o grave.

20. **Según el Estatuto Marco, los pactos:**
    a) Serán de aplicación directa al personal afectado.
    b) Necesitarán, para su aplicación, la aprobación expresa del órgano de gobierno de la Administración competente.
    c) Se referirán a materias cuya competencia corresponda al órgano de gobierno de la correspondiente Administración pública.
    d) No son aplicables al personal estatutario.

21. **Los procedimientos de movilidad voluntaria se efectuarán con carácter periódico, preferentemente cada:**
    a) Dos años.
    b) Al menos una vez cada año.
    c) Cinco años.
    d) Cuatro años.

22. **Los acuerdos, según el Estatuto Marco:**
    a) Se referirán a materias cuya competencia corresponda al órgano de gobierno de la correspondiente Administración pública.
    b) Versarán sobre materias que correspondan al ámbito competencial del órgano que los suscriba.
    c) Serán de aplicación directa al personal afectado.
    d) Para su eficacia, no precisarán la previa, expresa y formal aprobación del órgano de gobierno.

23. **La percepción de pensión de jubilación por un régimen público de Seguridad Social:**
    a) Será incompatible con la situación del personal emérito.
    b) Será compatible con la situación de activo del personal estatutario.
    c) El personal estatutario no puede percibir pensión de jubilación.
    d) Será compatible con la situación del personal emérito.

24. **El desempeño de un puesto de trabajo por el personal incluido en el ámbito de aplicación de la Ley 53/1984, de Incompatibilidades:**
    a) Será siempre incompatible con cualquier otro puesto.
    b) Será siempre compatible con otro puesto.
    c) Será incompatible con el ejercicio de cualquier cargo, profesión o actividad, público o privado.
    d) Será incompatible con el ejercicio de cualquier cargo, profesión o actividad, público o privado, que pueda impedir o menoscabar el estricto cumplimiento de sus deberes o comprometer su imparcialidad o independencia.

25. **La Ley 53/1984 será de aplicación a:**
    a) El personal civil y militar al servicio de la Administración del Estado y de sus Organismos Públicos.
    b) El personal al servicio de las Administraciones de las Comunidades Autónomas y de los Organismos de ellas dependientes, así como de sus Asambleas Legislativas y órganos institucionales.
    c) El personal al servicio del Banco de España y de las instituciones financieras públicas.
    d) Todas las respuestas anteriores son correctas.

26. **Para el ejercicio de la segunda actividad pública:**
    a) Basta con que se renuncie al complemento de Dedicación Exclusiva.
    b) No es necesario renunciar al complemento de Dedicación Exclusiva.
    c) No es necesario solicitar autorización.
    d) Será indispensable la previa y expresa autorización de compatibilidad.

27. **Será requisito necesario para autorizar la compatibilidad de actividades públicas el que la cantidad total percibida por ambos puestos o actividades no supere la remuneración prevista en los Presupuestos Generales del Estado para el cargo de Director general, ni supere la correspondiente al principal, estimada en régimen de dedicación ordinaria, incrementada en:**
    a) Un 30 por 100, para los funcionarios del grupo A o personal de nivel equivalente.
    b) Un 40 por 100, para los funcionarios del grupo A o personal de nivel equivalente.

c) Un 50 por 100, para los funcionarios del grupo A o personal de nivel equivalente.

d) Un 60 por 100, para los funcionarios del grupo A o personal de nivel equivalente.

28. **Quedan exceptuadas del régimen de incompatibilidades de la Ley 53/1984:**
    a) La realización de actividades profesionales.
    b) El trabajo por cuenta ajena.
    c) La producción y creación literaria, artística, científica y técnica, así como las publicaciones derivadas de aquéllas siempre que no se originen como consecuencia de una relación de empleo o de prestación de servicios.
    d) El trabajo de Autónomo.

29. **No podrá reconocerse compatibilidad para la realización de actividades privadas a quien desempeñe dos actividades en el sector público:**
    a) Salvo en el caso de que la jornada semanal de ambas actividades en su conjunto sea inferior a treinta horas.
    b) Salvo en el caso de que la jornada semanal de ambas actividades en su conjunto sea inferior a cuarenta horas.
    c) Salvo en el caso de que la jornada semanal de ambas actividades en su conjunto sea inferior a cincuenta horas.
    d) Salvo en el caso de que la jornada semanal de ambas actividades en su conjunto sea inferior a sesenta horas horas.

30. **Las solicitudes de compatibilidad para el desempeño de un segundo puesto o actividad en el sector público serán resueltas y notificadas en el plazo de:**
    a) Tres meses.
    b) Cuatro meses.
    c) Cinco meses.
    d) Seis meses.

Solución al test del tema 8

1. a) La función desarrollada, al nivel del título exigido para el ingreso y al tipo de su nombramiento.

2. a) Personal estatutario sanitario y personal estatutario de gestión y servicios.

3. c) Se expedirá un nombramiento de carácter eventual.

4. a) Cuando se reincorpore la persona a la que sustituya.

5. c) Será aplicable al personal temporal, en la medida en que la naturaleza del derecho lo permita.

6. b) La pena principal o accesoria de inhabilitación absoluta y, en su caso, la especial para empleo o cargo público o para el ejercicio de la correspondiente profesión.

7. b) Sólo si así se determina en la convocatoria.

8. a) Siempre que ostente la titulación correspondiente.

9. a) El Sueldo, los Trienios y las pagas extraordinarias.

10. a) El régimen de incompatibilidades establecido con carácter general para los funcionarios públicos.

11. c) Es personal estatutario fijo.

12. c) Todos los derechos enunciados anteriormente y algunos más.

13. b) Es un deber.

14. a) Como consecuencia de ese concreto proceso selectivo.

15. a) Con una antelación mínima de 15 días a la fecha en que se desee hacer efectiva.

16. c) Determina la pérdida de la condición de personal estatutario, salvo que simultáneamente se adquiera la nacionalidad de otro Estado que otorgue el derecho a acceder a tal condición.

17. a) Se determinarán en cada servicio de salud.

18. a) Los establecerá la Comisión de Recursos Humanos del Sistema Nacional de Salud.

19. c) Es una falta muy grave.

20. a) Serán de aplicación directa al personal afectado.

21. a) Dos años.

22. a) Se referirán a materias cuya competencia corresponda al órgano de gobierno de la correspondiente Administración pública.

23. d) Será compatible con la situación del personal emérito.

24. d) Será incompatible con el ejercicio de cualquier cargo, profesión o actividad, público o privado, que pueda impedir o menoscabar el estricto cumplimiento de sus deberes o comprometer su imparcialidad o independencia.

25. d) Todas las respuestas anteriores son correctas.

26. d) Será indispensable la previa y expresa autorización de compatibilidad.

27. a) Un 30 por 100, para los funcionarios del grupo A o personal de nivel equivalente.

28. c) La producción y creación literaria, artística, científica y técnica, así como las publicaciones derivadas de aquéllas siempre que no se originen como consecuencia de una relación de empleo o de prestación de servicios.

29. b) Salvo en el caso de que la jornada semanal de ambas actividades en su conjunto sea inferior a cuarenta horas.

30. a) Tres meses.

Test del Tema **9**

Fisioterapeutas *Servicio Andaluz de Salud (SAS)*

Temario común

1. **Los pacientes y usuarios del sistema andaluz de salud tendrán derecho a:**
   a) Acceder a todas las prestaciones del sistema.
   b) A libre elección de médico y de centro sanitario.
   c) La información sobre los servicios y prestaciones del sistema, así como de los derechos que les asisten.
   d) Todas las respuestas son ciertas

2. **Señale la respuesta incorrecta. El facultativo proporcionará al paciente, antes de recabar su consentimiento escrito, la información básica siguiente:**
   a) Las consecuencias relevantes o de importancia que la intervención origina con seguridad.
   b) Los riesgos relacionados con las circunstancias personales o profesionales del paciente.
   c) Los riesgos probables en condiciones anormales, conforme a la experiencia y al estado de la ciencia o indirectamente relacionados con el tipo de intervención.
   d) Las contraindicaciones.

3. **Las instrucciones previas podrán revocarse:**
   a) En los casos que marca la ley exclusivamente.
   b) Libremente en cualquier momento dejando constancia por escrito.
   c) Libremente en cualquier momento de forma verbal o escrita.
   d) Ninguna de las respuestas anteriores es cierta.

4. **El consentimiento informado, de acuerdo con la definición prevista en el art. 3 de la Ley 41/2002 de 14 de noviembre, consiste en:**
   a) La conformidad que debe prestar obligatoriamente por escrito de un paciente, manifestada en el pleno uso de sus facultades antes de recibir la información adecuada, para que tenga lugar una actuación que afecta a su salud.
   b) La conformidad libre, voluntaria y consciente de un paciente, manifestada en el pleno uso de sus facultades antes de recibir la información adecuada, para que tenga lugar una actuación que afecta a su salud.
   c) La conformidad libre, voluntaria y consciente de un paciente, manifestada en el pleno uso de sus facultades después de recibir la información adecuada, para que tenga lugar una actuación que afecta a su salud.
   d) La disconformidad libre, voluntaria y consciente de un paciente, manifestada en el pleno uso de sus facultades antes de recibir la información adecuada, para que tenga lugar una actuación que afecta a su salud.

5. **Según establece la Ley 41/2002, de Autonomía del Paciente, ha de constar siempre por escrito:**
   a) La información al paciente.
   b) El consentimiento informado.
   c) La aceptación del tratamiento.
   d) La negativa al tratamiento.

6. **La renuncia del paciente a recibir información:**
   a) No se reconoce por la Ley.
   b) Está limitada por el interés de la salud del propio paciente.
   c) No está limitada por el interés de la salud de terceros.
   d) Ninguna de las anteriores es correcta.

7. **Cuando el paciente no sea capaz de tomar decisiones, a criterio del médico responsable de la asistencia, o su estado físico o psíquico no le permita hacerse cargo de su situación, y no pueda prestar el consentimiento informado. Si el paciente carece de representante legal:**
   a) El consentimiento lo prestarán las personas vinculadas a él por razones familiares o de hecho.
   b) El consentimiento no se prestará.
   c) Tendrán en ese mismo acto nombrar representante legal.
   d) El médico es quien de forma personal lo decida.

8. **El Consentimiento informado, se prestará por escrito en los casos siguientes:**
   a) Intervención quirúrgica.
   b) Procedimientos diagnósticos y terapéuticos invasores.
   c) En general, aplicación de procedimientos que suponen riesgos o inconvenientes de notoria y previsible repercusión negativa sobre la salud del paciente.
   d) En todos los casos anteriores.

9. **La Ley 41/2002, de Autonomía del paciente, establece que; como regla general, el consentimiento se manifestará en forma:**
   a) Verbal.
   b) Escrita.
   c) Ante testigos.
   d) Documental.

10. **El soporte de cualquier tipo o clase que contiene un conjunto de datos e informaciones de carácter asistencial es lo que se llama para la Ley 41/2002:**
    a) Historia clínica.
    b) Documentación clínica.
    c) Información clínica.
    d) Ninguna de las respuestas es correcta.

11. **La historia clínica deberá realizarse bajo criterios de:**
    a) Autonomía.
    b) Unidad e integración.
    c) Garantía de acceso en soporte informático.
    d) Claridad y gestión.

12. **Se denomina Informe de alta médica:**
    a) Al documento emitido por el médico responsable en un centro sanitario al iniciar cada proceso asistencial de un paciente, que especifica los datos de éste, un resumen de su historial clínico, la actividad asistencial prestada, el diagnóstico y las recomendaciones terapéuticas.
    b) Al documento emitido por el médico responsable en un centro sanitario al finalizar cada proceso asistencial de un paciente, que especifica los datos de éste, un resumen de su historial clínico, la actividad asistencial prestada, el diagnóstico y las recomendaciones terapéuticas.
    c) Al documento emitido por el paciente al finalizar cada proceso asistencial de un paciente, que especifica los datos de éste, un resumen de su historial clínico, la actividad asistencial prestada, el diagnóstico y las recomendaciones terapéuticas.
    d) Al documento emitido por el médico responsable en un centro sanitario al finalizar cada proceso asistencial de un paciente, que especifica los datos de éste, la totalidad de su historial clínico, la actividad asistencial prestada, el diagnóstico y las recomendaciones terapéuticas.

13. **El Registro de Voluntades Vitales Anticipadas de Andalucía se regula en :**
    a) Decreto 59/2013, de 13 de marzo, por el que se regula la organización y funcionamiento del registro de voluntades vitales anticipadas de Andalucía.
    b) Decreto 59/2012, de 13 de marzo, por el que se regula la organización y funcionamiento del registro de voluntades vitales anticipadas de Andalucía.
    c) Decreto 59/2011, de 13 de marzo, por el que se regula la organización y funcionamiento del registro de voluntades vitales anticipadas de Andalucía.
    d) Decreto 59/2011, de 13 de marzo, por el que se regula la organización y funcionamiento del registro de voluntades vitales anticipadas de Andalucía.

14. **Señale la respuesta incorrecta. Forma parte del contenido mínimo de la historia clínica será el siguiente (en un proceso de hospitalización):**
    a) La autorización de ingreso.
    b) El informe de urgencia.
    c) La evolución.
    d) Todo lo anterior.

15. **Los centros sanitarios tienen la obligación de conservar la documentación clínica en condiciones que garanticen su correcto mantenimiento y seguridad, aunque no necesariamente en el soporte original, para la debida asistencia al paciente durante el tiempo adecuado a cada caso y,:**
    a) Como máximo, cinco años contados desde la fecha del alta de cada proceso asistencial.
    b) Como mínimo, cuatro años contados desde la fecha del alta de cada proceso asistencial.

c) Como mínimo, cinco años contados desde la fecha del alta de cada proceso asistencial.

d) Como mínimo, diez años contados desde la fecha del alta de cada proceso asistencial.

16. **Tienen libre acceso a la historia clínica del paciente de un centro asistencial:**
    a) Los profesionales asistenciales y de gestión y servicios del centro.
    b) Los profesionales asistenciales del centro.
    c) Los profesionales asistenciales del centro implicados en el diagnóstico y tratamiento del enfermo.
    d) El personal asistencial, investigador, y docente del centro.

17. **La propiedad de la historia clínica corresponde:**
    a) Al médico que realiza la actuación sanitaria.
    b) Al médico que realiza la atención sanitaria cuando éste trabaja por cuenta ajena y bajo la dependencia de una institución sanitaria.
    c) A la Administración sanitaria o entidad titular del centro sanitario, cuando el médico trabaja por cuenta propia.
    d) Ninguna respuesta es correcta.

18. **La toma en consideración de los deseos expresados anteriormente con respecto a una actuación médica en su persona por un paciente que en el momento de la intervención no se encuentra en situación de expresar su voluntad se conoce como:**
    a) Eutanasia activa.
    b) Eutanasia pasiva.
    c) Testamento vital.
    d) Consentimiento informado.

19. **Respecto a la historia clínica señale la respuesta correcta:**
    a) El paciente tiene el derecho de acceso, con las reservas señaladas en la ley, a la documentación de la historia clínica.
    b) El paciente puede obtener copia de los datos que figuran en ella.
    c) Los centros sanitarios regularán el procedimiento que garantice la observancia de estos derechos.
    d) Todas las respuestas son correctas.

20. **El derecho de acceso del paciente a la historia clínica:**
    a) Puede ejercerse también por representación debidamente acreditada.
    b) Debe ejercerse por representación debidamente acreditada.
    c) El paciente no tiene derecho de acceso a la historia clínica.
    d) Ninguna de las respuestas es cierta.

21. **El informe de alta hoy está regulado en el Real Decreto:**
    a) 1093/2010, de 3 de septiembre, por el que se aprueba el conjunto mínimo de datos de los informes clínicos en el Sistema Nacional de Salud.
    b) 1093/2011, de 3 de septiembre, por el que se aprueba el conjunto mínimo de datos de los informes clínicos en el Sistema Nacional de Salud.
    c) 1093/2012, de 3 de septiembre, por el que se aprueba el conjunto mínimo de datos de los informes clínicos en el Sistema Nacional de Salud.
    d) 1093/2013, de 3 de septiembre, por el que se aprueba el conjunto mínimo de datos de los informes clínicos en el Sistema Nacional de Salud.

22. **Según señala la Ley 41/2002, el paciente tiene derecho a recibir un informe de alta:**
    a) Sólo si ha existido ingreso hospitalario.
    b) Previa solicitud.
    c) A la finalización del proceso asistencial.
    d) En cuyo contenido mínimo habrán de figurar, entre otros, datos de información sanitaria epidemiológica.

23. **Todo paciente o usuario tiene derecho a que se le faciliten los certificados acreditativos de su estado de salud. Éstos serán gratuitos cuando:**
    a) En ningún caso.
    b) Así lo establezca una disposición legal o reglamentaria.
    c) En todo caso.
    d) Cuando lo diga el médico responsable.

24. **Señale la respuesta correcta:**
    a) La Tarjeta Sanitaria es el documento que identifica individualmente a los usuarios ante el Sistema Sanitario Público de Andalucía.
    b) Cada persona, independientemente de su edad, debe disponer de su tarjeta sanitaria individual.
    c) Es importante que los niños tengan su propia tarjeta, desde el nacimiento.
    d) Todas las respuestas anteriores son correctas.

25. **La prestación del consentimiento informado es:**
    a) Un deber del facultativo que atienda al paciente.
    b) Un deber de todo el personal sanitario.
    c) Un derecho del paciente.
    d) Una obligación del paciente.

26. **No serán aplicadas las instrucciones previas:**
    a) Que no se hayan formalizado ante Notario.
    b) Que correspondan exactamente con el supuesto de hecho previsto por el sujeto en el momento de emitirlas.

c) Que incorporen actuaciones previstas en el ordenamiento jurídico.

d) Que incorporen previsiones contrarias a la buena práctica clínica.

27. **La solicitud de la Tarjeta Sanitaria de las personas residentes en Andalucía puede efectuarse:**

a) De forma presencial.

b) A través de Internet.

c) A través de abogado exclusivamente.

d) A y b son ciertas.

28. **La base de datos de población protegida del Sistema Nacional de Salud será mantenida por:**

a) Las Administraciones que tengan relación con el paciente.

b) El Ministerio de Sanidad, Servicios Sociales e Igualdad.

c) Las Administraciones sanitarias emisoras de la tarjeta sanitaria individual.

d) El director del hospital que le corresponde al paciente.

29. **La Ley de Autonomía del Paciente, establece la obligatoriedad de obtener el consentimiento informado del paciente:**

a) La Ley no establece esta obligación.

b) Solo en los casos de aplicación de procedimientos que supongan grandes riesgos o inconvenientes de notoria repercusión negativa para su salud.

c) Solo en los casos de intervención quirúrgica.

d) Para toda actuación en el ámbito de su salud.

30. **¿Qué artículo de la Constitución Española reconoce el derecho a la intimidad personal y familiar?**

a) El artículo 20.

b) El artículo 18.

c) El artículo 15.

d) El artículo 14.

31. **Según el Estatuto de Autonomía de Andalucía los pacientes y usuarios del sistema andaluz de salud tendrán derecho a:**

a) La información sobre los servicios y prestaciones del sistema, así como de los derechos que les asisten.

b) Ser adecuadamente informados sobre sus procesos de enfermedad y antes de emitir el consentimiento para ser sometidos a tratamiento médico.

c) La confidencialidad de los datos relativos a su salud y sus características genéticas, así como el acceso a su historial clínico.

d) Todas las respuestas son ciertas.

32. **La Ley 41/2002 tiene por objeto la regulación de los derechos y obligaciones de:**
    a) Los pacientes.
    b) Los usuarios y profesionales
    c) De los centros y servicios sanitarios, públicos y privados, en materia de autonomía del paciente y de información y documentación clínica.
    d) Todas las respuestas son ciertas.

33. **El reconocimiento legal de que se respeten los deseos expresados anteriormente en el documento de instrucciones previas es una manifestación del derecho:**
    a) A la información sanitaria.
    b) A la autonomía del paciente.
    c) Al derecho de decisión personal recogido en la Constitución.
    d) A la segunda opinión.

34. **Según establece la Ley 41/ 2002, el paciente puede revocar su consentimiento:**
    a) En cualquier forma y momento.
    b) Libremente por escrito y en cualquier momento.
    c) En cualquier momento, estando obligado en ese caso, a solicitar el alta voluntaria.
    d) Sólo en los casos de no aceptación del tratamiento.

35. **Según el artículo 2 de la Ley 41/2002 ¿Qué orientará toda la actividad encaminada a obtener, utilizar, archivar, custodiar y transmitir la información y la documentación clínica?**
    a) La dignidad de la persona humana.
    b) El respeto a la autonomía de su voluntad.
    c) El respeto a su intimidad.
    d) Todas las respuestas son ciertas.

36. **¿Cuántos artículos tiene la ley 43/2002 de 14 de noviembre?**
    a) 24.
    b) 23.
    c) 26.
    d) 30

37. **¿Cómo se denomina el conjunto organizado de profesionales, instalaciones y medios técnicos que realiza actividades y presta servicios para cuidar la salud de los pacientes y usuarios en la Ley de Autonomía del Paciente?**
    a) Centro sanitario.
    b) Certificado médico.
    c) Servicio sanitario.
    d) Ninguna es correcta.

38. **Según establece la Ley 41/2002 de Autonomía del paciente, el paciente o usuario tiene derecho a decidir libremente entre las opciones clínicas disponibles después de recibir:**
    a) Información completa.
    b) Información adecuada.
    c) Información documental.
    d) Información escrita.

39. **Según el artículo 9 de la Ley General Sanitaria los poderes públicos deberán informar a los usuarios de:**
    a) Los servicios del sistema sanitario público, o vinculados a él.
    b) De sus derechos
    c) De sus deberes.
    d) De todo lo anterior.

40. **Según el artículo 20 del Estatuto de Autonomía de Andalucía:**
    a) El derecho a declarar la voluntad vital anticipada, que deberá respetarse en los términos que establezca la Ley.
    b) Todas las personas tienen derecho a recibir un adecuado tratamiento del dolor y cuidados paliativos integrales y a la plena dignidad en el proceso de su muerte.
    c) A y b son ciertas.
    d) El Estatuto de Autonomía no dice nada al respecto.

41. **En la legislación sanitaria española, el consentimiento escrito del paciente:**
    a) Es una exigencia legal.
    b) Es conveniente.
    c) No es necesario.
    d) Es obligatorio en determinados casos.

42. **Los profesionales sanitarios, además de las obligaciones señaladas en materia de información clínica, tienen el deber de:**
    a) Cumplimentar los protocolos, registros, informes, estadísticas y demás documentación asistencial o administrativa, que guarden relación con los procesos clínicos en los que intervienen,
    b) También los que requieran los centros o servicios de salud competentes y las autoridades sanitarias, comprendidos los relacionados con la investigación médica y la información epidemiológica.
    c) A y b son ciertas.
    d) Ninguna de las respuestas es correcta.

43. **Indique la respuesta incorrecta en relación con los requisitos del consentimiento informado:**
    a) Debe ser libre.
    b) Debe ser voluntario.

c) La decisión de consentir debe anteceder a una información adecuada.

d) La persona que lo presta debe tener capacidad para conocer, comprender y querer el alcance de su decisión.

44. **Señale la respuesta incorrecta. En la declaración de voluntad vital anticipada, su autor podrá manifestar:**

a) Las opciones e instrucciones, expresas y previas, que, ante circunstancias clínicas que le impidan manifestar su voluntad, no tiene por que respetar el personal sanitario responsable de su asistencia sanitaria.

b) La designación de un representante, plenamente identificado, que será quien le sustituya en el otorgamiento del consentimiento informado, en los casos en que éste proceda.

c) Su decisión respecto de la donación de sus órganos o de alguno de ellos en concreto, en el supuesto que se produzca el fallecimiento, de acuerdo con lo establecido en la legislación general en la materia.

d) Los valores vitales que sustenten sus decisiones y preferencias.

45. **Cada centro archivará las historias clínicas de sus pacientes, cualquiera que sea el soporte papel, audiovisual, informático o de otro tipo en el que consten, de manera que queden garantizadas:**

a) Su seguridad.

b) Su correcta conservación.

c) La recuperación de la información.

d) Todas las respuestas son ciertas.

46. **El acceso a la historia clínica con fines judiciales, epidemiológicos, de salud pública, de investigación o de docencia, se rige por lo dispuesto en:**

a) La Ley Orgánica 15/1999 de 13 de diciembre, de Protección de Datos de Carácter Personal.

b) La Ley 14/1986 de 25 de abril, General de Sanidad.

c) Las normas de aplicación en cada caso.

d) Todas las respuestas son ciertas.

47. **De acuerdo con el artículo 17.4 de la Ley 41/2002, la gestión de la historia clínica por los centros con pacientes hospitalizados, o por los que atiendan a un número suficiente de pacientes bajo cualquier otra modalidad asistencial, según el criterio de los servicios de salud, se realizará a través de la unidad de admisión y documentación clínica, encargada de integrar en un solo archivo las historias clínicas. La custodia de dichas historias clínicas estará bajo la responsabilidad de:**

a) Del paciente.

b) Del médico responsable.

c) Del personal Administrativo.

d) La dirección del centro sanitario.

48. El derecho del paciente a no ser informado:
   a) No está reconocido por la Ley.
   b) Podrá restringirse en cualquier momento.
   c) Podrá restringirse cuando será estrictamente necesario en beneficio del paciente.
   d) Sólo podrá ejercitarse si el paciente designa a un familiar o a otra persona a la que se le facilite la información.

49. Tal y como establece la Ley 41/2002, de Autonomía del Paciente, en cada caso de que el paciente no acepte el tratamiento se le propondrá que firme el alta voluntaria y si no la firma la Dirección del Centro:
   a) Puede disponer el alta forzosa.
   b) No está reconocida la negativa al tratamiento por parte de los pacientes.
   c) Mantendrá el ingreso por período mínimo de cinco días naturales.
   d) Firmará en su nombre el alta involuntaria.

50. Indique la respuesta incorrecta, en relación con los requisitos del consentimiento informado:
   a) Debe ser voluntario.
   b) Debe ser libre.
   c) La persona que lo presta debe tener capacidad para conocer, comprender y querer el alcance de su decisión.
   d) La decisión de consentir debe anteceder a una información adecuada.

Solución al test del tema 9

1. d) Todas las respuestas son ciertas

2. c) Los riesgos probables en condiciones anormales, conforme a la experiencia y al estado de la ciencia o indirectamente relacionados con el tipo de intervención.

3. b) Libremente en cualquier momento dejando constancia por escrito.

4. c) La conformidad libre, voluntaria y consciente de un paciente, manifestada en el pleno uso de sus facultades después de recibir la información adecuada, para que tenga lugar una actuación que afecta a su salud.

5. d) La negativa al tratamiento.

6. b) Está limitada por el interés de la salud del propio paciente.

7. a) El consentimiento lo prestarán las personas vinculadas a él por razones familiares o de hecho.

8. d) En todos los casos anteriores.

9. a) Verbal.

10. b) Documentación clínica.

11. b) Unidad e integración.

12. b) Al documento emitido por el médico responsable en un centro sanitario al finalizar cada proceso asistencial de un paciente, que especifica los datos de éste, un resumen de su historial clínico, la actividad asistencial prestada, el diagnóstico y las recomendaciones terapéuticas.

13. b) Decreto 59/2012, de 13 de marzo, por el que se regula la organización y funcionamiento del registro de voluntades vitales anticipadas de Andalucía.

14. d) Todo lo anterior.

15. c) Como mínimo, cinco años contados desde la fecha del alta de cada proceso asistencial.

16. c) Los profesionales asistenciales del centro implicados en el diagnóstico y tratamiento del enfermo.

17. d) Ninguna respuesta es correcta.

18. c) Testamento vital.

19. d) Todas las respuestas son correctas.

20. a) Puede ejercerse también por representación debidamente acreditada.

21. a) 1093/2010, de 3 de septiembre, por el que se aprueba el conjunto mínimo de datos de los informes clínicos en el Sistema Nacional de Salud.

22. c) A la finalización del proceso asistencial.

23. b) Así lo establezca una disposición legal o reglamentaria.

24. d) Todas las respuestas anteriores son correctas.

25. c) Un derecho del paciente.

26. d) Que incorporen previsiones contrarias a la buena práctica clínica.

27. d) A y b son ciertas.

28. a) Las Administraciones que tengan relación con el paciente.

29. d) Para toda actuación en el ámbito de su salud.

30. b) El artículo 18.

31. d) Todas las respuestas son ciertas.

32. d) Todas las respuestas son ciertas.

33. b) A la autonomía del paciente.

34. b) Libremente por escrito y en cualquier momento.

35. d) Todas las respuestas son ciertas.

36. b) 23.

37. a) Centro sanitario.

38. b) Información adecuada.

39. d) De todo lo anterior.

40. c) A y b son ciertas.

41. d) Es obligatorio en determinados casos.

42. c) A y b son ciertas.

43. c) La decisión de consentir debe anteceder a una información adecuada.

44. a) Las opciones e instrucciones, expresas y previas, que, ante circunstancias clínicas que le impidan manifestar su voluntad, no tiene por que respetar el personal sanitario responsable de su asistencia sanitaria.

45. d) Todas las respuestas son ciertas.

46. d) Todas las respuestas son ciertas.

47. d) La dirección del centro sanitario.

48. c) Podrá restringirse cuando será estrictamente necesario en beneficio del paciente.

49. a) Puede disponer el alta forzosa.

50. d) La decisión de consentir debe anteceder a una información adecuada.

Ediciones Rodio pone a tu disposición un Servicio Gratuito de Actualización para los contenidos de este libro, hasta fecha de la convocatoria para la que han sido editados

Accede aquí:

www.edicionesrodio.com/publicaciones/actualizaciones.html

Publicaciones de esta categoría

Fisioterapeutas. Temario común y Test
Fisioterapeutas. Temario específico Volumen 1
Fisioterapeutas. Temario específico Volumen 2
Fisioterapeutas. Temario específico Volumen 3
Fisioterapeutas. Temario específico Volumen 4
Fisioterapeutas. Test del Temario específico

PERMANECE ALERTA DE NOVEDADES, FECHAS Y MUCHO MÁS

www.edicionesrodio.com/suscripciones.html

Si necesitas más información ponte en contacto con nosotros en el

☎ **955 28 74 84**

o escríbenos a: **info@edicionesrodio.com**